AF533065

Brunhild Börner-Kray

Der geistige Weg zum Überleben

Reichel Verlag
Reifenberg 85
91365 Weilersbach
Germany
Tel. 09194-8900, Fax. 09194-4262
Internet: www.reichel-verlag.de
E-Mail: info@reichel-verlag.de

Umschlaggestaltung: Barbara Klauer

ISBN 978-3-926388-68-1

Eine Danksagung

an die Geistige Welt, die mir in Stunden der Stille spürbar nahe war, die mich mit Geduld und Liebe belehrte, deren Inspirationen ich niederschreiben durfte.

Gern komme ich der Aufforderung nach, diese schriftlich herauszugeben, damit viele Lichtschüler einen geistigen Nutzen daraus ziehen können.

Inhalt

Band 1

Band 2

Band 1

Der geistige Weg – Einführung

Was ist der geistige Weg? Wenn wir an geistigen Fortschritt, an geistige Entwicklung denken, so meinen wir damit nicht den Intellekt, denn *Geist* und *Intellekt* sind zwei grundverschiedene Dinge. Der Intellekt ist ein Aspekt unserer physischen Wesenheit, der Geist gehört in den Bereich des Seelischen. Er ist das bindende Glied zwischen *Körper* und *Seele*. Mit dem *Intellekt* meistern wir die physische Welt. Wir brauchen ihn für den Beruf, für den Alltag, eben, um in dieser Welt, die in Erscheinung getreten ist, bestehen zu können.

Die *geistige* Entwicklung ist jene, die die Qualität unserer Seele veredelt und verfeinert. Durch sie tritt in Erscheinung und wird wirksam und offenkundig, was den wahren Menschen ausmacht. Wie es die menschlichen Gesetze gibt, nach denen sich das Leben ausrichten soll, so gibt es auch die geistigen Gesetze. Aber da die von Menschen gemachten unvollkommen sind, werden sie oft aufgehoben und durch andere ersetzt, während die geistig-kosmischen ewig gültig sind; denn alles in der Schöpfung vollzieht sich nach ihnen. Die Kenntnis dieser Gesetze hilft uns, den geistigen Weg leichter zu gehen. Kennen wir sie nicht, oder erkennen wir sie nicht an, werden wir durch ihre Übertretung aus Unwissenheit nie zur inneren *Freiheit,* zur *Wahrheit* und zu einem zufriedenen und glücklichen Leben finden.

Wenn ein Kind von den Eltern nicht behütet und auf die Gefahren des Lebens aufmerksam gemacht wird, wird es oft und oft schmerzliche Erfahrungen machen, bis es aus diesen die gesetzmäßige Wirkung erkennt, z. B., daß ein Ofen, in dem Feuer brennt, heiß ist und man besser daran tut, ihn nicht zu berühren. Ebenso ergeht es uns auf dem geistigen Weg, den jeder irgendwann beschreiten muß. Denn wir alle sind nicht nur der *Körper,* der einst vergehen wird, sondern eine lebendige *Seele* von ewigem Bestand.

Die geistigen Gesetze kennenzulernen, nach denen sich die wahre Wirklichkeit unserer Existenz ausrichtet, ist das Wichtigste, was wir zu lernen haben. An sich wäre es Aufgabe der Kirchen, diese Lehren für alle verständlich zu verbreiten und nicht etwa die einer Staatsführung. Leider haben aber die Religionen weitgehend durch dogmatische und wissenschaftliche Auslegungen eine intellektuelle Richtung eingeschlagen und können dadurch der Menschheit nicht mehr *die* Hilfe geben, die sie braucht, um ohne Angst zu leben und einmal getrost die Grenze vom Diesseits zum Jenseits zu überschreiten. Die Kirchen haben sich zu Institutionen entwickelt, die sich auch vom Materialismus einfangen ließen und Reichtümer sammelten, von denen *Christus* gesagt hatte, daß man sich davon lösen und nicht danach trachten solle.

So irren die meisten Menschen unmündig umher und suchen nach etwas, was die Sehnsucht ihrer Seele stillen kann, die sich wundgestoßen hat an den Schwierigkeiten des inneren und äußeren Lebens.

Wenn wir *Christus* glauben können, der uns so viel versprach, dann muß es auch Wege und Mittel geben, die *Wahrheit* seiner Worte offenkundig zu machen, indem wir danach leben. Ich meine *den Christus, den* Meister, wie ihn seine Jünger nannten, der heilend und lehrend durch die Lande zog, der kein Dogma verkündete, von keinem grausamen *Gott* sprach, sondern von einem liebenden *Vater.* Genau so gut hätte ich manchen anderen Lehrer der Menschheit nennen können, der dasselbe tat, gleiches lehrte, der den Menschen einen *Weg* wies und die geistigen Gesetze verkündete.

Wir begehen einen großen Fehler, wenn wir als Suchende und Fragende nicht *offen* sind. Vielleicht bekämen wir gerade in einem Augenblick Antwort auf eine Frage, die in unserer Seele brennt, wenn unsere geistigen Ohren geöffnet wären. Unser Suchen sollte außerdem frei von einer vorgefaßten Meinung sein, frei von einer bestimmten Vorstellung, denn wir wissen nicht, ob diese unsere Meinung und Vorstellung der *Wahrheit* nahe kommt. Ist dieses nicht der Fall, müssen wir sie ändern. Sind wir nicht frei von einer Vorstellung, werden wir unweigerlich enttäuscht, weil jene absolute *Wahrheit,* nach der wir suchen, anders ist als die, die wir bislang kannten, die für uns Gültigkeit hatte in Ermangelung höheren Wissens. Unsere bisherigen Anschauungen haben uns anscheinend nicht glücklich gemacht und befriedigt, sonst hätten wir nicht so viele Fragen, und in uns wäre nicht das unbeschreibliche *Sehnen* nach innerem *Frieden,* das uns nicht zur Ruhe kommen läßt.

Es ist eine Gesetzmäßigkeit, daß jeder, der ehrlich und aufrichtig sucht, irgendwann Antwort bekommt. Manchmal kann es lange dauern, aber das unablässige *Bemühen* wird ihn dorthin führen, wo er findet, was er sucht, wenn er *reif* für ein höheres *Wissen* geworden ist und sein *Intellekt* ihm diesen Weg nicht verbaut. Ein geistig *Suchender* ist mit einem *Forscher* zu vergleichen, der auf seinem Wege mit Schwierigkeiten, Hindernissen und Überraschungen rechnen muß, die ihn zu *Ergebnissen* kommen lassen, die sein bisheriges Denkgebäude zu Fall bringen; und er muß auch damit rechnen, daß er Dinge erfährt, die ihm bislang fremd waren und ihn zunächst beunruhigen.

Gerade in der heutigen Zeit, der Zeit geistigen *Durchbruchs* und *Umbruchs,* sind wir von *Sehnsucht* nach *Höherem* erfüllt, teils bewußt, teils unbewußt. Die versklavte *Seele* will sich aus der *Gefangenschaft* der *Materie* erheben. Wenn diese große *Sehnsucht* gestillt werden soll, müssen wir uns mit einem Wissen auseinandersetzen, das unser bisheriges vorgeformtes *Denken* in neue Bereiche erhebt.

Unsere wissenschaftlich betonte Zeit, die alles analysieren, zerpflücken, sichtbar und meßbar machen will, ist sehr geneigt, den *Intellekt* des Menschen zur Höchstleistung zu bringen, was ihn von seiner inneren Entwicklung wegführen kann. In mancher Beziehung ist der wissenschaftliche Fortschritt natürlich auch ein geistiger, soweit die Bestrebungen den Bereichen der Menschlichkeit, der Ethik, der Würde des Menschen und seiner inneren Entwicklung dienen. Die heutige Schulwissenschaft, die nur nach außen gerichtet ist, kann den Menschen als Ganzheit von *Körper, Seele* und *Geist* weder voll befriedigen noch weiterführen. Es gibt jedoch auch Strömungen, die versuchen, den „inneren Bereich" zu erfahren. Hier geht es um noch verhältnismäßig junge wissenschaftliche Zweige, von der Geisteswissenschaft abgesehen, die sich mit viel Geduld unter oft großen und groben Anfechtungen einen Weg bahnen muß, weil man sie nicht anerkennen will, weil ihre Ergebnisse nicht in die Schablone bisherigen Denkens passen. Die *Geisteswissenschaft* wurde immer als ein Außenseiter betrachtet, aber allmählich beginnt man, sie ernst zu nehmen.

Ich erwähne noch die *Parapsychologie,* eine sehr junge Wissenschaft, für die es immerhin in Freiburg schon einen Lehrstuhl gibt. Vielleicht sind auch inzwischen schon mehrere eingerichtet worden.

Außerdem wäre noch die *Metaphysik* zu erwähnen. Diese beiden bemühen sich, *Licht* in die inneren Bereiche des geistigen Menschen zu bringen, die für die Allgemeinheit noch im Dunkeln liegen.

Um noch einmal auf die *Sehnsucht* nach geistiger Entwicklung zurückzukommen, möchte ich allen dringend ans Herz legen, sich den Weg, auf dem sie heute vielleicht den 1. Schritt getan haben, nicht zu verbauen, was sehr leicht geschehen kann, indem sie sich von bisherigen, vielleicht falschen Vorstellungen nicht lösen können und wollen. Gerade unsere *Begrenzung* und *Unwissenheit* ruft ja den Wunsch und die Sehnsucht nach innerem *Licht,* nach innerer *Freiheit* in uns wach. Entweder nehmen wir neues Wissensgut an, weil wir von innen her fühlen, daß es *Wahrheiten* sind, die *Licht* in unsere Existenz bringen, die uns auch Antwort auf die Fragen „Wer bin ich?, Woher komme ich?“ und „Wohin gehe ich?“ geben, oder aber wir können es nicht annehmen, weil unser Bewußtsein noch nicht aufnahmefähig dafür ist. Wenn wir uns geduldig und ehrlich bemühen, werden wir eines Tages auch höhere *Wahrheiten* verstehen.

Eine Ameise sieht nur ihren kleinen Bereich, von dem sie annimmt, er sei alles, was es gibt. Würden wir ihr sagen können, daß die Welt so und so groß sei, daß es riesige Kontinente und große Meere und einen unendlichen Sternenhimmel darüber gäbe, würde sie es nicht glauben, weil es über ihr Fassungsvermögen hinausgeht. Sie würde uns antworten: „Mach mir nichts vor, ich weiß doch, was ich sehe.“

Ebenso verhält es sich mit uns, und es wäre unklug, wollten wir bestreiten, daß es weit mehr als unsere sichtbare Welt gibt, nur weil wir andere Welten bewußtseinsmäßig noch nicht erfassen und erfahren können. Unser *Intellekt* muß zurückgestellt werden, wenn wir einen geistigen Pfad beschreiten wollen. Dieser kann uns beim Erfassen geistiger Dinge nur hinderlich sein. Der *Intellekt* ist dem Menschen zwar auch als eine Gabe *Gottes* gegeben, aber allzu leicht kann man ihn falsch anwenden.

In unserer Zeit mit ihren extrovertierten Auswüchsen liegt es, daß der Intellekt eigentlich ein Mittel der Selbstdarstellung ist. Er ist notwendig zur Verarbeitung und Bewältigung wesentlicher Probleme unserer Zeit, aber da, wo er zum Instrument für eine Darstellung wird, die arrogante Züge trägt und in der Erhebung über den Mitmenschen gipfelt, wirkt er sich unsozial aus. Er entbehrt deshalb der notwendigen Innerlichkeit. In der heutigen Situation den Intellekt in die richtigen Bahnen zu lenken, erfordert viel höhere Einsicht in die größeren Zusammenhänge. Positiv gesehen ist er also notwendig für die Anwendung und das Reagieren auf Umweltbedingungen. Je echter daneben innere Empfindung und äußere Haltung bei den Menschen sind, umso wahrer ist seine ganze Darstellung und umso weiter seine Entwicklung.

Es ist auch sehr wesentlich, auf dem geistigen Weg behutsam, langsam und stetig vorwärtszugehen. Übereifer und Ungeduld und besonders das Überspringen von Stufen führt zu Fehlschlägen.

Eine wesentliche Voraussetzung ist es also, *Geduld* zu üben, denn geistiges Wachstum läßt sich nicht in eine bestimmte Zeitspanne pressen. Ich glaube, nur um *Geduld* zu üben, brauchen wir geraume Zeit, bis wir sie erlernt haben, bis sie zu einem Teil unseres Wesens geworden ist. Wenn wir uns entschließen, sie ernsthaft zu üben, so erstreckt sich das nicht nur auf den geistigen Weg, sondern bis in den Alltag hinein, vom Öffnen der Augen am Morgen bis zu ihrem Schließen am Abend.

Echter Fortschritt ist ein Weiterschreiten auf der *geistigen wie auf der physischen Ebene*. In diesem Leben, da *Körper, Seele* und *Geist* als *Einheit* wirken, müssen auch diese beiden Ebenen zusammenwirken.

Geistige Schulung, geistigen Fortschritt bedeutet es, wenn alles neu Erkannte in den Alltag übernommen wird. Niemand kann sagen, daß sein tägliches Leben ihm dazu keine Möglichkeit bietet. *Wenn wir nicht im physischen Bereich verwirklichen, was unser Geist aufnimmt, nützt alle Schulung nichts und der geistige Fortschritt bleibt eine Illusion.*

Es gibt viele Menschen, die einiges *Wissen* besitzen und dieses auch weitergeben können. Ein aufmerksamer und sensibler Sucher wird sehr bald erkennen, ob ihm nur leere Worte vermittelt werden, denen die seelische *Kraft* fehlt und die dann auch keine Wirkung haben. Wenn nicht bei allem, was wir denken und sprechen, das *Tun* dahintersteht, das *Verwirklichen,* haben wir keinen geistigen Fortschritt erzielt. Dann können wir einem anderen auch wenig in dieser Richtung geben oder ihm Vorbild sein. Erst wenn jede neue Erkenntnis vollständig beherrscht wird, kann sie aus dem eigenen Innern wiedererschaffen werden. Dann erst kann sie auch weitergegeben werden.

Ich möchte meine Einführung mit einem Wort schließen, das mich schon in meiner Jugend sehr beeindruckte und das ich nie vergaß. Leider ist mir der Name dessen entfallen, der es einmal sagte:

»Wer da fährt zu hohem *Ziel,*
lerne ruhig am *Steuer* sitzen,
unbekümmert, ob am Kiel
Lob und *Tadel* hoch aufspritzen.«

Seele, Bewußtsein, Unsterblichkeit

Bevor wir wissen, daß wir *Seele sind* und einen *Körper haben,* können wir keinen wesentlichen Schritt zu unserer geistigen Entwicklung tun. Das Identifizieren mit dem sterblichen *Körper* hindert uns daran. Erst in der Anerkennung dessen, daß wir ein geistiges, ewiges Wesen sind, können jene *Wahrheiten* in uns offenbar werden, nach denen wir uns im Grunde sehnen. Diese werden leider noch nicht in Schulen und auf Universitäten gelehrt. Dort wird fast nur der Intellekt geschult. Sie lehren ein Wissen, das für das *Leben* und den *Beruf* brauchbar ist. Wenn aber dieser Körper stirbt, vergeht mit ihm auch der *Intellekt,* denn er ist kein Aspekt unserer *Unsterblichkeit,* sondern ein Ausdruck unseres verstandesmäßigen physischen Gehirndenkens.

Was ist nun *Seele?* Wenn wir eben hörten, daß wir *Seele sind,* so ist das den meisten noch nicht ganz klar. Hier müssen wir schon mit dem Umdenken beginnen. Bislang haben wir uns mit dem physischen Körper identifiziert. Von diesem wissen wir, daß er vergänglich ist. Wenn wir glauben, daß wir nichts anderes als *Körper* sind, ja, dann müssen wir logischerweise auch glauben, daß wir letztendlich eine Nahrung für Würmer werden. Das ist kein gutes Gefühl. Ist das nicht zu wenig nach einem Leben voller Mühe, Arbeit und Streben, aber auch Freude, Liebe, Begeisterung? Wenn uns jedoch der ewige Schöpfer nach *Seinem Bilde* geschaffen hat, dann sind auch wir *unsterblich.* Es wäre nicht göttlich, außerdem auch nicht sinnvoll, wenn Gottes Geschöpfe sich nach einer gewissen Zeit in ein *Nichts* auflösen würden. Wäre solch eine Schöpfung nicht unbefriedigend? Eher kann man doch verstehen, wenn der Schöpfer seine Wesen sich ähnlich machte, wie wir in der Bibel lesen, daß dieses Ebenbild, das wir darstellen, nicht nur aus grober Materie besteht, denn das würde seiner *Vollkommenheit* nicht entsprechen, – sondern auch aus einem viel feineren, wertvolleren *Stoff,* aus *Geist-Stoff.*

Als Moses damals verklärt aus dem Gebirge zurückkehrte und das

Volk die Frage an ihn richtete: „Wer ist *Gott?*", sagte er: „*Gott* ist *Geist!*" Wenn wir also nach Seinem *Bilde* geschaffen wurden, dann müssen wir auch *geistige Wesen* sein, die jetzt mit einem physischen Leib umkleidet sind. Diese wahre geistige Wesenheit ist unseren grobstofflichen, dreidimensional ausgerichteten Augen nicht sichtbar. Die *Geistwesenheit* oder *Seele* ist unsere *Wirklichkeit,* unsere wahre *Existenz.* Und da sie aus einem geistigen Stoff besteht, ist sie unsterblich.

Die Seele hat sich in unsere physische Hülle, in den *Körper,* vor unserer Geburt „inkarniert", ist in den Körper eingetreten. Für sie gibt es keine Behinderung durch die Materie. Die Entdeckung der Wissenschaft, daß Materie durchlässig ist, hilft uns, diesen Vorgang besser verstehen zu können.

Ein Stück Stahl halten wir für eine feste Masse, aber die Wissenschaft konnte inzwischen feststellen, daß es porös ist, daß es in Wirklichkeit aus Trillionen bewegter Mikrokosmen besteht, von denen jeder einzelne sich unvorstellbar schnell bewegt und die doch keinen Kontakt miteinander haben. Wenn wir z. B. eine Fotografie mit einem Vergrößerungsglas betrachten, wird ein Gesicht ausschauen wie ein Konglomerat grauer, schwarzer und weißer Punkte, je nach dem, ob das Papier grau, schwarz oder weiß ist. Das Gesicht verschwindet. Es existiert nur, weil unsere Augen dreidimensional ausgerichtet sind. Wir sehen es im Maßstab unseres normalen Sehvermögens. Wenn wir jedoch ein Rasiermesser mit den Augen eines Wissenschaftlers betrachten, sehen wir Elektronen in unaufhörlicher Bewegung mit einer Geschwindigkeit von mehreren tausend Kilometern in der Sekunde.

Der Mensch beginnt aber erst in solchen Richtungen zu denken, wenn er sich Schritt für Schritt von seiner primitiven Anschauung Essen, Trinken und Genießen für das Einzige und Wichtige zu halten, löst.

Der menschliche Zeugungsakt sorgt nur für die physische Hülle, was aber diese Hülle lebensfähig macht, fügt eine schöpferische Intelligenz hinzu. Nennen wir sie *Gott,* weil uns dieser Name geläufig ist. Im Grunde ist es nicht wesentlich, welchen Namen wir ihr geben, er reicht sowieso nicht an das Unvorstellbare heran. Wir sind ein Teil von Gottes Schöpfung, seiner *Lebenskraft*, die die sichtbare und unsichtbare Unendlichkeit zusammenhält. Würde Seine *Kraft* und *Energie* zurückgezogen, so wäre alles Leben von einem Augenblick zum anderen vernichtet.

Wenn *Christus* uns sagt, daß der *Vater* auch in uns ist, so ist er es wahrhaft durch seine *Lebenskraft*, durch den *Geiststoff*, aus dem *Er* unsere *Seele* nach seinem Bilde schuf. Wenn dieser Körper stirbt, so ist das nichts anderes, als daß die Seele den Körper verläßt, wenn dieser alt, krank oder unbrauchbar geworden ist. Unsere Seele ist zeit- und raumlos. Zeit und Raum sind Aspekte unseres dreidimensionalen Denkens, unserer dreidimensionalen Welt. Und wenn Materie durchlässig ist, können wir auch verstehen, daß die Seele den Körper durchdringen und ihn ebenso verlassen kann, wenn der Augenblick dafür gekommen ist.

Stellen wir uns einmal einen mit Sand gefüllten Behälter vor. Fügen wir dem Sand Sauerstoff oder andere unsichtbare Elemente hinzu, so verändert sich im Äußeren nichts. Wir sehen nur den Sand im Behälter. Und dennoch enthält dieser weit mehr, als wir sehen können. Vielleicht hilft uns dieser Vergleich zum Verständnis dessen, daß auch unser Körper von einer feinstofflichen Substanz durchdrungen sein kann, die wir *Seele* nennen, die sich zur gegebenen Zeit wieder aus dem Körper zurückzieht, um als rein feinstoffliches Wesen in einer feinstofflichen Welt weiterzuleben. – Die Seele braucht den Körper, um in der Welt der Erscheinungen wirken zu können. Sie ist auf ihn angewiesen, weil er den Schwingungen dieser physischen Welt angepaßt ist. Als feinstoffliche Wesenheit unterliegt sie aber einer viel höheren Frequenz und ist daher nur in einer Welt lebensfähig, die diesen Schwingungen entspricht. Das feine Nervensystem harmonisiert die beiden verschiedenen Schwingungsebenen, und der *Geist* ist das bindende Glied zwischen *Seele* und *Körper*. Er ist die aktive *Kraft*, die die Funktion der Seele zum Ausdruck bringt durch *Bewußtwerdung*.

Warum unsere Seelen sich hier inkarnieren mußten, wollen wir zu einer anderen Zeit hören. Dieses jetzt zu erörtern, würde uns vom Thema abbringen. Die Antwort auf die Frage des „wie?“ und „warum?“, beinhaltet das größte kosmische Gesetz, dem wir mehr Zeit widmen müssen, damit wir sein grandioses Wirken verstehen können. Es bedarf dazu keiner Intelligenz, sondern nur des Annehmenwollens und des Darübernachdenkens. Wenn uns das erste und größte kosmische Gesetz klar ist, sind viele Fragen schon beantwortet, und wir können durch diese Kenntnis unser Leben mit allem, was es uns bringt, besser verstehen. Unsere Probleme werden geringer, weil wir richtiger handeln und denken, und viele Dinge erhalten unter diesem Aspekt ein ganz anderes Gesicht.

Zunächst ist es wichtig, daß wir uns als geistige Existenz, als *Seele* erkennen und fühlen lernen. Wir können uns dieses nicht oft genug vor Augen führen und darüber nachdenken, meditieren.

Wenn wir also *Seele sind,* die eine viel feinstofflichere Substanz und das Leben an sich ist, das sich durch den Körper ausdrücken muß, so muß der Körper darauf abgestimmt sein oder umgekehrt, sonst wäre ein Zusammenwirken bei den unterschiedlichen Schwingungen des Seelen-Körpers und des physischen Körpers nicht möglich. Die Seele bedient sich des Körpers mittels des *Geistes,* um sich ausdrücken zu können. Unser feines Nervensystem ist dabei eine große Hilfe, ebenso die verschiedenen Sinne, die uns bekannt sind. Aber eine Entsprechung der groben Sinne, die wir benutzen, liegt in viel feinerer Form im Bereich der Seele. Um diese unsere physische Welt wahrnehmen zu können, sind wir gut ausgerüstet durch Sehen, Hören, Fühlen, Schmecken, Tasten. Noch vollkommenere Wahrnehmungszentren aus einem feineren und wertvolleren Stoff gehören zu unserer Seele, so daß wir auf der anderen Ebene, die unsere Seele nach dem Absterben des Körpers betritt, ebenso schauen, fühlen, hören usw. können. Durch die subtilere Konstruktion der Seelensinne wird dieses in erhöhtem Maße möglich sein, da der zurückgelassene, grobstoffliche Körper uns dann kein Hindernis mehr ist.

Wir alle wissen, daß es Menschen gibt, die hellsehend, hellfühlend und hellhörend sind. Im Grunde sind wir das alle, weil diese Fähigkeiten in den feinstofflichen Zentren in uns angelegt sind und zu unserem wahren Wesen gehören. Aber wie sollen diese Fähigkeiten sich offenbaren, wenn wir nicht wissen, daß wir *Seele sind,* wenn wir uns nur mit dem *Körper* identifizieren, und wenn wir auch sonst nichts von seelischen Bezügen ahnen. Unmöglich können dann diese latenten Fähigkeiten in Erscheinung treten. Und wem dieses doch unverhofft geschieht, der weiß sie oft nicht einzuordnen; er läuft zum Psychiater und dieser verschreibt starke Medikamente, die sich auf den Geist und den feinstofflichen Körper zerstörend auswirken und der Seele sehr schaden. Nur in seltensten Fällen weiß ein Psychiater etwas vom wahren Wesen der Seele. Für alles, was uns außergewöhnlich und wunderbar erscheint, gibt es Gesetzmäßigkeiten.

Christus kannte die Gesetze und konnte sagen, wenn seine Jünger und das Volk staunend seine Wunder wahrnahmen: „Ihr könnt das Gleiche und noch mehr", oder: „Die nach mir kommen, werden Größeres vollbringen."

Es gibt mehr Menschen als wir ahnen, auch in unserer Nähe, die ähnlich wirken können. Der Schlüssel hierzu ist das Wissen um die Gesetze, und dieser Schlüssel öffnet uns auch das Tor zur *Wahrheit,* die uns frei machen wird. Die *Wahrheit* macht uns frei von der Unkenntnis und Begrenztheit, denn diese sind es doch, die uns Irrwege führen, und aus dem *Nichtwissen* treffen wir falsche Entscheidungen, die uns *Unglück, Unzufriedenheit* und *Kümmernisse* bringen.

Wir hüten uns davor, die Drähte in einer Steckdose zu berühren, weil wir wissen, daß wir sonst einen elektrischen Schlag bekommen. Diese Gesetzmäßigkeit kennen wir und befolgen sie. Wenn wir die geistigen Gesetze kennen würden, könnten wir sie auch befolgen, da uns dann die Auswirkungen des Nichtbeachtens bekannt wären. Und wer keinen Schaden erleiden möchte, wird die Gesetze befolgen. Wir können nur verwirklichen, was wir erkannt und erfaßt haben. Um geistiges Wissen zu begreifen, brauchen wir nicht intellektuell geschult zu sein. Geistiges Gut aufnehmen zu können, hängt vom Entwicklungszustand der Seele ab, vom eigenen Bemühen, den Wahrheiten nahezukommen. Es ist unerläßlich, darüber nachzudenken und zu meditieren. Wir können nur an uns verwirklichen, was wir erfaßt haben. Geistiges *Wissen* macht uns weise und befähigt uns zu einer seelischen Reife zu gelangen.

Da wir *Seele sind* und die geistige Wesenheit die primäre ist, muß logischerweise von dort die Entwicklung ausgehen, die dann in beglückender Weise unsere physische Wesenheit mit erfaßt. Die geistige Erkenntnis läßt uns dann diese Welt nicht mehr so trostlos und finster erscheinen, weil wir sie besser verstehen können, weil wir durchschauen, daß alles, was hier geschieht, was uns so beunruhigt, Auswirkungen von Übertretungen geistiger Gesetze sind.

Unser Gehirn ist ein Werkzeug, durch das der *Geist* sich offenbaren kann als bindendes Glied zwischen *Körper* und *Seele. Geist* und *Seele* sind göttlich-schöpferische Schwingungskräfte feinstofflicher Substanz, die vom Ursprung her *Vollkommenheit* ausdrücken. Einen kranken *Geist* gibt es nicht. In vielen Fällen einer „Geisteskrankheit" ist das Gehirn als Offenbarungswerkzeug des Geistes defekt. Darum kann der Geist nicht in vollkommener Weise offenbart werden. Es gibt aber noch andere Aspekte, die auf einer anderen Ebene liegen, die uns zu der Annahme führen, daß es sich um Geisteskrankheit handelt. Weil ausschließlich vom physischen Körper ausgegangen wird, sagt man, der Patient sei geistesgestört. Wir wissen noch zu wenig oder nichts von unserem wahren Wesen und sehen nur den vergänglichen Körper als einzige Realität an. Diese Annahme muß zu Denkfehlern führen, und wir können es nicht begreifen, wenn immer wieder Schwierigkeiten auftauchen und wenn immer wieder Vorkommnisse eintreten, denen wir einfach nicht beikommen können, denen wir nicht gewachsen sind. Sie geschehen, weil wir nicht wissen, daß wir Seele sind und nicht erkennen, daß *Körper, Seele* und *Geist* in diesem Leben eine *Einheit* sind und zusammenwirken. Es gibt keine eigene Funktion des einen oder anderen Aspektes unserer augenblicklichen Ausdrucksform. Immer wirken sie zusammen. Das sollten besonders Ärzte, Psychologen und Priester wissen.

Wie alle in uns liegenden feinen Sinne Aspekte unserer Seele sind, so ist das *Bewußtsein* ebenfalls der *Seele* zugehörig. Hätten wir kein Bewußtsein, könnten wir nichts in Erfahrung bringen. Bewußtsein ist nicht identisch mit Verstand, es ist die ewige geistige Kraft unserer Feinstofflichkeit. Unser Bewußtsein ist immer gegenwärtig, auch wenn der Körper schläft. Es ist die stets wachende und zu höchster Vollendung entwicklungsfähige Geistkraft in uns. Wie wir Seele sind, so sind wir auch *Bewußtsein.* Sie gehören zusammen. Ohne Bewußtsein könnten wir unsere spätere Daseinsform auf einer anderen Ebene auch nicht erfahren. Wer versteht und wem klar wird, daß er Seele und Bewußtsein ist, wird den physischen Tod nicht fürchten, weil er weiß, daß es für ihn keinen Augenblick eine Unterbrechung im Lebensstrom gibt und er nur die Form wechselt. Denken wir doch an Puppe und Schmetterling! Es gibt nur ein Abstreifen der physischen Hülle. Es ist logisch, daß, wenn die Lebenskraft, wenn *Seele* und *Bewußtsein* den Körper verlassen, dieser in einem leblosen Zustand zurückbleiben muß und schließlich ganz verwest. Man sollte sich nicht vom jämmerlichen Zustand eines Körpers beeindrucken lassen oder gar vor ihm erschrecken. Wir sollten zu erfassen versuchen, was dieser Mensch, dieses Wesen in Wahrheit und Wirklichkeit ist: eine gesunde, geistige Wesenheit, die nur ihre Form zu wechseln bereit ist und die dann vollbewußt weiterleben wird, viel klarer, leichter und weitschauender als vorher, da sie in der Erdgebundenheit noch in einem physischen grobstofflichen Körper war. Wenn wir so darauf vorbereitet sind, erleben wir den Übergang in eine andere Dimension ganz bewußt. Wer sich mit diesen Gesetzmäßigkeiten nicht auseinandersetzt, wer vielleicht gar nicht an eine weitere Existenz glaubt, weiß diesen Vorgang nicht einzuordnen, trotzdem er ihn bewußt erlebt.

Es ist eine große Tragik, in Unwissenheit zu leben und mit aller Kraft an diesem Körper festzuhalten, auch wenn er gebrechlich geworden ist und uns Mühe und Pein bereitet.

Denken wir wieder an den Schmetterling, wie er sich abmüht, die einengende Form abzustreifen. Wir wehren uns dagegen, den Körper abzulegen. Der Schmetterling ist, wie jedes Tier, in die schützende Hülle göttlicher Gesetze eingebettet, trägt diese Gesetze in sich und handelt danach. Wir nennen das Instinkt. Das Tier ist darum in den Schutz der Gesetze eingehüllt, weil es noch kein voll bewußtes Wesen ist, ein Wesen ohne Willensfreiheit. Es wäre doch ein grausamer Schöpfer, wollte er seine unmündigen Wesen schutzlos der Evolution ausliefern; denn alles Leben stammt aus der einen göttlichen Quelle und geht einen großen Entwicklungsweg.

Der Mensch ist dem Tier gegenüber ein voll bewußtes Wesen, das durch Willensfreiheit selbst entscheidet und darum auch für sich und sein Tun verantwortlich ist. Die geistigen Gesetze sind keine Verbote. Sie sind im Gegenteil eine große Hilfe für uns und zeigen uns den Weg zur Wahrheit. Sie sind Stufen, die uns zu immer höheren und erhabeneren Erkenntnissen führen.

Das Interesse der Menschheit für das Leben nach dem Tode wächst zusehends. In einer durch Fernsehen, Radio und Presse wissenschaftlich aufgeklärten Zeit ist es kaum noch denkbar, daß ein erwachter Mensch glauben kann, mit dem physischen Tode sei alles vorbei. Dann wäre jeder Tag, jedes Bemühen, jede Arbeit sinnlos. Wer einen Bezug zur Natur und zur Schöpfung hat, spürt den Atem eines unendlichen Schöpfers, fühlt das unendliche, unbegreiflich weise Walten, und wer sich in einen sternenübersäten Himmel vertieft, dem wird bewußt, daß hier eine für uns unvorstellbar hohe Intelligenz am Werke ist.

Der Mensch muß lernen, daß er in seiner Begrenztheit nur sehr wenig erfassen kann, wenn er sich nicht daraus erhebt. Er sollte aber auch wissen, daß in ihm als *Seele* alle Anlagen sind, die das Begrenzende überwinden können um Grenzenlosigkeit zu erfahren. Das ist nicht unmöglich. Wenn wir durch geistiges Wissen eine Bewußtseinserweiterung erreichen, schwinden unsere Begrenzungen. Dann können wir für unser Leben stets die richtigen Entscheidungen treffen, die keine Fehlschläge und Irrtümer mehr zur Folge haben.

Der seelische Bereich ist mit diesen Darlegungen noch lange nicht erschöpft.

Auf dem geistigen Gebiet muß man behutsam vorgehen und auch praktizieren, was praktizierbar ist. So fügt sich immer ein Mosaiksteinchen zum anderen, und jedes trägt zur Vollendung des Bildes bei, das *Licht* in unsere Unwissenheit bringt, damit auch wir einst die *Wahrheit* erkennen und diese uns frei macht.

Wir sind ewiges, unsterbliches Bewußtsein

Wir leben in einer Zeit geistigen Erwachens. Ein Weltbild, geprägt vom wissenschaftlichen Materialismus, löst sich langsam auf und mit ihm die daraus hervorgegangenen Irrtümer. Sie sind mit dafür verantwortlich, daß auf dem Planeten Erde chaotische Zustände herrschen und die Menschheit in ihrer geistigen Aufwärtsentwicklung kaum weitergekommen ist.

Seit der Mensch vom Baum der Erkenntnis gegessen, wurde das Paradies verriegelt. Er mußte einen langen Weg durch geistige Irrtümer wandern, um wieder eine Tür zu ihm zu finden. *Selbsterkenntnis, Liebe, geistiger Fortschritt* und *Bewußtwerdung*, daß er ein Geschöpf des Höchsten Geistes ist, könnten die Pforten wieder öffnen.

Wir haben die Früchte vom Baume naturwissenschaftlicher Erkenntnisse gekostet, die uns zunächst schmackhaft und wunderbar erschienen. Langsam stellen wir aber fest, daß jene Süße entbehrt wird, die sie anfangs zu haben versprachen. Manche von ihnen sind unbekömmlich, und es sind sogar giftige darunter. Was der hochgezüchtete Verstand als „Fortschritt" betrachtet, als Erweiterung des Weltbildes, brachte auf der anderen Seite Verkümmerung von Fähigkeiten, die den wahren Menschen betreffen, seine ewige, beseelte, geistige Wesenheit.

Zur Natur des Menschen gehört viel mehr als das, was durch Messen, Analysieren, Sichtbarmachen oder durch Experimente bewiesen wurde, was manchen philosophischen Weltanschauungen, Religionen und anderen Geistesrichtungen immer schon bekannt gewesen ist. Je größer aber die scheinbaren Erfolge der Naturwissenschaft waren, desto mehr verloren jene in ihrer geistigen Einstellung abweichenden Außenseiter an Ansehen.

Ein Denkgebäude, das auf Irrtümern beruht, muß einstürzen. Es begann zu wanken mit dem Umsturz im Weltbild der Physik, mit Plancks, Einsteins und Heisenbergs Erkenntnissen. Seither konnte man sich nicht mehr uneingeschränkt auf das Denkmodell der Naturwissenschaft stützen und berufen. Nun wird dieses Weltbild erneut erschüttert durch den Hirnforscher und Nobelpreisträger Sir John Carew Eccles, der auf dem Weltkongreß für Philosophie im August 1978 in Düsseldorf seine Fakten und neuen Entdeckungen auf dem Gebiete der Hirnforschung darlegte, die zu einer völlig neuen naturwissenschaftlichen Hypothese über den Zusammenhang zwischen *Geist* und *Materie* führt. Die wesentliche Aussage besteht darin, daß *Bewußtsein* grundsätzlich als vom Gehirn *unabhängig*, als etwas *außerhalb des zentralen Nervensystems Existierendes* angesehen werden muß, das mit dem entsprechenden Organ, dem *Gehirn*, wohl aber in Wechselbeziehung steht. *Somit ist das Gehirn ein physisches Offenbarungswerkzeug für etwas von ihm Unabhängiges, Außenstehendes, einer in sich selbst gegründeten Seinsform.*

Der Australier, Sir John Carew Eccles, der diese bedeutungsvolle Erkenntnis erarbeitete, ist einer der angesehensten Hirnforscher unserer Zeit, der 1963 den Nobelpreis für Medizin in Empfang nehmen konnte.

Was für Konsequenzen können aus seiner Hypothese gezogen werden? Die Deutung des wissenschaftlichen Materialismus, der *Bewußtsein* nur als Produkt von Gehirnprozessen versteht, ist damit naturwissenschaftlich widerlegt. Das Bewußtsein ist letztendlich auf keinerlei organische Substanz oder Funktion rückführbar. Der *Geist* steht dem *Gehirn* als etwas *Unabhängiges* gegenüber.

Bewußtsein ist, nach Eccles, eine in sich selbst gegründete *Seinsform.* Es ist der wohl wichtigste Teil des Menschen, der ihn eigentlich erst zum *Individuum* macht. Sein *Bewußtsein* gehört einer nicht materiellen Welt an.

Diese These an sich ist Jahrtausende alt. Sie erhält heute aber eine gewaltige Bedeutung, weil sie im Widerspruch zur Anschauung der meisten Wissenschaftler steht. Es bedurfte darum des Gewichtes eines namhaften und angesehenen Hirnforschers und Nobelpreisträgers und seiner überzeugenden Argumentation, daß solch eine Aussage überhaupt akzeptiert wird. Seine Erkenntnis läßt den Gedanken an eine *vom Körper unabhängige Existenz über den physischen Tod hinaus zu.*

Diese These führt über die engen Grenzen einer materialistischen Wissenschaft hinaus in Bereiche, die es dem Menschen möglich machen, wieder einen Sinn in seinem Leben zu erkennen. Wenn Eccles Entdeckung in Zukunft gelehrt und zum allgemeinen Wissensgut wird, wird eine bedeutsame geistige und ethische Aufwärtsentwicklung der Menschheit sich daraus ergeben.

Wenn das angebrochene geistige Zeitalter wahrhaft Einzug halten will, und das tut es, weil die kosmische Uhr, die grandiose Zeiträume anzeigt, nicht stehenbleibt, *mußte diese Entdeckung gemacht werden.* Sie wird noch manchen Irrtum aufdecken, der dadurch entstand, weil das Fundament, worauf aufgebaut wurde, eine rein materialistische Grundlage hatte. Die Forschungsarbeiten haben also ergeben, daß *Bewußtsein* immaterieller Natur und unabhängig von Zeit und Raum ist. Auf jeden Fall gibt die Erkenntnis Eccles, wenn sie voll verstanden wird, die Gewißheit, daß es keinen *Tod* des Bewußtseins und kein *Ende* unserer Existenz gibt, sondern nur ein Ablegen des physischen Körpers. Da das Bewußtsein eine vom Körper getrennte Seinsform ist – man nennt diese in nicht wissenschaftlicher Sprache auch *Seele* – gehört es nach Ablegen des Körpers einer nicht materiellen, einer feinstofflichen Welt an. Ob wir diese feinstoffliche Welt Himmel, höhere Sphäre oder Ebene nennen, ist gleichgültig.

Der physische Körper ist der Verwesung anheim gestellt, das wissen wir. Unsere wahre Individualität, eine von ihm unabhängige in sich selbst gegründete Seinsform als eine bewußte geistige Wesenheit, ist unsterblicher Natur.

Gott schuf den Menschen nach *seinem* Bilde, heißt es in der Schöpfungsgeschichte. Da *Gott* nicht Materie ist und wir nach seinem Bilde geschaffen sind, kann unsere wahre Natur auch nicht materieller Art sein. Wir *sind* Seele und *haben* einen Körper. Wir können nur *ohne den Körper* in jene nicht materielle Welt jenseits von Zeit und Raum eingehen. Sobald sich unser Bewußtsein, das ja auch eine Energieform darstellt, als unabhängige Seinsform aus dem Körper löst, wodurch dann erst alles Leben aus ihm entweicht, hat er seine Aufgabe für diese Existenz erfüllt. Er hat für das Erdendasein unserer wahren Individualität nur als eine *Hülle* gedient, um hier existent sein und wirken zu können. Der Weg der Evolution geht nach Ablegen des Körpers auf einer anderen Ebene weiter, die wir mit dem Bewußtsein genau so real erleben wie die irdische.

Da die meisten Menschen sich mit ihrem physischen Körper identifizieren, können sie auch nicht erfahren, daß sie ein ewiges, beseeltes, geistiges Wesen sind, das einer anderen Welt und Dimension zugehörig ist. Darum lebt ein großer Teil von ihnen in der Vorstellung von Anfang und Ende des „Lebens" in Angst, Panik und Depressionen.

Ein geistiges Gesetz lautet „Läßt jemand eine Idee der Trennung von *Gott* seine Aufmerksamkeit und damit seinen Geist in Anspruch nehmen, so beginnt sich ein entsprechender Zustand in seiner Welt darzustellen, der bewirkt, daß er sich als Wesenheit empfindet, die von ihrem Ursprung abgesondert ist. Er lebt dadurch in der Getrenntheit und der Vorstellung, er habe Anfang und Ende. Doch das Bewußtsein des Einzelwesens ist ewiger Natur."

Wer sich mit diesem Bewußtsein, mit seiner Seele identifiziert, ist sowohl auf der physischen als auch auf der geistigen Ebene zu Hause. Dazu bedarf es nicht erst des Ablegens des physischen Körpers. Wir haben solche Menschen überall, nicht nur im fernen Osten. Ich nenne einige aus dem Europäischen Raum: Jacob Böhme, der englische Dichter Blake, Hildegard von Bingen und viele, die unter uns leben, aber nicht darüber sprechen. Gerade in heutiger Zeit leben mehr Menschen als je zuvor, die diese Befähigung haben.

Nachdem die ewige, individuelle Natur des Menschen durch einen namhaften Forscher entdeckt und eindeutig dargelegt wurde, sind meine folgenden Ausführungen über unsere *Individualität* aus einer anderen Sicht besser zu verstehen.

Ein *geistiges* Äon ist angebrochen. Die von Eccles gewonnenen Erkenntnisse und Entdeckungen machen es offenbar. Das Wassermann-Zeitalter ist über die Schwelle getreten und bringt gewaltige Veränderungen. Weil die Menschheit sich aber noch nicht in das kosmische Geschehen eingegliedert hat, erfährt sie die schmerzhaften Wehen der Evolution. Das *Sicheinreihen* in die kosmische *Ordnung* geschieht durch geistige und ethische Aufwärtsentwicklung. Dieser Weg führt zur immer stärkeren Bewußtwerdung der ewigen, unsterblichen Individualität des Menschen, die Harmonie, Frieden und allumfassende *Liebe* offenbart.

Darum kann die Erkenntnis Eccles für dieses Einschwingen in tiefere Erkenntnisse zur Rettung der Menschen, in geistiger wie in physischer Hinsicht, beitragen. Der Irrweg hat uns wertvolle Zeit geraubt, die nur *der* einholen kann, der bereit ist, den Sinn seines Daseins zu begreifen, nicht etwa von der Plattform seiner Vergänglichkeit gesehen, sondern aus der Sicht seines ewigen Bewußtseins. Dieser Prozeß gleicht einer Geburt, worauf man sich vorbereiten kann oder nicht.

Gott Dank leben auf unserem Stern schon viele Menschen, die dem kosmischen Geschehen geöffnet sind, und täglich werden es mehr, die sich dessen bewußt werden.

Mehr als zuvor hören wir von Bewußtseinserweiterung, Bewußtseinslenkung, Bewußtwerdung usf. Diese Aspekte gehören in diese Zeit. Sie mußten kommen.

Bewußtsein ist der Kern unserer ewigen, geistigen Wesenheit. Es ist unsere Individualität, ein Aspekt unserer Seele. Was wären wir ohne Bewußtsein? Ohne Vermittlung des eigenen Bewußtseins könnten wir uns in diesem Universum nirgendwohin bewegen. Ohne Bewußtsein könnten wir weder Freude noch Leid, Schönheit, Glück oder Liebe erfahren. Um diese zum Bestandteil unseres Lebens zu machen, ist ein individuelles Bewußtsein erforderlich.

Alles was geschieht existiert nicht für uns, während wir z. B. schlafen oder in einem unbewußten Zustand sind. Nichts kann empfunden werden in einer Zeit, da man sich seiner selbst nicht bewußt ist. Bewußtsein ist eine ganz persönliche Tätigkeit unserer Individualität. Es begleitet uns von der Geburt bis zum Übergang in unsichtbare Bereiche und verläßt uns nie und nimmer, wo wir auch sein mögen. Darum erleben wir alle Stufen der Evolution in einem *ganz bewußten Zustand.*

Wenn der Mensch gelernt hat, seine Existenz als *Ganzes* zu sehen und sie nicht in unbedeutende Fragmente zerteilt, welche durch die vorübergehenden Stationen von Geburt und Tod verknüpft sind, dann wird er seine Lebensenergie auf die Entfaltung seines Bewußtseins anwenden und seine Kraft der Entwicklung seiner höheren Natur widmen. Die Strahlung des Bewußtseins variiert entsprechend der Qualität der Gedanken und Gefühle, die das Leben formen. Durch Gebet, Meditation oder geistige Handlungen kann es zeitweise in höhere Schwingungen kommen, aber seine Qualität wird vom *Dauerzustand* der Gedanken und der Tätigkeit des täglichen Lebens bestimmt. Diese Schwingungen sind bestimmt für die Art aller Erfahrungen und auch für die Sphäre, in welcher das Bewußtsein während des Wachens und Schlafens wirkt. Das Bewußtsein ist also entscheidend dafür, wo der Mensch im Universum seinen Platz hat.

Zwei Menschen können auf diesem Plan Seite an Seite leben, dennoch kann einer von ihnen sich in einem hohen Bewußtsein befinden, während der andere fast nur im niederen Bewußtsein der äußeren Welt wirkt.

So leben manchmal zwei auf engstem Raum, in nächster Nähe zusammen, doch in der Schwingung ihres Bewußtseins sind sie weit voneinander getrennt, was dann häufig zu Komplikationen im Zusammenleben führt. Nicht selten ist dann der Ausspruch zu hören: „Er oder sie hat nicht meine Wellenlänge."

Wer sich mit seinem ewigen Bewußtsein identifiziert, übersteigt die Schranken einer Dimension, die Raum und Zeit heißt. Er kennt nur ein Ziel: alle Bemühungen anzuwenden, das Bewußtsein zu schulen, um die Schwingungen dadurch zu erhöhen. Wir sollten verstehen, daß der geringste unserer Gedanken, das geringste unserer Gefühle und jedes Tun, das unsere Aufmerksamkeit in Anspruch nimmt, die Sphäre bestimmt, in welcher wir von Augenblick zu Augenblick wirken.

Je höher die Bewußtseinsebene eines Menschen durch geistige Tätigkeit geworden ist, desto feiner wird sein Schwingungsbereich, wodurch jene feinen Sinne angesprochen und geweckt werden, die verborgen und brach in uns ruhen. Diese sind Offenbarungswerkzeuge geistiger Kräfte. Je feiner der Schwingungsbereich ist, desto mehr hat der Mensch die Möglichkeit, geistig zu wirken, und nach und nach dringt er in transzendente Ebenen seines ewigen Bewußtseins vor. Wir sollten uns nicht sträuben, Blicke in jene Bereiche zu tun, die doch zu unserem wahren Wesen gehören.

Das Bewußtsein eines Meisters, in welchem nur Gedanken und Gefühle ethischer, höherer Natur existieren, schwingt sehr rasch, wogegen das Bewußtsein eines Menschen mit unvollkommenen Gedanken und Gefühlen langsam schwingt und dichter ist. Wollen wir mit einem Meister oder – was letztendlich unser Ziel ist – mit *Gott* eins werden, müssen wir durch bewußte Selbstkontrolle die Schwingungsfrequenz unserer Gedanken- und Gefühlswelten erhöhen und diese in eine Schwingung, die beispielsweise eine der des Meisters ähnliche Frequenz hat, erheben. Die Fähigkeit dazu ist in eines jeden Herz gesenkt, sie bedarf der bewußten Kontrolle und ständiger *Wachheit.* Wir sollten stets in der Wachheit des Geistes leben.

Als Christus einmal gefragt wurde: „Meister, was kann ich tun, um ewiges Leben zu erlangen?" sagte er nur zwei Worte: „Sei wachsam!" Damit meinte er, daß wir weder unseren Augen und Ohren, unseren Gefühlen noch sonst einer Funktion im Geistigen wie im Körperlichen erlauben sollen, uns in eine niedere Schwingung ziehen zu lassen. Das geschieht beispielsweise durch minderwertige Literatur, durch flache Gespräche, durch schlechte Gesellschaft, durch disharmonische Musik.

Das Bewußtsein reagiert entsprechend der Situation des Augenblicks. Wenn wir mit einer geistigen Verwirklichung beschäftigt sind oder andächtig beten, hebt es sich über alle negativen Berührungen und Disharmonien hinaus. Doch wie leicht wird es wieder durch die geringste innere und äußere Suggestion hinabgeführt.

Bis zu einem gewissen Grade vermögen wir es, die begrenzende Sphäre mit dem Bewußtsein zu verlassen. Wenn wir uns voll und ganz mittels Musik, Schilderungen oder Lektüre beispielsweise auf eine herrliche Landschaft konzentrieren, betreten wir für die Dauer eines Augenblicks jene Landschaft, durch deren Besuch im Geiste wir eine Bewußtseinserweiterung erfahren. Das Bewußtsein nimmt all die Schönheit auf. Die geringste Veränderung oder Bewegung im Physischen jedoch holt das Bewußtsein wieder in seine engen Grenzen zurück. Wir alle haben diesen Augenblick sicher schon erlebt.

Unser Bewußtsein ist unser unsterblicher Schatz. Es ist *der* Teil unseres Wesens, der den vielfältigen Wechsel von Inkarnationen und physischer Auflösung überdauert, und darum ist seine Entfaltung und Ausweitung die wichtigste Aufgabe.

Weil wir unsterbliches Bewußtsein haben, erleben wir auch alle Stationen unserer kosmischen Evolution, ganz gleich, ob wir uns im physischen Körper bewegen oder diesen abgelegt haben und auf einer anderen Ebene existent sind, *bewußt*. Das Bewußtsein ist immer dort, wo unsere Seele, wo unsere Feinstofflichkeit ist. Wem das ganz klar geworden ist, kann vor dem Ablegen des Körpers, dieser uns so begrenzenden Hülle, keine Angst und Scheu mehr haben.

Immer und immer wieder sollten wir unser Bewußtsein in Sphären der Vollkommenheit weilen lassen. Wir sind das, was unser Bewußtsein offenbart. Wir sind dort zu Hause, wo unser Bewußtsein weilt. Und jener Himmel nimmt uns auf, der unserem Bewußtseinszustand entspricht. Darum tragen wir das Himmelreich in uns, wie Christus sagte.

Unsere unsterbliche Individualität ist unseren grobstofflichen Augen nicht sichtbar, aber daß wir Bewußtsein haben, können wir nicht leugnen, denn ohne Bewußtsein könnten wir nichts in Erfahrung bringen, weder die äußere Welt, weder Liebe noch Glück und Leid.

Die Weisen und Meister des fernen Ostens z. B. erforschten seit Jahrtausenden die Tiefen des *Geistes*, wogegen der Abendländer die Materie untersuchte. Die Meister suchten in unermüdlichem Ringen nach dem Urgrund ihres Seins, um zu erfahren: „Wer bin ich, woher komme ich und wohin gehe ich?“ Ihr Bewußtsein erlebte eine Weitung, und sie bekamen die Urgründe ewiger Wahrheit zu schauen. Ihr sich daraus ergebendes Wirken ist jedoch für einen Materialisten unerklärlich. *Geheimnisvoll erscheint aber nur das, was nicht genügend erklärt ist.* Richtig verstanden erweisen sich alle ungewöhnlichen Geschehnisse als natürlich und im Einklang mit dem geistigen Gesetz.

Wenn wir den echten Bezug zu unserer wahren Natur haben, treffen wir unsere Entscheidungen mit der *Intuition* und nur zum Teil mit dem Verstand. Intuition ist die Quelle der Wahrheit, und darum sagt sie uns das Rechte. Sie kann sich nicht irren, weil diese andere Seinsform, wie Eccles sie nennt, die in der Sprache der Geisteswissenschaft und Yoga-Philosophie auch als das *Höhere Selbst* bezeichnet wird, Göttlicher Natur, Göttlicher Abstammung ist. Das Höhere Selbst gibt uns Antwort auf alle Fragen, wenn wir uns mit ihm identifizieren. Dieses ist ohne Zweifel nicht einfach, und es dauert eine geraume Zeit, bis wir den Prozeß des Umdenkens gelernt haben von Vergänglichkeit auf Unsterblichkeit. Wenn wir oft am Tage den Geist auf diese Tatsache richten, wird unser Leben manche Änderungen erfahren. Die Schwierigkeiten des Lebens verblassen nach und nach, weil die Aufmerksamkeit viel mehr auf das Wesentliche gerichtet wird. Krankheiten und Unbehagen schwinden, weil unsere Intuition so stark wird, daß wir nur aus ihr handeln und fühlen. Wir erfahren eine Bewußtseinserweiterung, die uns wiederum zu beglückenden Erkenntnissen führt. Keine Frage bleibt auf die Dauer ohne Antwort. Um dieses alles zu erfahren, brauchen wir täglich eine Zeit der Stille, um des Höheren Selbst gewahr zu werden. Am Abend, ehe wir uns zur Ruhe begeben, sollten wir alle Konzentration auf uns selbst richten und dieses immer wieder tief empfinden, daß wir nicht der Körper sind, sondern erleben und wissen, daß unser wahres Wesen ewiger Natur ist. Und dessen sollten wir uns dann auch am Tage erinnern, damit die Aufmerksamkeit mehr und mehr vom Körper abgezogen wird und wir uns immer tiefer in die eigene Wirklichkeit, in unser individuelles Bewußtsein einfühlen können.

Intuition ist ein Aspekt unserer wahren Natur, unabhängig von der Gehirnfunktion. Jeder hat sicher schon Erfahrungen darin gemacht, wenn auch unbewußt. Geht es um eine Entscheidung, so öffnen sich manchmal mehrere Möglichkeiten. Die erste Entscheidung kommt in der Regel aus dem Bereich der Intuition. Dann schaltet sich der Verstand ein und dieser sagt oft etwas anderes. Meistens folgen wir dem Verstand, und oft hat es sich erwiesen, daß dies nicht die rechte Entscheidung war, die getroffen wurde, und dann sagen wir: „Der erste Gedanke war der richtige." Es war aber nicht ein konstruierter Gedanke, sondern die Reaktion unseres Bewußtseins, das intuitive Impulse an das Gehirn als Offenbarungswerkzeug weitergegeben hatte. Wer eine enge Verbindung zu seinem Höheren Selbst hat und die geistigen Zusammenhänge und Gesetze kennt, arbeitet auch bewußt auf der mentalen Ebene, unabhängig von der Gehirntätigkeit, wie

Eccles es in seinen Forschungen darlegt. Nur jemand, der sich mit seinem höheren Bewußtsein identifiziert, kann die feinen Unterschiede erkennen, ob er auf der mentalen oder auf der physischen Ebene, also mit dem Verstand, arbeitet. Wer es vermag, auf der Ebene seiner höheren Seinsform zu arbeiten, dem bleibt keine Frage offen.

Um aber Antwort auf Fragen zu erhalten, ist es wichtig, daß man sich auf das höhere Bewußtsein konzentriert und sich durch einen rhythmischen Atem von störenden Gedanken befreit: denn um die Antwort aus dem höheren Bewußtsein zu erhalten, muß es ganz still in uns sein, um jene Sprache des Geistes zu verstehen.

Nach den Erkenntnissen Eccles dürfte es sich in manchen Fällen von „Geisteskrankheit" so verhalten, daß nicht der Geist, sondern das Gehirn als physisches Offenbarungswerkzeug des Geistes defekt ist. Ob Geist als Energieform überhaupt erkranken kann, muß nach den Erkenntnissen Eccles in Frage gestellt werden. Ein materiell ausgerichtetes Denken, das nur diesseitsbezogen ist und auf Vergänglichkeit aufbaut, muß zu unrichtigen Rückschlüssen führen. Aufgrund der Eccleschen Erkenntnis wird das in Zukunft sicher anders werden. Sie ist für die Entwicklung der Menschheit von noch unübersehbarer Bedeutung. Unter anderem führt sie zu der segensvollen Erkenntnis, daß Religion, Wissenschaft, Geisteswissenschaft und Philosophie in Zukunft keine getrennten Wege mehr gehen dürfen. Sie sind untrennbar und müssen Hand in Hand miteinander vorwärtsgehen, ohne daß eine die andere belächelt und nicht ernst nimmt, wie es bislang der Fall war. Dann erst kann für die Menschheit ein wahrer geistiger Fortschritt daraus erwachsen.

Wirkliche Intelligenz ist *Weisheit,* ist Erkenntnis aus unserem Höheren Selbst, aus unserem ewigen Bewußtsein, das niemals etwas Unrichtiges hervorbringen kann. Fehlerhafte Gedanken kommen von Eindrücken, die dem Verstand von der Außenwelt aufgezwungen werden.

Könnte der Mensch scharf unterscheiden zwischen den Gedanken seines Höheren Selbst und jenen, die durch die Scheinwelt der Sinne ausgeschickt werden, so könnte er alle Tätigkeiten seiner Erfahrungswelt, die Mißklänge und Unvollkommenheiten hervorbringen, vermeiden.

Das Chaos auf unserer Welt hat seine Ursache darin, daß der Mensch aus der *Einheit* von Körper, Seele und Geist herausgefallen ist. Durch das Eintauchen in die Materie ist nur die Verstandesseite, der Intellekt entwickelt worden und dadurch hat er sich von seiner ewigen Natur, von seinem Ursprung abgenabelt, die er mit seinem hochgezüchteten Verstand nicht zu erfassen vermag.

Wir müssen nachholen, was wir versäumten und zwar die geistig-seelische Seite unseres Seins wieder entwickeln. Ist dieser Aspekt mit der Verstandesebene in Einklang, dann ist der Mensch auch nicht mehr fähig zu töten, das gefährliche Spiel mit der Kernspaltung zu treiben, Waffen zu produzieren, Luft, Gewässer und Boden zu verseuchen usw. Dann würde er in Harmonie mit den Kosmischen Gesetzen leben und nicht gegen sie verstoßen. Die Natur versteht keinen Spaß. Sie ist immer wahr. Sie hat auch immer recht. Sie antwortet erbarmungslos auf die Irrtümer und Fehler, die die Menschen machen. Dieses spüren wir nun an allen Ecken und Enden.

Wir sind jetzt aber in eine Zeit geistigen Umbruchs und Durchbruchs gekommen. Sie läßt hoffen, daß der Mensch sich auf seine wahre Bestimmung besinnt, die sein Denken und Handeln in kosmische Bahnen führt, weg von der Vergänglichkeit. Er verläßt langsam die Plattform der Breite, um in die Tiefe zu kommen. Das erkennen wir daran, daß Meditation, Yoga und andere geistig weiterführende Richtungen unser Interesse in Anspruch nehmen.

Max von Laue, Deutscher Physiker, Direktor des Max-Planck-Instituts für Physik und Nobelpreisträger sagte:

„Die Naturforscher wollten *Gott* von Angesicht zu Angesicht sehen. Da das nicht möglich war, beteuerte ihre exakte Wissenschaft, daß es ihn nicht gebe. Um wie vieles sind wir Naturforscher bescheidener geworden! Wir beugen uns in Demut vor dem Übergroßen, vor dem Übermächtigen, dem ewig Unsichtbaren, dem niemals Erfaßlichen." Hinzugefügt werden sollte noch: solange wir ihn mit unseren grobstofflichen, dreidimensionalen, nach außen gerichteten Sinnen zu erfassen versuchen.

Gott ist eine geistige Wesenheit, der wir, um sie erfahren zu können, nur mit der gleichen Substanz, mit unserem ewigen Bewußtsein, einer vom Körper gesonderten Seinsform, begegnen können. Jeder Mystiker hat dieses erfahren, und ein jeder von uns kann das auch. Das lehren alle großen Menschheitsführer, und das lehrte auch Jesus Christus.

Die Wandlung, die wir Tod nennen

Das größte Abenteuer ist es wohl, sich selbst zu entdecken. Wer bin ich eigentlich?

In unserer Zeit scheinen viele sich aus der Enge hergebrachten dogmatischen Denkens zu lösen, weil sie fühlen, daß es keine Geborgenheit vermittelt, die sie als göttliche Geschöpfe ersehnen und auch beanspruchen können. Viele haben bisher nicht gefunden, was sie suchten, um auch mit sich selbst ins Reine zu kommen, um zu erfahren, was ist, wenn dieses Leben hier zu Ende geht.

Alle guten Eltern bemühen sich, ihr Kind auf das Leben vorzubereiten, ihm Wegweiser, Wegbereiter zu sein, damit es sich später im Leben besser zurechtfinden kann.

Um wieviel mehr können wir dem Schöpfer vertrauen, daß er unseren Weg nicht in unergründliche Geheimnisse hüllt. Er wäre wirklich kein liebender Vater, würde er uns ganz der Unwissenheit überlassen, würde er uns nicht zeigen, wie der Weg aussieht, der letztendlich zu ihm, zu dem uns bestimmten Ziel führt. Alle Regeln für das Spiel unseres Lebens hat er uns bekanntgegeben. Es liegt an uns selbst, ob wir diese erkennen lernen, denn Unwissenheit entbindet uns nicht von den Folgen, die wir bei ihrer Nichtbeachtung zu tragen haben. Das ist auf dem irdischen Plan ebenso wie auf dem geistigen.

Zu allen Zeiten hat es Weise, Propheten, Auserwählte und Lehrer gegeben, denen die Göttlichen Gesetze bekannt waren und die sich ausersehen fühlten, diese den Menschen weiterzugeben.

Wir könnten die ewigen Wahrheiten auch aus dem eigenen Höheren Selbst erfahren, wenn wir noch den Bezug zu unserem wahren, göttlichen Wesen hätten. Da wir ihn verloren haben, sind wir in eine Gottferne gerückt, und darum können wir auch nicht erwarten, daß der Geist der Erleuchtung über uns kommt. Wir haben uns aus der schützenden *Einheit* entfernt und die Welt in uns eindringen lassen. Zwar müssen wir in der Welt sein, aber sie soll uns nicht ausfüllen.

Mancher mag sagen, ja, wir sind nun mal hier in der Welt und müssen mit ihr fertig werden. Das stimmt! Aber wie werden wir denn mit ihr und unserem Leben fertig? Krankheit, Sorge, Unzufriedenheit, Disharmonie, Unfriede, Angst rings um uns her. Das alles erleben wir täglich. Unser eigenes Leben verläuft nicht so mühevoll, weil das Leben nun mal so ist, sondern weil wir uns und ihm gegenüber einen falschen Standpunkt haben. Wir identifizieren uns mit dem vergänglichen Körper, dadurch ist unser Verstand begrenzt. Wüßten wir um unsere wahre Identität, fühlten wir uns in erster Linie als geistige Wesenheit, so würden wir aus diesem erweiterten Bewußtsein heraus die Welt und das persönliche Leben besser meistern. Der Verstand würde von Göttlicher Intuition geleitet und könnte keine Fehlurteile und Fehlentscheidungen treffen, denn diese sind es, die uns in Schwierigkeiten bringen.

Das geistige Erwachen des Menschen ist die Basis für Selbstfindung. Er will nicht mehr blind glauben oder gar nicht glauben, sondern er will wissen und sucht eine Antwort auf die Fragen: „Wer bin ich, woher komme ich und wohin gehe ich?“ Wer fragt, bekommt auch Antwort. Das drückte Jesus Christus so aus: „Bittet, und ihr werdet empfangen, klopfet an und es wird euch aufgetan.“ Wer aber nicht fragt und nicht nachdenkt, kann auch keine Antwort bekommen oder gar eine Erleuchtung.

Die Frage nach dem Sinn unseres Daseins läßt sich nur in Verbindung mit dem Wissen um eine Existenz über den physischen Tod hinaus beantworten; denn ein Leben, angefüllt mit Arbeit, Mühe, Problemen, Krankheit und Schicksalsschlägen hätte wohl kaum einen Sinn, wenn danach alles zu Ende sein sollte.

Wenn wir einen Blick ins Universum tun, von dessen Ausmaß wir keine Vorstellung haben, und sich vor unseren Augen Milchstraßensysteme und Spiralnebel auftun, dann fällt es wahrhaft schwer, an Zufälligkeiten, an Vergänglichkeit und totalen Zerfall zu denken. Aus dieser Sicht muß auch der Mensch einen Platz in der Schöpfung haben und dem großen Evolutionsprozeß sinnvoll eingeordnet sein, stets am kosmischen Spiel beteiligt. Daß wir von Tod und Ende sprechen, wenn wir diese physische Ebene verlassen müssen, beweist nur, wie begrenzt wir im Denken und im Wissen sind. Aber wir selbst errichten uns diese Begrenzungen durch falsches Denken.

Wie in der Puppe schon die Anlage zu einem schönen Schmetterling liegt und dieser nach der Metamorphose sich abmüht, die begrenzende Hülle zu verlassen, um in einen sonnendurchfluteten Äther zu schweben, könnte doch in unserem physischen Körper auch schon die Anlage zu einem höheren Wesen liegen, und es wäre nicht richtig, von Tod und völligem Ende zu sprechen, wenn die große Umwandlung mit dem Ablegen des physischen Körpers geschieht.

Tod ist ein Wort, das es in dieser endgültigen Auslegung nicht geben dürfte. Es erschreckt all jene Menschen, die in geistiger Unwissenheit leben. Manche schieben den aufkommenden Gedanken beiseite, weil er ihnen unangenehm ist und Angstgefühle auslöst.

Viele Menschen sind an ihren Besitz gekettet und erleben im tiefsten Innern ein Unbehagen, ja eine Auflehnung, wenn sie daran denken, daß sie sich einmal von dem lösen müssen, was sie sich so mühsam erarbeitet haben. Sie wissen nicht, wann dieses Ereignis eintritt, ob heute, morgen oder erst in einigen Jahren. Und so richten sie ihr Leben aus, als seien sie ewig auf dieser Erde. So zu leben führt zu verzerrten Gefühlen und bringt keine reine Freude. Unbewußt befinden sich diese Menschen in ständiger Spannung und Angst, die sich auf den physischen Körper und auf die Seele auswirken.

All unsere Gedanken und Gefühle drücken sich in Schwingungen, Vibrationen aus, die im Gefüge des Körpers wie eine Niederschrift zum Ausdruck kommen und damit für die Beschaffenheit unseres Zustandes ausschlaggebend sind. Diese Niederschrift wirkt wie die Arbeit eines Bildhauers, der seine Gedanken, Ideen und Vorstellungen in seinem Kunstwerk darstellt.

Ein Mensch, der nicht den rechten Bezug zum Sinn seines Lebens hat und von Weg und Ziel seiner Seele nichts weiß, kann nicht in Harmonie leben. Es gibt immer wieder Ereignisse, die ihn aus seiner scheinbaren Harmonie herausreißen. Dies könnte z. B. eine schwere Krankheit eines nahestehenden Menschen sein oder der Tod eines lieben Menschen. Dann fühlt er sich elend und nicht mehr im Gleichgewicht, sein Innenleben ist in Unordnung geraten. Er kann selbst krank werden, empfindet Ängste und gar zu oft kommen Depressionen. Eine kürzere oder längere Zeit lebt er so in Spannung und leidet. Aber auf diese Weise zu leben ist nicht erstrebenswert. Resigniert zu sagen: „So ist dieses Leben nun mal“, ist zwar einfach, aber unerfreulich und lüftet nicht den Schleier der Unwissenheit. So muß es nicht sein!

Wir haben die Möglichkeit, uns Klarheit über den Sinn unseres Daseins zu verschaffen und auch darüber, nach welchen Lebensgesetzen wir uns auf diesem irdischen Plan zu richten haben. Jede Religion gibt uns dazu wertvolle Hilfen, wenn wir tief genug in sie eindringen. Hier ist nicht die Meinung einiger Priester gemeint, die wenig Trost und Licht geben können. Ein Priester kann auch nur das vermitteln, was er selbst empfindet und wozu er sich durchgerungen hat. Wer beharrlich forscht und sucht, bekommt eines Tages Antwort, und die sicherste Antwort liegt in uns selbst. Wenn es still genug in und um uns geworden ist, wenn wir es vermögen, in die eigene Tiefe, in unsere Seele einzutauchen, kommen wir zum Quell der Antworten. Weil die heutigen Menschen aber hauptsächlich nach außen leben, ist der Zugang zu unserem Göttlichen Selbst versperrt. Wie sollten wir dann einen Bezug zu unserem wahren, ewigen *Sein* bekommen?

Was wir Tod nennen, ist nur ein Zurückziehen Göttlicher Energie aus dem physischen Körper, der dann den Weg alles Stofflichen geht, ein Zurückziehen der Seele aus dem Körper. Er war auf diesem Plan die Hülle für unsere Seele, damit sie hier wirken konnte, um die Dinge zu lernen, die sie sich nur auf dieser Ebene aneignen kann. Wem das in einer Lebensspanne nicht geglückt ist, dem wird nach dem kosmischen Gesetz erneut eine Möglichkeit gegeben, sich weitere Kenntnisse zu erwerben. So dient der physische Tod wirklich nur unserer geistigen Entwicklung, weil er der Seele die Möglichkeit gibt weiterzuschreiten, um allmählich höhere Freiheit zu gewinnen. In dieser höheren Freiheit auf einer anderen Daseinsebene lebt sie vollbewußt weiter. Bewußtsein ist nicht nur ein Aspekt unseres physischen Körpers, sondern ebenso und primär einer unserer Seele. Beim phys. Tod zieht sich das Bewußtsein mit der Seele aus dem Körper zurück, und die Wesenheit lebt bewußter als vorher in einer Sphäre, die ihrer Beschaffenheit angepaßt ist.

Jede Seele geht ihren ganz individuellen Weg der Entwicklung, den sie sich allein suchen muß. Niemand kann einem anderen eine Wegstrecke abnehmen, wohl aber eine Hilfe sein. Das Miteinandergehen *hier* ist ein vorübergehender Zustand. Er ist wie eine Schule, die einmal verlassen wird, wonach dann jeder Mitschüler seinen Weg ins Leben allein gehen muß. Das sollten wir uns alle klar machen und anerkennen, wenn einst der Tag kommt, da die Entwicklung auf der physischen Ebene beendet ist und die Seele auf einer anderen weitergeht, um der Vollendung entgegenzureifen.

Wenn wir um unser Ziel wissen und erkannt haben, daß jede Seele auf dem Weg zur *Vollendung* ist und unsere Wege uns mit unseren Weggenossen auf höherer Daseinsebene wieder und wieder zusammenführen, weil es in der ganzen Schöpfung nur *Einheit* und keine Trennung, aber ständige Fortentwicklung gibt, dürfte uns der eigene physische Tod und der unserer Lieben nicht so erschrecken, da er doch nur zu einer vorübergehenden Trennung auf der irdischen Ebene führt, bis man sich auf einer höheren wieder begegnet. Das ist eine *Metamorphose,* die jeder durchmachen muß. Ein Festhalten an einem Zustand wäre ein Stillstand in der Entwicklung. Was wir Tod nennen, ist aus dieser Sicht eine notwendige Gelegenheit, die Seele von den Mißklängen der Erde zu befreien.

Die Verkörperung auf Erden hat den Sinn, den Menschen durch Leid und Erkenntnis seiner Vollendung näher zu bringen, bis er sich seiner Gotteskindschaft wieder voll bewußt geworden ist und gelernt hat, nur dem „Ewigen Gesetz der Liebe und des Lebens“ zu dienen. Dieses ist es, was ihn schließlich vom Kreislauf der Geburt, des Todes und der Wiederverkörperung erlöst und alle Fragen des menschlichen Daseins entschwinden läßt. An ihre Stelle wird die Freude sich ewig ausweitender Entwicklung treten. Schöpfung ist immerwährende Bewegung und Evolution, ein selbsttätiger Strom sich stets erweiternder Vervollkommnung.

Trauer und Gram über den Tod eines geliebten Menschen steht dem geistigen Weiterschreiten beider im Wege. In Wirklichkeit sind das

Auflehnen und die Trauer ein Aufbäumen gegen die Gesetze der Evolution, damit gegen *Gott* und im Grunde meist Selbstmitleid.

Wenn es die wahre Liebe ist, die uns erfüllt, dann sollten wir uns nicht grämen, da der Heimgegangene doch nun an einem besseren Ort als dem bisherigen ist. Er hat dieses irdische Leben mit seiner Enge überwunden. Erfüllt uns die wahre Liebe, die Göttliche Liebe, dann wird sie nie aufhören und wird uns nach dem Gesetz zur rechten Zeit wieder zu ihm hinführen, den wir lieben und immer lieben werden; denn die echte Liebe, die selbstlose, kennt keine Trennung.

Die in Liebe geknüpfte geistige Verbindung ist eine große *Kraft,* die es möglich werden läßt, das geistige Nahsein unserer Lieben zu fühlen. Und wenn wir still genug werden, vermag diese verwandelnde Kraft es, die Tätigkeit unserer groben Sinne zu erhöhen, auszuweiten, so daß wir auf mentaler Ebene in Kommunikation mit den Lieben treten können. Es gibt viele Menschen, denen das möglich ist. Diese Kommunikation ist nichts anderes, als die völlige Anerkennung des Gesetzes der Einheit in der ganzen Schöpfung. Unsere Verstandestätigkeit und unsere Skepsis dem gegenüber, was die nichtmaterielle Ebene des Lebens betrifft, sind die trennenden Faktoren. Wären wir uns zu allen Zeiten unseres Göttlichen Selbst bewußt und lebten wir stets mit dem Göttlichen in Harmonie, könnten wir nur Vollkommenes offenbaren und erleben.

In allem was wir denken und tun, sollte unsere Konzentration auf diese vollkommene Göttliche Gegenwart in uns ausgerichtet sein durch Bewußtwerdung und Anerkennung.

All unsere Tätigkeit nach außen richtet sich dann nach dem Gesetz des Lebens und der Liebe aus. Damit könnten wir nur *Harmonie* und *Einheit* zum Ausdruck bringen.

Der physische Tod ist nichts anderes als ein Vorgang einer großen und tiefen Umwandlung im Leben unserer Seele. Er ist die Brücke zwischen der sichtbaren und der unsichtbaren Welt. Er nimmt uns nur, was der Erde, der Vergänglichkeit angehört, nicht aber das, was wir uns durch Liebe und Erkenntnis errungen haben.

Was wir Tod nennen und so sinnlos fürchten und beweinen, ist nichts anderes, als der Flug der Seele in Göttliche Sphären. Das Sterben des Körpers ist die *Auferstehung* der Seele in der Welt des Geistes, denn die Seele ist unser wahres, ewiges Sein, das, von den irdischen Fesseln befreit, den Weg der Erkenntnis und Wahrheit schreitet, um zurückzukehren in die Göttliche *Einheit,* in den Schoß des *Vaters,* in den wir doch alle einmal einmünden sollen. Das ist das Gesetz des *Lebens.*

Wir haben nicht das Recht, einer Seele diesen Weg zu verwehren und sie an ihrer Höherentwicklung zu hindern, indem wir sie in irgendeiner Weise festzuhalten, an die Materie zu binden suchen. Es sollte unser ständiges Bemühen sein, den Weg aus der Zwiespältigkeit, Begrenzung und Trennung zu finden, damit wir uns in die ewige Harmonie und Einheit einschwingen können.

Wir sind nach dem Bilde *Gottes* geschaffen. Unsere wahre Natur ist unsterblich. Wenn wir an einen guten, liebenden, ewigen Schöpfer glauben, nach dessen Bilde wir geschaffen sind, so ist doch der Gedanke, daß unsere Feinstofflichkeit unvergänglich ist, nur eine logische Folgerung. Wie unbefriedigend wäre es für einen Schöpfer, wenn seine Geschöpfe sich mit dem physischen Tod in ein Nichts auflösen würden. Ein denkender Mensch kann das nicht glauben.

Es war Göttliche Liebe, die uns den physischen Körper gab. Wenn all diese Liebe an uns gewendet wurde, dürfen wir wohl mit Recht annehmen, daß wir ein wichtiger Teil der Schöpfung sind. Göttliche Liebe war es, die uns auf der langen Wanderung durch die Zeiten einhüllte, beschützte, belehrte und erhalten hat, auf daß wir einmal unseren Daseinsgrund erkennen.

Können wir ermessen, wieviel Liebe bis zum heutigen Tage in uns investiert wurde? *Sie* war es, die uns gehalten und getragen hat bis zu dem, was wir heute sind und offenbaren. Tief und innig sollten wir die Verantwortung fühlen, daß diese für uns aufgewendete Liebe nun erwidert werden muß. Es ist die Zeit gekommen, da die Menschheit sich aus ihrer Verblendung, ihrer Ichbezogenheit erheben muß, um den Weg der Evolution zu erkennen, der in der geistigen, ethischen und moralischen Entwicklung jedes einzelnen liegt. Der Tag ist nah, an dem jeder aus ehrlichem Herzen und in Selbstaufgabe vor dem großen kosmischen Geist sein Haupt ehrfurchtsvoll und in tiefempfundener

Dankbarkeit beugen sollte. Freudig möge er die Verantwortung auf sich nehmen, seinen Göttlichen Plan jetzt zu erfüllen, wofür ihn Liebe seit Äonen erhalten hat. Groß wird einst die Stunde für jedes Wesen sein, wenn es in voller Erkenntnis und Freiheit vor seinen Schöpfer hintreten und ihm, in Liebe sein erfülltes Leben darbringend, sagen kann: „Unendlicher *Geist, Vater* meiner Seele, ich bringe *Dir* mein Leben, *Es ist vollendet!*"

Wassermann-Zeitalter

Daß wir in einer aufregenden Zeit leben, wird niemand bestreiten können. Es mußte wohl erst zu den jetzigen chaotischen Zuständen kommen, um die Menschheit aus ihrer tiefen Erstarrung im Materialismus wachzurütteln. Und ganz allmählich wird sie sich des bedeutsamen Schrittes bewußt, dem sie nicht auszuweichen imstande ist, dem Schritt ins Wassermann-Zeitalter, einem geistigen Äon. Aber noch ganz benommen von den Auswirkungen des Materialismus, wird sie diesen Schritt nicht tun können, ohne Hilfe und Schulung für ein höheres als das bisher verfügbare Wissen. Eine Reihe von neuen Lehren, die manchmal so alt sind wie die Menschheit selbst, neu, weil jetzt wieder entdeckt, stehen ihr plötzlich zur Verfügung, und manchmal ist es nicht einfach, die Quellen zu entdecken, die einen unerschöpflichen Reichtum von Wahrheiten hervorbringen, die in geradezu revolutionärer Weise eine Weitung des menschlichen Bewußtseins hervorrufen.

Dennoch wird die Menschheit noch einen langen und beschwerlichen Weg zurücklegen müssen, ehe sie die grandiose Entwicklung erkennen kann, die vor ihr liegt. Es ist offensichtlich einfacher, die Füße auf den Mond zu setzen, als den Himmel im eigenen Innern zu finden.

Durch physisch und geistig unvernünftige, um nicht zu sagen oftmals primitive Denkweisen, haben wir uns das Wertvollste rauben lassen: den Anschluß an unsere Lebenskraft. Nur ein höheres Wissen kann den Regenerierungsprozeß erfolgreich herbeiführen.

Der Planet Erde und die Menschheit auf ihm befinden sich in einem Zustand der Transformation für ein geistiges Äon, das Wassermann-Zeitalter, das schon über die Schwelle getreten ist. Wäre die Menschheit nicht in die Sackgasse des Materialismus geraten, hätte sie ihm wissend und freudig die Tür öffnen können. Da dieses aber nicht geschah, bleiben ihr die Folgen eines verspäteten Erwachens nicht erspart, was die außerordentlich kritische Zeit zeigt.

Um überhaupt den eigenen Standpunkt und den der Menschheit und des Planeten zu erkennen, ist es erforderlich, die Aufmerksamkeit und den Blick in kosmische Räume zu erheben. Der Evolutionsprozeß wird nicht vom menschlichen Verstand gesteuert. Er ist die Folge von Auswirkungen kosmischer Gesetzmäßigkeiten, in die alles Leben ohne Ausnahme eingeschlossen ist.

Unser Stern Erde, auf dem wir leben, ist eine Welt unter Milliarden Welten im Kosmos. Jede ist eine kosmische Zelle in der unermeßlichen Schöpfung. Alle diese Welten stehen in Beziehung zueinander, auch wenn unvorstellbar weite Räume sie scheinbar trennen.

Die ganze Schöpfung befindet sich in einem fortwährenden Evolutionsprozeß, und alles Leben, ob grobstofflicher oder feinstofflicher Art, ist ihm unterworfen.

So steht auch die Menschheit jetzt in diesem Werdeprozeß. Ihre Entwicklung sollte mit der des Makrokosmos in Harmonie verlaufen. Das heißt, sie (die Menschheit) sollte sich bewußt der großen Evolution anschließen durch persönliche Entwicklung jedes einzelnen. Wählt sie aber einen anderen Weg, wirkt sich dies entwicklungshemmend aus, und bittere Erfahrungen werden ihr dann nicht erspart bleiben.

Daß wir jetzt in einer besonderen Zeit leben, in der auf unserem Planeten viel geschieht, spüren wir alle. Wir fühlen auch, daß sich auf unserer Erde viel ändern muß. Diese Änderung kann sich aber nur dann vollziehen, wenn jeder an seinem Platz sich darum bemüht durch *Bewußtseinsänderung.* Wenn dieses geschehen soll, *muß jeder bei sich selbst beginnen,* denn wir können keine Wandlung, weder von den Politikern noch von den Kirchen, erwarten, wenn wir nicht gewillt sind, uns selbst unter die Lupe zu nehmen, nach neuen Erkenntnissen zu suchen und sie nach außen wirksam werden zu lassen.

Man spricht vom *Wassermann-Zeitalter,* vom Durchbruch zu einer neuen geistigen Ära. Was ist damit gemeint? Wie ist das zu verstehen? Und was bedeutet dieser neue Aspekt für den Einzelnen? Ist der Einzelne überhaupt davon betroffen und inwieweit? Wenn mancher auch gleichgültig denkt, das ginge ihn alles nichts an, weil er sein Leben in der gewohnten Weise weiterleben möchte, um möglichst leicht und ungeschoren davonzukommen, so hat er sich sehr geirrt. Als kleine

Zelle im großen Verband ist auch der Einzelne wichtig. Er kann sich nicht ausschließen. Er ist immer am Geschehen beteiligt. Und unser Planet ist wiederum, wie schon gesagt wurde, eine Zelle im Makrokosmos.

Es kommt auf unser Bemühen an, ob wir gute oder weniger gute Schwimmer im Strome der Schöpfung sind, ob wir untertauchen, obenauf schwimmen oder auf der Strecke bleiben.

Um unsere Aufgabe im Schöpfungsplan erkennen zu können, müssen wir unser Bewußtsein kosmisch, universell ausrichten, damit wir aus der Enge bisherigen Denkens herauskommen und uns nicht nur als Kinder dieser Erde fühlen, sondern als Kinder des *Kosmos*, denn die Sehnsucht und der Wunsch der Menschheit ist es doch, die anderen Welten zu erforschen und kennenzulernen. Das allein ist schon eine Entwicklung, die uns erkennen läßt, daß sich das Bewußtsein aus bisherigen Begrenzungen erheben möchte.

Diese Entwicklung paßt in das Bild der Evolution, denn unser ganzes Planetensystem ist in eine Phase gewaltiger Veränderungen eingetreten. Ich möchte einen Absatz aus Dr. Sumners Büchlein „Vom kommenden goldenen Zeitalter" zitieren:

„Alle Planeten befinden sich in einem Werdeprozeß, durch den sie zu hohen Sonnen herangebildet werden, die ihrerseits neue Welten gebären, und diese werden dann ihre sie umkreisenden Satelliten. Sie steigen zyklisch durch zunehmende Schwingungsfrequenz in immer höhere Herrlichkeitsphasen auf. Und in demselben Maße, in dem sie sich höher entwickeln, entwickelt sich auch alles Lebendige auf ihnen empor, wird veredelt und erhöht, indem es stets Schritt hält mit der Entwicklung des Planeten. Alles Lebendige, dem das nicht gelingt, wird aufhören zu bestehen und zwar durch Absonderung. Sowohl das sichtbare als auch das unsichtbare Universum, und alles was darin ist, bewegt sich fortgesetzt erhabenen, geistigen Zielen entgegen und alles, was nicht in Harmonie mit diesen Lebensgrundlagen und Tendenzen ist, muß ausgemerzt werden, damit der Fortschritt des Ganzen überschüttet und gesichert ist."

Soweit Dr. Sumner.

Durch die Berechnungen der Astronomen wissen wir, daß wir mit unserem Planetensystem in einem elliptischen Umlauf um eine Zentral-Sonne kreisen. Dieser Umlauf dauert 25857 Jahre. Wieviele Zentral-Sonnen es gibt und wieviele Planetensysteme existieren, weiß kein Mensch, da uns das Fassungsvermögen für Unendlichkeit und Ewigkeit fehlt. In unserem Denken und in unserem Vorstellungsvermögen sind wir zeitlich und räumlich begrenzt. Man bezeichnet eine einmalige Umwanderung von 25857 Jahren als einen Weltentag. In der fernöstlichen Philosophie spricht man von „einem Tage Brahmans".

Während der Zeit einer solchen Umwanderung um unsere Zentral-Sonne durchlaufen wir 12 Weltzeitalter, die nach den 12 Tierkreiszeichen benannt werden. Durch den elliptischen Umlauf haben die einzelnen Weltzeitalter nicht alle die gleiche Ausdehnung, so daß längere und kürzere Perioden der jeweiligen Zeitalter entstehen. Ebenso variiert natürlicherweise die Intensität der Strahlungen aus der großen Zentral-Sonne, je nachdem, ob wir uns ihr nähern oder ob wir uns von ihr entfernen. Logischerweise steht jedes der 12 Weltzeitalter aufgrund dieser Ellipsenbahn unter einer anderen Einstrahlung, die sich auf unser System, auf unsere Erde und auch auf uns selbst auswirkt.

Es ist wohl notwendig, etwas über den großen *Tierkreis* zu sagen, damit das grandiose Geschehen uns verständlicher wird. Der Tierkreis ist die Handschrift des Schöpfers, die er ins Universum geschrieben hat. Im Laufe von vielen Jahrtausenden wurde sie von den Menschen entziffert und offenbart uns gewaltige, ewige Gesetze. Das Wissen, das ins Bewußtsein der Weisen und Vollkommenen dieser Erde gedrungen ist, jener Eingeweihten und Adepten, die an den Strom des Schöpfungsbewußtseins angeschlossen waren, hat für die gesamte Erdenmenschheit geltende Bedeutung.

Das Wissen um den Tierkreis ist schon bei allen frühen Völkern der Erde zu finden, obwohl es Zeiten gab, da Gebirge unübersteigbar waren und unendliche Steppen und große Meere sie scheinbar unüberwindlich voneinander trennten. Trotzdem lebten sie alle im Wissen um das große Lebensgesetz.

Der Tierkreis berichtet dem Eingeweihten von den Gesetzen des *Lebens*, und die 12 Bilder in ihm sind Symbole, die die Entwicklungsstufen des Lebensgeheimnisses ausdrücken und, auf den *Makrokosmos* ausgedehnt, die gesamte Evolution aufzeichnet. Den großen Weisen und Sehern der Frühzeit waren die Geheimnisse des Lebens offenbar. Sie haben die Verhüllungen gewählt, um das Tierkreis-Wissen, das Geheimnis des Lebens selbst, vor Profanierung zu schützen. Alles urewige Wissen wurde getarnt durch Symbole, weil diese Offenbarungen selbst den großen Weisen zu gewaltig erschienen. Sie erkannten die Lebensgeheimnisse und in ihnen den, der sie geschaffen hatte, den ewigen *Vater-Mutter-Gott,* die ewige *Gottheit.* Kein Wandel der Zeiten, kein Erdengeschehen und keine Wasserfluten haben es vermocht, das Wissen um die Geheimnisse, die aus dem Tierkreis zu lesen sind, auszulöschen.

Der Tierkreis hieß ursprünglich *„Tyr-Kreis"*, Kreis des unsterblichen Lebens. Später, als die alten Kulturen vergingen und die lebendige Verbindung mit dem *Geist* des *Kosmos* abgerissen war, wurde der Tyr-Kreis in den geheimnisvollen „Tier-Kreis" verwandelt. Wir wissen, daß er nicht nur Symbole von Tieren aufweist. Es sind auch Menschen dabei, Zwillinge, Wassermann, Jungfrau, Schütze, und auch ein Gegenstand, eine Waage. (Sterneder, Tierkreis)

Wir wollen die Zahl 12 etwas näher beleuchten. Warum 12 Weltzeitalter, 12 Zeichen des Tierkreises? Der Grieche Pythagoras erklärte die Zahl 12 für heilig. Die Frühmenschen teilten das Jahr in 12 Monate, nach den 12 Sonnenständen innerhalb des Jahres. Sie beobachteten bei der Pflanze innerhalb des Jahres 12 Entwicklungsstufen und nicht nur bei der Pflanze, sondern auch bei Tier und Mensch. Bei den letzteren erweitern sich diese Stufen entsprechend: Mikro-Kosmos und Makro-Kosmos basieren ebenfalls auf der 12-Gestuftheit. Moses teilte sein Volk in 12 Stämme auf, um die Zahl 12 und die Himmelsgesetze, die sich dahinter verbergen, zu ehren. Auf dem Brustschild der Hohen-Priester befanden sich 12 verschiedene Edelsteine. Christus wählte 12 Apostel, denn auch er wußte um das Geheimnis des Lebens in der 12-Gestuftheit. Die Griechen verehrten 12 olympische Götter, die nichts anderes waren als die Personifikation der 12 Tierkreiskräfte. Man könnte die Aufzählung der 12-Gestuftheit noch weiterführen.

Nun aber zurück zu unserer großen Umwanderung um die Zentral-

Sonne. Jetzt in unserer Zeit haben wir die Einstrahlung des Sternbildes *Fische* genannt verlassen. Das „Fische-Zeitalter" ist, geistig gesehen, ein niederes Zeitalter, und wir haben uns in das des „Wassermannes" begeben, das das höchste von allen sein soll. Die Schwingungen des Fische-Zeitalters z. B. entsprechen denen von Infrarot mit 15 Trillionen Schwingungen pro Sec., während die Schwingungen des „Wassermannes" denen des Ultra-Violett entsprechen, die 75 Trillionen Schwingungen pro Sec. aufweisen. Sie sind also 5 × höher als im vergangenen Zeitalter. Nun sind wir auch noch an den äußeren Bereich der „Goldenen Strahlung" gekommen, die aus der großen Zentral-Sonne stammt. Sie sind die am stärksten umwandelnden aller Strahlen, mit denen die Erde während sämtlicher Zeitalter in Berührung kommt. Dieser ungeheure zweifache Einfluß ruft ein einziges Mal in jedem vollen Zyklus von 25 857 Jahren das wegen dieser starken goldenen Strahlen sogenannte „Goldene Zeitalter" hervor.

Es ist kein Zufall, daß Christus im „Fische-Zeitalter" geboren wurde, dem geistig niedrigen. Die Menschheit brauchte einen geistigen Kometen, dessen Spur sie folgen sollte, um für das Wassermann-Zeitalter vorbereitet zu werden, um so unbeschadet wie möglich den Wechsel zu erleben. Seine Lehren sollen die Menschheit in ein höheres Bewußtsein führen. Das ist es, was wir für das Wassermann-Zeitalter brauchen, *Bewußtseinserweiterung* durch geistige Vervollkommnung. Dieses kann nur durch Zeiten langer Zubereitung geschehen. Generation auf Generation mußte darauf vorbereitet werden, um sich den langsam erhöhenden Schwingungen anpassen zu können. Jetzt ist auch die Zeit, von der die biblischen Propheten kündeten, da die alte Ordnung vergehen muß, um einer neuen, höheren Lebensordnung Raum zu geben. Jetzt ist die Zeit, „da alle Dinge neu gemacht werden." Das Leben einer Generation wäre selbstverständlich dafür viel zu kurz.

Die Erde ist also in die geistige Strahlung des Ultra-Violett, die aus 75 Trillionen Schwingungen pro Sec. besteht, eingetreten, und diese erhöhen sich mit fortschreitender Zeit ständig, bis sie in der vollen Strahlung aus dem Zeichen Wassermann stehen wird.

Wie wirken sich diese viel höheren Schwingungen auf den Menschen aus? Durch die neuen Einflüsse werden unsere *Sinne* empfindsamer für höhere Schwingungen aus der geistigen Welt, und dadurch wächst die Zahl derer, die der Telepathie, des Hellhörens und Hellsehens fähig werden. Wir erleben dieses doch fast täglich und werden auch durch Presse und Funk immer mehr mit diesen Phänomenen bekannt gemacht. Die Zahl der Unbekannten, die solche Fähigkeiten besitzen, ist aber viel größer. Wissenschaft und Geisteswissenschaft beschäftigen sich intensiv damit. Das Interesse und das Verständnis für Parapsychologie und Esoterik wachsen immer mehr.

Diese Entwicklung steht in völliger Übereinstimmung mit den weltlichen und geistlichen Prophezeiungen, die das Ende des Fische-Zeitalters betreffen: „Und ich werde meinen Geist ausgießen über alles Fleisch und eure Söhne und Töchter sollen weissagen, eure Ältesten sollen Träume haben und eure Jünglinge sollen Gesichte sehen. Auch will ich zur selben Zeit meinen Geist ausgießen über Knechte und Mägde...“, das wohl nichts anderes ausdrücken soll, als daß sich das Bewußtsein aller Menschen weitet.

Die feineren Strahlungen und höheren Frequenzen wirken sich so auf den Menschen aus, als wenn man eine schwache Birne einer höheren Voltzahl aussetzt. Deshalb gibt es viele Nervenkranke, die Opfer der höheren Frequenzen aus dem Kosmos sind. Denn gerade auf unser Nervensystem wirken sich diese Schwingungen und Strahlungen aus. Wenn wir *Wissende* wären, wenn uns kosmisches Wissen geläufig wäre, fühlten wir uns körperlich und geistig gesünder, weil wir dadurch eine Bewußtseinserweiterung erfahren würden und diese sich auch auf den physischen Körper auswirkte, da *Körper, Seele* und *Geist* eine Einheit bilden und diese drei Ebenen zusammenwirken.

Es wäre nicht richtig zu glauben, daß wir dem kosmischen Geschehen erbarmungslos ausgeliefert sind. Wie können wir uns aber den feineren Schwingungen anpassen, die unangenehme Folgen auf unser Nervensystem haben können?

Wenn wir erkannt haben, daß der Sinn des Daseins nur in der Aufwärtsentwicklung liegt, daß die ganze Schöpfung einem ständigen Evolutionsprozeß unterworfen ist, wird uns klar, daß die Menschheit umdenken lernen muß. Tut sie es nicht aus eigenem Impuls, wird die

Evolution sie dazu zwingen, sich anzupassen oder auszuscheiden. Beides kann sehr schmerzhaft sein.

Wir haben durch das Eintauchen in die Materie den Bezug zu unserem wahren, unsterblichen Wesen verloren, das Göttlicher Natur und nach Gottes Bild geschaffen ist. Viele von uns leben nur diesseitsbezogen und fühlen sich nicht als Kinder des Kosmos, geborgen in einer *All-Einheit,* eingehüllt in die kosmischen Gesetze. Aus dieser Sicht erkennen sie nicht den Sinn ihres Daseins und verfehlen den Weg, und das ist eine große Tragik.

Es gibt kein anderes Ziel für jedes Wesen, als das Göttliche Ebenbild, nach dem es geschaffen ist, wieder in die Realität zu führen. Das Gebot dafür lautet: „Werdet vollkommen“, wie Christus und die großen Menschheitsführer, die der Welt Wesentliches zu sagen hatten, lehrten. Strebt die Menschheit, strebt jeder Einzelne nicht danach, sondern bleibt in die niederen Eigenschaften weiterhin verstrickt, werden auf der Erde und im persönlichen Leben keine *Harmonie,* kein *Friede,* keine echte *Freude, Gesundheit* und *Aufwärtsentwicklung* zu verzeichnen sein. Das Chaos, der Unfriede, das Dunkle was geschieht, resultiert aus unrichtigem Denken und Handeln.

Geistige Entwicklung erfolgt aus Arbeit am Selbst und bedeutet, die niedere Natur zu überwinden. Das lehrt jede Religion.

Durch geistige Aufwärtsentwicklung kommt das atomare Gefüge unseres Körpers und unserer Seele in höhere Schwingungen. Durch eigene Vervollkommnung verbessern wir die Qualität der Seele und passen uns dadurch den höheren Frequenzen an.

Mit der großen Entwicklung in der Schöpfung schrittzuhalten, uns darin einzuschwingen, ist unser Weg. Wer ihm nicht folgt, rutscht geistig ab, bleibt dadurch in einer groberen Schwingung, und das Leben bereitet ihm keine echte Freude.

Wer süchtig ist, raucht oder trinkt, um Beispiele zu nennen, vergröbert seine Schwingung, weil Untugenden den Menschen geistig herabziehen. Er wird abhängig, krank, verkürzt sein Leben und geht oft elend zugrunde. Durch diese Fehlentscheidungen wird die Aufwärtsentwicklung blockiert.

Das Gebot der Stunde ist, sich in den Gang des kosmischen

Geschehens einzugliedern, höheren Zielen nachzustreben, den Weg aus der Materie zur Vergeistigung zu gehen.

Nun zurück zu unserer kosmischen Uhr. Die zodiakale Übergangsperiode, da zwei Weltzeitalter sich überschneiden, dauert etwa 186 Jahre. Das bedeutet, daß eine so lange Zeit gebraucht wird, um aus der wirksamen Strahlung einer Konstellation in die volle Wirksamkeit der nächsten zu gelangen. Während dieser 186 Jahre nehmen die Schwingungen der einen ab, während die der anderen mehr und mehr zunehmen. Die erste bedeutende Wassermann-Strahlung wurde um das Jahr 1844 bemerkt, so daß wir die volle Strahlung etwa um 2030 empfangen. In den Jahren 1936/37 waren die Strahlungen beider Konstellationen gleich stark. Damals war der Zeitpunkt gekommen, von dem an die Strahlung des Wassermann-Äons stetig fühlbar zunahm.

In Rückblick auf die Entwicklung auf allen Gebieten des irdischen Bereiches in den letzten 150 Jahren müssen wir zugeben, daß es vorher so schnelle Fortschritte, was die Lebensverhältnisse, Entdeckungen und Erfindungen anbetraf, nicht gab. Wir mußten erst in diese Strahlung kommen, bevor das Telefon, das 1860 von Philipp Reis erfunden wurde, die drahtlose Nachrichtenübermittlung usw. erfunden werden konnte. Zu einer anderen Zeit, etwa noch 100 Jahre früher, wäre das nicht möglich gewesen. Auto, Flugzeug, Radio, Fernsehen und Fahrzeuge mit Raketenantrieb konnten nicht eher erfunden werden, weil die Menschheit erst in diese Strahlung kommen mußte, um bewußtseinsmäßig dafür reif zu werden.

Je höher die Schwingung ist, in der wir leben, desto größer kann unsere Entwicklung werden. So steuert die Frequenz des jeweiligen Zeitalters den Evolutionsprozeß der Gesamtheit. Die Entdeckungen, die beispielsweise im nächsten, im Steinbock-Zeitalter, gemacht werden, könnten wir jetzt noch nicht machen, weil wir geistig dazu nicht in der Lage sind.

Das gesprochene Wort im Rundfunk geht um den ganzen Erdball. Wir können Menschen auf dem Bildschirm sehen, die Tausende von Kilometern von uns entfernt sind, fliegen schneller als der Schall und setzen unsere Füße auf den Mond. Wenn man diese Entwicklung den

Menschen vor 100 Jahren gesagt hätte, hätte man uns für verrückt erklärt und noch einige Jahrhunderte früher wären wir für solche kühnen Behauptungen auf dem Scheiterhaufen gelandet.

Die Welt hat sich schon grundlegend gewandelt, und sie wird es noch stärker tun.

Es ist ohne Zweifel ein gewaltiger geistiger Fortschritt, ein echter Ausdruck des Wassermann-Zeitalters, daß ausgerechnet das atheistische Rußland zu der Erkenntnis kam, wie es in dem Buch „PSI" heißt, daß die Telepathie die Kosmische Sprache, die Verständigung der Zukunft sein wird und zwar *mit allen Wesen im All.* Auch technisch wird diese Verständigung mit allen im Kosmos Lebenden gelöst werden, ganz gleich, ob die Wesen in physischer oder geistiger Form leben. Für Wissende war das nie etwas Außergewöhnliches. Auf diesem Gebiete ist schon ein großer Schritt ins Unbekannte getan, wenn auch noch nicht in der angestrebten Vollkommenheit. Wir haben ja noch eine gute Weile Zeit, bis *Wassermann* seinen vollen Einfluß über uns ausgießt. – Die Telepathie z. B. ist eine Verständigung auf der oberhalb unseres Hörens und Sehens liegenden Schwingungsebene. Alles ist Schwingung, deren grobe Ausdrucksform die Materie ist, bis zur feinsten, deren Ausdrucksform das astrale Licht ist. Jeder Ton, jeder Gedanke, alles ist Schwingung. In der Telepathie nehmen wir die Gedankenschwingungen anderer auf, wenn wir uns darauf konzentrieren können, transformieren sie mittels unseres Gehirns und bringen sie durch die Sprache akustisch zum Ausdruck. Das Transformieren geschieht so mechanisch wie das Denken und Atmen. Es ist keine Tätigkeit unseres bewußten Willens, sondern ein Vorgang auf mentaler Ebene. Die Sprache ist nur der akustische Ausdruck der aufgenommenen Gedankenschwingungen. Darum kann man, wie es auch in dem Buch „PSI" zu lesen ist, den telepathischen Befehl eines Menschen ausführen, dessen Sprache man nicht versteht. Das ist eine Gesetzmäßigkeit.

Was uns erwartet, ist ein Zeitalter gewaltig höherer Schwingungen, die wir aus dem All empfangen. Es wird uns eine Gelegenheit gegeben, die den Erdenmenschen erst wieder nach 25 857 Jahren widerfahren wird, einer Aufforderung nachzukommen, mit allem was in uns ist, die

Göttlichen Eigenschaften, die latent in uns ruhen, weil wir nach „Seinem Bilde“ geschaffen wurden, zu entwickeln, damit wir für höhere und herrlichere Daseinsformen würdig werden. Geistige Entwicklung bringt uns dazu, die niedere Natur zu überwinden, von allem frei zu werden, was begrenzt und bindet, zu allumfassender *Liebe* und allumfassendem *Verstehen* fähig zu werden. Wenn wir das erreicht haben, werden Göttliche Kräfte in uns frei, die unseren Geist beflügeln und befruchten. Durch sie erhalten wir *Intuitionen* und *Inspirationen,* die uns zu einer geistigen und kulturellen Blüte führen werden, wie sie wahrlich nur ein goldenes Zeitalter hervorbringen kann.

Wir leben jetzt in der grandiosen Zeit eines geistigen Durchbruchs und Umbruchs, die uns noch manches Problem zu lösen aufgibt. Die kosmische Uhr geht ihren Gang unaufhaltsam weiter. Je mehr wir uns bemühen, geistig zu wachsen, desto reibungsloser gleiten wir in die volle Strahlung hinein. Der Übergang kann sich aber auch katastrophal vollziehen, wenn die Menschheit nicht begreift, daß sie sich geistig einschwingen muß, daß sie sich aus ihrer Lethargie erheben muß, um echte Arbeit am Selbst zu leisten.

Es ist ein kosmisches Gesetz, daß alles, was dieser Aufwärtentwicklung im Wege steht, sich selbst vernichtet. Die Spreu wird jetzt vom Weizen getrennt. Unser geistiger Widerstand gegen die immer feiner werdenden Einstrahlungen wird Krankheit, Unglück, Katastrophen, Kriege usf. zur Folge haben können. Wir haben es in der Hand, ob sich der Übergang harmonisch oder katastrophal vollzieht. Es wird höchste Zeit, daß die Menschheit erwacht, denn alles Schreckliche, was auf unserem Stern Erde geschieht, ist Auswirkung einer geistigen Verirrung, indem sie gegen den Strom der Evolution zu schwimmen versucht. Die rein materialistische Denkweise hat uns dahin geführt.

Die zerstörende Chemie wird der Naturheilkunde, die mit neuen geistigen Erkenntnissen aufwartet, den Platz übergeben. Die Heilung durch den Geist wird einen großen Raum einnehmen. Neue Lehrmethoden werden Talente und Fähigkeiten junger Menschen fördern und sie vom Leistungsdruck befreien. Umweltfeindliche Entwicklung wird der umweltfreundlichen Platz machen müssen. Alle bisherigen Erfindungen und Entdeckungen, die auf der Explosion aufbauten, werden den Weg der Anwendung der Implosion freigeben müssen. Durch Bewußtseinserweiterung, die die Herzen der Menschen veredelt, werden *Liebe* und *Frieden* herrschen. Das Sammeln von Reichtümern und ihre sinnlose Verschwendung wird uninteressant werden, weil die Menschheit erkennen wird, daß der Materialismus nur zerstörend wirkt. Dadurch wird jeder reichlich versorgt sein und keine Not leiden.

Viele Ansätze zu dieser neuen Ordnung sind schon zu spüren, wenn auch noch nicht immer die rechte Methode gewählt wird. Eines Tages wird man zu der Erkenntnis kommen, daß mit Gewalt keine Verbesserung erreicht werden kann. Wer aufbauend wirken will, übt niemals *Gewalt* aus, sondern er setzt sich selbst mit allen Kräften und in vollem Bewußtsein seiner Verantwortung für die Allgemeinheit ein.

Eine Zeit der Umwandlung bringt viel Unruhe mit sich, bis sich alles zur Klarheit durchgerungen hat. Diese neue Ordnung kann nur durch das Bemühen jedes Erdenbürgers entstehen, darum ist die geistige Entwicklung des Einzelnen gerade jetzt so bedeutend.

Der Mensch wird sich allmählich seiner inneren Kräfte mehr bewußt und wendet sie auch sinnvoll und aufbauend an. Die Aufmerksamkeit wird vom Äußeren abgezogen, und die inneren Werte des Menschen werden wunderbare Manifestationen hervorbringen. Auch das ist schon deutlich spürbar.

Wenn wir das zyklische Wandern unseres Systems um die Zentral-Sonne verfolgen, könnten wir annehmen, daß es nur ein Auf und Ab gibt; daß wir in ca. 26000 Jahren wieder an derselben Stelle stehen werden. Dem ist nicht so, denn die Entwicklung geht in einer Spiralbewegung vor sich, geistig gesehen, aufwärts, so daß sich eine Zeit niemals wiederholt.

Man sagt, daß der Planet Erde auf dem Wege zur Vergeistigung ist und in eine andere Dimension hineinwächst. Das kann nur geschehen, wenn die gesamte Menschheit geistig mitwächst.

Wir dürfen nicht länger unwissend bleiben. Wir wollen uns mit der Kraft unseres Herzens bemühen, geistig zu wachsen, um uns in die viel feinere Schwingung und Frequenz einordnen zu können, damit wir echte *Wassermann-Zeitalter-Menschen* werden. Wir wollen den Reinigungsprozeß, der auf der Erde schon lange begonnen hat, erfolgreich durchlaufen, um für die kommende Zeit „angenommen" zu werden, wie es in der Bibel heißt. Alles Entwicklungshemmende hat nach dem kosmischen Gesetz keine Überlebenschance.

Christus sprach oft vom „Ende des Zeitalters", sprach auch vom kommenden, da alle Dinge neu gemacht werden. Seine Worte drücken deutlich den Reinigungsprozeß aus und weisen darauf hin, daß viele Menschen, die dem kosmischen Geschehen nicht gewachsen sind, weil sie sich nicht vervollkommnen wollen, keine Berechtigung haben, Teilhaber an einer besseren Zeit zu werden. Ob dieses Ziel auch erst unsere Nachkommen erreichen, spielt keine Rolle. Wir sind in jedem Falle an der Vorbereitung maßgeblich beteiligt und bereiten den Boden dafür. Wer das größte kosmische Gesetz, das der *Reinkarnation* angenommen hat und es versteht, der weiß, daß sein Bemühen, sich zu entwickeln, um damit der gesamten Entwicklung zu dienen, nicht umsonst ist, da er zu einer späteren Zeit, sollte er sich nach dem Gesetz wieder inkarnieren müssen, die Früchte ernten wird.

Die kosmische Uhr geht unaufhaltsam ihren Gang. Sie bleibt nicht stehen. Über das „Ende der Zeit" sagt Christus aus: „Und es werden zu jener Zeit zwei auf dem Felde sein, wovon einer angenommen wird und der andere wird verlassen werden." Unsere innere Entwicklung wird entscheiden, ob wir zu den Angenommenen gehören, oder zu denen, die verlassen werden.

Alle geistige Dunkelheit, die uns noch auf den verschiedensten Ebenen umgibt, besteht nur deshalb, weil wir uns von der Quelle des universalen *Lichtes* abgewendet haben. Dieser Quelle könnten wir uns zu jeder Zeit bedienen, wenn wir in der universalen *Liebe* lebten: denn *Liebe* und *Licht* sind die Substanz allen Seins, der *Ursprung* aller Entwicklung. *Liebe* ist es, die die Atome ins Leben rief und *Licht* ist es, das sie belebt. Die Bausteine unseres physischen Körpers und jener Körper feinstofflicher Art, die ihn beleben und durchdringen, sind, wie alle Schöpfung in ihrer Substanz, *Atome*. Wenn wir einen Bezug zu unserer Ursubstanz hätten und ihr Wesen erkennen würden, müßten wir feststellen, daß auch wir keinerlei Begrenzungen unterliegen müßten. Alle Großen, Meister und Weisen, ob sie sich im physischen

Körper oder in geistigen Regionen bewegen, die diese Wahrheit erkennen und erfahren durften, haben vollkommene Freiheit erlangt. Freiheit tritt nicht äußerlich in Erscheinung, indem man sich materielle Wünsche erfüllen kann, indem man seinen Launen und Leidenschaften nachgibt und tun kann was man will. Freiheit wächst und manifestiert sich im Kern unseres wahren, ewigen Seins, und durch sie werden wir zum Mitschöpfer im Plane einer Göttlichen Ordnung im Universum. Das Höchste, was wir als Individuum erlangen können, was auch das Ziel unseres Daseins ist, ist es, diese *Freiheit* wieder zu erringen, die uns in das Herz des kosmischen *Vaters* zurückbringt. Schließlich ist alles Leben im Kosmos auf der großen Wanderschaft, um Erlösung und Freiheit zu erlangen.

Der Planet Erde und die Menschheit auf ihm sind nun in eine Phase eingetreten, da das verdunkelte Bewußtsein sich erhellen muß um zu erkennen, zu welchem Zweck es geschaffen wurde. Wir müssen zu Repräsentanten des kosmischen Vaters, des *Schöpfers* werden, und wir sollten in Demut um die Kraft und Erleuchtung bitten, daß der Göttliche Plan durch den äußeren Menschen hier offenbar wird.

Es genügt nicht, für sich selbst in passiver Weise gut zu sein, Negatives oder Böses zu meiden und zu unterlassen. In aufbauender Weise Gutes tun, zu helfen und zu heilen wo es in unseren Kräften steht, Vorbild zu sein und auch geistige Hilfe denen zu geben, die noch nicht allein gehen können, dazu sind wir auf diesem Plan.

In dieser Zeit, da die alten Formen stürzen und Neues aufgebaut wird, kommt es darauf an, daß wir uns anpassen können. Das Stürzen der alten Formen ist nur ein Verändern der Maßstäbe, der Aspekte, nicht ein Wanken der Grundmauern; denn das eigentliche Fundament ist immer die Wahrheit gewesen. Jede neue Generation hat die Aufgabe, die wesentlichen alten Formen zu wahren, sie aber mit neuen Werten und neuen Erkenntnissen zu bereichern. Jeder neue Zeitabschnitt muß seinen Beitrag, der in einem echten aufbauenden Fortschritt und in einer ehrlichen, sinnvollen wissenschaftlichen Forschung liegt, liefern, und das, was verbraucht und nutzlos geworden ist, hinter sich lassen.

Jedes neue Äon muß das, was es hervorbringt und womit es

beherrschend ist, einbauen und alles wegräumen, was die klaren Grundrisse des Fundamentes verdeckt. Und jeder Generation wird die Freude zuteil, die Stärke der alten geistigen Fundamente zu zeigen, worauf sie aufbaute, und auf diesen soll sie ein neues Gebäude errichten, das den Bedürfnissen des sich entfaltenden Lebens, das stets mit der makrokosmischen Entwicklung in Einklang steht, entspricht, wenn wir den Lebensfluß nicht daran hindern.

Das Fische-Zeitalter ist vergangen, das neue Zeitalter des Wassermannes hat begonnen. Es bringt dem Menschen tiefere Weisheiten und neue Erkenntnisse über sich selbst und seine höheren Fähigkeiten, so daß er diese Fähigkeiten und Gaben des Geistes entfalten kann und dadurch auf dem Entwicklungsweg zu Glück, Vollkommenheit und Freiheit rascher vorwärts kommt. Das Leben verläuft in kontinuierlichem Rhythmus, in einer nie endenden Bewegung zu immer größerer Vollkommenheit. Die geistige Entwicklung kann durch die sich stets erhöhenden Frequenzen und Schwingungen jetzt rascher fortschreiten bei denen, die sich um Vervollkommnung bemühen.

Ein jeder von uns sollte die Ungeheuerlichkeit dieser kosmischen Stunde erkennen und die Verantwortung fühlen, die sie fordert. Zwei Aspekte sind es, die uns in die Verpflichtung führen, der wir uns nun nicht mehr entziehen können: einmal ist es die vorgerückte Stunde, und zum anderen ist es die unermeßliche Güte eines großen göttlichen, universellen *Geistes*, der uns seit Äonen immer wieder erneut Möglichkeiten gab, dort neu zu beginnen, wo wir uns verloren hatten. Seine *Liebe* war es, die uns auf der langen Wanderung immer wieder einhüllte, beschützte, belehrte und erhalten hat, auf daß wir einmal unseren Daseinsgrund erkennen.

Es ist die Zeit gekommen, da die Menschheit sich aus ihrer Verblendung, aus ihrer Ichbezogenheit und aus dem Irrtum ihrer Selbstherrlichkeit erheben muß, um den Weg ihrer Evolution zu erkennen und zu beschreiten, der in der geistigen, ethischen und moralischen Entwicklung jedes einzelnen liegt.

Das gegenwärtige Chaos auf unserer Erde, die beängstigende Kriminalität und die sonstigen atemberaubenden Ereignisse sind in Wirklichkeit eine Beschleunigung des Gesundungsprozesses der Menschheit und des Planeten. Was könnte uns auch drastischer die Notwendigkeit einer inneren Umkehr vor Augen führen, als die derzeitigen Verhältnisse auf allen Ebenen.

Das *Licht* im Einzelnen kann nur durch innere Entwicklung wachsen und dadurch wird das *Licht* auf der Erde vermehrt. Viele haben sich schon auf den Weg gemacht und täglich wächst ihre Zahl.

Unser wahres, ewiges Sein, das Göttliche Ebenbild, nach dem wir geschaffen wurden, wieder in seine meisterliche Form zu bringen, aus der es herausgefallen, ist das Gebot der Stunde, ist unsere Aufgabe in dieser Zeit, damit der Planet Erde wieder zu einem hellen, strahlenden Stern wird.

Arbeit am Ego

Das Rüstzeug für einen Schüler des geistigen Weges ist die Bereitschaft, ein Wissen aufzunehmen, das sich vom allgemeinen Wissen unterscheidet. Wissen aber allein genügt nicht. Außer dem Studium der Lebensgesetze, der kosmischen und geistigen Gesetze ist wohl der wichtigste Teil und auch der schwerste des Studiums, das niedere Ego zu erkennen und an seiner Überwindung zu arbeiten. Zur Bewältigung dieser Stufe ist der Alltag, das Leben selbst, am besten geeignet, denn zur Bewältigung dieses Lernstoffes bieten sich täglich die idealsten Gelegenheiten.

Wer dem Alltag und seinen Pflichten entfliehen will in der Annahme, daß dieser ihm in seiner Entwicklung im Wege steht und ihn daran behindert, hat wohl gerade dort die meisten Lektionen zu lernen. Zu gern möchte ein Schüler oft diese wichtigste Stufe überspringen. Wenn es aber gelungen ist, die auf dieser Stufe liegenden Prüfungen zu bestehen, dann verändern sich automatisch die Verhältnisse, die der Entwicklung anscheinend entgegengestanden haben.

Die Schwierigkeiten des Alltags sind oft nichts anderes, als die Schwierigkeiten mit dem „niederen" *Ego.* Ohne den Hebel dort anzusetzen, dürfte es keinen echten und dauerhaften Fortschritt geben, denn ohne Bewältigung des *Ego* fällt ein Schüler immer wieder zurück und zwar so lange, bis er diese erste Stufe bewältigt hat. Und jeder Fortschritt ist bis dahin nur ein scheinbarer; denn das unbewältigte Ego ist es immer wieder, das alle guten Ansätze zunichte macht.

Die Schwierigkeiten im Alltag und die mit den Mitmenschen sind ein untrüglicher Spiegel, in dem eigene Mängel und Fehler offenbar werden, aber solche Erfahrung ist für die geistige Entwicklung sehr wertvoll. Niemand darf sich scheuen, sein Spiegelbild genau und kritisch zu betrachten, weil ohne Selbstbetrachtung und Selbsterkenntnis es unmöglich ist, mit der Arbeit an sich selbst zu beginnen. Der im Ego Verstrickte kann sein geschautes Bild schwer ertragen, weil er leicht verletzbar ist und eine Wandlung von anderen, nicht aber von sich selbst erwartet.

Die Überwindung des Ego betrifft die Entwicklung der charakterlichen Seite des Schülers. Der „Ichverhaftete“ kann sich auch nur für eine kurze Zeit beherrschen. Sein wahrer Kern wird bald hervortreten, denn sein Denken und Sprechen kreist um ihn selbst. Dazu wird er oft das Wort „ich“ benutzen. Das ist ihm nicht bewußt, weil er wenig Selbstkontrolle übt, dafür kritisiert er andere um so mehr.

Niemand hat das Recht, einen anderen zu kritisieren. Entwicklung zeigt sich vielmehr darin, Verständnis für den anderen aufzubringen. Wem das gelingt, der wird bald entdecken, wie günstig die eigene Entwicklung dadurch beeinflußt wird, denn es werden aufbauende, positive Kräfte in ihm freigesetzt. Durch negative Kritik werden dagegen negative Kräfte aktiviert. Daraus entstehen nur Mißstände.

Jemand, der von anderen nichts erwartet und sie auch nicht kritisiert, lebt friedvoller und glücklicher, dagegen sind Widrigkeiten Auswirkungen von Fehlhandlungen und Fehlhaltungen, die wiederum unglücklich und unzufrieden machen. Die eigenen unguten Gefühle und Regungen, und auch oftmals das Verhalten unserer Mitmenschen, das uns nicht gefällt, sollten als Hilfen erkannt werden, als Fingerzeige, daß bei uns selbst etwas nicht in Ordnung ist.

Der ernsthaft Strebende, derjenige, der die *Wahrheit* ertragen kann, wird seinen Nutzen daraus ziehen und die Zusammenhänge ergründen. Jede Disharmonie, jeder Ärger, jedes Unbehagen, signalisiert uns ein Fehlverhalten, ein Verletzen der Gesetze des Lebens.

Was hier zum Ausdruck kommt, erscheint manchem hart, und ein Egoist wird vieles nicht akzeptieren im Hinblick auf die eigenen Schwierigkeiten, deren Ursache er außerhalb seiner selbst sucht.

Wie aber können wir zur Kenntnis der Gesetze kommen? Indem wir an uns selbst und an anderen, am eigenen Verhalten und an dem anderer die daraus resultierenden Wirkungen klar und objektiv beobachten und studieren ohne zu kritisieren. Wie ein Außenstehender, ein „Sich-selbst-Entrückter“, sollten wir die Aspekte des Lebens, unsere Handlungen und ihre Wirkungen durchdenken, um an den Kern heranzukommen, der uns die gesetzmäßigen Auswirkungen offenbart.

Jede Disharmonie und alles was Unordnung in unser Leben bringt, resultiert aus Verletzung der Lebensgesetze. Je freier wir vom *Ego* werden, desto leichter ist es, die Gesetze zu erkennen.

Bemühen wir uns ernsthaft um dieses Studium, so stellen wir fest, daß die Schwierigkeiten kleiner werden. Man muß sozusagen „vor sich selbst auf der Lauer liegen". Dann ist keine Zeit mehr vorhanden, sich um andere zu kümmern, insbesondere in Fällen, die uns nichts angehen, geschweige denn, etwas von unseren Mitmenschen zu erwarten. Dadurch werden schon wieder Möglichkeiten, Gesetze zu verletzen, ausgeschaltet und allmählich spüren wir, daß unser *Leben* angenehmer verläuft.

Wer es vermag, die Gesetze des Lebens voll zu erfassen und sie im rechten Sinne zur Anwendung zu bringen, hat es zur *Meisterschaft* gebracht. Auf dem Wege zur Ichüberwindung ist *Geduld* notwendig. Ein Schüler soll nicht versuchen vorwärtszustürmen. Dem muß Einhalt geboten werden. Selbstdisziplin, Ruhe und Gelassenheit sind von größter Wichtigkeit. Nur in einem ruhigen Gemütszustand ist er in der Lage, den sechsten Sinn der *Intuition* zu entwickeln, der ein großer Fortschritt und eine große Hilfe auf dem langen Pfade der inneren Entwicklung ist. *Intuition* führt zur Wahrheit. Sie kommt aus den Göttlichen Quellen unseres wahren *Selbst* und vermittelt mehr als in Büchern steht. Intuition ist die Quelle lebendigen Wissens.

Wer die harte Arbeit am Selbst leistet, um sein *Ego* zu überwinden, wird in den Bereich seines wahren Wesens geführt, in jenen Bereich, wo die *Intuition* zu Hause ist. Sie ist, lassen wir sie zu, das untrügliche und sichere Zeichen, das uns stets den rechten Weg weist; sie läßt uns die rechten Antworten auf alle Fragen finden und mit Sicherheit Gefahren und Klippen erkennen. Intuition ist es auch, die durch Schminke und äußeren Schein hindurchdringt bis zum Wesenskern unserer Mitmenschen, dorthin, wo es keine Täuschung gibt, sondern nur nackte *Wahrheit*.

So ist auch jene Bibelstelle zu verstehen, da das Menschenpaar sich vor *Gott* versteckte, weil es erkannte, daß es nackt war. Es ist nicht die körperliche Nacktheit gemeint, sondern jene, die Gedanken und Gefühle offenbart, weil *Gott* in den innersten Raum des Menschen schaut, in die Seele. Die geistige Nacktheit ist durch die körperliche in der Bibel symbolisiert, wie vieles in ihr in der Symbolsprache zum Ausdruck gebracht wird.

Wer sich vom Zwang des Ego lösen kann, ist auf dem Wege zur *Freiheit*, die es nur im *Geiste* gibt. Freiheit hat jener erlangt, der gelernt hat, die Gesetze des Lebens zu erfassen. Es gibt nur eine *Freiheit* im *Geiste*, die durch innere Entwicklung erworben wird.

Die Möglichkeit, sich durch materielle Mittel seine Wünsche zu erfüllen, ist nicht Freiheit. Freiheit tritt nicht äußerlich in Erscheinung, wächst vielmehr aus dem Loslösen vom *Ego*.

Das *Ego* fesselt und begrenzt. Es verschließt das Tor zum Göttlichen Selbst, und dadurch sind wir *Unfreie* und *Sklaven*. Es tritt immer wieder nach außen hervor, verstößt gegen die Gesetze des Lebens und verursacht dadurch oft schmerzhafte Schwierigkeiten.

Der irdische Verstand ist der Zerstörer der *Wahrheit*. Für jede Seele wird irgendwann auf dem langen Pfad der Entwicklung einmal der Tag kommen, an dem sie sich ihres Höheren *Selbst*, ihres wahren *Lebens* bewußt wird. Dann ist sie fähig, ihre beiden *Selbst* als Kontrast zu sehen, das *Ego* als das begrenzende irdische Selbst und das *Ich* als das ewige Selbst. *Dieses* wird dann im täglichen Leben immer stärker in Erscheinung treten. Probleme und Schwierigkeiten verlieren ihr Gewicht, weil der in seinem höheren Selbst Erwachte ein Gespür für höhere Welten entwickelt und dadurch die irdischen Dinge in ihrer wahren Perspektive sieht. Seine Sensitivität befähigt ihn, die Strahlung aus geistigen Regionen zu empfangen.

Das Tor zur Freiheit wird durch Überwindung des *Ego* geöffnet. Haben wir das erreicht, dann können wir den Raum unseres tiefsten Innern, unseres ewigen Wesens betreten, der nur Stille, Harmonie und Glückseligkeit ist. In diesen zentralen Kern unseres Wesens dringt keine Emotion mehr, weil er nur erfüllt ist mit göttlicher Intuition, die uns die *Freiheit* des *Geistes* schenkt, von der alle großen Meister sprechen, die auch Jesus Christus meinte, als er sagte: „Ihr werdet die Wahrheit erkennen und diese ist es, die euch *frei* macht."

Zur *Ichüberwindung* gehört aber auch die rechte Art von *Demut.* Arroganz blendet. Dem Arroganten stehen noch manche Leiden bevor, durch welche er *Demut* erlernen muß. Mancher wird vielleicht viele Male Leiderfahrungen machen müssen, bevor er wirklich versteht, was es heißt, *demütig* zu sein. Der größte Geist ist immer auch der demütigste. Durch die rechte Art von Demut wird die Seele in ihrer Schwingung erhöht und fähig, die Wahrheit und dadurch auch die Beziehung zum Schöpfer zu erkennen.

Die fünf Kosmischen Gesetze

Durch das uns innewohnende *Göttliche* oder *Höhere Selbst* sind wir Wesen von unsterblicher Natur, Wesen, „nach dem Bilde *Gottes* geschaffen". Wir sind Seele und haben einen Körper.

Wie alles in der Schöpfung nach Gesetzmäßigkeiten abläuft, so sind auch wir nach bestimmten Lebensgesetzen angetreten, nach denen unser Leben ausgerichtet ist, wenn es harmonisch und glücklich verlaufen soll. Der Mensch bekam den freien Willen und hat es selbst in der Hand, ob er die Gesetze beachten will. Sie sind keine Verbote und Gebote, sondern sie sind als Entwicklungshilfe anzusehen, denn das Gesetz des Lebens, unser Daseinsgrund heißt: Entwicklung, Selbstverwirklichung.

Die Gesetze, nach denen sich alles Leben in der ganzen Schöpfung entwickelt, sind kosmischer Natur und darum werden sie auch die „kosmischen Gesetze" genannt. Diese Gesetze reagieren auf all unser Denken und Handeln absolut gerecht, sind keinen Veränderungen unterworfen und haben für jedes Wesen so lange Gültigkeit, bis es wieder das *Göttliche Ebenbild*, nach dem es geschaffen wurde, darstellt. Solange das noch nicht der Fall ist, wird es stets die feinen Fesseln der Gesetze zu spüren bekommen, wenn sie verletzt werden. Sie sind absolute „Entwicklungshilfen". Ohne sie würde der Mensch sich allein aus eigener innerer Bereitschaft kaum entwickeln. Hat er sie erst einmal erkannt und zur Anwendung gebracht und dadurch ihre positive Wirkung erfahren, wird er sich stets bemühen, sein ganzes Denken und Handeln nach diesen Gesetzen auszurichten.

Die kosmischen Gesetze sind kein Gegenstand von Glaube und Dogma. Sie sind die Basis für alles Leben. Sie sollten erfaßt und von jedem nach der Intensität seines inneren Lichtes verstanden und anerkannt werden. Sie sind Grundlage für den Entwicklungsprozeß des einzelnen sowohl als auch für den der Gesamtheit.

Wenn der Mensch lernt, die kosmischen Gesetze zu begreifen und sich nach ihnen auszurichten, wird sein Leben nicht nur harmonisch und zufrieden verlaufen, sondern er entzieht sich dadurch auch allmählich dem periodischen Abstieg in die Materie.

Das 1. Kosmische Gesetz ist das Gesetz der *Wiedergeburt* – Reinkarnation, das 2. Kosmische Gesetz ist das Gesetz von *Ursache* und *Wirkung – Karma*, das 3. Kosmische Gesetz ist das Gesetz der *Wiederholten Gelegenheiten – Dharma*, das 4. Kosmische Gesetz ist das Gesetz der *Entsprechungen* – wie oben so unten, das 5. Kosmische Gesetz ist das der *Ausgleichenden Gerechtigkeit.*

Unter dem ersten Gesetz der *Reinkarnation* versteht man den periodischen Abstieg einer Seele, die in die Materie zurückkehrt, um noch unbewältigte Lektionen zu lernen. (Siehe „Reinkarnation und Karma".) Wenn dieser Abstieg bei einer Geburt geschehen ist – unsere eigene Geburt legt davon Zeugnis ab – warum sollte das nicht wiederholt geschehen können. Unsere Seele existiert doch nicht erst seit dieser physischen Geburt, und Vater und Mutter sind durch den Zeugungsakt gewiß nicht in der Lage, eine unsterbliche Seele zu erschaffen. Sie sorgen für das „physische Haus" in Form unseres Körpers, das unsere Seele für diese Existenz „bewohnt".

Es gibt immer noch viele Menschen, denen das Gesetz der Wiedergeburt fremd ist, die es nicht anerkennen wollen und können. Doch ebenso sehen viele die Lehre von der Reinkarnation nicht nur als ein Gesetz der *Gerechtigkeit* an, sondern als *Gnade*, die der Seele erneut Gelegenheit zur Höherentwicklung gibt. Die Wiedergeburt ist kein Prozeß zielloser Wiederkehr. Wenn eine Seele ins materielle Leben zurückkehrt, wird ihr wiederum eine Gelegenheit geboten, menschliche Verfehlungen auszugleichen und dem kosmischen Bewußtsein entgegenzustreben. Durch das allen Wesen innewohnende *Christuslicht* wird ihr bei jeder neuen Verkörperung die Möglichkeit gegeben, dieses *Licht* in der dichtesten Materie immer mehr zur Wirksamkeit kommen zu lassen, um die *Finsternis* zu erhellen.

Durch die Yoga-Philosophie ist das erste kosmische Gesetz hinreichend bekannt. Auch im Abendland gibt es manche geistigen Richtungen, für die dieses Gesetz mit zu den Grundlagen ihrer Lehren gehört.

U. a. sind das die Theosophie, die Anthroposophie, die Esoterische Lehre und verschiedene andere Geistesrichtungen.

Das Gesetz der Wiedergeburt ist mit dem zweiten kosmischen Gesetz, dem Gesetz von *Ursache und Wirkung*, verknüpft. Im Neuen Testament wird es von *Jesus Christus* mit den Worten formuliert: „Was du säest, wirst du ernten." Dies ist das Gesetz des *Karma*.

Karma, also die Rückwirkung von Handlungen, ob positiv oder negativ, kann sich sehr rasch auswirken, also noch im gleichen Leben, wenn die Lebensumstände eine Möglichkeit dazu bieten. Kann der Fall aber im gleichen Leben nicht eintreten, wird eine erneute Inkarnation dafür sorgen. Das geschieht so oft, bis ein Ausgleich durch eigenes Bemühen geschaffen ist.

Das dritte Kosmische Gesetz, das der *Wiederholten Gelegenheiten*, folgt dem karmischen Gesetz von *Ursache* und *Wirkung*.

Auf der langen Wanderung der Seele durch viele Wiederverkörperungen bekommt sie wiederholt die Gelegenheit, dem Göttlichen Ebenbilde immer ähnlicher zu werden. In einem einzigen Leben wäre das gewiß nicht möglich. Jede neue Inkarnation bietet neue Gelegenheit zu *Fortschritt* und *Einweihung*. Zuletzt muß sich die Seele vier großen *Einweihungen* unterziehen: der des Wasserelementes, der des Luftelementes, der des Feuerelementes und schließlich der des Erdenelementes. Die Prüfungen des Wasserelementes betreffen die *Gefühlsnatur* des Menschen. Die Prüfungen des Luftelementes hängen mit der *Gedankenwelt* und der *Unterscheidungsgabe* zusammen. Diejenigen des Feuerelementes befassen sich mit der Natur der wahren, allumfassenden Göttlichen *Liebe*, und die des Erdenelementes bringen die Göttlichen *Kräfte* in die menschliche Natur. Sie erweitern sich noch auf die *Weisheits-* und *Machtaspekte* Gottes. In allen Leben wird die Seele diesen Prüfungen unterzogen, nur in geringem Maße. Hat sie die 4 Prüfungen bewältigt, wird sie zur Flamme Gottes und von keinerlei Beeinträchtigungen wie *Schmerz*, *Trennung*, *Not* und *Leiden* jeglicher Art berührt. Sie hat die volle *Herrschaft* über Disharmonie und Finsternis erlangt.

Das vierte Kosmische Gesetz der *Entsprechungen* kann man

auch das Gesetz der *Harmonie* nennen. Mit Hilfe dieses Gesetzes spiegelt sich die menschliche Seele auf den feinstofflichen Ebenen der Gefühle und Wünsche. Die Umweltbedingungen auf den feinstofflichen Ebenen sind Spiegelbilder aus dem Erdenleben, welche auf diese unsichtbaren Ebenen projiziert werden – wie Oben, so Unten, wie Unten, so Oben. Wenn eine Seele Erleuchtung anstrebt, muß sie diese höheren Bilder ins Erdendasein reflektieren.

Das fünfte Kosmische Gesetz ist das der *Ausgleichenden Gerechtigkeit*, das des *Vollkommenen Gleichgewichts*. Nach diesem Gesetz gibt es kein unverschuldetes Leid, auch wenn es manchmal so scheint. Kann es nicht auch möglich sein, daß ein solch „unschuldig" Leidender mit einer Gelegenheit zu innerem Fortschritt und Wachstum beschenkt wird? Lernt er nicht aus seinen Reaktionen lebenswichtige Wahrheiten, die auf der anderen Seite Glück und Segen und auch Bewußtseinserweiterung bringen können? Wird nicht scheinbarer Schmerz und scheinbare Ungerechtigkeit mit entsprechendem Glück wieder ausgeglichen, mit einem entsprechenden inneren Fortschritt, ja sogar Segen?

Ein großer Teil der Menschheit scheint nur durch bittere Erfahrungen, durch Leid, Krankheit usw. zu lernen. Wenn sie es aus eigenem Antrieb nicht tut oder durch Unwissenheit oder Trägheit keinen Fortschritt anstrebt, gibt es nur den Weg des Leides. Dieser ist auf der Erde noch vorrangig. Nur ein geringer Teil der Menschheit ist es, der aus eigenem Antrieb den Weg des inneren Aufstiegs geht. *Unwissenheit* ist die Fessel und Geißel der Menschheit, die sich auf allen Ebenen bemerkbar macht und dadurch Leiden verursacht.

Auf den fünf Kosmischen Gesetzen basiert die gesamte Evolution. Einem Schüler des geistigen Weges ist anzuraten, über sie zu meditieren und mit aller Konzentration und Hingabe jedes Gesetz zu durchdenken. Er wird zu erstaunlichen Ergebnissen dabei kommen. Manche Aspekte des geistigen Weges bedürfen eines intensiven Nachdenkens, um zum rechten Verständnis dafür zu kommen. Erst mit zunehmender Erkenntnis kann die Antwort meistens verstanden werden, und viele Fragen beantwortet das Leben selbst.

Reinkarnation und Karma

Das 1. Kosmische Gesetz ist das Gesetz der „Wiederverkörperung", auch *Reinkarnation* genannt. Es lehrt die periodische Wiederkehr einer Seele in einen physischen Körper, wie es bei der letzten Geburt auch geschah. Periodische Wiederkehr darum, um in früheren Leben gemachte Fehler und Fehlhandlungen wieder ausgleichen zu können und alle Lektionen zu lernen, die auf dieser Ebene noch nicht bewältigt sind, weil eine andere Ebene keine Möglichkeiten dazu bietet. Dort herrschen andere Gesetze, und auch die Lernbedingungen sind auf einer nichtphysischen Ebene andere.

Die guten Eigenschaften, die den edlen Charakter eines Menschen ausmachen, können nur hier auf der Erde im Miteinander und Füreinander erworben werden, wo die Möglichkeiten dafür geschaffen sind.

In den fernöstlichen Ländern und Religionen gehört das 1. Kosmische Gesetz zur Grundlage allen Wissens. Auch unserer christlichen Religion ist es nicht unbekannt. Bis zum Konzil 325 n. Chr. in Nicäa wurde es gelehrt, und erst im Jahr 553, auf dem 2. Konzil in Konstantinopel, wurde es zum Irrglauben erklärt. Die frühchristliche Kirche hatte also die Lehre von der Wiedergeburt akzeptiert. Sie wurde von den Gnostikern und zahlreichen Kirchenvätern, darunter Klemens von Alexandria, dem berühmten Origines (beide aus dem 3. Jahrhundert) und dem heiligen Hieronymus (5. Jahrhundert) erläutert. Zu jener Zeit glaubten viele Christen, daß die Lehre von der Wiedergeburt dem Menschen eine zu lange Zeit- und Raumspanne gewähre und sie deshalb nicht genügend antreibe, sich schon jetzt um die Erlösung zu bemühen. Doch die Unterdrückung dieser Wahrheit führte zu einer Reihe erschreckender Irrtümer. Seither haben Millionen Menschen ihre „einmalige" Lebenszeit nicht genutzt, um Gott zu suchen, sondern um diese Welt, die sie auf so einzigartige Weise gewonnen hatten und auf ewig verlieren würden, in vollen Zügen zu genießen. In Wirklichkeit aber muß sich der Mensch solange auf der Erde wiederverkörpern, bis er von neuem zum Bewußtsein seiner Gotteskindschaft erwacht ist und sie voll verwirklicht (Paramahansa Yogananda S. 188).

Christus selbst lehrte dieses Gesetz und machte die Menschen immer wieder darauf aufmerksam. Er gehörte dem Essener-Orden an. Und es liegt wohl nichts näher, als daß seine Lehren von einem Angehörigen dieser Gemeinschaft zu Jesu Lebzeit aufgeschrieben wurden, und zwar in der Sprache, die auch Christus sprach, Aramäisch, während alle uns bekannten Evangelien später aufgeschrieben wurden. Um dieses Schriftstück vor den Händen der Fälscher in Sicherheit zu bringen, hielt man es in Tibet verborgen. Dieses Evangelium enthält u. a. Begebenheiten und Gespräche, die in den 4 kirchlich anerkannten nicht enthalten sind, während es im übrigen fast wörtlich mit den Texten unseres Neuen Testamentes übereinstimmt. Sollten diese uns neuen Stellen das enthalten, was im Laufe der Zeiten von der Lehre des großen Meisters verlorengegangen ist oder absichtlich unterdrückt wurde, so wären sie für uns von unschätzbarem Wert.

Ich zitiere im weiteren einige Stellen aus diesem „Evangelium des vollkommenen Lebens".

Da Jesus Christus allwissend war, wußte er auch das und sagte einmal: „Aber nach euch werden Menschen kommen, welche anderen Sinnes sind und durch Unwissenheit oder durch Gewalt viele Dinge unterdrücken werden, die ich euch gesagt habe, und werden mir Worte zuschreiben, welche ich niemals gesprochen habe, und säen Unkraut unter den guten Weizen, den ich euch gegeben habe in die Welt zu säen. Dann wird die Wahrheit Gottes den Widerspruch der Sünder erdulden; denn so ist es gewesen, und so wird es sein. Aber es wird eine Zeit kommen, da die Dinge, welche sie verborgen haben, enthüllt und bekannt werden, und die Wahrheit wird frei machen, die gebunden waren."

An einer anderen Stelle heißt es, auf das Gesetz der Reinkarnation anspielend: „Also mußtet ihr durch viele Wanderungen hindurch, damit ihr vollkommen werdet, so wie geschrieben steht im Buche Hiob: Ich bin ein Wanderer und wechsele einen Platz nach dem anderen und ein Haus nach dem anderen, bis ich in die Stadt und in das Haus komme, die ewig sind."

Als Christus einen Blinden sehend machte und dieser erstaunt sagte: „Ich sehe alles, ich weiß alles", antwortete er: „Wie kannst du alles wissen? Du kannst nicht durch die Wände deines Hauses sehen, noch lesen die Gedanken deiner Mitmenschen, noch verstehen die Sprache der Vögel oder der wilden Tiere. Du kannst nicht einmal die Ereignisse deines früheren Lebens, deine Empfängnis oder deine Geburt in dein Gedächtnis zurückrufen."

Wieder ein anderes Mal sprach Jesus über die Liebe zu den Tieren (Kap. 37): „Und einige aus dem Volke sprachen: ‚Dieser Mann sorgt für alle Tiere. Sind sie seine Brüder und Schwestern, daß er sie so liebt?' Und er sprach zu ihnen: ‚Wahrlich, diese sind eure Mitbrüder aus dem großen Haushalt Gottes, eure Brüder und Schwestern, welche denselben Atem des Lebens von dem Ewigen haben. Und wer immer für die kleinsten von ihnen sorgt und ihnen Speise und Trank gibt als sie nötig haben, der tut dieses mir, und wer es duldet, da sie Hunger leiden, und sie nicht schützet, wenn sie mißhandelt werden, erleidet übel, als ob es mir zugefügt würde. Denn ebenso wie ihr in diesem Leben getan habt, so wird euch im kommenden Leben getan werden.'"

Mindestens so oft, wie Christus auf die Wiedergeburt hinweist, ermahnt er dazu, *niemals das Fleisch von Tieren zu essen.* „Ihr sollt nicht das Fleisch essen noch das Blut eines getöteten Geschöpfes trinken, noch etwas, welches Schaden an eurer Gesundheit oder euren Sinnen bringt." Darüber gibt es noch viele andere Stellen. Die Liebe, das Verantwortungsgefühl und das Mitleid zu den Tieren sollte es zur Selbstverständlichkeit werden lassen, daß man sie nicht mehr in großen Mengen züchtet, um sie zu verspeisen.

Es ist nun schon fast 1500 Jahre her, seit dieses 1. Kosmische Gesetz nicht mehr gelehrt wurde. Wir sollten aber nicht vergessen, daß damals das Fische-Zeitalter begann, in dem die Menschheit, geistig gesehen, ihren dunkelsten Punkt erreichen sollte. Wahrscheinlich konnte darum dieser Irrtum geschehen, daß das Gesetz der Reinkarnation fallen gelassen wurde.

Die Zeit ist nun gekommen, da viele Menschen zu erwachen

beginnen. Sie müssen erfahren, daß sie immer wieder gelebt haben, viele Male und jedesmal in einem neuen physischen Körper. Und es war immer die eine Seele, die einzigartige Individualität, die sich in die verschiedensten Körper inkarnieren mußte, um Lektion um Lektion zu lernen. Das Gesetz der Wiederverkörperung ermöglicht geistiges Wachstum und bietet jedem Wesen Gelegenheit, sein Gleichgewicht wiederherzustellen in Verhältnissen, die es hat in Unordnung fallen lassen. Es ist nur eine Auswirkung des Gesetzes der Wiedergutmachung, von Ursache und Wirkung, sozusagen auch als Vorgang gerechten Ausgleichs, der alle Kräfte überall im Weltall regiert. Das richtige Verständnis dieses Gesetzes erklärt den tieferen Sinn vieler menschlicher Erfahrungen, die sonst als gänzlich ungerecht empfunden werden müßten. Es gibt den Menschen eine logische Erklärung für die endlosen Schwierigkeiten, Verwicklungen und Erfahrungen und offenbart die Tätigkeit und das Gesetz, auf denen alle Gestaltung beruht. Es vermittelt das sichere Wissen, daß es nichts Zufälliges geben kann im Leben. Alles steht unter einem genauen und vollkommenen Gesetz. Jede Erfahrung des Bewußtseins hat ihre Ursache, und jede Handlung wird augenblicklich zur Ursache einer künftigen Wirkung.

Nach dem Gesetz der Willensfreiheit kann jeder handeln wie er will, aber den Folgen seiner Handlung kann er nicht entgehen.

Es gibt nur einen Weg, dem Gesetz von Ursache und Wirkung, dem Zwange der Wiederverkörperung zu entgehen: durch bewußtes Bemühen, das Gesetz des Lebens zu erfassen und danach zu handeln. Der Mensch sollte ernsthaft *Gott* im eigenen Innern suchen, andauernd und bewußt die Verbindung mit dem *Gott-Selbst* herstellen und unerschütterlich daran festhalten in jeder Lage des äußeren Lebens.

Wir brauchen aber nicht unbedingt in die Vergangenheit einzutauchen, um die Wahrheit zu erfahren. Die Gegenwart bietet Beweise genug für das Gesetz, die überzeugend sind, auch für intellektuell ausgerichtete Menschen. Die kosmischen Gesetze sind für alle Lebewesen gültig und an keine Religion und kein Dogma gebunden.

Die Wissenschaft hat schon beweisen können, daß es Menschen gibt, die sich an frühere Leben erinnern können, was exakt nachgeprüft werden konnte. Diese Beweisführungen sind für die geistige Einstellung der Menschheit von entscheidender Bedeutung. Sie mußten kommen und konnten nicht länger ausbleiben, denn ohne sie ist eine positive geistige Aufwärtsentwicklung nicht denkbar.

Aus der Fülle von über hundert Zeugnissen möchte ich einen Fall herausgreifen, der aus Schweden bekannt wurde. Ich könnte gerade so gut Fälle aus Deutschland nennen. Hier handelt es sich um die Rückerinnerung eines Menschen, den wir alle dem Namen nach kennen von dem Buch: „Das Tagebuch der Anne Frank."

1955 wurde in Schweden ein Mädchen geboren, namens Barbro Calèn. Die Mutter berichtete folgendes: „Als das Kind einmal auf die Straße sprang, rief ich der 2jährigen zu: ‚Barbro, spring nicht auf die Straße.' Da drehte sich die Kleine um, die schon mit einem Jahr richtig sprechen konnte, und schaute mich mit großen Augen an. ‚Ich heiße Anne.' ‚Wie heißt du dann weiter?' fragte ich. Die Kleine antwortete ohne eine Minute zu zögern: ‚Frank.' Ich neckte sie: ‚Was ist denn mit meiner kleinen Barbro geschehen?' Da schaute sie mich mit einem Blick an, als verstünde ich gar nichts. ‚Ich bin aber alle zwei. Das letzte Mal wohnte ich bei einer anderen Mama. Aber dort blieb ich nicht lange."' Die Mutter erzählte weiter: „Das Kind sprach immer so merkwürdige Dinge, daß wir schließlich einen Psychiater hinzuzogen, der keine Erklärung für das Verhalten des Kindes geben konnte. 1965, als Barbro 10 Jahre alt geworden war, fuhren wir mit ihr nach Holland. Ich wußte ja aus ihren Erzählungen, daß sie Anne Frank gewesen war." (Anne Frank war das jüdische Mädchen, das während der nazistischen Invasion in einem Hinterhaus von Amsterdam versteckt gehalten und schließlich verraten wurde und das 1945, 16jährig, im KZ Bergen-Belsen verstarb. In seinem Amsterdamer Versteck hatte das Kind ein Tagebuch durch einige Jahre hindurch geschrieben, das heute in mehrere Sprachen übersetzt vorliegt. Das Haus ist heute ein Museum, das Anne-Frank-Haus.)

Die Mutter erzählte weiter: „Ich machte kein Aufheben davon. Mein Mann wußte nichts darüber. Als wir nach der Ankunft in Amsterdam noch im Hotel waren, sagte mein Mann: ‚Mir fällt ein, daß Barbro doch zum Anne-Frank-Haus wollte. Ich werde ein Taxi bestellen.' Barbro aber wollte, daß wir zu Fuß gehen sollten. Unsere

Kleine führte uns auf dem kürzesten Weg zum Hause. Bei einer Querstraße sagte sie plötzlich: ‚Dort rechts liegt das Haus.' Mein Mann war geradezu schockiert. Im Hause selbst kam all die Angst und Verzweiflung, die sie hier in ihrem Vorleben ausgestanden hatte, wieder über sie. Sie erzählte Einzelheiten und korrigierte falsche Berichte." Soweit die Mutter. Barbro Calèn ist Schriftstellerin geworden und sagt: „Ich erinnere mich an frühere Leben genauso, wie man sich in diesem Leben an seine eigene Kindheit erinnert, das ist doch selbstverständlich und einfach. Seit dem Alter von 2 Jahren habe ich um mein Leben als Anne Frank gewußt, aber ich habe keinen Anlaß, das zu beweisen. Wer mir glaubt, mag das tun, und wer die Wiedergeburt ablehnt, der soll dabei bleiben."

Es gibt viele Fälle von Rückerinnerungen, die nachgewiesen und nachgeprüft werden konnten. Wer das Gesetz kennt, braucht aber keine Beweise mehr.

Viele Menschen, die sich an Vorleben erinnern können, sprechen nicht darüber, weil sie doch nicht verstanden würden. Es ist auch nicht notwendig darüber zu sprechen. *Dieses Leben, das wir jetzt zu leben haben, ist entscheidend für unsere geistige Weiterentwicklung.* Meistens ist es einer schon gereiften Seele möglich, sich an vergangene Leben zu erinnern, denn sie fühlt sich nicht mehr belastet, weil sie auf dem Wege der Entwicklung bereits ein gutes Stück vorwärtsgekommen ist und keine großen Hemmnisse mehr den weiteren Fortschritt behindern.

Durch *Meditation* z. B. kommen wir in die subtileren und metaphysischen Bereiche unseres Bewußtseins und können dadurch zu Rückerinnerungen gelangen. Danach sollten wir aber nicht streben, denn das hieße einer Faszination unterliegen, und diese könnte uns dann festhalten. Es gibt nur eine Faszination, der wir verfallen dürfen, und diese ist *Gott.*

Wenn wir die notwendige Reife haben, kommen Rückerinnerungen von selber, und dann können wir sie ertragen, und sie können sehr beglückend sein.

Es ist aber sehr wichtig sich immer vor Augen zu halten, daß wir *Seele sind* und einen *Körper haben.* Die Seele wird dem physischen

Körper vor der Geburt, wie es heißt, „einverleibt". Dadurch erhält der Mensch erst bewußtes *Leben*. Wenn dieser Vorgang einmal geschehen kann, wie es bei unserer Geburt zu diesem Leben war, warum sollte es nicht öfter möglich sein? Unsere Seele existiert ja nicht erst seit unserer letzten physischen Geburt, und sie kann auch niemals durch einen menschlichen Zeugungsakt geschaffen werden. Der Mensch kann doch nichts Ewiges, Unsterbliches selber erschaffen.

Reinkarnation ist Wiederverkörperung der Seele, wieder in einen Körper eintreten der Seele, solange sie noch mit niederen Eigenschaften behaftet ist, die sie nur auf dieser physischen Welt überwinden kann. Es muß jedem einleuchten, daß mit dem einmaligen physischen Sterben nicht alle Fehler und schlechten Eigenschaften aufgelöst sein können, denn diese sind Aspekte der Seele und nicht eines Körpers, und mit ihnen gehen wir in die andere Welt ein, aber nur sehr wenige reif, geeignet und würdig, um der „ewigen Freude" sofort teilhaftig werden zu können.

Die Lehren aller Weltreligionen haben ihre volle Berechtigung, wenn sie lehren, daß der Mensch sich hier auf Erden vervollkommnen soll.

Die Seele ist göttlichen Ursprungs und hat kein anderes Ziel als jenes, wieder in die göttliche *Einheit* zurückzukehren, und das geschieht in völliger Willensfreiheit.

Es heißt doch, daß Gott den Menschen nach *seinem* Bilde schuf. Der Mensch in seiner Begrenzung kann sich dieses Ebenbild und den Schöpfer in seiner Erhabenheit und Unbegrenztheit nur so weit vorstellen, wie seine Erkenntnisse reichen. Begrenzt wie er ist, macht er sich von Gott ein Bild nach dem, was er von sich selbst in sich trägt. Wenn sich beispielsweise ein Neger Gott vorstellt, so wird er für ihn wie ein Neger aussehen, ebenso wird *Er* bei den andersfarbigen Rassen deren Merkmale tragen. Gott schuf aber den Menschen nach seinem Bilde. Moses sagte, als er verklärt aus dem Gebirge zurückkehrte, als das Volk ihn fragte: „Wer ist *Gott*?" – „*Gott* ist *Geist*": Also ist Gott eine geistige Wesenheit. Wenn wir nun nach seinem Bilde geschaffen wurden, sind auch wir geistige Wesenheiten, mit gottähnlichen Qualitäten und Möglichkeiten, denn als Seele haben wir göttliche Anlagen latent in uns und alle Möglichkeiten, selbst ein erhabenes Wesen zu werden. Aber – das werden wir bei einiger Selbstbetrachtung und Selbstkritik zugeben müssen – das kann nicht in einer Lebensspanne geschehen.

Betrachten wir doch einmal eine kleine Eichel. Es ist wahrlich schwer zu begreifen, daß aus diesem Samenkorn ein riesiger Baum heranwachsen kann. Aber in dieser Eichel muß doch das Modell des ausgewachsenen Baumes fest verankert liegen. Solch ein Modell, die Anlage zu einem erhabenen Wesen, sind wir durch die Seele. Und erst durch viele Wiederverkörperungen hindurch ist es uns möglich, zum vollkommenen Ebenbild Gottes heranzuwachsen, aber auch nur dann, wenn die Sehnsucht in uns danach groß ist und wir uns ernsthaft darum bemühen. Wer sich nicht bemüht, wird sich in einem fortwährenden Kreislauf zwischen Geburt und physischem Tod und Wiedergeburt bewegen und viele Leben unnütz vertun, bis er endlich den Sinn des Daseins erkannt hat und mit allen Kräften nach Vollkommenheit strebt.

Wenn wir an den durchschnittlichen Menschen denken und daran, was er in einem einzigen Leben für seine Vervollkommnung tat, müssen wir zugeben, daß das manchmal nicht nennenswert ist. *Unwissenheit* hemmt den Fortschritt im Leben unserer Seele. Den meisten ist der Sinn ihres Lebens nicht klar. Sie leben – wie sie meinen, nur einmal – und wollen von diesem Leben etwas haben. Darum sind sie diesseits ausgerichtet und identifizieren sich mit der Vergänglichkeit. Das macht auf die Dauer nicht glücklich, sondern unsicher, unruhig und ängstlich. *Unwissenheit* ist ein ganz großes Übel, und sie ist es, die uns immer wieder in eine neue Verkörperung drängt.

Die Erde ist ein Läuterungsplanet. Nur hier, auf dieser dreidimensionalen Ebene, können wir unsere niedere Natur, unsere niederen Eigenschaften wie Egoismus, Haß, Neid, Unehrlichkeit, schlechtes Benehmen usw. ablegen. Diese Welt bietet uns Möglichkeiten über Möglichkeiten, uns in der Selbstdisziplin zu üben und zu vervollkommnen. Daß wir mit manchen niederen Eigenschaften noch behaftet sind, können wir nicht leugnen. Um uns in dieser oder jener Weise höher entwickeln zu können, brauchen wir Gelegenheiten, und diese finden wir hier reichlich. Wenn wir z.B. keine Geduld haben, brauchen wir Gelegenheiten, sie verwirklichen zu können. Wie sollten wir sie sonst entwickeln. Wir sollten uns wirklich ernsthaft bemühen zu erkennen, warum wir gerade in *der* Umgebung leben, in die wir gestellt wurden. Welche Lektionen sollen wir lernen, dort, *wo wir sind*? Wenn wir allerdings den Sinn und die Gesetze des Lebens nicht verstehen, erkennen wir auch nicht, *warum wir mit diesem oder jenem Mißstand oder Problem konfrontiert werden.* Alle bieten uns aber Möglichkeiten, das eine oder andere zu lernen, die eine oder andere gute Eigenschaft zu entwickeln. Es ist wirklich eine große Tragik, wenn wir mit unserem Los so gar nicht zufrieden sind, wenn wir ausbrechen wollen, wenn wir uns sperren mit aller Macht. Und hier spreche ich schon das Gesetz des *Karma* an; denn wenn wir *jetzt* nicht lernen wollen, so müssen wir es ganz bestimmt zu einer anderen Zeit, in einem späteren Leben. *Wir können dem Gesetz letztendlich nicht entfliehen.* Wir werden immer und immer wieder in solche Verhältnisse hineingeboren, die uns die Möglichkeiten bieten, zu lernen, was uns noch fehlt. Durch Unwissenheit oder Unwilligkeit versäumen wir viele Gelegenheiten dazu, die der Schöpfer uns immer wieder gibt. *Ein Gesetz der ewigen Verdammnis gibt es nicht*, wohl aber eines der *wiederholten Gelegenheiten*, welches wir durch das Wiedergeborenwerden erfahren.

Lernen wir doch lieber jetzt unsere Lektionen in Freude und Dankbarkeit, damit wir besseren und lichtvolleren Existenzen entgegengehen können. *Die niedere Natur können wir nur auf diesem irdischen Plan überwinden.* In einer anderen, höheren Daseinsform ist das nach dem Gesetz nicht möglich.

Wenn man nur auf ein Leben bezogen denkt, kann man verstehen, daß der Mensch von Angst erfüllt ist, denn an seinem Ende ahnt er vielleicht, daß er manche Gelegenheit nicht genutzt hat, an der Verfeinerung seiner Seele zu arbeiten. Wenn man dagegen kosmisch, universell denkt, erkennt man, daß der Mensch erneut eine Chance bekommen wird, die nicht gelernten Lektionen im nächsten Leben nachholen zu können. Ich meine, das wäre eine große *Gnade* des Schöpfers.

Natürlich wird für manchen der Gedanke unbequem sein, auf diesem Plan wieder erscheinen zu müssen, besonders wenn sein Leben ihm viel Mühe, Krankheit und Sorge gebracht hat. Wir haben aber die Möglichkeit, gerade in einem schweren Leben unseren guten Willen zur Höherentwicklung zu beweisen. Die kosmischen Gesetze begrenzen uns in dieser Aufwärtsentwicklung in keiner Weise, ganz im Gegenteil.

Wir wollen uns bemühen, die kosmischen Gesetze zu verstehen, denn sie sind uns eine große Hilfe, wenn wir uns nach ihnen ausrichten. Zunächst müssen wir erkennen, daß es ja immer die gleiche, die eine Seele ist, unsere Seele, die sich wieder und wieder verkörpert und durch viele *Leben* geht, um alle notwendigen Erfahrungen zu machen. Wir als Seele sind eine geistige Wesenheit, und diese ist geschlechtslos. Sie kann sich deshalb einmal in einem weiblichen und dann in einem männlichen Körper inkarnieren. Wenn einen die Vorstellung schrecken sollte, daß er als Frau vielleicht in einem Vorleben ein Mann gewesen ist und umgekehrt auch, hat er noch nicht die rechte Einstellung zu seinem wahren Wesen. Wenn wir wissen, daß wir Seele sind, ist dieser Gedanke jedoch nicht befremdend, denn die äußere, vergängliche Form ist unwichtig. Es ist aber wichtig, Erfahrungen in männlichen und weiblichen Körpern zu machen, die Gefühlswelt beider kennenzulernen, wenn wir allumfassend lieben lernen, wenn wir allumfassend verstehen wollen. Der Wechsel von einem Geschlecht zum anderen ist eben auch eine Gesetzmäßigkeit.

Hat ein Mann beispielsweise einer Frau in einem Leben Schaden zugefügt, den er damals nicht wiedergutgemacht hat, so wird seine Seele sicher in seiner nächsten Inkarnation einen weiblichen Körper annehmen müssen und gleiche Erfahrungen erleiden. Ebenso ergeht es selbstverständlich einer Frau, die einen Mann schädigt oder ungerecht behandelt. Dies ist der einzige Weg, durch den man gezwungen wird oder vielmehr, durch den man sich selber zwingt, Ursache und Wirkung alles dessen zu erleiden, was man selber in einem Leben einem anderen Menschen angetan hat.

In der Seele werden die Erfahrungen aller Leben gespeichert. Nichts geht verloren. In unserer jetzigen Existenz legen wir die Grundlage für unser nächstes Leben, und der Ablauf unseres jetzigen Lebens ist die Auswirkung von zurückliegenden. Wir haben es weitgehend in der Hand, wie das nächste Leben ausfallen wird, wenn wir in diesem nicht die Erlösung aus dem Kreislauf erlangen, ob es ein frohes, von Krankheit freies, glückliches und auch reiches Leben wird oder ob es sich anders gestaltet. Eines dürfen wir aber nicht außer acht lassen, daß negative Handlungen in früheren Leben sich noch auswirken können. Wir haben allerdings auch die Chance oder die Gnade, unangenehme zu mildern oder aufzulösen, wenn wir in diesem Leben alles daransetzen, die Erlösung zu erreichen.

Alles was uns geschieht, erfolgt aus einem Lebensmotiv, das in frühere Existenzen zurückgreift. Es ist bedingt durch das ganze Karma, das der Mensch mitgebracht hat. Er will und muß Leid erfahren, um dadurch zu einer Läuterung zu gelangen. Der vordergründige Wille sieht das nicht ein. Der vordergründige oder empirische Wille ist jener, womit wir unsere Alltäglichkeit bestimmen. Der hintergründige Wille ist unser Lebensmotiv. Dieses nennen wir auch Schicksal. Wir begreifen unser Schicksal nicht. Wir begreifen auch nicht, warum manche Menschen so hart und schrecklich geprüft werden. Unser empirischer Wille lehnt sich auf und möchte dagegen angehen. Würde man aber versuchen, den Schicksalsplan zu durchschauen, so könnte man lernen, einen Sinn darin zu erkennen.

Wird man beispielsweise verleumdet, oder wird einem dieses oder jenes angetan und man würde sagen, daß man daran selber schuld sei, weil man einmal – man weiß zwar nicht warum – selbst ähnliches Mitmenschen gegenüber veranlaßt habe und jetzt käme es auf einen zurück, so würden die meisten das nicht verstehen. Selbst eine Rehabilitation nach geschehenem Unrecht löst das Problem im Geistigen nicht. Ähnliches wird immer und immer wieder mit einem geschehen, bis man gelernt hat zu verzeihen. *Erst in dieser Vergebung, in dieser Verzeihung löst sich das Karma auf.*

Dieses Beispiel mag uns zeigen, wie notwendig es ist, daß wir beginnen, unser Leben nach höheren Gesetzen zu ordnen, daß wir nachdenken und nicht einfach in den Tag leben und nachlässig unsere Christenpflicht tun. Im Vaterunser ist das Gesetz des Karmas deutlich zum Ausdruck gekommen: „Vergib uns unsere Schuld, wie auch wir vergeben unseren Schuldigern." Der Schöpfer und unser Höheres Selbst vergeben uns nichts, bevor wir nicht unseren Mitbrüdern und -Schwestern vergeben haben. Eine Abtragung mit materiellen Gütern gibt es auch nicht. Die göttlichen, kosmischen Gesetze sind unbestechlich und arbeiten exakt, ohne Fehler.

Wir alle, ob schwarz oder weiß, rot oder gelb, sind Kinder des Einen Schöpfers. Können wir von einem Vater erwarten, daß er uns liebt, wenn wir unsere Mitmenschen nicht lieben, die ja auch seine Kinder sind?

Es wäre unklug, sich vom Gesetz abzuwenden, weil man absolut nicht mehr zur Erde zurück möchte oder weil es einem unangenehm und unbequem erscheint. Mit dem Abwenden können wir dem Gesetz nicht entgehen, das wäre ein Trugschluß. Die Tragik würde um so größer, weil wir dadurch eine erneute Chance verpaßten, endlich aus dem Kreislauf der Wiedergeburt herauszukommen.

Einmal wird jede Seele den Punkt erreichen, da sie des fortwährenden Kreislaufs müde ist, und sie wird sich zur Höherentwicklung entscheiden. Der Schöpfer zwingt niemanden. Er würde dadurch das Gesetz der Willensfreiheit verletzten, das er ja selber einsetzte. Außerdem hat er eine Ewigkeit Zeit.

Auch wenn eine Seele noch so verbrecherisch wirkt, sie trägt den Gottesfunken, das Modell des Ebenbildes Gottes in sich. Es mag Äonen dauern, bis sie zur Erkenntnis kommt und begreift, daß auch ihr Weg ein Weg zum *Licht* ist und nicht ein Weg in die Finsternis. Einmal wird jede Seele von der großen Sehnsucht erfaßt, und sie muß oft durch Leid und Krankheit geführt werden, um zur Erkenntnis zu kommen. Unglücklichsein kann auch der unerkannte Ausdruck einer nicht erfüllten Sehnsucht der Seele sein. Werden wir nicht manchmal von einer Sehnsucht erfaßt und könnten nicht sagen wonach? Vielleicht ist es die Sehnsucht der Seele nach ihrer ewigen Heimat.

Warum können wir uns an frühere Leben nicht erinnern? Auch das ist eine weise Führung. Das Wissen um die Fehler unserer vergangenen Existenzen könnte uns sehr belasten, und somit könnten wir uns nicht frei und unvoreingenommen entwickeln. Vielleicht könnten wir auch manchen Mitmenschen nicht ohne Vorurteil gegenüber treten.

Wenn wir weiterkommen wollen, dürfen wir nicht an den Fehlern und Irrtümern der Vergangenheit festhalten. Sie blockieren unsere Fortschritte. Wir können aber die Auswirkungen früherer Fehler durch ernsthaftes Bemühen um schnellere Vervollkommnung wesentlich herabmindern oder gar auflösen, indem wir jetzt mit all unserer Kraft daran arbeiten, die *Qualität* unserer Seele zu verbessern. Darin sind uns keine Grenzen gesetzt. Wenn wir erkannt haben, daß wir in einem einzigen Leben niemals zum Göttlichen Ebenbild heranreifen können, sind wir schon ein Stück weitergekommen. Wir sollten nicht versäumen, jetzt die Gelegenheit aufzugreifen, um aus der bisherigen Unwissenheit herauszukommen. Aus der Sicht der kosmischen Gesetze bekommen wir ein ganz anderes Bild vom eigenen Leben und von dem unserer Mitmenschen. Von einer höheren Warte aus nehmen wir Worte der großen Menschheitsführer und die eines Jesus Christus ernster, wenn er sagt: „Werdet vollkommen, wie mein Vater vollkommen ist." Wir können uns erst aus dem Rad der Wiederverkörperung lösen, wenn wir seine Worte verwirklichen.

Wenn wir über die niederen Eigenschaften Herr geworden sind, sie gemeistert haben und dadurch dem Ebenbilde Gottes nahegekommen sind, haben wir auf diesem Plan nichts mehr zu suchen. Was sollten wir dann noch hier? Dann geht die Entwicklung auf einer anderen Ebene weiter, denn es gibt keinen Stillstand in der Evolution. Dann erst sind wir reif geworden für höhere und schönere Daseinsformen, die ihre eigenen Gesetze haben.

Wenn ein Wesen dem Göttlichen Bilde wieder gleichgeworden ist, lebt es in völliger Freiheit, wird zum Mithelfer und Mitschöpfer am kosmischen Plan. Es hat dann die Grenze überschritten, jenseits welcher es nicht mehr fallen kann. In dieser Freiheit hat es aber die Möglichkeit, sich freiwillig wieder zu inkarnieren, um der Menschheit zu dienen, um ein Menschheitsführer zu werden oder auf anderen Gebieten entwicklungsfördernd für die Menschheit zu wirken.

In einer Zeit wie der heutigen, da die Geburtswehen eines neuen

Zeitalters in vollem Gang sind, sind wieder viele hochentwickelte Seelen inkarniert, und es werden noch mehr kommen, um der Menschheit beizustehen und zu helfen, daß sie ihren Weg erkennt und das Wassermann-Zeitalter, ein geistig hochstehendes Zeitalter, von allen Erdbewohnern bewußt zu ihrer Entfaltung genutzt wird.

Diese großen Seelen, Lehrer der Menschheit, Propheten nehmen freiwillig einen physischen Körper an, um dem neuen geistigen Äon zum Durchbruch zu verhelfen, damit dieser sich nicht zu katastrophal vollzieht. Denn die kosmische Uhr geht unaufhaltsam ihren Gang, und die Schwingungen aus dem Weltraum, die geistigen Einstrahlungen der Zentral-Sonne, erhöhen sich mit der Zeit merklich, was eine Bewußtseinserweiterung zur Folge hat, besonders für jene, die sich um ihre Entwicklung und Vervollkommnung bemühen. Für alle, die dieses nicht anstreben, wirkt diese Einstrahlung störend, ja sogar zerstörend. Jetzt werden „die Schafe von den Böcken geschieden". Es ist ein Gesetz, daß das Aufbauende von Bestand ist, während das Zerstörende das Gesetz der Vernichtung in sich trägt.

Die kosmischen Gesetze helfen uns, unser Leben und das unserer Mitmenschen besser zu verstehen. Wir werden nachsichtiger, verständnisvoller, einer umfassenderen *Liebe* fähig. Jede Seele befindet sich auf einer anderen Entwicklungsstufe, und wir sollten nie Vergleiche ziehen, keine Kritik üben im negativen Sinne und jedem seinen Entwicklungsweg lassen. Wir wissen nichts vom Seelenweg des anderen und dürfen uns kein Urteil erlauben.

Durch die fernöstlichen Einflüsse kommt kosmisches Gedankengut mehr und mehr auch zu uns ins Abendland. Die theosophische, die anthroposophische, die esoterische und andere Geistesrichtungen bauten aber auch bei uns schon immer darauf auf. Es wird nicht mehr lange dauern, dann wird der Reinkarnationsgedanke wieder allgemein anerkannt und verstanden werden.

Wenn wir auf dem Wege der Seelenentwicklung weiterschreiten, werden wir sensitiver für die Schwingungen vergangener Erfahrungen. Diese sind nicht im physischen Körper gespeichert, sondern in unserer Seele, in unserem Höheren Selbst. Darum können Szenen der Vergangenheit, wenn wir genügend „durchlässig" geworden sind, aus der

Tiefe emporsteigen und uns bewußt werden. Bei manchen sind schon Erinnerungen aufgetaucht, die aber nicht als solche erkannt werden konnten, weil das Gesetz der Reinkarnation noch nicht anerkannt wurde.

Wir sollten es nicht versäumen, in diesem Leben ganz bewußt die Seele zu verfeinern, *Ewigkeitswerte* zu schaffen. Auch wenn wir glauben, daß unsere heutigen Anstrengungen nutzlos sind, weil wir nicht den Fortschritt verzeichnen können, den wir wünschen, wenn vielleicht auch äußere Umstände uns daran zu hindern scheinen, so sollten wir doch in unseren Bestrebungen nicht müde werden. Wir dürfen nicht vergessen, daß wir heute durch ehrliches Bemühen der Seele die Möglichkeit geben, im nächsten Leben bessere und vorteilhaftere Umweltbedingungen und dadurch größere Entfaltungsmöglichkeiten zu bekommen. Keine Anstrengung ist umsonst. Wir sollten aber auch nicht außer acht lassen, daß wir dort, wohin wir gestellt sind, *bestimmt Wesentliches zu lernen haben.*

Dieses größte kosmische Gesetz muß gründlich studiert und durchdacht werden. Das sollte jeder tun, um mehr *Licht* in seine Existenz zu bringen.

Alle Großen dieser Welt, ob wir Goethe, Schiller, Mozart, Beethoven, Wagner und andere Denker und Philosophen nennen, sie alle drückten in ihren Werken den Reinkarnationsgedanken aus. Es gibt eine Menge Literatur darüber.

Christian Morgenstern sagte an einer Stelle:

> „Wer vom Ziel nicht weiß, kann den Weg nicht haben,
> wird im selben Kreis, all seine Leben traben."

Aus Wagners Parsifal:

> „Hier lebt sie heut – vielleicht erneut
> zu büßen Schuld aus früheren Leben,
> die dorten ihr noch nicht vergeben."

Das Phänomen der sogenannten Wunderkinder können wir nur

unter Berücksichtigung des Gesetzes der Reinkarnation verstehen. Mozart z. B. konnte nur aus den bewußten Erfahrungen einer Präexistenz mit 6 Jahren die Kontrapunktlehre beherrschen und vieles wissen, was anders nicht möglich und denkbar wäre von einem Kind. Diese Erfahrung nahm er bewußt mit in sein Tagesbewußtsein, was auch bei manchen anderen Seelen der Fall ist, besonders dann, wenn sie schon hochentwickelt sind.

Es ist ein Gesetz, daß, wenn eine Seele einen bestimmten Grad hohen Bewußtseins erreicht hat, sie das Wissen voll ins nächste Leben mitbringt.

So gibt es Menschen, die in ihrer Art so weise, entwickelt und vollkommen erscheinen, ohne in diesem Leben eine entsprechende Schulung genossen zu haben, daß man erstaunt ist. Auch bei uns könnte manches offenbar werden, wenn wir still genug würden und die Fähigkeit hätten, in unser wahres Selbst, in unsere ewige Seele einzutauchen. Frühere Erfahrungen könnten wir uns dann zunutze machen. Solange wir noch so stark in der Welt beschäftigt sind und uns in ihr niederlassen, als lebten wir ewig hier, wird es uns jedoch nicht gelingen, tiefere Einblicke und Rückblicke zu erlangen.

Das selbstloseste Motiv, wieder ein Ebenbild des *Höchsten* zu werden, ist es wohl, wenn der Mensch sich aus *Liebe* zum *Vater* aus dem Rad des Karma, der Wiederverkörperung lösen will. Diese Liebe kann eine solche *Kraft* und *Macht* sein, daß sie imstande ist, alles Karma, was die Seele in eine Wiederverkörperung zwingt, zu verbrennen, und dadurch der ewigen Glückseligkeit teilhaftig zu werden. Wie hätte sonst Christus am Kreuze zu dem Schächer, der mit ihm gekreuzigt wurde, sagen können: „Wahrlich ich sage dir, noch heute wirst du bei mir im Paradiese sein." In den Stunden am Kreuze wurde der Schächer von großer Sehnsucht nach dem Himmelreich und seiner Liebe erfaßt, und was seine Seele durchlebte und durchlitt, weiß nur *Gott* allein. Durch seine Worte: „Herr, gedenke meiner, wenn du in dein Reich kommst«, offenbarte er Christus seine Seele bis auf den Grund, und darum konnte dieser die verheißenden und erlösenden Worte sprechen.

Spricht man nicht vom Feuer der Liebe? Feuer bedeutet immer

Reinigung. Das Leben Jesu war durchstrahlt und durchflammt von dieser Liebe zu seinem *Vater* und dadurch auch zu allen Wesen, zu aller Kreatur. Und immer wieder lehrte er diese Liebe.

Das Erlösungswerk Jesu Christi ist wohl darin zu sehen, daß es dem, der von dieser von ihm vorgelebten Liebe ganz durchdrungen und durchglüht ist, möglich ist, sein Karma aufzulösen, weil er in dieser Liebe lebend nicht mehr sündigen kann. Würde ein Vater sein Kind verstoßen, und habe es sich noch so weit von ihm entfernt, das brennend von der Liebe zu ihm, wieder in seine Arme flieht?

Solange wir aber diese befreiende Liebe nicht kennen, befinden wir uns auf dem mühsamen Weg der Selbsterlösung, den der größte Teil der Menschen gehen muß. Aus diesem Kreislauf von Ursache und Wirkung, dem zwanghaften Zustand der Wiederverkörperung, kommen wir heraus durch bewußtes Bemühen, das Lebensgesetz zu erfassen. Man muß Gott im eigenen Innern suchen, stets gegenwärtig und bewußt die Verbindung mit diesem Göttlichen Selbst herstellen und unerschütterlich daran festhalten in allen Lagen des äußeren Lebens.

Die Zeit ist nun gekommen, da viele Menschen beginnen zu erwachen. Sie müssen jetzt erfahren, daß sie vielleicht ungezählte Male schon gelebt haben, jedesmal in einem neuen physischen Körper, und daß jedes Leben Wachstum ermöglicht und jedem Gelegenheit bietet, sein Gleichgewicht wiederherzustellen. Das richtige Verständnis für dieses große Gesetz bringt auch das Verständnis für den tieferen Sinn mancher menschlichen Erfahrung, die sonst als völlig ungerecht empfunden werden müßte. Es vermittelt uns die Gewißheit, daß es nichts Zufälliges und Nebensächliches geben kann, daß jede Erfahrung Auswirkung einer früher gelegten *Ursache* ist.

Vererbung im Lichte des Gesetzes der Wiederverkörperung

Jeder Mensch, wie er uns jetzt gegenübertritt, ist ein Brennpunkt, der die Summe all seiner (Vor-) Existenzen darstellt. Vererbung und Milieu werden heute allgemein für die Ursache seines augenblicklichen Zustandes, körperlich und geistig, verantwortlich gemacht. Zu dieser Folgerung sind Wissenschaft und Psychologie gekommen, da der Mensch nur in seinem „einmaligen" Leben gesehen wird, als Einzelwesen, getrennt von einer *All-Einheit*, außerhalb der kosmischen Rhythmen und Gesetze.

Wenn aber das erste Kosmische Gesetz, das der Reinkarnation (Wiederverkörperung), den wissenschaftlichen Betrachtungen zugrunde gelegt wird, muß es zwangsläufig zu ganz anderen Erkenntnissen kommen, die der bisherigen allgemeinen Denkweise fremd sind. Demnach sind Vererbung und Milieu in erster Linie *Wirkungen* und nicht Ursachen, also Folgen einer langen Vergangenheit, früherer Existenzen. Die Eltern, die ein Kind bekommen, sind nach unbestechlichen und präzis wirkenden Gesetzen gewählt im Hinblick auf die künftige physische Konstitution und die Entwicklungsmöglichkeiten. Ausgeschlossen ist dabei nicht, daß die Seele bei der Wahl beteiligt war, daß aber stets die Möglichkeit zur Erfüllung des individuellen Karmas in Betracht gezogen wurde. Die Eltern sind wohl die Werkzeuge zur Erschaffung des Körpers und eines bestimmten Milieus, nicht aber die *Übermittler sämtlicher Eigenschaften*. Es ist daher fraglich, ob ein Milieu, das vorher ausersehen oder vorgesehen wurde, um vielleicht einem Verlangen der Seele nachzugeben, *als der entscheidende Einfluß von außen angesehen werden kann.*

Durch die Wahl der Eltern, die im Einvernehmen mit dem Individuum und dem Gesetz des Karmas geschieht, werden der physische Körper, die Kindheits-Umgebung und auch eine bestimmte Art der Ausbildung gewählt. Nicht davon berührt sind die Charaktereigenschaften, die ja die Summe aller Vergangenheit sind. Ähnlichkeiten zwischen Eltern und Kindern, soweit sie Gesten und Persönlichkeit betreffen, sind vielfach auf kindliches Nachahmungstalent zurückzuführen. Nachahmend lernt ein Kind in den ersten Lebensjahren alles, was es zur Einordnung in das Leben seiner Umgebung braucht.

Übereinstimmung von Charakterzügen zwischen Eltern und Kindern wollen Fachleute mit „Vererbung“ begründen. Zu dieser Folgerung können sie nur kommen, wenn das Gesetz der Wiederverkörperung außer acht gelassen wird. Es muß aber zu Fehlfolgerungen und Irrlehren kommen, wenn auf einem falschen Denkgebäude aufgebaut wird.

Unter Berücksichtigung der Tatsache, daß sich bestimmte Stellungen von Planeten bei den Geburten innerhalb einer Familie wiederholen, wiederholen sich dementsprechend physische wie auch psychische Ähnlichkeiten, denn als Kind des Kosmos ist der Mensch auch dessen Rhythmus eingegliedert. Dieser ist überall zu bemerken.

Vielleicht helfen folgende Vergleiche zum besseren Verständnis für das Ausgesagte:

Es gibt Tierarten, die nur in einem bestimmten Monat Junge zur Welt bringen, die Blätter der Blumen öffnen und schließen sich nach dem täglichen Sonnenrhythmus, Ebbe und Flut gehorchen einem bestimmten Rhythmus, der Menstruationszyklus der Frau ist einem Rhythmus unterworfen, der mit dem Umlauf des Mondes um die Sonne zusammenhängt. Dies nur als Beispiele von Rhythmen, die jedem bekannt sind. Auch in einem Horoskop zeigen sich solche rhythmischen Abläufe.

Wenn das Gesetz der Wiederverkörperung einmal wieder zur Grundlage unseres Denkens geworden ist und in seinen vielfältigen Auswirkungen erkannt und richtig verstanden wird, können u. a. auch die bisherigen Irrtümer zum Thema „Vererbung geistiger Eigenschaften durch elterliche Gene“ beseitigt werden.

Der Glaube an die physische Vererbung geistiger Eigenschaften stützt sich auch darauf, daß sich große Begabungen durch Generationen hindurch in einer Familie zeigen, z. B. die Musikalität der Familie Bach, obwohl es logisch sein dürfte, daß es unmöglich ist, daß sich geistige Eigenschaften physisch übermitteln lassen. Jedes Wesen ist doch eine Individualität, die wir in unserem Kulturkreis *Seele* nennen, eine Einmaligkeit, geprägt aus den Erfahrungen mancher Existenzen. Sie kann doch nur ihre eigenen Erfahrungen mitbringen. Um hier aber existent sein zu können, braucht sie den physischen Körper, der nur die Hülle, das Kleid ist, das der Verwesung anheimgestellt ist. Die beiden Bereiche, der geistig-seelische und der physische, verbinden sich nur für die Dauer der jeweiligen Inkarnation, wenn Astralleib und physischer Leib eine Einheit sind.

Bleiben wir beim Beispiel der Familie Bach. Einer der begabten Bach-Söhne, oder vielleicht auch mehrere, mögen sich durch Inkarnationen musikalische Talente erarbeitet haben und möchten gern Söhne eines ebensolchen Vaters werden. Es ist doch sehr naheliegend und sicher auch im Einklang mit dem Karmagesetz, daß sich solche Seelen in eine musikalische Familie inkarnieren. Vielleicht haben sich einige Familienmitglieder in Vorinkarnationen gekannt und möchten wieder zusammen sein und auch ihr Talent erweitern. Eine Inkarnation in eine solche musikbegabte Familie bietet die beste Möglichkeit zur Weiterentwicklung des Musiktalentes und würde gewiß auch dem persönlichen Karma entsprechen. Vielleicht spielt auch der Horoskop-Rhythmus eine Rolle dabei.

Ein Horoskop ist ein Diagramm des Sonnensystems im Augenblick der Geburt, mit dem sich ziemlich genau der künftige Stand von Sonne, Mond und Planeten ausrechnen läßt, woran durch eine ebenso ziemlich genaue Voraussage abzulesen ist, ob gewisse Zeiten sich schwierig oder günstig gestalten werden. Ein Horoskop stellt die Summe der Vergangenheit dar. Darum ist astrologisches Wissen ohne Kenntnis und Anerkennung der Reinkarnationslehre unvollkommen und kann viele Fragen nicht beantworten oder beantwortet sie falsch, weil das Denkgebäude, worauf aufgebaut wird, fehlerhaft ist.

Die Aspekte eines Horoskops an sich sind nicht gut oder schlecht. Sie sind eine Herausforderung, sich den daraus ergebenden Prüfungen zu stellen und die Lektionen zu lernen. Sie bieten, wenn der Mensch sie kennt und sich danach richtet, eine Chance zur Weiterentwicklung. Diese Aspekte werden uns ja nicht willkürlich zuteil. Sie entsprechen dem individuellen Karma. Sie sind sozusagen das Grundmuster, das sich jeder selbst geschaffen hat, das aber noch zu verändern und zu verbessern ist. Diese Veränderungen geschehen nicht von selbst. Sie hängen vom eigenen Bemühen ab, inwieweit jeder auf sein Karma reagiert, oder wie er es durch entsprechende Verdienste abzutragen, umzuwandeln oder aufzulösen imstande ist.

Unzerstörbar und ewig existierend kehrt die menschliche Seele so oft zur Erde zurück und muß sich eines physischen Körpers bedienen, bis sie alle Lektionen gelernt hat, wozu nur diese Ebene Gelegenheit bietet. Hat sie sich Göttliche Eigenschaften erarbeitet und alle Prüfungen des Lebens bestanden, ist sie reif geworden für höhere Daseinsebenen und -formen.

Mensch und Kosmos

Im Kosmos herrschten chaotische Zustände, wenn seine Gesetze nicht eher zur Wirkung kommen könnten, als bis sie vom Menschen entdeckt und sanktioniert würden. Bevor Newton das Gesetz der Schwerkraft entdeckte, wirkte dieses mit derselben Präzision wie danach.

Die uralte Wissenschaft von den Sternen und ihren Gesetzen wurde von Scharlatanen in Mißkredit gebracht, so daß sie heute nur noch wenig Anerkennung findet. Sowohl in ihrem mathematischen als auch in ihrem philosophischen Gehalt ist die Sternenwissenschaft so umfangreich, daß nur ein Weiser sie richtig verstehen kann. Bei der Unvollkommenheit der Welt brauchen wir uns nicht zu wundern, wenn Unwissende sich darangeben und die Himmelskarte falsch deuten. Und so kommt es, daß die Wissenschaft von den Sternen verworfen wird, anstatt das Übel bei denen zu suchen, die unfähig sind, sie sich nutzbar zu machen.

Alle Schöpfungsbereiche beeinflussen und durchdringen sich. Der ausgleichende Rhythmus im Universum ist die wechselseitige Beziehung zueinander. Die vergängliche Seite des Menschen hat mit zwei verschiedenen Kräften zu kämpfen: einmal ist es die Turbulenz in seinem Innern, die durch die Mischung der Elemente – Erde, Wasser, Feuer, Luft und Äther – verursacht wird, und zum anderen sind es die Naturkräfte, die von außen auf ihn einwirken. Solange der Mensch sich noch mit seiner Vergänglichkeit identifiziert, im dunklen Seelenzustand der Gottvergessenheit lebt und sich seiner *Gotteskindschaft* nicht bewußt ist, wird er auch die ihm von seiner Umgebung auferlegten feinen Fesseln des Gesetzes spüren und von den unzähligen Veränderungen, die am Himmel und auf der Erde vor sich gehen, beeinflußt.

Die Astrologie beschäftigt sich mit der Reaktion des Menschen auf die planetarischen Einflüsse. Die Sterne selbst sind uns weder feindlich noch freundlich gesonnen. Sie senden nur positive und negative Strahlen aus, die dem geistig entwickelten Menschen weder schaden noch nützen. Sie sind Werkzeuge des Gesetzes von *Ursache* und *Wirkung*, die den äußeren Ablauf der Ereignisse regeln, für die jeder Mensch aufgrund seiner ehemaligen Taten selbst verantwortlich ist.

Ein Kind wird an dem Tag und zu der Stunde geboren, da die Strahlen der Gestirne mit mathematischer Genauigkeit seinem individuellen Karma entsprechen. Sein Horoskop ist demzufolge eine Herausforderung seiner unabänderlichen Vergangenheit und der sich wahrscheinlich daraus ergebenden Zukunft. Nur Menschen, die über eine außergewöhnliche Intuition und Weisheit verfügen, können die Geburtskonstellation richtig deuten.

Die Botschaft, die die Sterne im Augenblick der Geburt dem Menschen bringen, soll jedoch nicht ein unabänderliches Schicksal verkünden als Folge ehemaliger guter und böser Taten. *Sie soll ein Ansporn sein, sich aus irdischer Knechtschaft und Unwissenheit zu befreien.* Was man Schlechtes getan hat, kann man auch wieder gutmachen. Wenn das nicht der Fall wäre, wäre die Lehre von einem liebenden, barmherzigen und gütigen Vater eine Irrlehre.

Die Sterne befinden sich in ständiger Bewegung und daher ändern sich auch die Strahlungen, die die Erde aus dem Weltenraum empfängt. Jede Erscheinungsform, auch der Mensch, trägt aus diesem Grunde aus denselben schöpferischen Kräften, wie sie aus dem Weltraum strahlen, eine individuell zusammengesetzte Kräftestruktur in seinem Rad (Karma). Bei der Geburt sind diese beiden Kräftestrukturen, die aus dem persönlichen Rad und die aus dem großen kosmischen Rad, übereinstimmend. Sie sind identisch.

Bis zu seinem Lebensende steht der Mensch unter dem Einfluß neuer Eindrücke, Einflüsse und Erlebnisse und verändert dadurch seine Kräftestruktur. Durch Anstrengungen, aus dem karmischen Rad mehr und mehr herauszukommen, verändert er selbst seine persönliche Konstellation weitgehend. Die innere Konstellation, die eine Seele bei Eintritt des physischen Todes hat, ist bestimmend für den Zeitpunkt, da sie sich wieder inkarnieren kann und muß, da die Konstellation des kosmischen und des persönlichen Rades wiederum übereinstimmen. Diesem Gesetz zufolge stimmt die Todeskonstellation des vorherigen Lebens mit der Geburtskonstellation des neuen überein. Durch die Lebenserfahrungen und Bemühungen können und stimmen Geburtskonstellation und Todeskonstellation in demselben Leben nie überein.

Wohl ist die Seele vom Bilde ihrer Konstellation ihr Leben lang geprägt, da das individuelle Karma in ihr enthalten ist, aber es liegt an ihrem Bemühen, durch Entwicklung höherer Eigenschaften aus dem Rad des Karma herauszukommen.

Der Mensch selbst ist Urheber aller Ereignisse, die in sein Leben treten und kann diese auch nur selber aus dem Wege räumen. (Was du säest, wirst du ernten.) Dazu stehen ihm geistige Hilfen zur Verfügung, die wir als Gnade werten dürfen. Diese Gnade aber werden wir nie erfahren, *wenn wir uns nicht ändern.* Der erste Schritt muß von uns gemacht werden.

Als man zu Jesus eine Ehebrecherin führte, damit er veranlasse, daß sie gesteinigt werde, sagte er: „Der von euch ohne Sünde ist, werfe den ersten Stein." Einer nach dem anderen schlich davon. Zu der Ehebrecherin aber sagte er: „Gehe nach Hause und sündige nicht mehr." Der Mensch muß sich ändern, dann kann er Gnade erfahren entsprechend seinem individuellen Bemühen.

Die falsche Auffassung, daß die Sterne unser Schicksal bestimmen, macht den Menschen zu einer willenlosen Marionette. Ein kluger und strebsamer Mensch besiegt die Sterne, das heißt, *er ist Sieger über seine Vergangenheit*, indem er sich nicht länger zur Schöpfung, sondern nur noch zum Schöpfer bekennt, indem er die *Arbeit am Selbst* meistert, also: Selbstverwirklichung erfolgreich praktiziert. Je weiter er darin fortgeschritten ist, desto mehr entgleitet er der Macht äußerer Einflüsse. Je mehr er sich seiner göttlichen Herkunft bewußt wird, desto weniger Macht wird die Materie über ihn haben. Seine Seele wird frei und kann daher auch nicht mehr von den Sternen regiert werden.

Ein *Gottsucher* kann nicht falsch gehen. Er wird immer wieder den rechten Weg finden, sollte er von ihm abgekommen sein. Er wird zur richtigen Zeit richtig handeln und damit den Gesetzen entsprechen. Durch *Hinwendung* zu *Gott* genießt er einen inneren Schutz, der stärker ist als alle äußeren Gewalten.

Höheres Wissen

Es gibt ein Wissen, das nicht aus Schulbüchern zu erfahren ist. Dieses höhere Wissen wurde in früheren Zeiten geheimgehalten und nur wenigen anvertraut. Es wurde vorwiegend in den Mysterien- und Einweihungsschulen, aber auch von einzelnen Meistern gelehrt, da es für das verdunkelte Bewußtsein der Masse ungeeignet und nicht verständlich war. Es beinhaltet u. a. gewaltige kosmische Begebenheiten, die Gesetze des Geistes und des Universums, wofür ein hohes Verständnis erforderlich ist, sowie auch eine ethische und moralische Reife und eine große Disziplin.

Den lehrenden Meistern waren die Zusammenhänge des Lebens im Universum und die Lebensgesetze bekannt. Sie wurden nur jenen Schülern und Suchenden zugänglich gemacht, die diese Tempel aufsuchten, und die nach langer Vorbereitung dafür empfänglich und reif waren. Immer nur wenige waren es, die an die Quellen des Wissens kamen, und wer dahin strebte, mußte gegen den Strom schwimmen. So ist es auch heute noch.

Wäre dieses Wissen ins Bewußtsein der Menschen geraten ohne die notwendigen Voraussetzungen, wären Chaos und Zerstörung die Folgen gewesen. Dieses höhere Wissen liegt zum Teil noch aufgeschrieben an ganz sicheren Orten der Welt verborgen und wird von Eingeweihten und Adepten behütet und für die Menschheit freigegeben, wenn sie dafür aufnahmefähig und reif geworden ist. Manches Wissen ist im Bewußtsein einiger Auserwählter lebendig geblieben, die heute wieder inkarniert sind, und dadurch findet es nach und nach den Weg zu den Menschen, die reif und aufgeschlossen dafür sind.

Durch die enorme Entwicklung auf den verschiedensten Ebenen hat sich in unserer Zeit das Bewußtsein der Menschen im allgemeinen geweitet, so daß sie für manches aufnahmebereit sind. Diese Entwicklung ist deutlich zu spüren an den vielen, die geistig erwachen und sich auf die Suche nach höherer Erkenntnis begeben.

Es ist jetzt die Zeit, da die Welt zu unserem Einweihungstempel geworden ist, und manches Wissen wird dem Suchenden begegnen, das ihm neu und fremd ist, ja sogar unfaßbar erscheinen mag. Viele Fragen können auch nicht sofort und in einem Augenblick erklärt und geklärt werden. Mit zunehmender Erkenntnis stellt sich eine Antwort aber oft von selbst ein, und wer wachsam und achtsam durchs Leben geht, findet wie von selbst vieles Wesentliche an seinem Weg.

Auf diesem Weg der Erkenntnis bedarf es der *Toleranz* und der *Geduld*. Wer mit Ungeduld und Intoleranz behaftet ist, behindert seine Entwicklung und verbaut sich die Klarheit im Denken. Geduld und Toleranz sind auch die beiden starken Säulen der universalen kosmischen *Liebe*. Sie gehören mit zu den Ursachen, aus denen die Schöpfung ins Leben gerufen wurde, worauf sie aufgebaut ist, und sie sind *Kräfte*, die sie mit zusammenhalten.

Global ist jetzt eine gewaltige Veränderung zu spüren. Geistiges Erwachen zeigt sich auf allen Ebenen. Wissenschaft und Forschung weiten das allgemeine Bewußtsein und führen uns nicht nur in die Tiefen des Weltenraumes mit seinen Milchstraßen, Spiralnebeln und Sonnensystemen, sondern erschließen uns auch die Kenntnis der kleinsten Teilchen. Wir wurden durch diese und andere Erkenntnisse gezwungen, den selbstgebauten Thron, den wir bestiegen hatten, weil wir geglaubt hatten, als irdische Menschen die Krone der Schöpfung und jeglicher Mittelpunkt des Universums zu sein, demütig wieder zu verlassen. Wir müssen erkennen, daß unser Planet Erde sich, wie ein Staubkörnchen anmutend, in der Unendlichkeit des Raumes bewegt in Abhängigkeit zu vielen anderen Welten.

Die Kontinente rücken näher zusammen, weil es möglich ist, mit den heutigen schnellen Transportmitteln in wenigen Stunden an ein anderes Ende der Welt zu kommen und Nachrichten von überall in kürzester Zeit zu erhalten.

Durch all dieses Wissen denkt der Mensch kosmischer, und dadurch löst er sich langsam aus der Begrenzung starrer Dogmen. Auch ist er durch die neuen Erkenntnisse nicht mehr so vermessen zu glauben, auf dem einzigen bewohnten Planeten zu leben.

Die gesamte Menschheit geht einer neuen Entwicklungsepoche entgegen, und somit werden jetzt viele Türen geöffnet, die früher verschlossen waren.

Heute ist die Erde zu einem großen Tempel geworden, und viele Menschen sind vorbereitet, von dem alten, aber für sie neuen Wissen zu erfahren.

Wer dem inneren Sehnen nach Wissen und Aufklärung folgt, vor dem breitet sich eine bunte Palette esoterischer Lehren aus. Mannigfache Geistesrichtungen kann der Suchende kennenlernen, die plötzlich vor ihm auftauchen.

Wer den geistigen Weg betreten hat, ist sicher mit den Begriffen: Einweihungstempel, Eingeweihter usw. in Berührung gekommen durch Literatur und in Gesprächen, wenige aber haben wohl die Gnade erfahren, persönliche Kontakte mit sogenannten *Eingeweihten* zu haben. Die Frage, was „Einweihung" ist, beschäftigt immer weitere Kreise. Alte Geheimlehren bleiben nicht mehr geheim und verborgen. Sie werden dem offenbar, dessen Seele geöffnet und vorbereitet ist, ein höheres Wissen zu empfangen.

Die Welt selbst ist zu einem großen Einweihungstempel geworden, und heute kann jeder ein Eingeweihter werden, der die Sehnsucht nach dem Wissen über „Woher" und „Wohin" in sich fühlt. Diese Entwicklung ist bedingt durch die kosmischen Abläufe im Universum, worin die Erde eingeschlossen ist. Sie empfängt immer stärker werdende Frequenzen und Schwingungen aus dem Bereich unserer Zentral-Sonne, der sie sich jetzt mehr und mehr nähert. Ihr Einfluß bringt das ganze Sonnen-System, zu dem die Erde gehört, in eine höhere Schwingung, und dadurch kommen die Menschen zu einer Bewußtseinserweiterung, die sie befähigt, höhere Erkenntnisse, Wahrheiten und Weisheiten zu verstehen.

Die Worte „Einweihung, Wahrheit, Weisheit, Erkenntnis", sind uns geläufig. Kennen wir auch ihre Bedeutung?

Einweihung wird auch mit dem Wort „Initiation" ausgedrückt, aus dem Lateinischen abgeleitet: „in" = hinein und „ire" = gehen. Es bedeutet demnach, in etwas hineintreten oder -gehen. In diesem Sinne bedeutet es Eintritt in ein geistiges Leben oder in das Studium dieses geistigen Lebens. Das ist der erste Schritt, auf den viele folgen können, wenn ein Schüler bereit ist, den Einweihungspfad zu beschreiten.

Wer den ersten Schritt noch nicht getan hat, bleibt weiterhin auf der breiten Plattform des „Nichtwissens". Wer ganz in der Materie, in der physischen Erscheinungswelt lebt und sich mit dieser identifiziert, hat keine Vorstellung davon, daß hinter der Welt der Erscheinungen sich die grandiose Welt des Geistes auftut, in der die Wurzeln unserer Existenz zu suchen sind.

Die meisten Menschen sind entwurzelt, wie heute in erschreckendem Maße zu beobachten ist: sie kommen nicht über die Materie hinaus, ihre Seelenflügel werden nicht ausgebreitet um sich geistig zu erheben, um den Flug in jene Bereiche zu wagen, die zum Ursprung unseres Seins, unserer Existenz führen, wo die Antwort auf all unsere Fragen liegt. Nur dort finden wir die Lösung all dessen, was in uns nach Erlösung ruft. Dort ist die Heimat unserer Sehnsucht, die jene, die sich mit der Materie identifizieren, im Äußeren suchen.

Eine *Einweihung* ist heute jedem möglich, da die ganze irdische Menschheit sich auf diesem Weg befindet, bewußt oder unbewußt. Er führt zu jenem Meister, der in uns selbst wohnt. Der Einweihungsweg ist ein Weg, der behutsam und langsam zu gehen ist, mit viel innerer Wachheit und Vertrauen zu sich selbst. Es ist ein Weg, der *Mut* und *Disziplin* fordert.

Auf diesem Weg haben die Begriffe *Wissen* und *Weisheit* eine bestimmte Bedeutung. *Wissen* (Kenntnis) ist das Gesamtergebnis all dessen, was wir mit unseren fünf physischen Sinnen aus den menschlichen Erfahrungen aufnehmen, was vom Intellekt definiert werden kann. All das, was der Verstand als Tatsache akzeptiert, was durch Experimente bewiesen werden kann. *Kenntnis* bezieht sich auf alles, was mit dem *Aufbau* der Formen und Dinge zu tun hat und sie betrifft, somit die materielle Ebene alles Geschehens.

Weisheit bezieht sich auf den *geistigen Fortschritt*, auf die Entwicklung des Lebens *innerhalb* der Formen, bezieht sich auf die sich erweiternden Bewußtseinszustände innerhalb der stets wechselnden Hüllen von Leben zu Leben. *Weisheit* ist ein Aspekt jener Seite des Lebens, die mit der inneren, geistigen Entwicklung zu tun hat. Sie bezieht sich nur auf das *Wesentliche aller Dinge* und nicht auf die Dinge selbst. Sie ist eine intuitive Erfahrung und Erfassung der *Wahrheit*, unabhängig vom verstandesmäßigen Begreifen. Sie vermag es, das *Echte* vom *Unechten*, das *Wesentliche* vom *Unwesentlichen* zu unterscheiden. Sie hat die Fähigkeit des gesteigerten Denkens, das wahrhaft „Innerste“ alles Geschehens zu ergründen, und sie bringt die Fähigkeit, sich immer höheren Maßstäben anzugleichen. *Weisheit* ist das Ergebnis des Denkens aus dem *Geist*, *Wissen* das Ergebnis aus dem Erforschen der Materie. *Wissen* ist analytisch, stellt gegenüber, ist teilend und trennend. *Weisheit* bringt in Einklang, in Harmonie, in Einheit. *Wissen* unterscheidet, während *Weisheit* vereint und verbindet.

Wer nach *Weisheit* strebt, muß aus dem materialistischen Denken, aus dem Kopfdenken, heraustreten. Ist er in diesem alten Denken verankert, so kann er seinen *Daseinsgrund* nicht erkennen und nicht zu *Weisheit* gelangen. Diesseitsbezogenes Denken ist begrenzend, entwurzelnd. Was der einzelne braucht, ist *Harmonie* aus sich selbst, zu der er erst finden kann, wenn er den Sinn des Daseins erkannt hat. Dann erst kann er sich auf den Weg der „Einweihung“ begeben, der heute jedem offen steht, weil das begonnene neue geistige Äon, das *Wassermann-Zeitalter*, viele Tore dafür geöffnet hat, damit ein jeder, seiner augenblicklichen Bewußtseinsstufe entsprechend, einen Einstieg findet.

Ein *Wissender* vermag zu sagen, daß etwas so und so ist. Die Aussage eines anderen nützt dem Sucher aber wenig. Sie mag ein Hilfsmittel sein, damit er seine Richtung findet, jede Seele muß aber in sich selbst das Gesuchte entdecken. Immer wieder muß sie sich vor Augen führen, daß das *Reich Gottes* im *Innern* jedes einzelnen verborgen ist.

Nur die von jedem in sich empfundenen und erkannten Wahrheiten sind von wahrem Wert. Von irgend einem Lehrer oder Meister gehörte phantastische Dinge nachzusprechen, die blind angenommen werden, die auch keiner inneren Prüfung standhalten, ist eine große Gefahr. Meistens sind solche Lehrer zweifelhafte Figuren, die selbst noch viel zu überwinden haben und dadurch fragwürdig erscheinen können. Keine echte Wahrheit ist jedoch phantastisch oder widerlegbar.

Unser ehrliches und aufmerksames Forschen wird uns Bestätigungen geben, und dann wird das Erkennen in uns immer heller werden, bis „das *Licht*, das da leuchtet in der Finsternis“, unsere Seele mit hellem Glanz erfüllt. Das gibt jedem Suchenden die Möglichkeit, für sich selbst festzustellen, was *wahr* und was *unwahr* ist.

Wir müssen den Mut haben, uns von allem zu lösen, was uns an hergebrachte Formen, starre Regeln und Menschen *bindet*, sofern sie uns nicht nur Wegweiser und Hilfen sind, sondern uns in ein Abhängigkeitsverhältnis führen. In solchen Fällen betreten wir nicht die Stufen, die in die Tiefen des eigenen Seins führen, in den Tempel unserer Seele, in dem *unsere Einweihung* stattfinden sollte; denn nur dort finden wir den Meister, der mit offenen Armen auf uns wartet.

Die Chakren, unsere feinstofflichen Energie-Zentren

Der *Kosmos*, mit all seinem komplizierten, vielgestaltigen Leben ist ein gewaltiger Organismus; durch ununterbrochenes Strömen von *Energie* befindet er sich in einem ständigen Entwicklungsprozeß. Ohne diese Energie wäre kein *Leben* möglich, weder im *Kosmos*, noch auf der Erde, noch beim Menschen. Um aber diese *Kräfte* aufnehmen, umwandeln und weiterleiten zu können, bedarf es entsprechender *Zentren* und *Organe*.

Der Mensch ist ein Mikrokosmos im Makrokosmos. Damit er sich erfolgreich in den *Rhythmus* der großen Evolution des gesamten Lebens eingliedern kann, muß auch er die dazu notwendigen *Organe* und *Zentren* besitzen, mit deren Hilfe er die Energien aus dem Kosmos aufnehmen und sie ihren Aufgaben zuführen kann. So ist er ein Kondensator der kosmischen Energie. Das Leben eines jeden Menschen ist darum untrennbar mit dem Leben des gesamten Kosmos verbunden. Auf jedem Planeten ist das dort vorhandene Leben unabhängig von der Stufe seiner kosmischen Entwicklung und dem Bewußtsein seiner Bewohner.

Dieses Grundgesetz kommt im Menschen zum Ausdruck und gelangt deutlich zur Verwirklichung, da sich in ihm *Geist* und *Materie* zu einer *Einheit* verbinden. Der ganze *Makrokosmos* spiegelt sich im *Mikrokosmos* „Mensch“ nach dem kosmischen Gesetz „Wie oben so unten“.

Da die Zentren des Menschen denen des Kosmos entsprechen, trägt er auch alle Erscheinungen des Kosmos in sich. Und wenn sich alle Funktionen des Kosmos im Menschen spiegeln, kann er ermessen, welche unbegrenzten Möglichkeiten sich ihm offenbaren können.

Wenn ein Mensch beginnt, seine Sinne weiterzuentwickeln, die es ihm nach und nach dann ermöglichen, mehr wahrzunehmen als es die Allgemeinheit vermag, dann eröffnet sich ihm eine neue, faszinierende

Welt, in der wohl als erstes die *Chakren* seine Aufmerksamkeit in Anspruch nehmen. Gedanken und Gefühle der Menschen stehen in Farbe und Form deutlich vor seinen Augen, ebenso sind Gesundheitszustand, Entwicklungsstufe usw. für ihn objektiv wahrnehmbare Tatsachen.

Die Erscheinung der *Chakren* offenbart sich dem erweiterten Sehvermögen des „erwachten" Menschen in leuchtenden Farben und rascher, unausgesetzter Bewegung. Es ist nichts Übernatürliches oder Phantastisches, mehr wahrnehmen zu können als ein Durchschnittsmensch. Diese Tatsache beruht nur auf einer *Ausdehnung* und *Ausbildung* von Fähigkeiten, die in jedem Menschen latent vorhanden sind; sie sind nichts anderes, als daß er sich für Schwingungen empfänglicher zu machen vermag, die rascher sind als jene, auf die unsere physischen Sinne eingestellt sind und reagieren.

Es gibt heute noch viele Menschen, die die Existenz solcher Kräfte nicht verstehen können und sie darum auch leugnen. Im Inneren Afrikas oder anderen warmen Ländern mag es ja auch noch Menschen geben, die nicht glauben können, daß Wasser z. B. gefrieren oder zu Schnee werden kann, und darum haben sie keine Vorstellung davon.

Die Aufnahmeapparate der kosmischen Energie für den Menschen sind seine *Chakren*. Das Wort *Chakra* stammt aus dem Sanskrit, der ältesten indogermanischen Sprache, und bedeutet „Rad". Wie wir den Ausdruck „Schicksalsrad" gebrauchen, spricht man in der fernöstlichen Philosophie vom „Rad des Lebens".

Mit den *Chakren* sind in unserem Falle eine Reihe radförmiger Gebilde gemeint, die sich an der Oberfläche des „Ätherkörpers" des Menschen befinden. Außer dem sichtbaren physischen Körper besitzt er noch andere Körper, die dem auf dreidimensionales Leben ausgerichteten Auge nicht sichtbar sind. Durch Vermittlung dieser *Körper* kann er in den Welten der *Gedanken* und *Gefühle* tätig sein.

Aufgrund der grobstofflichen Ausrichtung des Menschen beschränkt er seine Aufmerksamkeit auf jene Teile des Körpers, die in ihrer Struktur und Schwingung dicht genug sind, um dem Auge sichtbar zu sein, trotzdem es noch einen Zustand der *Materie* gibt, der in einigen Geistesrichtungen „ätherisch" genannt wird, der aber nicht zu verwechseln ist mit dem im Raum befindlichen „Äther". Dieser dem grobstofflichen Auge sichtbare Äther-Körper ist für jeden Menschen von größter Wichtigkeit, weil *er* es ist, durch den die Ströme der Vitalität und Energien fließen, die dem physischen Körper das *Leben* ermöglichen und erhalten. Ohne diesen feinstofflichen Körper, der die Gedanken- und Gefühlsschwingungen zum sichtbaren Körper leitet, könnte von den Gehirnzellen kein Gebrauch gemacht werden.

Menschen, die ihr Sehvermögen ausdehen können und dadurch in eine höhere Schwingungsebene eindringen, können diesen *Ätherkörper* deutlich als eine schwach leuchtende ins Violett gehende Nebelmasse wahrnehmen, die den sichtbaren Teil des Körpers durchdringt und noch ein wenig über ihn hinausgeht.

So ist unser grobstofflicher, physischer Körper von anderen Körpern feinstofflicher Art durchdrungen, die sich beim Sterben des physischen Körpers nicht mit auflösen, da sie keine *Materie* sind, sondern anderen Schwingungsebenen angehören.

Das *Rückgrat* können wir uns als einen zentralen Stamm vorstellen, aus dem in bestimmten Abständen *Blüten* – die *Chakren* – entspringen, deren *Kelch* sich auf der Oberfläche des Ätherkörpers öffnet und dann wie ein *Rad* anmutet. So ungefähr könnte mit unserem begrenzten Vokabular der Sitz und das Aussehen der *Chakren* beschrieben werden.

Solange der Mensch noch geistig und moralisch unentwickelt ist, gleichen diese Zentren kleinen Kreisen von etwa 5 cm Durchmesser. Je mehr der Mensch geistig erwacht und sich vervollkommnet, desto mehr werden die *Chakren* erweckt und belebt und entfalten sich zu strahlenden, funkelnden, rotierenden kleinen Sonnen. Alle diese Räder drehen sich unausgesetzt. In ihre Nabe strömt unaufhörlich eine kosmische *Kraft*, ohne die der physische Körper nicht existieren könnte. Bei allen Menschen sind diese Zentren in Tätigkeit. In einem weniger entwickelten bewegen sie sich verhältnismäßig schwerfällig, so daß sie nur so viel *Kraft* aufnehmen können, wie er zum Leben braucht. Im geistig entwickelten Menschen dagegen erstrahlen und pulsieren sie in einem warmen *Licht*, so daß eine weitaus größere Energiemenge sie durchflutet, die zur Folge hat, daß sich diesen

Menschen weitere verfeinerte Fähigkeiten und Möglichkeiten eröffnen.

Der westlichen Psychologie und auch der Theologie waren die *Chakren* oder Zentren des höheren Bewußtseins unbekannt. Erst als die tiefe und gründliche Psychologie des Ostens durch die Yoga-Lehre im Westen Fuß faßte, wurde auch hier das Wissen um sie häufiger zugänglich. Zur geistigen Evolution des Menschen gehört es, diese Zentren zu entwickeln.

Die gefahrloseste und natürlichste Form der Erweiterung dieser feinstofflichen Zentren zur Erlangung höherer Fähigkeiten ist durch ansteigende *Selbstverwirklichung* gegeben, durch *Beherrschung* der niederen Natur, des niederen *Ego.*

Die Aufgabe der geöffneten Zentren besteht darin, immer höhere und feinere Schwingungen und Energien aus dem Kosmos aufzunehmen. Dadurch werden vor allem das *Gefühlswissen* und die *Feinfühligkeit* entwickelt, die die Verbindung mit anderen Welten und Ebenen ermöglichen.

Der nach besonderen *Fähigkeiten* Strebende ist leicht versucht, mit unerlaubten Mitteln wie *Rauschgift* oder *Atemkonzentration* auf bestimmte Zentren usw. das Rotieren der *Chakren* zu erreichen, um dadurch schnell zu höheren Möglichkeiten wie *Hellsehen*, *Hellhören* usw. zu gelangen. Ohne die Führung eines geistigen Meisters sollte das aber niemals geschehen, weil dadurch viel Schaden angerichtet werden kann, psychisch und physisch. Am besten ist die stufenweise Entwicklung, die sich durch stetes Bemühen, den Weg der Selbstverwirklichung zu gehen, automatisch einstellt.

Unser großes Vorbild Jesus-Christus war ein geistig Vollerwachter und darum zu den von ihm offenbarten Fähigkeiten imstande. Und er wußte auch, daß jeder Nachfolgende dazu in der Lage ist, wenn er sich konsequent darum bemüht und gab diesem durch seine Worte Ausdruck: „Ihr könnt das gleiche und noch mehr."

Er zeichnete uns den Weg der natürlichsten und gefahrlosesten Höherentwicklung durch sein eigenes Leben und durch seine Lehren auf und sprach auch immer wieder davon, daß der Mensch vollkommen werden müsse.

Nun wollen wir die einzelnen *Chakras* der Reihe nach betrachten:

Das Muladhara-Chakra, das unterste Chakra, liegt an der Wurzel der Wirbelsäule. Es ist der Brennpunkt der *Lust* und der *Leidenschaft* im geistig unerwachten Menschen. Im erwachten Menschen ist es der positive Brennpunkt der *Reinheit.* Es ist das Zentrum des *Willens* und der *Selbstbeherrschung.* Dieses Zentrum überwacht auch die Geschlechtstätigkeit des Menschen. Solange es unerwacht ist, verbraucht der Mensch sehr große Vorräte an *Lebensenergie* für die Vergeudung der Geschlechtskraft. Wird diese Energie rein physisch verbraucht, so wird auch der Wille geschwächt.

Diesem Chakra sollte man keine unangemessene Aufmerksamkeit schenken.

Das Swadishthana-Chakra, das seinen Sitz nahe der Milz hat, ist in seinem negativen Aspekt der Brennpunkt des *Ärgers*, der *Bosheit*, des *Hasses*, ja auch schon leichter *Abneigung*. Seine positiven Leistungen sind die Macht des *Gebetes*, der *Mantrischen Tätigkeit*, der *Anrufungen.*

Das Manipura-Chakra, der Solar-Plexus, ist der Brennpunkt der *Gier*, der *Gefräßigkeit*, der *Habgier* und der *Furcht* als negative Aspekte. Darum fühlt man einen Schlag in der Magengegend, wenn man plötzlich Furcht bekommt oder erschrickt. Die positiven Eigenschaften dieses Chakras sind *Frieden, Ausgeglichenheit, Harmonie, Furchtlosigkeit.*

Sind diese Eigenschaften beim Menschen entwickelt, so ist er behütet vor zerstörenden Gedanken und Wünschen anderer, auch vor eigener Gier und allen niederen physischen Gelüsten.

Das Anahata-Chakra, das Herz-Chakra, drückt im Unerwachten *Lethargie, Faulheit* und *Schlamperei* aus. Die positive Strahlung dieses feinstofflichen Zentrums sind die reine, selbstlose, allumfassende *Liebe*, *Toleranz* und allumfassendes *Verstehen.*

Das Visudha-Chakra, der fünfte Plexus, das Kehlkopf-Chakra, ist das Zentrum der *Macht*, wo im negativen Aspekt der *Neid* und der Wunsch nach *persönlicher Macht* und *Selbstdarstellung* liegen. Seine positive Wirkung ist die *Kraft*, Vollkommenes zu schaffen, also den Göttlichen *Willen* auszuführen, den Göttlichen *Plan* zur Verwirklichung zu bringen.

Das Ajna-Chakra, das Stirn-Chakra, ist das Zentrum der *Verstandesmacht* als *Weisheit.* Im negativen Aspekt offenbart es *Stolz* und *Verstandesdünkel.* Hier ist die Stelle, wo der *Zweifel* ins Dasein eintritt. Im positiven Aspekt wird es als das 3. oder *Göttliche Auge* bezeichnet, sowie als Brennpunkt der *Konzentration* und der *mentalen Entwicklung.*

Das Sahasrara-Chakra, Scheitel-Chakra, die Krone des Körpers, ist bei den meisten Menschen unentwickelt und noch nicht von negativen Schwingungen berührt. Bei Entwicklung der positiven Aspekte des *Herz-Chakras* bei Menschen, die ihre *Aufmerksamkeit* darauf lenken, beginnt das *Scheitel*-Chakra sich ebenfalls zu entfalten. Physisch ist das spürbar durch Pochen, Druck und das Gefühl der Weitung. Dem geistig Schauenden zeigt es sich durch eine *Aura* des *Lichtes* und bildet einen *Lichtkranz* um das Haupt des Entwickelten. Es ist der Sitz der *Erleuchtung* und *Glückseligkeit.*

Auf Bildern des Mittelalters sieht man die Heiligen mit einem „Heiligenschein", der nichts anderes ausdrücken sollte als die *„Vollkommenheit".*

Diese sieben *Chakren* sind Brennpunkte des *Ätherkörpers,* die mit den Nerven-Zentren im physischen Körper in Zusammenhang stehen. In der Medizin wird als einziger Brennpunkt der „Solar-Plexus" bis jetzt anerkannt. In diesen sieben Punkten liegen die Wurzeln der sogenannten sieben *Todsünden,* wie sie uns aus unserer kath. Religion bekannt sind, mit ihren Verzweigungen und Abarten.

Je mehr die positiven Eigenschaften in eine meisterliche Form gebracht werden, desto schneller rotieren die Chakren und erzeugen eine hohe Schwingung. Bei negativer Einstellung bestehen natürlich entsprechend niedere Schwingungen.

Der Aufwärtsstrebende sollte sich bemühen, das Gesetz seines eigenen Wesens zu verstehen und seine *Gedanken* und *Gefühle* unter *Kontrolle* zu bringen. Geschieht das nicht, ist er ununterbrochen im Materiellen tätig ohne *Selbstbesinnung,* so wird er *Mißklang, Zerstörung* und *Zerfall* für sein Leben ernten. Wenn wir *Harmonie, Gesundheit, Frieden* und *geistigen Fortschritt* wünschen, sollten wir die ganze Aufmerksamkeit darauf richten, unsere *Gefühle* und *Gedanken* in die rechten Bahnen zu lenken, damit sie uns körperlich und seelisch keinen Schaden zufügen. Ohne diese Disziplin kann keine dauernde Meisterung des eigenen Lebens erreicht werden. Mit dieser *Selbstbemeisterung* geht dann jedoch auch die geistige Entwicklung Hand in Hand, verläuft harmonisch und ohne Gefahr. Stufen zu überspringen ist nicht sinnvoll. Der Mathematik liegt ja auch das 1 × 1 zugrunde!

Fähigkeiten, die wir uns nur durch zweifelhafte Techniken und Praktiken erwerben, um sie zu unserem eigenen Wohle, zur Beherrschung anderer, kurz zu selbstsüchtigen Zwecken zu gebrauchen, bedeuten eine große Gefahr.

Wer höhere Fähigkeiten besitzt, muß sich fest in der Hand haben und nur lautere Zwecke verfolgen, sonst werden diese Fähigkeiten, sei es bewußt oder unbewußt, von seinen unguten Eigenschaften mißbraucht und herabgewürdigt und wenden sich schließlich gegen ihn selbst. *Darum sollte die bewußte charakterliche Entwicklung immer der erste Schritt und das erste Anliegen sein.*

„Beherrschten Geist" fordert unter anderem die Beachtung des schützenden Gesetzes des Okkultismus, welches lautet, daß spiritueller und moralischer Fortschritt mit intellektuellem Wachstum und dem *Wissen* um die tieferen Geheimnisse der Natur und des eigenen *Seins* Schritt halten muß. Wenn dieses Gesetz gebrochen wird, entsteht unvermeidlich eine gefährliche Situation. Unter diesen sich aus dem Bruch des Gesetzes ergebenden Verhältnissen leidet heute der Planet Erde. Nur die bewußte geistige, ethische und moralische Entwicklung des einzelnen ist in der Lage, die Situation auf der Erde zu einer Wandlung zum Besseren und Höheren zu führen.

Die Natur hat zwar Vorsichtsmaßnahmen zum Schutz der Zentren getroffen. Es ist aber nicht ihre Absicht, daß sie für immer fest verschlossen bleiben. Wir wissen, daß es Methoden gibt, die Chakren zu öffnen. Im Zuge der geistigen Evolution des Menschen ist es vorgesehen, daß die Chakren Schritt für Schritt weiter erschlossen werden. Der Mensch soll sich dahin entfalten, daß er fähig wird, sich auf diesem von der Natur vorgesehenen Weg immer mehr *Kräfte* zuführen zu können. Aber mit der Entwicklung psychischer Kräfte soll solange gewartet werden, bis sie sich im stufenweisen Verlauf als

Folge der *Charakterentwicklung* von selbst einstellen. Das ist die natürliche Entwicklung, die einzig sichere Methode. Durch sie empfängt der Strebende alle Vorteile und vermeidet alle Gefahren.

Wenn er um die Entwicklung der positiven Eigenschaften, die den einzelnen Brennpunkten zugeordnet sind, bemüht bleibt, öffnen sich die Chakren in dem Maße von selbst, als dieses gelingt. Das ist der natürliche und absolut gefahrlose Weg. Sie können aber auch – wie schon erwähnt – durch Praktiken und Techniken geöffnet werden. Solange die negativen Eigenschaften noch vorherrschend sind, liegt aber eine große Gefahr darin, weil der Schüler für die Segnungen, die die geöffneten Chakren schenken, noch nicht reif ist. Er wird die erworbenen Fähigkeiten für Selbstzwecke anwenden, und der Schritt zur dunklen Magie ist dann auch nicht mehr weit, der selbstverständlich seine karmischen Rückwirkungen hat.

Wer unter der spirituellen Obhut eines Meisters seinen geistigen Weg geht, kann versichert sein, daß dieser seinen Schüler sehr gewissenhaft beobachtet, und er wird ihm nur Hilfen geben, die im Gleichschritt mit seiner geistigen Entwicklung stehen.

Der Weg zum Aufstieg, zur geistigen *Freiheit*, ist mit der Entwicklung der *Chakren* verknüpft. Es ist ein Weg, der innere *Sauberkeit*, *Disziplin* und *Selbstlosigkeit* verlangt. Eine andere Möglichkeit wird es kaum geben. Das ist der Weg, den der *Schüler* beschreiten sollte, und das ist auch der Weg, den die *Meister* gegangen sind.

Unsere drei Körper und ihre Welten

Das größte Abenteuer ist es wohl, sich selbst zu entdecken. Wer bin ich eigentlich?

Der Mensch scheint aus der Enge dogmatischen Denkens herauszutreten, weil er nicht mehr blind glauben möchte. Er ist in ein Stadium des Wissen-wollens eingetreten. Er sucht und forscht danach, ob ein Leben nach diesem Leben existiert, und der Schöpfer wäre kein liebender Vater, würde er seine Geschöpfe in Unwissenheit lassen. Wenn es aber einen ewigen Schöpfer gibt, wäre es unlogisch und unbegreiflich, wenn seine Geschöpfe nur eine begrenzte Lebensdauer hätten.

Alle guten Eltern bemühen sich, ihr Kind auf das Leben vorzubereiten, damit es sich später besser zurechtfindet. Um wieviel mehr können wir dem Schöpfer zutrauen, daß er unseren Weg nicht in Geheimnisse hüllt. Er wäre wirklich kein liebender Vater, würde er uns unwissend lassen, würde er uns nicht zeigen, wie dieser Weg aussieht, der letztendlich zu ihm führt. Alle Regeln für das Spiel unseres Lebens hat er uns bekanntgegeben. Es liegt an uns selbst, ob wir diese lernen wollen, denn Unwissenheit entbindet uns nicht von den Folgen, die wir bei Nichtbeachtung dieser Gesetzmäßigkeiten zu tragen haben. Das ist auf dem geistigen Plan ebenso wie auf dem irdischen.

Zu allen Zeiten hat es Weise, Propheten, Auserwählte und Lehrer gegeben, denen die Göttlichen Spielregeln bekannt waren und die sich ausersehen fühlten, diese den Menschen weiterzugeben.

Wir könnten die ewigen Wahrheiten auch aus dem eigenen *Höheren Selbst* erfahren, wenn wir noch den Bezug zu ihm hätten und nicht in eine Gottferne gerückt wären. Da das aber geschehen ist, können wir nicht erwarten, daß der Geist der Erleuchtung über uns kommt. Wir haben uns aus der schützenden Einheit entfernt und die Welt in uns eindringen lassen. Zwar müssen wir in der Welt sein, aber die Welt soll uns nicht ausfüllen.

Mancher mag sagen, daß wir nun mal hier in der Welt sind und auch mit ihr fertig werden müssen. Das stimmt! Aber wie werden wir denn mit ihr und unserem Leben fertig? Schauen wir doch einmal um uns herum: Krankheit, Sorge, Unzufriedenheit, Disharmonie, Unfriede, Angst, Depressionen umgeben uns. Unser eigenes Leben verläuft nicht so mühevoll, weil das Leben halt mal so ist, sondern weil wir uns und ihm gegenüber einen falschen Standpunkt bezogen haben aus Unwissenheit. Wir identifizieren uns mit dem vergänglichen Körper. Dadurch leben wir in der Begrenztheit. Fühlten wir uns in erster Linie als geistige Wesenheit, würden wir aus diesem erweiterten Bewußtsein die Welt und das persönliche Leben besser meistern. Der Verstand würde von Göttlicher Intuition geleitet und könnte keine Fehlentscheidungen treffen, denn diese sind es u. a., die uns in Schwierigkeiten bringen.

Alle Göttlichen oder Kosmischen Gesetze, wenn sie richtig verstanden werden, sind auch für unseren Verstand logisch. Dieser Beitrag ergänzt den über das Gesetz der Wiederverkörperung und gewährt einen kleinen Einblick in andere Dimensionen, in andere Welten, Sphären oder Stufen, ganz gleich, wie wir sie auch nennen mögen, soweit unser Vokabular dazu fähig ist. In die Situation, einmal mit ihnen in Berührung zu kommen, kommt jeder. Es gibt kein Entrinnen.

Unser jetziges Leben, dem wir so viel Wert beimessen, ist nur eine Schule, eine Vorbereitung für andere Daseinsformen.

In den Heiligen Schriften steht, daß Gott die menschliche Seele nacheinander in 3 Körper einschloß: den Ideen- oder Kausalkörper, den feinstofflichen Astralkörper, der der Sitz des Verstandes und des Gefühls ist, und den grobstofflichen, irdischen Körper. Wenn wir den grobstofflichen Körper verlassen, leben wir im Astralkörper – als ein Astralwesen – weiter, natürlich auf einer diesem Körper angemessenen Ebene, der Astralebene. Unsere Seele ist dann aber noch im Kausal- und Astralkörper eingeschlossen, weil wir bis zu diesem Zeitpunkt nur die physische Hülle abgelegt haben.

Der Mensch ist, um die physische Ebene erfahren zu können, mit irdischen, dreidimensional ausgerichteten Sinnen ausgestattet. Die Sinne der Astralwesen bestehen aus Bewußtsein und Empfindungen und ihr Körper aus Biotronen. Die Hinduschriften sprechen von *Anu*, dem Atom, von *Paramanu*, dem, was jenseits des Atoms liegt, den feineren elektronischen Energien und von *Prana*, der schöpferischen Lebenskraft. Atome und Elektronen sind blinde Kräfte, während *Prana* intelligenzbegabt ist. So bestimmt z. B. das Prana oder die Lebenskraft in Sperma und Eizelle das Wachstum des Embryo, das sich nach einem karmischen Plan vollzieht.

Die Astralwesen bedienen sich astraler Beförderungsmittel aus Licht, was natürlich von anderer Beschaffenheit ist als das uns bekannte Licht, mit denen sie sich schneller als die Elektrizität oder radioaktive Strahlen fortbewegen können.

Ein Meister wie Jesus Christus und andere, die uns nicht nur aus den fernöstlichen Ländern bekannt sind – z. B. auch der italienische Franziskanermönch, Pater Pio, der 1968 den physischen Körper verlassen hat – konnten sich aus den Atomen des Kosmos einen neuen Körper bilden, der genau dem physischen Körper glich. Das war das Geheimnis, warum Pater Pio öfter an einem anderen Ort gesehen wurde, obwohl er zu gleicher Zeit in seinem Kloster am Monte Gargano lebte und wirkte. Unseren Augen erscheint ein solcher Körper wie aus Fleisch und Blut, wogegen er vom Träger selber als ätherische Substanz gesehen wird. Diese Heiligen und Meister beherrschen die kosmischen Gesetze. Darum konnte Christus auch seinen Jüngern nach seinem physischen Tod leiblich erscheinen. Mit dem gleichen Gesetz, mit dem sich diese hochentwickelten Wesen einen solchen Körper schaffen konnten, waren sie imstande, ihn auch wieder aufzulösen. Unserem menschlichen Verstand in seiner Begrenzung scheint solches zwar unerklärlich, aber nach den Gesetzen einer anderen Dimension ist dieser Vorgang durchaus natürlich. Deshalb war Jesus Christus die Auferstehung möglich, was heute ja von den Christen selbst oft angezweifelt wird, weil sie unwissend sind und von astralen und kausalen Welten und ihren Gesetzen keine Kenntnis mehr besitzen.

Das astrale Universum besteht aus feinen Licht- und Farbschwingungen und ist vielhundertmal größer als der physische Kosmos, der von der Astralsphäre umgeben ist. Je nach den karmischen Auswirkungen leben die Wesen auf *der ihnen entsprechenden Astralebene.*

Während sich die höher entwickelten Wesen frei bewegen können, bleiben die unheilbringenden auf die ihnen zugewiesenen Zonen beschränkt. Genau so wie die menschlichen Wesen auf der Erdoberfläche, die Würmer im Boden, die Fische im Wasser und die Vögel in der Luft leben, so leben auch die Astralwesen, je nach ihrem Entwicklungsgrad, in dem ihnen angemessenen Schwingungsbereich. Sie können woanders nicht existieren, denn der Körper ist schwingungsmäßig nur seiner Ebene angepaßt. Es kann sich darum niemand in einen „Himmel" einschmuggeln, den er sich nicht verdient hat. Ein Wesen, das in einer höheren Schwingung lebt, kann allerdings seine eigene Schwingung verringern, um sich in niederen Ebenen aufhalten zu können, umgekehrt ist das aus eigener Kraft aber nicht möglich. (Yogananda, Autobiographie.)

Der Astralkörper ist weder Hitze noch Kälte unterworfen. Anatomisch gesehen besteht er aus einem astralen Gehirn mit dem teilweise tätigen, allwissenden Zentrum des Lichtes, dem tausendblättrigen Lotos, wie es in der östl. Philosophie heißt, und den sechs erweckten Zentren in der Suschummna, der astralen Gehirn- und Rückenmarksachse. Das Herz entzieht dem astralen Gehirn Licht und kosmische Energie und leitet diese an die astralen Nerven und die aus Biotronen bestehenden Körperzellen weiter. Astralwesen können kraft dieser Biotronen und durch mantrische Schwingungen Veränderungen an ihrem Körper vornehmen.

In den meisten Fällen gleicht ein Astralkörper der Form des letzten irdischen Körpers. Gesicht und Gestalt eines Astralwesens ähneln der jugendlichen Gestalt und Erscheinung seiner letzten irdischen Verkörperung. Das kann jeder bestätigen, dem es schon einmal vergönnt war, entweder im sogenannten Traum, in einem erhöhten Sehvermögen, oder mit physischen Augen ein Astralwesen zu sehen. Während die dreidimensionale, irdische Welt nur durch die fünf Sinne des Menschen erkannt werden kann, werden die Astralsphären durch den allumfassenden sechsten Sinn – die Intuition – wahrgenommen. Die Astralwesen sehen, hören, riechen, schmecken und fühlen nur durch ihre Intuition. Das geistige Auge ist geöffnet.

Auch der ätherische Astralkörper kann verwundet werden, kann sich aber sofort durch reine Willenskraft wieder herstellen. Entwickelten Menschen ist das auf dem physischen Plan ja schon mit ihrem Körper möglich.

Schönheit ist in der Astralwelt vor allem eine geistige Eigenschaft. Mittels ihrer Intuition können die astralen Wesen den Schleier, der sie von der irdischen Welt trennt, lüften und die Tätigkeit der Menschen beobachten, doch die Menschen können nicht in die astralen Sphären schauen, es sei denn, ihr sechster Sinn ist bis zu einem gewissen Grade entwickelt. Es gibt Erdenbewohner, die für kurze Zeit, für kurze Augenblicke, ein Astralwesen oder eine der Astralwelten erblicken. Bei Kindern reinen Herzens ist das häufiger möglich, auch bei großen Künstlern.

Die Verständigung zwischen den Bewohnern aller Astralwelten geschieht ausschließlich durch Telepathie, mittels des geöffneten dritten Auges. Irrtümer und Mißverständnisse, wie sie auf Erden durch das gesprochene und geschriebene Wort leicht entstehen, sind in den astralen Gefilden unbekannt. Die Astralbewohner ernähren sich hauptsächlich von kosmischem Licht.

Beim körperlichen Tod treten Stillstand der Atmung und Auflösung aller fleischlichen Zellen ein. Der astrale Tod dagegen besteht in der Auflösung der Biotronen, jener kosmischen Energieeinheiten, aus denen sich der Körper eines Astralwesens zusammensetzt. Durch den körperlichen Tod des Menschen löst sich das Bewußtsein von der fleischlichen Hülle und wird seines feinstofflichen Körpers in der Astralwelt gewahr. Klinisch gestorbene Menschen, deren Astralkörper schon außerhalb des physischen Körpers ist, können ihn liegen sehen, weil das Bewußtsein sich im Astralkörper befindet.

Stirbt der physische Teil des Menschen, so bleibt die Seele im Astral- und Kausalkörper eingeschlossen. Die Kohäsionskraft, die alle drei Körper zusammenhält, ist u. a. die Begierde. Es ist die Triebkraft der unerfüllten Wünsche, die den Menschen in die Knechtschaft stürzt. Der Zwang, den die Sinne ausüben, ist stärker als der Wunsch nach astralen oder kausalen Wahrnehmungen.

Solange die Seele in einem, in zwei oder in allen drei Körpern eingeschlossen ist, die durch Unwissenheit oder Begierden sozusagen aneinander gekettet sind, kann sie nicht in das Meer des Geistes eingehen. Selbst wenn der grobstoffliche Körper durch den physischen Tod zerstört wird, bleiben noch Astral- und Kausalkörper bestehen und hindern die Seele daran, sich bewußt mit dem allgegenwärtigen Leben zu vereinen. (Ich und der Vater sind eins.) Erst wenn *Liebe, Weisheit,* und dadurch *Wunschlosigkeit* auf der Astral- und Kausalebene erreicht sind, lösen sich auch die beiden anderen Gefäße oder Körper auf. Dann endlich ist die kleine Menschenseele ungebunden und frei und wird eins mit dem *Unendlichen,* mit *Gott.* Wenn die Seele die drei Körper oder Hüllen der Täuschung abwirft, vereinigt sie sich, ohne ihre Individualität zu verlieren, mit dem *Unendlichen.* Christus hatte diese endgültige Freiheit bereits erlangt, ehe er als Jesus geboren wurde. Wenn er sagte: „Wahrlich, ich sage euch: so jemand mein Wort wird halten, der wird den Tod nicht sehen ewiglich" (Johannes 8,51), so beziehen sich diese Worte nicht auf eine körperliche Unsterblichkeit. Der erleuchtete Mensch, von dem Christus sprach, ist jener, der aus dem Todesschlaf der Unwissenheit zum ewigen Leben erwacht ist.

Der Mensch in seiner wahren Wesenheit ist allgegenwärtiger *Geist.* Die gezwungene oder karmische Wiederverkörperung ist das Ergebnis von Unwissenheit. Geburt und Tod haben nur in der Welt der Relativität Bedeutung. Wenn die Seele ihre drei Körper ablegen konnte, geht sie in die ewige Wahrheit und Freiheit ein, in der es keine Begrenzung mehr gibt. Jesus Christus und die großen Meister, die in einem physischen Körper wieder zur Erde kamen, taten dieses aus Gründen, die meistens nur ihnen selbst bekannt waren. Sie haben kein Karma mehr und sind somit von den karmischen Gesetzen entbunden. Ob solch ein Meister auf natürliche oder übernatürliche Weise den Körper verläßt, hat er doch immer die Fähigkeit, seinen Körper auferstehen zu lassen und den Erdenbewohnern zu erscheinen. Aus den Atomen des Kosmos kann er sich kraft seiner Vollkommenheit und Freiheit, kraft seines Geistes, zu jeder Zeit einen neuen Körper bilden. Wem es gelungen ist, mit dem *Vater* eins zu sein, dessen zahllose Sonnensysteme unsere Vorstellungskraft nicht erfassen kann, die jeder Berechnung spotten, dem wird es nicht schwerfallen, einen irdischen Körper zu „materialisieren". Christus erklärte: „Ich lasse mein Leben, auf daß ich's wiedernehme. Niemand nimmt es von mir, sondern ich lasse es von mir selber. Ich habe die Macht, es zu lassen, und ich habe die Macht, es wiederzunehmen.“ (Joh.10, 17–18)

Diese Christus-Worte können nur verstanden werden, wenn uns Einblicke in heilige Wissenschaften und Wahrheiten gewährt werden. „Ihr werdet die Wahrheit erkennen, und diese ist es, die euch *frei* macht.“ Frei sein heißt, ohne Begrenzung zu leben. Diese Freiheit müssen wir uns durch Arbeit am *Selbst* erwerben.

Jeder Mensch hat zahlreiche irdische, astrale und kausale Inkarnationen durchzumachen, ehe er sich von seinen drei Körpern lösen kann. Hat er dann seine endgültige Freiheit erreicht, steht es ihm frei, beispielsweise als Prophet zur Erde zurückzukehren oder als Menschheitsführer, um andere Menschen auf dem Weg zu *Gott* zu führen.

Was zwingt die Seele, in die drei Welten zurückzugehen? Das irdische Karma, d. h., die irdischen Wünsche und die Rückwirkungen unvollkommenen Denkens und Handelns müssen völlig ausgelöscht sein, ehe sie für immer in der Astralwelt bleiben kann. Es gibt zwei Arten von Astralwesen: zunächst solche, die noch irdisches Karma zu sühnen haben und daher wieder in einen grobstofflichen Körper eingehen müssen. Sie sind gleichsam nach dem physischen Tod nur „Besucher“ der Astralwelt. Solche Wesen können nicht in die höheren Kausalwelten eintreten, sondern sie müssen zwischen der physischen und der astralen Welt hin und her wandern, um weitere Erfahrungen zu machen, um ihre Lektionen zu lernen. Die zweite Form der Astralwesen sind die ständigen Bewohner der Astralwelt, die keinerlei irdische Wünsche mehr haben. Sie brauchen daher nicht mehr in die grobe Schwingung der Erde zurückzukehren. Sie haben nur noch ein astrales und ein kausales Karma abzutragen. Nach der Astralwelt betreten sie die unendlich feinere Kausalwelt. Ebenso wie viele Menschen sich nach dem physischen Tod nach den unvollkommenen Freuden der irdischen Welt zurücksehnen, so können sich auch viele Astralwesen nach Auflösung ihres Astralkörpers noch nicht an den erhabenen Geisteszustand der Kausalwelt gewöhnen. Sie sehnen sich nach der gröberen Astralwelt zurück. Solche Wesen haben noch astrales Karma abzulösen, ehe sie in der Kausalwelt bleiben können, die sie nur um ein Geringes von ihrem Schöpfer trennt. Wer sich noch nach den Schönheiten der Astralwelt sehnt, muß wieder in sie zurück. Dort baut die noch eingeschlossene Seele das astrale Karma ab.

In der Kausalwelt überwindet sie erst die letzte Unwissenheit, und endlich wirft sie die letzte Hülle ab – den Kausalkörper –, um mit dem *Ewigen* zu verschmelzen, ohne aber ihre Individualität einzubüßen.

Das wechselseitige Durchdringen der drei Körper zeigt sich auch in der dreifachen Natur des Menschen. Im Wachzustand ist der Mensch mehr oder weniger sich seiner drei Körper bewußt. Wenn er seine äußeren Sinne betätigt, wirkt er mit dem physischen Körper. Bei Anwendung seiner Willens- und Vorstellungskraft wirkt er in erster Linie durch den Astralkörper. Wenn er meditiert, wirkt er hauptsächlich durch seinen Kausalkörper. Ein Genie z. B. empfängt seine Ideen und Intuitionen durch seinen Kausalkörper.

Die meisten Stunden des Tages identifiziert sich der Mensch mit seinem physischen Körper. Wenn er nachts träumt, bleibt er im Astralkörper. Im tiefen, traumlosen Schlaf ist sein Bewußtsein im Kausalkörper. Solch ein Schlaf ist erquickend und regenerierend. Solange er noch träumt, ist er mit seinem astralen und nicht mit seinem kausalen Körper in Verbindung und fühlt sich nicht völlig erfrischt, wenn er erwacht.

Wenn der Mensch geistig zu erwachen beginnt, ist es sehr wesentlich, daß er erkennt, daß er *Seele ist* und einen *Körper hat,* und daß er behutsam an das geistige Wissen herangeführt wird. Die Fragen „Wer bin ich? Woher komme ich? Wohin gehe ich?" begleiten ihn durchs ganze Leben. Je intensiver er ihnen verfallen ist, desto eher wird er auch die Antwort erhalten (Bittet, und ihr werdet empfangen, klopfet an, und es wird euch aufgetan.)

Lernen wir das Abenteuer des Lebens zu lieben und es zu bewältigen, damit wir nicht immer wieder durch unerfüllte Wünsche auf die physische oder die astrale Ebene gezogen werden. Wecken wir in uns die Lust und den Wunsch, stets höhere Welten und Sphären zu durchdringen. Seien wir echte Abenteurer, die nichts halten und binden kann, die stets zu höheren Zielen unterwegs sind, das Wahre zu suchen, das Echte zu erkennen, in kosmische Räume sich zu erheben und das Mysterium des Lebens zu ergründen, Wanderer zwischen den verschiedenen Welten, die weder durch Wünsche, Begierden und Sinnenlust gehalten werden, die sich mit Mittelmäßigkeiten nicht zufriedengeben, sondern stets zur höchsten Offenbarung streben.

Über Gesundheit und Krankheit

Es werden manche Anstrengungen gemacht, den vielen Krankheiten der Menschen auf die Spur zu kommen. Die verschiedensten Gründe werden dafür verantwortlich gemacht, daß immer mehr Menschen sich mit vielen Leiden plagen müssen. Am wenigsten wohl wird das Problem von einer Seite beleuchtet, die hier angesprochen werden soll.

Es heißt, daß der Mensch nach dem Bilde *Gottes* geschaffen wurde. Da Gott Vollkommenheit ist, müßte der Mensch als „sein Ebenbild" auch diese Vollkommenheit offenbaren, also gesund sein. Aus Göttlicher Sicht ist Krankheit etwas Unnatürliches, Nicht-Göttliches.

Wenn es im ganzen Weltall nichts „Zufälliges" gibt und alles nach weisen Gesetzen abläuft, dann müssen Gesundheit und Krankheit auch auf dem Fundament dieser Gesetze stehen. Eine logische Folgerung wäre demnach, daß der Mensch gesund wäre, wenn er im Lichte der Göttlichen Gesetze stehen würde. Sobald er diese Gesetze verletzt und gegen sie verstößt, legt er den Grundstein für Disharmonie, die sich dann auch früher oder später auf die verschiedenste Weise offenbart. Harmonie mit Gott, daß heißt, seine Gesetze befolgen, bringt Gesundheit; Gottferne, also Zerfall mit Gott, dagegen Krankheit. Die ganze Schöpfung ruht im Wesen Gottes und wird von seiner Lebenskraft durchdrungen und erhalten. Zöge Er seine Lebenskraft zurück, daß der Strom also nicht mehr fließen könnte, müßte alles in sich zerfallen und sich auflösen. (Siehe „Atome, Bausteine des Lebens").

Wer ganz in Gott lebt, wird Gesundheit haben, weil er sich in Harmonie und Einklang mit ihm befindet. Dann, und nur dann, kann der Strom seiner Kraft ungehemmt in ihn einfließen, weil er von dem reinen Gottesfunken im Menschen voll aufgenommen werden kann. Der Aufnahmekanal ist durch den Einklang mit Gott geöffnet und nicht durch falsche Einstellung oder Fehlverhalten blockiert. Durch die Harmonie mit Gott ist ein Wesen im Geiste wie im Körper gesund.

Bleibt es nicht in dieser Harmonie, wendet es sich also von Ihm ab, bewußt oder unbewußt, und läßt dadurch die Gesetze außer acht, treten Störungen auf. Es fällt aus der Harmonie heraus, was zur Erkrankung des Geistes führt. Z. B. ein haßerfüllter Mensch stellt eine Erkrankung in seinem Geiste dar, und der reine Lebensstrom kann nicht mehr ungehindert in ihn hineinfließen. Diese schwächere Versorgung mit Lebens- und Gott-Energie trübt das Licht des Gottesfunkens im Menschen, was andererseits wieder zur Folge hat, daß dieser „unterernährte" Gottesfunke nicht mehr genug Kraft hat, den Astralkörper mit Lebenskraft zu versorgen. Und nach und nach dringt die geistige Krankheit, die mit der von uns so benannten „Geisteskrankheit" nichts zu tun hat, in den Seelen- und Astralkörper ein.

Einem „Sehenden" zeigt sich der Astralkörper, der die Grenzen des physischen Körpers überstrahlt, in einem blau-violetten Licht, wenn dieser in Einklang mit Gott und seinen Gesetzen lebt. Andernfalls beginnt sein Licht sich an irgend einer Stelle zu verändern und zeigt sich dem Sehenden in einem Grauton.

Der Astralkörper hat die Aufgabe, den physischen Körper zu speisen und gesund zu erhalten. Wenn dieser wiederum keine Speisung oder Lebenskraft aus den eben genannten Gründen und Quellen erhält, kann er sie an den physischen Körper auch nicht weitergeben.

Durch den Aufsatz über die Chakren, welche unsere feinstofflichen Energie-Zentren sind, sind wir darüber orientiert, daß jedes Organ in einem Verhältnis zu einer Göttlichen Tugend oder Eigenschaft steht. Wenn der Mensch nun gegen eine dieser Eigenschaften verstößt, wird dadurch das Seelenleben gestört, und der Astralkörper kann das entsprechende Organ nicht mehr mit der genügenden Menge von Gottes-Energie oder Lebenskraft versorgen, die Folge davon ist, daß es erkrankt. Der Weg der Krankheit ist also zuerst ein Verstoß des Geistes mit Auswirkung auf die Seele und den Astralkörper und als letzte Stufe Erkrankung des physischen Körpers.

Jede Erkrankung müßte also ein Anlaß sein, darüber nachzudenken, um herauszufinden, wo ein Verstoß gegen die Gesetze besteht, um die Ordnung wiederherstellen zu können. Wenn der Verstoß behoben, die Schuld ausgeglichen und die innere Harmonie wiederhergestellt ist, können sich die Kanäle wieder öffnen und die Lebensströme wieder fließen, der Geist gesunden und dadurch die Stellen des Astralkörpers geheilt werden, dadurch wiederum das Organ des physischen Körpers, oder was sonst an ihm aus der Ordnung geraten war.

Ehe die Wurzeln der Erkrankung nicht beseitigt sind, kann durch Heilmittel meistens nur eine vorübergehende, scheinbare Heilung geschehen.

Man könnte den Ausführungen entgegnen, daß mancher in Harmonie mit Gott und seinen Gesetzen Lebende aber dennoch an einer Krankheit leidet. Immerhin ist es möglich, daß jener noch eine Schuld aus einem früheren Leben abzutragen hat und ihm jetzt erst die Möglichkeit dazu gegeben wird, die Harmonie zwischen sich und Gott wiederherzustellen. Es wäre von großem Nutzen, wenn Ärzte und alle Menschen, die in Heilberufen stehen, die Lebensgesetze, die kosmischen und göttlichen Gesetze kennen würden, denn sie gewähren u. a. Einblicke in die wahre Natur des Menschen.

Vollkommenheit anstreben

Ein geistiges Gesetz sagt: Wer beim Studium seines Lebens das *Vollkommene* darin betrachtet, müht sich weniger mit Menschen und Dingen ab.

Wer *Vollkommenheit* anstrebt, verwirklicht das, worauf seine *Aufmerksamkeit* gerichtet ist. *Würde das äußere Handeln nur mit Gedanken und Gefühlen der Vollkommenheit erfüllt, so würden auch die Organe, ja der ganze physische Körper diese Ordnung und Vollkommenheit darstellen.*

Das Leben an sich ist nicht mühsam. Was sich abmüht, ist das *Bewußtsein* in seinen stetigen Versuchen und Experimenten, das Leben einzuengen. Das *Vollkommene,* das sich offenbaren möchte, wird dadurch in seiner Tätigkeit gestört. Würden wir das Leben in Frieden und Gelassenheit fließen lassen, könnte sich der vollkommene *Göttliche Plan* an uns verwirklichen.

Solange unser *bewußter Wille* den Lebensfluß dirigiert, werden sich Schwierigkeiten einstellen, weil der nach außen gerichtete Wille das Gesetz des Lebens nicht erkennt.

Mancher Strebende wird dadurch entmutigt, daß er gewisse Früchte, die er zu ernten hofft, nicht ernten kann, bemerkt aber nicht, daß er selbst die *Ursache* dazu ist, weil er durch seinen bewußten Willen das fließende Leben stört. Dadurch kann es nicht nach dem Göttlichen Plan ablaufen.

Je klarer und reiner unser Bewußtsein ist, um so mehr können wir von der immer gegenwärtigen Göttlichen Vollkommenheit wahrnehmen, und um so mehr *Göttlichkeit* und *Vollkommenheit* kann unser Bewußtsein offenbaren.

Die Güte und Qualität unseres Bewußtseins hängen davon ab, welche Nahrung wir ihm durch unser Denken, durch Eindrücke, die wir ihm vermitteln, geben. Wir können uns z. B. einen guten Film ansehen oder einen, der unserem Bewußtsein negative Impulse gibt.

Wir können gute Musik oder disharmonische Musik hören, gute Gespräche oder flache führen.

So erleben wir an einem Tage viele verschiedene Bewußtseinszustände, je nach dem, was wir denken und tun und womit wir uns befassen.

Jeder Bewußtseinszustand hat seine eigene Schwingung, Vibration. Alle negativen Neigungen und Gefühlsregungen haben für die geistige Natur eine auflösende Schwingung.

Jeder Mensch hat seine individuelle Bewußtseinssphäre und diese ist bestimmend dafür, wieviele glückliche oder unglückliche Erfahrungen er während seines Erdenlebens macht.

Die Qualität unseres Bewußtseins ist auch entscheidend für die Qualität des Himmels oder der Sphäre, in die wir nach dem physischen Tod eingehen. Daraus dürfte die Erkenntnis wachsen, daß der Sinn des Lebens kein wichtigerer ist, als die Vorbereitung für eine höhere Daseinsebene auf dem langen Weg der Evolution.

Auf keinen Fall darf angenommen werden, daß die Sinnfindung eine *Abkehr* von der Welt fordert. Nein, im Gegenteil, ob im Beruf, in der Ehe oder auf einem anderen Platz, auf dem wir stehen, immer haben wir Gelegenheiten und Möglichkeiten zur geistigen Entwicklung. Unser Beruf ist z. B. eine gute Möglichkeit, manche Lektionen des Lebens zu erlernen, erst in zweiter Linie sollte er eine Möglichkeit des Geldverdienens darstellen. Wenn wir ihn so sehen, bekommen wir einen anderen Bezug zu ihm und zum Leben selbst. Wir können dort, wo wir wirken, täglich üben: verantwortungsbewußtes Handeln, Korrektheit, Ehrlichkeit, Verstehen und Nachsicht, ohne schwach zu sein, Kollegialität, ohne an Persönlichkeit einzubüßen, Hilfsbereitschaft, Liebe, Vorbild sein, besonders jüngeren Menschen gegenüber usw.

Wenn daran täglich gearbeitet wird, kommen wir automatisch in höhere Bewußtseinsebenen, und innerer Frieden, Harmonie und Gefühle des Glücks machen unser Leben froh.

In unserer *Vorstellung* sollen wir uns schon als *vollkommene Wesen* sehen und diese Vorstellung zu jeder Zeit *aufrechterhalten.* Dadurch werden positive, aufbauende und vollkommene *Kräfte* aktiviert, die auch das atomare Gefüge unseres physischen Körpers durchströmen und diesen in seinen Schwingungen erhöhen.

Wenn wir immer in dieser *Vorstellung* leben – so besagt ein geistiges Gesetz – wird sie sich realisieren, weil unser *Daranfesthalten* Kräfte in Bewegung setzt, die im Unterbewußtsein ständig daran arbeiten.

Jede Idee, mit der Kraft des Gefühls durchdrungen, wird zur Manifestation, weil sie dadurch mit Energie aufgeladen wird.

Dieses Gesetz darf aber nur für aufbauende Zwecke angewandt werden, niemals um eines persönlichen Vorteils willen. Bei einem Vorhaben sollten wir stets die *Gesinnung* überprüfen, aus welcher heraus wir handeln.

Sehen wir uns daher schon in unserer Vorstellung als ein vollkommenes Wesen, wie wir es ja vom Ursprung her sind, und führen wir mit der Kraft dieser Vorstellung in die Realität, was im *Geiste* schon vollzogen ist.

Das Leben ordnen

Makrokosmos und *Mikrokosmos* werden von einem höheren Ordnungsprinzip gesteuert. Ohne diese Ordnungsgesetze herrschten chaotische Zustände im Kosmos.

Der Mensch ist ein Mikrokosmos im Makrokosmos und in diese Gesetze eingebettet. Dort, wo er in diese höhere Ordnung eingreift und sie nicht beachtet, kommt es zu Störungen, die schädigend auf ihn selbst und auf seine Lebensbedingungen zurückschlagen. Die Auswirkungen dieses Eingreifens erfahren wir an uns selbst, in unserer nächsten Umgebung, auf der ganzen Erde. Mit diesen Problemen werden wir täglich konfrontiert, und sicher ist manche Fehlsteuerung von uns aus nicht mehr aufzuheben. Alles Reden und Schreiben darüber nützt aber nichts, wenn dieser Erkenntnis kein Handeln folgt.

Der große Organismus „Menschheit“ muß von der Zelle aus, vom Einzelnen her, wieder zur Gesundung geführt werden. *Körper, Seele* und *Geist* müssen wieder in einen Gleichklang kommen. Wenn der Mensch auf diesen drei Ebenen, die sein Ganzes ausmachen, wieder „in Ordnung“ ist, werden sich die katastrophalen Zustände auf unserem Stern zum Positiven wandeln können. Aus der Zelle, die jeder von uns darstellt, muß die Verwandlung wachsen; denn wenn die Zellen nicht gesund sind, kann der Körper auch nicht gesund sein.

Wie ist dieser Prozeß zu bewerkstelligen? Wo muß der Hebel angesetzt werden?

Es hat wohl noch keine Zeit gegeben, in der so viel von *Selbstverwirklichung, Arbeit am Selbst, Bewußtseinserweiterung* usw. geschrieben oder gesprochen worden ist wie heute. Ein ganzer Blätterwald kündet davon. Meister und Pseudo-Meister waren noch nie so gefragt wie augenblicklich. Das sind alles gute und hoffnungsvolle Ansätze. Aber alle Hilfe von außen nützt nichts, wenn der einzelne nicht in der Lage ist, sich ihrer zu bedienen und sie richtig anzuwenden und einzusetzen.

Durch das völlige Eintauchen in die Materie und das Verlieren im Äußeren braucht der Mensch u. a. praktische Hinweise für seinen Alltag, damit er weiß, wo er mit dieser Arbeit an sich selbst beginnen muß, um seinem Ziel näherzukommen. Denn wo anders könnte er beginnen, als an seiner Wurzel. Kein Meister und auch kein Buch kann ihm diese Arbeit abnehmen, aber sie dienen als Wegweiser und Hilfen für den Umwandlungsprozeß. Die Arbeit daran muß ein jeder selbst leisten, an sich, in seiner Umgebung, im Rahmen seiner ihm gestellten Aufgabe. Und da jeder als Seele einmalig ist, vollzieht sich dieser Vorgang ganz individuell.

Die Grundlage dieser Arbeit liegt in der Kontrolle über die Gedanken; denn alles was geschieht, im Kleinen wie im Großen, im persönlichen Leben wie im Kollektiv, entspringt aus dem *Gedanken*, der durch Umsetzen in die Tat zur Manifestation kommen kann. Dort liegt die Wurzel alles Geschehens. Dort ist die Basis zu Glück, Harmonie, Gesundheit, Frieden usw.

Wir sind das, was wir denken. Darum ist es von größter Wichtigkeit, daß wir unsere *Gedanken* in den Griff bekommen. Das ist freilich ein schweres Stück Arbeit, aber nicht unmöglich. Unser *Denken* ist ausschlaggebend für all unser *Handeln.* Unsere Gedanken sind Kinder unseres Geistes. Es bedarf dringend einer *Reinigung* des Geistes. Dazu können wir uns gern einiger Hilfen bedienen. Unser Denken ist vergiftet durch alle möglichen konventionellen und falschen Gedanken. Es herrscht ein heilloses Durcheinander in unserer Gedankenwelt, und darum ist unser geistiger Leib, unsere Seele, auch kein reiner Geist mehr. Und wenn er nicht rein ist, kann er auch keine Erleuchtung und Wahrheit erlangen.

Reinigen können wir unsere Gedankenwelt z. B. durch ständige Wiederholung ausgewählter, geeigneter Worte oder Sätze, sobald wir entdecken, daß wir dumme oder ungute Gedanken haben. Und immer wieder, wenn uns Gedanken überfallen, die wir im Grunde nicht wollen, wiederholen wir in ständiger *Hingabe,* im gleichen *Rhythmus* diese dafür ausgewählten Worte.

Alle Religionen wissen, wie wichtig es für die seelische Entwicklung des Menschen ist, die Gedankenwelt zu reinigen. Auch in unseren westl. Kirchen finden wir Methoden dafür. Denken wir an die Gesänge, die Litaneien, an den Messeton, an die Wiederholung bestimmter Töne und Worte. Sie haben den Sinn, uns auf andere Vorstellungen einzustimmen. Leider trennte man sich von diesen Gewohnheiten. Das Wissen um den geistigen Sinn solcher Übungen ist auch dort im Gefolge des materialistischen Denkens verlorengegangen. Das sollte uns aber nicht davon abhalten, diese sinnvolle und wirksame Methode wieder aufzugreifen; und wer das mit aller *Hingabe* tut, erfährt dadurch eine Reinigung seines Geistes. Wir sollten das für uns geeignete Wort oder den geeigneten Satz finden und ihn bei den bestimmten Anlässen immer und immer wieder denken oder sprechen. Wenn wir beharrlich genug üben, werden wir bemerken, daß wir auf die Dauer unsere Denkgewohnheiten ändern. Durch diese Umstellung kommt unsere göttliche Natur mehr und mehr zum Durchbruch; denn wir sind doch nach Gottes Bilde geschaffen und sehnen uns deshalb danach – bewußt oder unbewußt –, ihm ähnlich zu werden.

Jeder kennt seine Schwächen und sollte danach seine Worte auswählen und immer, wenn er sich bei oberflächlichen oder negativen Gedanken ertappt, sagt oder denkt er diese von ihm ausgesuchten passenden Worte. Z. B. könnte man einige Worte aus der Heiligen Schrift denken oder sprechen, von denen man fühlt, daß sie für einen geeignet sind. Ich versuche, hier ein geistiges Gesetz zu erklären:

Die mit aller *Hingabe* gedachten oder gesprochenen Worte dringen in die subtileren Schichten unseres Bewußtseins, und dort geht durch die Einstimmung die Reinigung vor sich, wenn es sich um aufbauende Worte handelt. Gedanken oder Worte – ein Wort ist ja nichts anderes als ein akustisch zum Ausdruck gekommener Gedanke –, die nicht mit *Hingabe*, also mit der Kraft des *Gefühls*, erfüllt werden, können sich nicht manifestieren. *Der Gedanke muß durch die Gefühlsnatur fließen. Dort erst wird er mit Lebensessenz, mit Energie geladen.* Das *Gefühl* ist die *Kraft*, die die Schwingungszahl der Gedankenform bestimmt und ihr die *Eigenschaft*, die *Güte* oder die *Qualität* gibt. Wir wissen, daß Gedanken Schwingungen sind, die man sogar messen kann.

Wenn wir dieses Gesetz erfaßt haben, kann uns ein kalter Schauer überlaufen, wenn wir daran denken, wieviele Gedanken des Hasses, des Neides, der Eifersucht und der Machtgier mit Kraft und Lebensessenz aufgeladen werden und dadurch zur Manifestation kommen. Alles Schreckliche, Schmerzvolle, Grausame und Kriegerische was geschieht, resultiert aus dem *Mißbrauch* dieses geistigen Gesetzes.

Aufbauendes Denken ist im Leben die sich ausweitende Tätigkeit. Dadurch können immer größere und edlere Ideen und Taten Gestalt annehmen. Jeder gute Gedanke, jeder richtige Wunsch trägt die *Kraft* seiner Erfüllung in sich. Der Mensch kann selber wählen, wie er die Lebensenergie lenkt und welche Eigenschaft er in seinem Denken und Wünschen ausgedrückt sehen möchte, denn freier Wille ist sein Geburtsrecht. Wie aufbauendes Denken, so dringt aber auch negatives Denken in das atomare Gefüge des Körpers und der Seele ein; dieses führt sie dann in eine niedere Schwingung und setzt negative Kräfte frei, die Unzufriedenheit, Schwäche, Mißerfolg usw. hervorrufen.

Wer die geistigen Gesetze kennt und sie befolgt, in dessen Leben kommen Harmonie, Erfolg, Freude und geistiger Aufstieg zum Ausdruck.

Wir haben öfter am Tage die Möglichkeit, die Methode der *Gedankenreinigung* anzuwenden, denn den Schlüssel tragen wir stets bei uns, sei es bei einem Gang durch die Stadt, durch die Natur, bei einer Wartezeit, bei einer mechanischen Arbeit usw. Wenn wir diese Zeit, in der wir sonst Belangloses oder gar Negatives gedacht hätten, mit einer geistigen Übung nutzen, wie fruchtbar wird sich das auf die Dauer auswirken.

Gedanken sind Bausteine der Zukunft. Trage darum nur solche Gedanken in deiner Seele, die Frieden, Aufstieg und Freude bringen. Je mehr wir unsere Gedanken unter Kontrolle bringen, desto mehr werden wir erleben, daß sich in unserem Leben manches zum Guten ändert.

In dem Maße, wie es uns gelingt, die Kontrolle über unsere Gedanken zu bekommen, wird es uns leichter fallen, unsere niedere Natur mit ihren unangenehmen Begleiterscheinungen in eine göttliche Natur zu verwandeln.

Wir Abendländer sind zu Gefangenen der Materie geworden. Das

Wirtschaftswunder hat uns satt und bequem gemacht, das ist jedoch *Gift* für die Seele. Daraus entstehen Krankheiten, Unzufriedenheiten, Sucht nach immer mehr und Gleichgültigkeit. Unsere Seele verfehlt dadurch den Weg ihrer Bestimmung. Von dem Gedanken, daß der Sinn unseres Daseins in der *Erlösung* aus dieser Erdgebundenheit liegt, indem wir nach *Vollkommenheit* streben sollen, lebt ein großer Teil der Menschheit weit entfernt. Aus Unwissenheit und Trägheit treten wir auf der Stelle und bewegen uns in einem steten Kreislauf, der keine wahre Freude und kein wahres Glück bringt, nach dem wir uns doch ständig sehnen. So lange jeder einzelne sich nicht aus dieser Gebundenheit erhebt, hat die Gesamtheit keine Aussicht auf *Erlösung*.

Der Wunsch und das Sehnen unseres Schöpfers ist es, daß wir wieder in seine *Harmonie* zurückfinden. Immer wieder und zu allen Zeiten sandte er uns Führer und Wegweisende und zeigte uns durch sie einen Weg auf, wie wir uns wieder einschwingen können in die ewige *Harmonie*.

Unser ganzer Tag, unser ganzes Leben besteht aus vielen kleinen und größeren Entscheidungen, die wir zu treffen haben. Oft sind wir uns dessen nicht bewußt, aber wir müssen uns stets so oder so entscheiden. *Wie* wir alle unsere Entscheidungen treffen, ist von ausschlaggebender Bedeutung für den Ablauf des Tages, ja für unser ganzes Leben, für unsere Entwicklung. Wählen wir immer den richtigen Weg, gibt es keine Schwierigkeiten, dann verläuft das Leben harmonisch. Durch die Hinwendung zur aufbauenden Richtung wachsen wir geistig und kommen der Vollkommenheit näher. Je mehr wir uns durch richtige Entscheidungen vervollkommnen, desto tiefer dringen wir auch in die subtileren Bereiche unseres *Seins* vor und können umso deutlicher die Stimme unserer göttlichen Intuition vernehmen, die uns stets das rechte sagt, die uns nie in die Irre führt. Versuchen wir einmal ganz bewußt die Entscheidungen, die der Tag bringt, zu erkennen, sie abzuwägen und sie nicht mechanisch und unüberlegt zu treffen. Wie reagiere ich, wenn mir jemand ein unfreundliches Wort sagt? Entscheide ich mich, unfreundlich zu antworten, bin ich unter Umständen für längere Zeit des Tages in Disharmonie. In einem solchen Zustand kann ich die nächste Entscheidung bestimmt nicht sorgfältig treffen. Wie entscheide ich, wenn eine unangenehme Botschaft kommt? Wie entscheide ich, wenn ich hier und dort helfen sollte? Wie entscheide ich mich in allen Situationen, die das Leben bringt? – Ob ich meine Entscheidungen richtig oder falsch treffe, dementsprechend harmonisch oder disharmonisch verläuft der Tag, verläuft das Leben. Das ist eine Gesetzmäßigkeit. – Ich habe zu entscheiden, ob ich rechtzeitig schlafen gehe, ob ich gesund esse und trinke, ob ich rauche oder keiner Sucht verfalle. Entscheide ich mich falsch, habe ich dafür zu bezahlen, und die ersten Warnungen kommen oft sehr bald. Diese Warnungen sollten wir erkennen. Rauche und trinke ich, erscheinen eventuell erst nach Jahren die Auswirkungen, die sich manchmal katastrophal bemerkbar machen. Beispiele dieser Art kennen wir sicher alle. Eine Warnung kann ein ungutes Gefühl, eine Intuition, eine schmerzhafte Reaktion des Körpers, die wohlwollende Mahnung eines lieben Menschen, ein kleines Unglück sein. Das alles sind keine Zufälligkeiten, sondern Gesetzmäßigkeiten. Wir sollten sie erkennen und uns zunutze machen, indem wir unsere Gewohnheiten überprüfen und uns umstellen. Unsere Schwierigkeiten und Probleme sind oft nur Folge von Mangel an *Mut*, denn manchmal braucht es wahrhaft *Mut*, eine richtige Entscheidung zu treffen.

Ein kleines Beispiel soll eine Hilfe sein, diese kleinen und größeren Mutproben für unseren Alltag, für unser Leben zu erkennen:

Wer weiß heute nicht, daß Süßigkeiten für Erwachsene wie auch für Kinder schädlich sind, und dennoch herrscht die Unsitte, daß Kinder aller Altersgruppen in den Geschäften mit billigen, künstlich gefärbten Süßigkeiten als „Zugabe“ bedacht werden. Wie wenig Erwachsene haben den Mut etwa zu sagen, und das kann liebevoll und höflich geschehen: „Bitte, geben Sie dem Kind keine Süßigkeiten, Sie wissen doch, daß sie nicht gut für die Zähne und für die Gesundheit des Kindes sind“, oder so ähnlich.

Dieses Beispiel kann jeder für seine eigenen Situationen anwenden, z. B., wenn es um zu spätes Schlafengehen, Trinken, Rauchen usw. geht. Wie manches Elend und Unglück könnte vermieden werden, wenn im rechten Augenblick Mut aufgebracht werden könnte, um die rechte Entscheidung zu treffen. Hätten wir mehr Mut und würden wir richtige Entscheidungen treffen, wären wir viel besser behütet und geleitet.

Wenn man lernt, im kleinen immer die rechten Entscheidungen zu treffen, lösen sich die großen Probleme spielend, und auf die Dauer wird man dadurch einer *Intuition* so bewußt, daß man kaum mehr Fehlentscheidungen treffen kann. Auch das ist eine Gesetzmäßigkeit.

Ordnung im eigenen Leben, auf allen Ebenen, bringt *Harmonie, Wohlbefinden, Gesundheit* und *Freude*, aber auch *geistigen Fortschritt.* Dazu gehört auch „absolute Ehrlichkeit". Ehrlichkeit gegen sich selbst und andere. Wer sich bewußt der Ehrlichkeit zuwendet, der spürt erst, wieviel und wie oft sich der Mensch zu Unehrlichkeiten hinreißen läßt. Vergessen wir doch nie, daß alles was wir denken und tun eine *Rückwirkung* hat. Wer stiehlt, wird bestohlen, wer lügt, wird belogen. Wer unehrlich ist, verliert viel. Unehrlichkeit verdunkelt das Bewußtsein.

Wie die absolute Ehrlichkeit eine Selbstverständlichkeit im Leben sein sollte, gehört es auch zur geistigen Entwicklung, alles negative Reden zu vermeiden. Wir schaffen uns dadurch nur Unbehagen und Unzufriedenheit. Negatives Reden schadet unserer Gesundheit, weil dadurch negative Kräfte in uns aktiviert werden. Wir programmieren Negatives. Es ist eine Gesetzmäßigkeit, daß alles, was wir im Geiste programmieren, sich auf den physischen Körper auswirkt.

Aus den folgenden 10 Geboten der Gesundheit von Dr. W. Strathmeyer geht deutlich hervor, daß Körper, Seele und Geist eine Einheit sind und das eine auf das andere wirkt. Es lohnt sich, einmal tiefer darüber nachzudenken, und vielleicht ist es möglich, wenn wir ehrlich zu uns selbst sind, die eine oder andere Schwierigkeit im eigenen Leben in ihrer Ursache zu erkennen.

Zehn Gebote zur Gesundheit

1. *Jähzorn* macht das Herz müde.
   Darum sei weder jähzornig noch aufbrausend, sondern übe Geduld.
2. *Herrschsucht* führt zu Atemnot und Asthma.

Darum sei nicht immer der erste, sondern füge Dich den Wünschen der anderen.

3. *Neid* zerstört die Tätigkeit der Galle und der Leber.
   Darum denke an die, die weniger haben als Du.
4. *Geiz* verkrampft die Gedärme – *Egoismus* den Magen.
   Darum sei freigebig und gib den Ärmeren.
5. *Eifersucht* bildet Schlacken in Muskeln und Gelenken, macht die Haut unrein und stört das Zellenwachstum.
   Darum sei bescheiden und tritt zurück.
6. *Angst* und *Unruhe* belasten Niere und Blase.
   Darum trage Deine Last ruhig, sie ist nie größer, als Du tragen kannst, und vertraue auf Gott.
7. *Faulheit* macht fett.
   Darum sei tätig und fleißig und halte Maß im Essen und Trinken.
8. Du mußt Dich also selbst *Überwinden*, um den Weg aus der Krankheit zur Gesundheit zu finden. – Damit hast Du Deine Lebensaufgabe erfüllt und bist frei, welches die wirkliche Freiheit ist.
9. Die Krankheit ist ein Zeichen, daß Dein Weg oder der Deiner Vorfahren nicht richtig war. – Glaube an den dreieinigen Gott, und er wird Dir helfen zu überwinden.
10. Hilf Deinem Nächsten, und Gott ist Dein Freund im Himmel und auf Erden.

Bei eigenen Mängeln, oder bei Mängeln, die in unserer Umgebung zu finden sind, können sicher deutliche Rückschlüsse gezogen werden, welche Gebote der Gesundheit übertreten werden.

Wir müssen aber noch einmal auf den Punkt zurückkommen, wo es um negative Einflüsse und um negatives Reden geht.

Die Einstellung gegen negative Einflüsse sollte aber nicht so verstanden werden, daß uns Negatives bei anderen nicht bewußt werden sollte. Das gehört mit zur Prägung des Unterscheidungsvermögens und Erkennens, wodurch wir ja einen Schutz oder Hinweis erhalten, der uns vor Fehlbeurteilungen bewahrt. Aus den Fehlern anderer können wir auch viel lernen. Aber negative Dinge sollten nicht länger erörtert werden, als zum Verständnis der Lage erforderlich ist. Dann aber sollten wir sie in unserer Aufmerksamkeit nicht mehr festhalten, denn was im Bewußtsein gepflegt oder geduldet wird, wird sich im Leben, in unserer Welt ausdrücken.

Ein gesprochenes Wort wird in uns keinen Mißklang zurücklassen, wenn es nicht von Emotion durchdrungen ist, wenn es nicht von einem *Gefühl* der Verurteilung oder des Ärgers getragen wird. Das *Gefühl*, das *Empfinden*, bewirkt die innere Einprägung.

Ein weiterer sehr wesentlicher Meilenstein auf dem Wege unseres Lebens ist es, darauf zu achten, daß keine Zeit verschwendet wird. *Zeitverschwendung* ist alles, wofür wir Zeit aufwenden, die unserem inneren Fortschritt nicht dient. Sich Krimis oder Illustrierte anzuschauen, die vorwiegend über negative Sensationen und Gesellschaftsklatsch berichten, dürfte wohl Zeitverschwendung sein.

Wenn wir ehrlich gegen uns selbst sind und einmal prüfen, womit wir unsere Zeit verbringen, müssen wir zugeben, daß wir manche Stunde nicht gut genutzt haben. Bemühen wir uns nun um sinnvolle Verwendung, so ist das schon ein großer Fortschritt.

Z. B. stundenlange Telefongespräche zu führen, ist ebenfalls unter Umständen Zeitverschwendung. In 5 oder 10 Minuten ist bestimmt das Wesentliche gesagt. Oder mit Menschen Kontakt zu pflegen, die uns nichts bedeuten, mit denen wir keine guten, aufbauenden Gespräche führen können, ist Zeitverschwendung. – Natürlich können wir jetzt nicht abrupt alle Freundschaften dieser Art abbrechen. Wenn *wir* uns aber ändern, spüren unsere bisherigen Freunde das sehr bald und fühlen sich nicht mehr zu uns hingezogen. Sie werden sich andere Freunde suchen, mit denen sie in gewohnter Weise verkehren können, und es ist eine Gesetzmäßigkeit, daß auch wir plötzlich ganz andere Menschen finden, die noch besser zu uns passen. Wenn wir unsere seelischen Qualitäten verbessern, begegnen uns Menschen, die unserer Entwicklungsstufe entsprechen, oder die höher stehen als wir, von denen wir also lernen können.

Wir sind hier auf diesem Planeten, um der Entwicklung unserer Seele zu dienen, um Werte für die Ewigkeit zu schaffen. Es ist eine große Tragik, wenn wir das nicht erkennen. Hier haben wir Möglichkeiten über Möglichkeiten, an unserem *Himmel* zu bauen. Wo könnten wir es anders tun als im *Alltag*, wo sonst und wie sonst? Darum nützen uns alle Praktiken und Techniken nicht viel, auch der beste Guru nicht, wenn wir uns nicht selbst bemühen, die Qualitäten unserer Seele zu verbessern, also *Ewigkeitswerte* zu schaffen. Der Glaube an Gott und an ein Weiterleben sind noch keine Garantie für einen von uns erträumten schönen Himmel. Was habe ich aus meinen Fähigkeiten und Talenten gemacht, wie habe ich sie genutzt, das schlägt zu Buche!

Eine sehr empfindsame Saite unseres Seins sei noch angesprochen, die, wenn sie zum Klingen gebracht werden kann, unserer Entwicklung sehr nützlich und eine große Hilfe in der Meisterung des Lebens ist: Inwieweit sind wir noch verletzbar? Hochmut, Stolz, Überheblichkeit, der Drang nach Selbstdarstellung sind der Nährboden für übermäßige Empfindlichkeit, für Verletzbarkeit.

Um diesem Punkt erfolgreich zu begegnen, brauchen wir absolute *Ehrlichkeit* gegen uns selbst. Wenn uns ein Unrecht oder ein vermeintliches Unrecht geschieht, verharren wir dann noch stunden- oder gar tagelang bei diesem Gedanken? Oder gar noch länger? Auf die Dauer wird die Galle das übelnehmen und darauf reagieren.

Solange wir uns noch zu wichtig nehmen, kommen wir nicht weiter auf dem Wege zur Vollkommenheit. Das Nicht-glücklich-sein resultiert oft aus der Vorstellung, daß uns so viel Unrecht geschehen sei. Verletzbar und nachtragend sein, sind wie Geschwister, sie gehören zusammen. Wer unverletzbar ist, braucht das Gesetz der Vergebung nicht anzuwenden. Wären wir nicht nachtragend und unverletzbar, lebten wir viel friedlicher und wären gesünder an Leib und Seele. *Unverletzbarkeit ist eine starke Waffe.*

Solange wir noch verletzbar sind, werden wir auch leicht das Ziel für Bosheiten anderer Menschen, die ihrer niederen Natur unterliegen, sonst könnten sie nicht boshaft sein. Kann man uns nicht mehr verletzen, so werden wir uninteressant für sie. Es ist auch ein Gesetz, daß der in Bosheit abgeschossene Pfeil den Unverletzbaren nicht erreichen kann, dafür dann aber sofort wieder an den Absender zurückgeht. Ist dieser unwissend, so kann er nicht erkennen, daß er selbst die Ursache des Mißgeschickes ist, das ihn getroffen hat. Indem wir unverletzbar werden, können wir dem anderen unbewußt eine Lektion erteilen, denn durch das Gesetz der *Rückwirkung* (Bumerang-Gesetz) schädigt er sich selbst.

Wer unverletzbar ist, kann auch nicht mehr hassen und neiden. Er hat den Weg der universalen Liebe gefunden. Es ist jene Liebe, die nicht besitzen will, die verzeiht und sich verströmt. Die wandelbare Kraft dieser Liebe vermag es, uns in die *Freiheit* zu führen, die nur im Geistigen zu finden ist. Wer die Tugend der *Unverletzbarkeit* besitzt, hat wesentliche Schritte auf dem Wege zur *Freiheit* getan.

Es wäre sehr nützlich, die Punkte aus diesem Beitrag herauszuarbeiten, deren Beachtung unserer geistigen Entwicklung dienlich sind. Hundert gelesene Bücher führen uns nicht weiter, wenn wir ihre Lehren im Alltag nicht verwirklichen. Auch kein Guru kann uns weiterbringen, wenn wir nicht hier den Hebel ansetzen. All unsere Schwierigkeiten im Leben erwachsen aus unserem noch nicht bewältigten *Ego*.

Diese Punkte kann jeder praktizieren. Das Leben bietet genug Möglichkeiten hierzu. Wenden wir sie im Alltag an, sind wir ein brauchbares, wertvolles Glied in der menschlichen Gesellschaft, das vollbewußt den *Sinn* seines Lebens erfaßt und mit beiden Füßen auf dem Boden steht. Vom vielen Lesen allein werden wir weder weise noch vollkommen. Die Lektionen, die das Leben uns aufgibt, weben das Kleid unserer Seele und dieses ist *dem* Himmel angepaßt, den wir uns *hier* erwerben.

Alles was in unserem Leben geschieht, im Leben miteinander, im Leben einer Gemeinschaft und eines Volkes, sind Auswirkungen von *Gedanken,* die in die äußere Tätigkeit treten. *Gedanken* und *Gefühle* sind voller *Leben.* Das ist ein Gesetz.

Das Gesetz des Lebens lautet: „Was du denkst und fühlst, bringst du in Form." Du bist dort, wo dein *Gedanke* weilt, denn du bist dein Bewußtsein. Und du wirst das, worüber du nachsinnst (meditierst).

Wenn jemand in seinem Geist Gedanken des Hasses, der Verurteilung, der Sinnenlust, der Furcht, des Zweifels usw. duldet und gestattet, daß dadurch Gefühle der Erregung in ihm entstehen, so wird er Mißklang, Fehlschläge und Unglück ernten. Wer unkontrolliert fühlt und denkt, wird es nicht verhindern können, daß Leid und Disharmonie in sein Leben eindringen, und wer das Gesetz seines eigenen Wesens nicht versteht, wer sich auch nicht bemüht, seine Gedanken und Gefühle unter Kontrolle zu bringen, ist ununterbrochen tätig, Mißklang, Zerstörung und Zerfall in sein Leben zu bringen.

Ohne diese *Ordnung* kann keine dauernde *Meisterung* des eigenen Lebens erreicht werden.

Der Pfad des Schülers

Jeder Schüler, der den Pfad zum *Licht* betreten hat, muß sich die Lebensgesetze erarbeiten, die zu allen Zeiten gültig sind und waren. Diese Gesetze erschließen sich jenen, die ehrlichen Herzens bemüht sind, konsequent den Pfad zu beschreiten. Der *innere Meister* wird sich nur dem offenbaren können, dessen Herz von der Sehnsucht nach dem *Licht* erfüllt ist.

Der innere Meister ist identisch mit all jenen Wesen, die sich höchste Freiheit in den Sphären des Lichtes errungen haben, und er erwartet nicht mehr von seinem Schüler, als dieser seiner Kenntnis gemäß zu tun imstande ist. Ein Schüler kann nur das verwirklichen, was er erkannt hat.

Jeder Schüler hat seinen individuellen Entwicklungsweg, der sich nach seinen inneren Möglichkeiten vollzieht. Seinem geistigen Fortschritt entsprechend stellt der Meister seine Anforderungen an ihn, und jede Stufe fordert ihren Preis.

Bevor ein Schüler seine schlechten Gewohnheiten nicht abgelegt hat und noch äußeren Nichtigkeiten Wert beimißt, wird ein Meister keine Energien an ihn verschwenden, denn auch er muß Rechenschaft über deren Anwendung ablegen.

Ob die Führung und die leitende Hand eines Meisters aus einer anderen Ebene spürbar werden kann, hängt vom Bemühen des Schülers ab. Wenn er seine Seele ganz öffnet, ist es dem Meister möglich, sich zu nahen.

Lange Zeit wird ein Schüler beobachtet. In seiner Aura zeichnet sich ab, ob sein Bemühen ernsthafter Natur ist, oder ob es nur einer augenblicklichen, vorübergehenden Neigung entspringt.

Auf jeder Stufe, die er dann erreicht, wird er einer Prüfung dessen unterzogen, was er gelernt haben muß. Im Verlauf dieses Weges verlieren immer mehr Dinge an Wichtigkeit und Bedeutung, je weiter der Schüler fortschreitet, weil er erkennt, daß diese nur dem äußeren

Selbst dienen und nicht dem geistigen Fortschritt, der allein wichtig ist. Und eines Tages kommt er zu der Erkenntnis, daß selbst der eigene Fortschritt unwichtig wird gegenüber der Verantwortung für das Wachstum der Gesamtentwicklung auf dem Planeten. Dann erst setzt das wahre, selbstlose Dienen ein, dem eine universelle, allumfassende *Liebe* zugrunde liegt, ohne die Absicht, *nur den eigenen Fortschritt zu wollen.*

Wenige sind für diesen echten *Höhenweg* bereit. Wer aber mit all seiner Kraft, mit seinem vollen Einsatz den Meistern nacheifern will, die gerade zur Jetztzeit für die Menschen und den Planeten Erde mit ihrer ganzen Energie im Einsatz stehen, wird sich für diesen Höhenweg entscheiden. Niemand wird jedoch dazu gezwungen! Das geistige Gesetz der Willensfreiheit hat im ganzen Universum Gültigkeit.

Leben um Leben wird ein Schüler beobachtet, sein Denken und Handeln, sein Ringen im Kampf mit dem Schicksal, das er oft nicht versteht und vielleicht als ungerecht und zu hart empfindet. Sobald sich aber sein Blick weitet, erkennt er, daß er allein seine Welt formt und sich ihm Möglichkeiten für eine lichtvollere Zukunft bieten.

Wenn die Meister einen Schüler führen und lehren sollen, werden Anforderungen an ihn gestellt; denn das Verhältnis zwischen Meister und Schüler basiert auf uralten Gesetzen, die eingehalten werden müssen. Ein Meister respektiert diese Gesetze, die auch vorschreiben, daß er für einen Schüler nicht mehr Energie aufwenden darf als notwendig ist. Das Bemühen, die *Dienfähigkeit* und Bereitschaft des Schülers bestimmen den Energieeinsatz eines Meisters. Wenn er aber träge wird, muß der Meister seine Energie zurückziehen, weil diese in solch einem Fall vergeudet wäre und der Gesamtevolution verloren ginge. Das heißt jedoch nicht, daß er sich ganz zurückzieht und den Schüler sich selbst überläßt.

Dem Schülerpfad liegen also Richtlinien und Disziplinen zugrunde, die beachtet werden müssen, und die Beachtung dieser Gesetzlichkeiten gewährleistet die Hilfe eines Meisters in Form seiner Energien, die er dem Schüler zur Verfügung stellt, die diesem eine Kraftquelle für seinen Entwicklungsweg sind.

Eine dieser Richtlinien ist die *Reinheit* des Beweggrundes alles

Handelns. In allem, was der Schüler tut, ist seine Gesinnung von ausschlaggebender Bedeutung; nicht das, was durch seine Handlungen nach außen offenbar wird, sondern einzig und allein der *Beweggrund* dazu. Diesen kann kaum ein Außenstehender beurteilen. Darum tut ein Schüler gut daran, sich Urteilen und Meinungen über andere zu enthalten.

Wahrheit und *Ehrlichkeit* sind sehr wichtige Aspekte auf dem Lichtpfad, Ehrlichkeit und Wahrhaftigkeit vor sich selbst und allem Leben gegenüber. Das Streben nach *Wahrheit* ist ein wesentlicher Meilenstein auf dem Weg.

Der Meister erwartet von einem ernsthaften Schüler *Hingabe* an seine großen Aufgaben, soweit das möglich ist. Die Hingabe an den Fortschritt der Menschheit und des Planeten muß ein Schüler höher stellen als den eigenen Fortschritt. Dieser ist nur ein Mittel, um das Dienen für den gesamten Fortschritt zu vervielfachen.

Durch Aufgabe des *Ego* kann das Göttliche Selbst im Menschen zur Entfaltung kommen. Es wartet darauf, daß es von einem jeden entdeckt und zur Entwicklung gebracht wird, damit alles Gute und die Fülle in allem was benötigt wird, geoffenbart werden kann. Eines Schülers Persönlichkeit sollte von ihm nur als der ausführende Teil seines Seins empfunden werden. Jedes eigennützige Streben behindert den wahren Fortschritt, und damit wird das Einfließen der Lichtkräfte und Energien blockiert. Jeder Schüler sollte ein offener Kanal sein, der die kosmischen Kräfte und Energien, die in überreichlicher Menge zur Verfügung stehen, aufnehmen kann.

Alles Streben nach den unwesentlichen äußeren Werten zieht stets neue Wünsche nach sich, sofern es über den Rahmen der menschlichen Bedürfnisse hinausgeht, die dem geistigen Fortschritt nicht dienlich sind. Die notwendigen äußeren Bedürfnisse sollten der Art sein, daß sie, wie der Verstand, Diener und Helfer sind, aber niemals das Wichtigste im Leben.

Durch die Entfaltung der inneren Kräfte entwächst der Strebende auch den Lockungen der äußeren Welt. Erst wenn *die* Stufe erreicht ist, da ein Schüler die Bedürfnisse der äußeren Welt in die rechte Balance mit seiner inneren Arbeit gebracht hat, beginnen Prüfungen auf einer höheren Ebene. Aber auch die nächst höhere Stufe hat ihre Verlockungen in Form von Wünschen, die nur schwerer zu erkennen und daher auch schwerer zu meistern sind. Zu diesen Verlockungen gehört z. B. das Anstreben und der Besitz von Kräften, die andere nicht aufweisen können. Leicht und unbemerkt kann sich das Gefühl der Überheblichkeit einschleichen, die es nicht zuläßt, daß die Kräfte immer nur zum Wohle des Nächsten angewandt werden, wie es sein sollte, sondern oft zum eigenen Wohle. Es heißt, auf der Hut zu sein, denn an diesem Punkt ist mancher hoffnungsvolle Schüler gescheitert. Gerade in heutiger Zeit gibt es auch sogenannte Meister und Gurus, die uns dafür ein schlechtes Beispiel sind.

Ein Schüler, der unter der Führung eines echten Meisters steht, ganz gleich, ob sich dieser Meister auf der physischen oder auf der geistigen Ebene befindet, hat sich mancher Gewohnheiten zu entledigen, die einem geistig unerwachten Menschen noch zu eigen sind.

Er sollte erst prüfen, welche unguten Eigenschaften und Gewohnheiten er abzulegen hat, die jeden weiteren Fortschritt verhindern. Der Weg zum Licht ist keine Spielerei, kein Zeitvertreib und auch keine vorübergehende Sache. Das ganze Leben muß davon ausgefüllt sein, in alle Bereiche des Alltags muß er eingebaut und im äußeren Handeln offenbar werden.

Der ganze Tagesablauf besteht aus Gelegenheiten, um unter Beweis zu stellen, daß einer auf dem Pfad zum Licht ist, daß er Schüler eines geistigen Meisters ist.

Immer wird ein Schüler beobachtet. Den wachsamen Augen eines Meisters entgeht nichts von dem, was dieser tut und denkt. Aus diesem Grunde ist er auch nie allein. Zu jeder Zeit sollte er sich bewußt sein, daß er im Sinne der großen Lebensgesetze handeln muß.

Die zurückliegenden Stufen erlauben kein Daranfesthalten. Das wäre eine Gefahr für den weiteren Aufstieg. Alles, was einen Schüler an den jetzt erreichten Punkt des Weges geführt hat, muß losgelassen werden, um für höheres Wissen und für höhere Disziplinen bereit zu sein. Er darf nicht mit einem Fuß auf einer niederen Stufe stehen bleiben, wenn der andere Fuß auf die nächst höhere gesetzt ist. Mit den zur Verfügung stehenden Energien muß hausgehalten werden. Diese sollten nur der inneren Entwicklung dienen, damit sie wiederum der Gesamtentwicklung zugute kommen.

Man könnte die einzelnen Stufen mit Schulklassen vergleichen, die zu absolvieren sind, um am Schluß die Prüfung zu bestehen, die dazu befähigt, in die nächst höhere Klasse versetzt zu werden.

Mancher verliert sich in den verschiedensten geistigen Richtungen in der Hoffnung, eine Methode zu finden, die eine Beschleunigung auf dem Pfad zum Licht bringt, oder die einen bequemeren Weg weist. In den meisten Fällen führt das aber zu einer Verzettelung der Kräfte.

Wenn ein Schüler sich über sein Ziel klargeworden ist und den inneren Meister gefunden hat, so tut er gut daran, auf diesem Weg zu bleiben; denn dieser besondere innere Meister ist am kosmischen Strom all jener angeschlossen, die vor ihm den Weg gegangen sind, der in das große *Licht* führt.

Ein Schüler sollte den Mut haben, seinem eigenen Weg ungeachtet der äußeren Umgebung bescheiden und unauffällig zu folgen. Es gibt immer Möglichkeiten, seine Bestrebungen jenen Verhältnissen anzupassen, in die er gestellt wurde. Niemals sollte er sich beklagen, daß ihm diese entgegenstehen und ein Hindernis darstellen. Alle Beziehungen zu anderen Menschen, alle Schwierigkeiten dienen der Erfahrung und somit der Entwicklung. Sie sind kein Zufall. *Wenn die vermeintlich störenden und widrigen Umstände nicht mehr nötig sind, weil die Lektionen daraus gelernt wurden, dann ergeben sich andere Lebensbedingungen für ihn.* Das ist ein Gesetz!

Ein Schüler auf dem Pfad zum Licht erlebt seiner Entwicklung gemäß die sich daraus ergebenden Veränderungen im höheren Maße als ein unwissender und unerwachter Mensch. Das Licht im Innersten des Menschen ist sein größtes Vermögen, in dem alle Kräfte für seine Entwicklung ruhen. Es ist jenes Licht, „das da leuchtet in der Finsternis“, das jedem die Möglichkeit gibt festzustellen, was wahr und unwahr, was echt und unecht ist.

Der geistige Weg ist der Pfad zum Licht, den jede Seele betreten muß, denn Licht und Liebe sind die Substanz allen Seins, der Ursprung und das Ziel aller Entwicklung. Das einem jeden innewohnende Licht ist *Leben* aus dem Göttlichen Quell. Diese Licht-Energie ist Göttliche

Macht, die das ganze Universum regiert und jede lebende, manifestierte Form beseelt. Im Innern dieser Energie, die ständig auch durch jeden von uns hindurchfließt, liegt die *Kraft* ewigen Lebens, die *Heilkraft* des Universums, die bestrebt ist, die ganze Menschheit von allen Bedrängnissen zu befreien. Sie kann in dem Maße wirksam werden, als der einzelne in der Lage ist, diese Kräfte durch sein Leben der Selbstverwirklichung zur Entfaltung kommen zu lassen.

Wenn diese Macht sich frei entfalten kann, offenbart sie sich in *Vollkommenheit.* Je nachdem, wie es einem Schüler gelingt, sein inneres Licht zum Leuchten zu bringen, ist auch seine Strahlung. Sie ist eine Substanz – dem Hellsehenden wahrnehmbar –, die von ihm in Form von Gedanken, Gefühlen, Worten und Wünschen ausgeht und alles Lebendige seiner Umgebung berührt, Menschen, Tiere, Pflanzen und sogar Gegenstände, und diese in guter oder unguter Weise beeinflußt. Diese Strahlung kann tröstend und heilbringend sein.

Wenn ein Schüler sehen könnte, in welch wundervoller Weise er durch die von ihm ausgesandten Energien wirken kann, gäbe es für ihn wohl keinen anderen Wunsch, als ein Kanal für diese Lichtenergie zu werden. Er würde sich bemühen, zu jeder Zeit des Tages sein Denken und Handeln unter Kontrolle zu halten, um dieses zu veredeln, damit nur eine Strahlung von hohem Wert in seine Umgebung gelangt.

Die unglücklichen Verhältnisse, in denen sich viele Menschen befinden, erwachsen oft daraus, daß sie immer nach Quellen und Unterstützung von außen suchen. Der Mittelpunkt des Weltalls und des Menschen selbst, um den alles kreist, ist *Liebe.* Durch ein Leben nach dem anderen werden wir gewirbelt und erfahren Enttäuschungen und Schwierigkeiten, bis wir gelernt haben, das Gesetz der Liebe zu befolgen.

Der Pfad zum Licht ist ein Weg der allumfassenden *Liebe.* Sie allein vermag es, uns die Pforten zum Paradies wieder zu öffnen. Sie ist die Grundlage der *Harmonie* und der richtigen Anwendung aller Lebenskraft. Sie ist keine Tätigkeit des menschlichen Verstandes, sondern *eine Essenz* des *Göttlichen Lichts,* das in eines jeden Menschen Herz gesenkt wurde, wo sie als kleiner gefangener Funke auf Befreiung und Offenbarung hofft. Sie kennt nur ein Ziel: in allem die *Vollkommenheit* zu verwirklichen. Sie führt uns in jenen Himmel, den wir einst kannten und verlassen haben, und *Liebe* ist es, die uns auch dort wieder erwartet.

Kosmische Energie

Wenn wir uns z. B. mit Yoga befassen, kommen wir früher oder später bewußter mit Kosmischer Energie in Berührung und damit auch in die Verantwortung, mit dieser Energie sinnvoll umzugehen.

Was ist *Energie,* woher kommt sie, und wie können wir sie aufnehmen? Unsere äußere Erscheinung ist grobstofflicher Natur. Darum muß es uns möglich sein, um leben zu können, auch mit körperlichen Organen Energie und Kräfte aufzunehmen.

Der *Atem* z. B. ist eine sehr wichtige Funktion Energie zu erlangen. Das entsprechende Organ dafür ist die Lunge, und das Aufnahmeinstrument die Nase. Auch unsere Haut ist atmungsaktiv und darum eine Aufnahmequelle. Weiterhin ergänzen wir unsere Energie durch Schlaf, Ruhe und Entspannung. Eine bestimmte Energiemenge feinerer Art strömt uns durch die *Medulla oblongata,* (das verlängerte Rückenmark) zu.

Eine weitere und sehr wichtige Energie-Quelle ist eine gesunde *Nahrung.* Sie stellt im Grund nichts anderes dar als eine *Strahlung,* die ihr von unserer zentralen Energie-Quelle, der Sonne, zugeführt wird. Diese überaus wichtige Strahlung, welche die für den elektrischen Kreislauf des Körpers – d. h. für das Nervensystem – notwendigen Ströme erzeugt, wird der Nahrung durch die *Sonnenstrahlen* vermittelt. Diese Strahlungen kommen aus *Atomen,* die in der Nahrung enthalten sind und die in das körperliche *Protoplasma* eingehen. Sie helfen bei der Bildung unserer Muskeln, unseres Gehirns und unserer Sinnesorgane. Unser Körper setzt sich aus diesen *Atomen* zusammen, so lehrt es auch die Wissenschaft.

Chlorophyll ist der einzige bekannte Stoff in der Natur, der aus irgend einem Grunde die Macht besitzt, als „Sonnenlichtspeicher" zu fungieren. Er fängt die Energie des Sonnenlichtes ein und speichert sie in der Pflanze auf. Ohne diesen Vorgang könnte überhaupt kein *Leben* existieren. Und wir wiederum erhalten die lebensnotwendigen Energien von der Sonnen-Energie, die in der pflanzlichen Nahrung aufgespeichert ist. Darum ist auch eine pflanzliche Nahrung für den menschlichen Körper von größter Wichtigkeit.

Ich zitiere einen Auszug aus einer Rede von Dr. George Crile aus Cleveland, gehalten am 17. 5. 1933 vor einer Versammlung von Medizinern in Memphis: „Alles was wir essen ist *Strahlung;* unsere Nahrung stellt eine bestimmte Energiemenge dar. Diese überaus wichtige Strahlung, welche die für den elektrischen Stromkreislauf des Körpers – d. h. für das Nervensystem – notwendigen elektrischen Ströme erzeugt, wird der Nahrung durch die Sonnenstrahlen zugeführt." Atome, so behauptet Dr. Crile, sind Sonnensysteme. Sie sind Energieträger, in denen die Sonnenstrahlung gleich zahllosen gespannten Federn aufgespeichert ist. Diese zahllosen Träger der Atomenergie werden von uns als Nahrung aufgenommen. Wenn sie dem menschlichen Körper einverleibt werden, entladen sich diese straffen Behälter – die Atome – und gehen in das körperliche Protoplasma ein, wo die Strahlung neue chemische Energie, d. h. neue elektrische Ströme erzeugt. „Unser Körper setzt sich aus diesen Atomen zusammen", sagte Dr. Crile. „Sie bilden unsere Muskeln, unser Gehirn und unsere Sinnesorgane (Augen, Ohren usw.). Eines Tages wird die Wissenschaft Methoden entdecken, die es dem Menschen ermöglichen, direkt von Sonnen-Energie zu leben."

Im „Evangelium des vollkommenes Lebens", einem ursprünglichen und vollständigen Evangelium, das aus dem aramäischen Urtext übersetzt wurde (erschienen im Humata-Verlag in Frankfurt, Postfach 2649), weist auch Christus öfter darauf hin, indem er sagt: „Wahrlich, ich sage euch, im Anfang haben alle Geschöpfe Gottes ihren Unterhalt allein in den Pflanzen und Früchten der Erde gefunden, bis die Unwissenheit und die Selbstsucht der Menschen viele von dem Brauche, den ihnen Gott gegeben, abgebracht haben zu dem, was dem ursprünglichen Brauche widersprochen hat. Aber all jene sollen darum zurückkehren zu der natürlichen Nahrung, wie es geschrieben steht in den Propheten."

An einer anderen Stelle sagte er: „Ich aber sage euch: Vergießet nicht das Blut der Unschuldigen, noch esset ihr Fleisch. Gehet aufrecht, liebet die Barmherzigkeit und tuet das Rechte, und eure Tage werden lange währen. Das Korn, das aus dem Boden wächst mit dem anderen, wird es nicht verwandelt durch den Geist in Fleisch? Die Beeren des Weinberges und die anderen Früchte, werden sie nicht verwandelt in Blut? Davon sollt ihr essen und trinken. Gott gibt die Saatkörner und die Früchte der Erde zur Nahrung; und für den Gerechten gibt es keine andere rechtmäßige Nahrung für den Körper. Haltet eure Hände fern vom Blutvergießen und lasset kein Fleisch über eure Lippen kommen, denn Gott ist gerecht und hat befohlen, daß die Menschen leben sollen allein von den Früchten und den Saaten der Erde."

Unsere heutigen denaturierten Nahrungsmittel enthalten nur eine begrenzte Menge Energie, die wir für den Alltag benötigen. Wir können ihnen nur einen Teil jener Kraft entziehen, die wir brauchen.

Einen gewissen Vorrat an Energie haben wir im Körper, im Blut, in den Knochen, im Mark, in den Muskeln usw. Diese Versorgung ist einmal von der Energiemenge, die durch die *Medulla oblongata* aufgenommen wird, abhängig, und zum anderen von einer bestimmten Menge Sauerstoff und Nahrung.

Wenn wir gesund werden oder bleiben wollen, müssen wir diese Energieträger im Körper, im Blut, in den Knochen und Muskeln immer wieder genügend aufladen, wie ein Akkumulator, der Kräfte und Energien speichern kann. Auch unser Körper ist ein Akkumulator. Wir sollten sehr aufmerksam darauf achten, daß er nicht leer wird. Dann kommt es nämlich zu einem totalen Zusammenbruch. Es gibt viele Energieformen, die aber alle aus einer Quelle kommen, aus *Gott.*

Täglich, ja zu allen Zeiten, da dieses eben möglich ist, sollten wir daran denken, dem Körper bewußter diese Energien zuzuführen, die ja letztendlich aus den unerschöpflichen Quellen stammen, die uns umgeben und die Göttlicher Natur sind.

Viele Menschen verbrauchen, auch wenn sie schlafen, liegen oder sitzen, je nach dem Grade ihrer Nervosität, obwohl sie meinen, entspannt zu sein, doch noch Energie. Sie verbrennen *Kraftstoff,* auch während ihr Körper scheinbar ruht. Und wenn wir einen Körperteil locker bewegen in der Annahme, ihn dadurch zu entspannen, so täuschen wir uns, denn wir brauchen dafür Energie, sonst könnten wir ihn nicht bewegen.

40 % aller Energie verbraucht der Mensch für die Verdauung der Nahrung. Während dieses Prozesses wird ein großer Teil der Energie in den Verdauungsprozeß gezogen, und daher werden wir nach einem üppigen Mahl so müde.

Ein wesentlicher Teil an Energie wird uns durch *Vergeudung* der Geschlechtskraft genommen. Wenn der Mensch wüßte, wieviel wertvolle Energie er mit dieser seiner stärksten Kraft verschwendet, die er bewußt in geistige Kräfte umwandeln könnte, würde er mit ihr sicher sinnvoller umgehen und den lockenden Einflüssen von außen her überlegen sein.

Es gilt nicht, jene Kräfte zu unterdrücken, was dem physischen Körper nicht zuträglich wäre. Ein geistiges Gesetz lautet: „Was unsere *Aufmerksamkeit* festhält, wird mit *Lebenskraft* erfüllt." Unsere *Aufmerksamkeit* sollten wir aber unter unsere Herrschaft bringen. Die *Triebkraft* zu beherrschen, ist etwas ganz anderes als die *Aufmerksamkeit* beherrschen.

Arbeiten wir geistig, so zieht sich die Lebenskraft zum Gehirn und strömt als Licht durch den Mittelpunkt der Stirn zwischen den Augen. Ein geistig Schauender kann dieses sehen. Sprechen wir, so strömt die Energie in die Kehle. Lieben wir im Göttlichen Sinne, so kommt diese Lichtkraft aus dem Mittelpunkt unseres Herzens, und senden wir starke Gefühle aus, so kommt sie aus dem Sonnengeflecht. Ein Sensitiver fühlt dieses sofort, denn dort, wo unser Sonnengeflecht ist, befindet sich unsere Radarstation, unser innerer Sender und Empfänger. Wer die innere Schau hat, kann all die Energieströme, diese Lebensessenz, wie ein flüssiges Licht schauen, das sich überall dorthin bewegt, wohin die Aufmerksamkeit gelenkt wird.

Zur *Meisterschaft* ist ein Mensch gelangt, wenn er alle inneren Kräfte zu jeder Zeit vollkommen beherrscht, wobei ihm die bewußte Lenkung seiner *Aufmerksamkeit* die größte Hilfe ist.

In Indien, in Biur, lebte eine Heilige namens Giri Bala, die von ihrem 12. Lebensjahr ab keinerlei Nahrung in fester oder flüssiger Form zu sich nahm. Dreimal hat sie sich einer monatelangen Prüfung unterzogen. Es liegen darüber Untersuchungsberichte vom Maharadscha von Burdwan vor. Giri Bala wandte eine Yoga-Technik an. Durch diese vermochte sie es, die feinen Energien aus der Luft und dem Sonnenlicht zu ziehen, sowie aus der kosmischen Kraft, die durch das verlängerte Mark in den Körper einströmt. Diese Technik schließt ein bestimmtes Mantra und eine Atemübung ein, die so schwierig ist, daß die meisten Menschen nicht in der Lage sind, sie auszuführen.

Als man sie fragte, warum sie andere Menschen nicht die Methode lehre, die doch eine Hoffnung für die vielen Hungernden sein könne, antwortete sie, ihr Guru habe es ihr strengstens untersagt, das Geheimnis preiszugeben. Er beabsichtigte keinesfalls, in das Schöpfungsdrama Gottes einzugreifen. Die Bauern würden es ihr nicht danken, wenn sie die Menschen lehrte, ohne Nahrung zu leben; denn das würde bedeuten, daß die köstlichen Früchte am Boden liegen blieben und verderben würden. Anscheinend seien Elend, Hungersnot und Krankheit die Geißeln des Karmas, die letzten Endes dazu verhelfen, den wahren Sinn des Lebens zu verstehen.

Giri Bala lebte in einer Familie, der sie mit allen Arbeiten diente und für die sie auch die Mahlzeiten bereitete.

Der *Kosmos* ist voller Energien, die für Menschen, Tiere und Pflanzen, für alles Leben notwendig und ausreichend sind. Und wenn diese Energien uns umgeben, muß es doch Wege geben, sie sich zunutze zu machen. Wir wissen, daß die *Yoga*-Lehre diese Möglichkeiten lehren kann.

Warum bemühen wir uns so wenig darum, neue Wege einzuschlagen, da rund um uns her alles kränkelt, man fast nur noch von Krankheit und Nervosität spricht, von Depressionen, Streß, Schwächezuständen und davon, den täglichen Anforderungen nicht mehr gewachsen zu sein? Warum verfallen wir dem Sog dieser Suggestion?

Eine wesentliche Methode, uns mit *Energie* aufzuladen, die jeder beherrscht, ist es, Energie durch *Willenskraft* in irgend einen Muskel oder Körperteil durch *Anspannung* zu senden. Sie kann schwach oder stark sein, je nach der eingesetzten *Willenskraft.* Je mehr wir anspannen, desto mehr Energie wird dem Muskel oder Körperteil zugeführt. Um aber spannen zu können, sollten wir natürlich vorher ganz entspannt sein.

Es gibt einige Übungen oder Techniken, die jeder anwenden kann, durch die wir *bewußt* Energien aus dem Äther herbeiziehen können, die uns unabhängiger von fester und flüssiger Nahrung machen. Wichtig ist, daß wir uns *bewußt* auf die kosmische Kraft einstellen und sie auch in unsere Gedanken- und Gefühlswelt einbeziehen. Mit der bewußten Gedankenführung und inneren Bejahung können wir so durch Anspannung eines schwachen Körperteiles Kraft und Energie in ihn hineinlenken. Ebenso kann der ganze Körper mit allen Muskeln angespannt werden, immer indem tief eingeatmet wird, um dann mit einer Ausatmung langsam wieder die Anspannung loszulassen. Einige Augenblicke der völligen Ruhe folgen, bevor eine erneute Anspannung einsetzt. Diese Übung, in der *alle* Muskeln einatmend angespannt werden, wird bei den Füßen begonnen, die Spannung nach oben fortführend. Wichtig ist es, daß mit der Ausatmung alle Muskeln langsam wieder gelöst werden und einige Augenblicke der Atem ruhig fließt. Im Liegen oder auch im Stehen, je nach Bedürfnis, kann so geübt werden. Eine fünfmalige Wiederholung dürfte schon genügen. Es ist noch zu beachten, daß ein kranker Körperteil nur schwach angespannt werden darf, erst nach häufigerem Üben etwas stärker.

Bei den *Energie-Auflade-Übungen* kommt es zum großen Teil mit auf die „innere Bejahung" an: „O du wunderbare Kraft, durch deine unerschöpfliche, lebensspendende Energie werde ich erneuert, gestärkt und gesund." Es bleibt jedem überlassen, seine eigenen Worte zu benutzen.

Die durch *Anspannung* und *Entspannung* hereinströmende Energie muß durch die innere Bejahung unterstützt werden, d. h. daß unsere *Gefühlswelt*, der *Gefühlskörper*, daran beteiligt sein sollte; denn das bewußt erzeugte *Gefühl* erhöht die Schwingungszahl der *Atome*, die die *Energie* tragen, die wir dem Körper zuführen wollen.

Meisterschaft ist es, wenn wir alle *Kräfte* und *Gedanken* zu jeder Zeit vollkommen unter unsere *Aufmerksamkeit* bringen. *Worüber wir nachdenken, das ziehen wir an.*

Atome, Bausteine des Lebens

In der indischen Philosophie wird die physische Welt als „Maya" bezeichnet, als Täuschung. Ob es sich um eine Pflanze, um einen Stein oder um sonst eine Erscheinung der Materie handelt, so spricht die Philosophie von „Täuschung". Materie ist demnach nicht das, was sie vorgibt zu sein. Und daß die indische Philosophie recht hatte, mußte unsere Wissenschaft erkennen, als ihr Weltbild von der toten und festen Materie zusammenbrach.

In ihre kleinsten Teile zerlegt, die noch unter einem Mikroskop von über hunderttausendfacher Vergrößerung zu beobachten sind, werden diese als „Moleküle" bezeichnet. Liegt in ihnen das Wunder des Lebens verborgen, wonach eifrig gesucht wird?

Die Physik des Abendlandes ist beim Erforschen der Materie zu der Erkenntnis gekommen, daß diese Moleküle nicht die kleinsten Bausteine sind. Die Wissenschaft ist so weit in die Materie eingedrungen und steht vor dem Unfaßbaren, daß es noch feinere Urstoffe gibt, die über die irdische Wahrnehmungsfähigkeit hinausgehen. Sie nennt diese Teilchen „Atome".

Die Weisen und Seher des Morgenlandes haben viele hundert Jahre, bevor die Wissenschaft des Abendlandes diese Entdeckung machte, die Wahrheit erkannt, die sich im Molekül verbirgt. Sie haben sie als einen Riesenraum geschaut.

In tiefer Kontemplation, das Auge auf den Baustein des Lebens gerichtet, und indem sie sich in ihn versenkten, drang das „Schöpfungswort" aus dem Innern dieser winzigen Teilchen an ihr Gehör, das sich dem Forscher von heute erst in über hunderttausendfacher Vergrößerung offenbarte. Durch diese Erkenntnis brach das bisher aufgebaute Weltbild von fester und toter Materie zusammen, denn dieses kleinste Teilchen war kein ruhendes, festes, sondern ein lebendiges, in dem eine Anzahl von unvorstellbar winzigen Teilchen um einen Kern kreist.

Diese Entdeckung erwies sich unter dem Mikroskop als ein Spiegelbild des makrokosmischen Sonnensystems. Die Bewegung des Makrokosmos entdeckten sie in diesem winzigen Teilchen, das wiederum von winzigen Teilchen in den gleichen Bahnen um einen Kern umkreist wurde, und sie gewahrten dabei, wie die Weisen und Seher vergangener Zeiten, Riesenräume. Es offenbarte sich ihnen immer das gleiche Spiel, und sie kamen zu der Erkenntnis, das Makrokosmos und Mikrokosmos einem einheitlichen Gesetz gehorchen. Die Worte des großen altägyptischen Weisen und Eingeweihten Hermes bestätigten sich, der gesagt hatte: „Es ist oben wie unten und unten wie oben."

Das Atom, der Baustein des Lebens, aus dem die ganze Schöpfung besteht, ist also nicht fest und starr. In seiner Hülle kreist eine Zahl von schwingenden, wirbelnden Teilchen in einer großen Entfernung um ihren Kern.

Das Ergebnis dieser Entdeckung ist, daß es nirgendwo in der Schöpfung Festigkeit und Ruhe gibt, sondern nur Bewegung kleinster Teilchen, zu einer Einheit zusammengehalten.

Ein Weltbild stürzte mit dieser Erkenntnis ein. Es gibt keine feste Masse, es gibt keine Materie an sich, alles ist Bewegung, Rotation, Schwingung. Und die Forscher erkannten weiter, daß es auch keine Schwingung an sich gibt, denn jede Schwingung muß durch eine *Kraft* bewegt werden. Und wenn diese Kraft, die die kleinsten Teilchen so weise und gesetzmäßig kreisen läßt und zusammenhält, erlöschen würde, dann würde die ganze Schöpfung aufhören zu existieren. Alles würde sich auflösen, Berge, Sterne, Blumen, Menschen, alles.

In der Bhagavad Gita heißt es: „Wenn ich nur einen Augenblick zu wirken aufhöre, alle Welten müßten vergehen." Meister Ekkehart sagte: „Unterließe Gott das Aussprechen Seines Wortes nur einen Augenblick in allen Zeiten, Himmel und Erde müßten sofort vergehen."

Woher aber kommt die Kraft, die ewig zu sein scheint? Woher nimmt sie den Antrieb? Was ruft sie wach, was bringt sie in Bewegung? Also gibt es auch keine Kraft an sich. Ein *Wille* muß dahinterstehen. Und weiter wurde geforscht und gedacht.

Wenn es also keine Materie (Stoff) an sich gibt, die nur die

Offenbarung konzentriert schwingender Energie (Atome) ist, die von einem Willen gelenkt wird, so wird die Frage laut, woher der Wille kommt, denn einen Willen an sich kann es doch auch nicht geben. Muß nicht jeder Wille einer Intelligenz, einem *Geist* entstammen? Der wohldurchdachte Lauf der Gestirne, das Wunder des menschlichen Körpers, die tausendfältigen Wunder in der Natur, das kleinste Wesen im Tierreich, zeugt nicht alles von einem erhabenen, unergründlichen *Geist?* All diesen wunderbaren Manifestationen muß doch ein *Gedanke* vorausgehen. Ohne einen Gedanken kann doch nichts über den Geist zur Manifestation gebracht werden. In der Bibel steht: „Am Anfang war das Wort (der Gedanke), und das Wort war bei Gott, und Gott war das Wort. Alle Dinge sind durch das Wort gemacht."

Die Annahme, daß Stoff verdichtete Kraft sei, konnte nicht aufrechterhalten bleiben. Und wenn Kraft die Offenbarung von Geist ist, dann ist Stoff offenbarter Geist. Der Grund aller Dinge ist also *Geist.* Materie ist sichtbar gewordener Geist. Gehört aber nicht Geist zu einem Wesen?

Die Weisen und Eingeweihten sind mit ihrem erleuchteten Geist in Ebenen vorgedrungen, die sie mit unendlicher Ehrfurcht und Demut erfüllten, und ihr Geist schaute, was kein Menschenauge zu schauen im Stande ist. Sie sahen *Gott.*

Die Entdeckung des Atoms führt die Menschen wieder zur *Gotteserkenntnis.* Durch das Eindringen in die Welt der Atome und die daraus resultierenden Erkenntnisse zeigt sich, daß die von unserer Religion gelehrte Allgegenwart Gottes keine Sache des Glaubens mehr ist, sondern eine des Wissens.

Da auch unser physischer Körper aus Atomen besteht und wir Blicke in die grandiose Welt der Atome getan haben, wissen wir, daß Seine Kraft in jedem Wesen ist. *Er* lebt und wirkt in allem.

Was den fernöstlichen Weisen vor Jahrtausenden bekannt war, was sie durch das Eintauchen in die Tiefen des Geistes erkannten und erschauten, vollzieht die westliche Wissenschaft auf einem weiten Weg des Erforschens, des Sichtbarmachens, Analysierens usw. nach. Daß die indische Philosophie vor so langer Zeit schon die Wahrheit von den Atomen erkannte, mußte die westliche Wissenschaft in dem Augenblick zugeben, als ihr Weltbild von der toten, festen Materie zusammenbrach.

Wir sind demütiger geworden und haben den von uns selbstgebauten Thron verlassen. Das bezeugen auch einige Aussagen namhafter Wissenschaftler und Forscher. Das heraufdämmernde Morgenrot am wissenschaftlichen Himmel läßt berechtigte Hoffnung zu, Hoffnung zum Aufbruch zu einer neuen geistigen Ära, zum Wassermann-Zeitalter.

Das Weltbild von der festen Materie war eine große Blockade auf dem Weg der Evolution der Menschheit. Sie ist nun genommen. Die Physik ist stufenlos in die Metaphysik geglitten, die den Menschen auf seine unsterbliche Natur zurückführt. Zu dieser Erkenntnis kam noch die Entdeckung des weltbekannten Hirnforschers Eccles, der in seinen wissenschaftlichen Darlegungen anhand von Fakten bewies, daß das menschliche Bewußtsein eine vom Körper getrennte Seinsform ist – seine wahre unsterbliche Individualität – die nicht mit in den Verwesungsprozeß des Körpers einbezogen ist, weil sie nichts Physisches ist. Damit hat er die Unsterblichkeit der Seele wissenschaftlich bewiesen. Diese Erkenntnis wird unser Weltbild noch grundlegend ändern. (Siehe Beitrag „Wir sind ewiges, unsterbliches Bewußtsein.“)

Wir dürfen mit Recht voller Hoffnung sein für die Menschheitsentwicklung zum Aufbauenden hin.

Es wird noch eine Weile dauern, bis diese Erkenntnisse auch ins Bewußtsein der Masse gedrungen sind, und so lange wird sie auch noch die Auswirkungen der Verletzung der Gesetze des Lebens und des Geistes spüren. Auch Unwissenheit bewahrt sie nicht davor. Auf der ganzen Erde kann das beobachtet werden von dem, der wachen Auges und Geistes die Geschehnisse verfolgt.

Zum Abschluß einige Äußerungen bekannter Wissenschaftler:

Albert Einstein (1879–1955) Deutscher Physiker, Begründer der Relativitätstheorie, Nobelpreisträger 1921:

„Jedem tiefen Naturforscher muß eine Art religiösen Gefühls naheliegen, weil er sich nicht vorzustellen vermag, daß die ungemein feinen Zusammenhänge, die er erschaut, von ihm zum erstenmal gedacht werden. Im unbegreiflichen Weltall offenbart sich eine grenzenlos überlegene Vernunft. – Die gängige Annahme, ich sei ein Atheist, beruht auf einem großen Irrtum. Wer sie aus meinen wissenschaftlichen Theorien herausliest, hat diese kaum begriffen ..."

Friedrich Dessauer (1881–1963) Deutscher Physiker und Naturphilosoph, Begründer der Röntgen-Tiefentherapie und der Quantenbiologie:

„Wenn in den letzten siebzig Jahren der Strom der Entdeckungen und Erfindungen so übergewaltig in unsere Zeit eindrang, so heißt das, daß Gott der Schöpfer lauter, vernehmlicher als je durch Forscher und Erfinder zu uns spricht und uns Macht gibt."

Heinrich Vogt (1890–1966) Deutscher Astrophysiker, Professor und Direktor der Sternwarte in Jena bzw. Heidelberg:

„Die Existenz der Welt läßt sich aus ihrer Beschaffenheit heraus nicht begründen. Sie kann auch nicht aus sich selbst sein, sie fordert einen Ursprung, der keines Ursprungs bedarf. Sie weist über sich selbst hinaus in das Transzendente, auf einen überweltlichen Urgrund, auf eine höhere, übernatürliche Macht hin, deren Wesen wir mit den Methoden der Naturwissenschaft wohl niemals werden erfassen können ... Naturwissenschaft und wahre Religion stehen auf keinen Fall zueinander im Gegensatz, sondern sie ergänzen sich vielmehr gegenseitig."

Arthur Stanley Eddington (1882–1946) Englischer Physiker und Astronom:

„Die moderne Physik führt uns notwendig zu Gott hin, nicht von ihm fort. – Keiner der Erfinder des Atheismus war Naturwissenschaftler. Alle waren sie mittelmäßige Philosophen."

Wernher von Braun (1912–1977) Deutsch-amerikanischer Physiker und Raketenforscher:

„Über allem stehe die Ehre Gottes, der das große Universum schuf, das der Mensch und seine Wissenschaft in tiefer Ehrfurcht von Tag zu Tag weiter durchdringe und erforsche." –

„Die gelegentlich gehörte Meinung, daß wir im Zeitalter der Weltraumfahrt so viel über die Natur wissen, daß wir es nicht mehr nötig haben, an Gott zu glauben, ist durch nichts zu rechtfertigen. Bis zum heutigen Tag hat die Naturwissenschaft mit jeder neuen Antwort wenigstens drei neue Fragen entdeckt! – Nur ein erneuter Glaube an Gott kann die Wandlungen herbeiführen, die unsere Welt vor der Katastrophe retten können. Wissenschaft und Religion sind dabei Geschwister, keine Gegensätze."

Max von Laue (1879–1960) Deutscher Physiker, Direktor am Max-Planck-Institut für Physik in Berlin, Nobelpreisträger 1914:

„Die Naturforscher wollten Gott von Angesicht zu Angesicht sehen. Da das nicht möglich war, beteuerte ihre exakte Wissenschaft, daß es ihn nicht gebe. Um wie vieles sind wir Naturforscher bescheidener geworden! Wir beugen uns in Demut vor dem Übergroßen, vor dem Übermächtigen, dem ewig Unsichtbaren, dem niemals Erfaßlichen."

Schwingung ist die Melodie des Universums

Alles durch den Schöpfungswillen Geschaffene, ganz gleich, ob es der sichtbaren oder der uns unsichtbaren (geistigen) Welt angehört, ist *Leben,* das nie zum Stillstand kommt, es ist Schwingung.

Gott als der reinste Geist drückt die höchste Schwingungsform aus. Je weiter sich eine Schöpfungsform von ihm entfernt, desto mehr verdichtet sie sich und ihre Schwingungszahl nimmt ab. Jede Lebensform hat eine andere Schwingung, je nach dem Grad ihrer Dichte.

Ob wir einen bunten Stein betrachtend in den Händen halten, eine duftende Blume bewundern, oder einen winzigen Käfer entdecken, alles was wir zu sehen glauben, ist in Wirklichkeit nicht Stoff, Materie, sondern konzentrierte Energie (Atome) in ungeheurer Schwingung. Alle Dinge, so vielfältig sie auch scheinen mögen, sind darum letztendlich ein und dasselbe: sie sind etwas ganz anderes, als sie zu sein scheinen. Und damit haben die fernöstlichen Weisen recht, wenn sie sagen, daß die Welt der Erscheinungen „Maya" (Täuschung), daß diese Erscheinungswelt nicht die Wirklichkeit ist, die sie vorgibt zu sein.

Mancher „Kopflastige", der ganz in der Welt verstrickt ist, im Äußeren lebt, sucht, und sich dort verliert, trägt ein Weltbild in sich, das ein Trugbild ist, steht auf sehr wackeligen Füßen, ohne daß er es bemerkt.

Wer sich geistig erheben und wachsen will, muß sich kosmischer, universeller ausrichten, damit ihm die Schöpfungsgeheimnisse und Lebensgesetze offenbart werden können; denn diese werden nicht mit dem Intellekt erfahren. Ihr „innerer" Gehalt wird uns auf einer anderen Ebene offenbart.

Die verschiedensten Ausdrucksformen in der Schöpfung beruhen auf Verschiedenartigkeit der Schwingungen. Daß eine Blume rot oder blau, ein Stein hart, ein anderer weniger hart ist, sowie jede andere

Eigenschaft der Materie – alle Erscheinungsformen kommen durch ihre individuelle Schwingungszahl zum Ausdruck.

Der Begriff „Schwingung" ist aber unlöslich mit dem Begriff „Ton" verbunden. In der indischen Philosophie hören wir vom „Schöpfungston", der die ganze Schöpfung durchdringt. Der Laut *Om* ist uns geläufig; er wird als Schöpfungston bezeichnet.

Jedes Instrument, das in eine Schwingung versetzt wird, tönt. In der Natur gibt es für uns dafür noch wahrnehmbarere Beispiele: z. B. das Fliegen eines Vogels. Das Schwingen der Flügel hören wir als ein Schwirren. Bei kleineren und kleinsten Tieren werden diese Töne immer feiner, weil die Schwingungen der Flügel schneller sind.

Alle Schwingung erzeugt also Ton. Daß wir die ganze Vielfalt der Töne nicht hören, ist aber kein Beweis dafür, daß es sie nicht gibt. Wir sehen ja auch nicht die unendlich feinen Schwingungen, durch die die Materie offenbar wird. Auge und Ohr sind auf solch hohe Frequenzen nicht eingestellt. Nur Menschen, die ihr Hör- und Sehvermögen ausweiten können, sind in der Lage, mehr zu hören und mehr zu sehen. Die Schöpfung ist Göttlich, unser Auge und Ohr aber menschlich und darum begrenzt und infolgedessen für Töne, die über dieser Grenze liegen, deren Schwingung also zu hoch dafür ist, nicht ausgerichtet. Unsere groben Sinnesorgane sind für die äußere grobstoffliche Welt eingerichtet, alles aber, was sich hinter der materiellen Form verbirgt, kann nur mit unseren feinen, ungeschulten und brachliegenden Sinnesorganen aufgenommen werden, den Chakren, unseren feinstofflichen Energie-Zentren.

Der geistig weit Entwickelte ist in der Lage, die Symphonie des Weltalls überall zu hören. Je nach Entwicklungsstand wird ein jeder diese „Musik des Weltalls" anders wahrnehmen.

Bei dem Gedanken, daß jedes Gebilde in dem Augenblick, da es Form angenommen hat, sozusagen sein „Loblied" auf seinen Schöpfer singt und sich in die große Schöpfungssymphonie einstimmt, müßte der Mensch vor Scham vergehen ob seiner Unwissenheit und Verblendung, in die er geraten ist, da er sich in der

Welt der Materie verirrt hat und damit seinen Weg als „geistiges Wesen“ völlig verfehlte.

Wir wollen lernen, uns in diese ewige Schöpfungsmelodie, den großen Lob- und Preisgesang für den Schöpfer, einzustimmen, damit wir seiner Schöpfung würdig werden.

Wie kommt man zur Beherrschung der Lebensgesetze

Wer sich mit den fernöstlichen Lehren befaßt, stößt auf Phänomene, die uns hier im Westen noch fremd sind, die wir als *Wunder* bezeichnen. Manche, deren Suche nach einem spirituellen Meister Erfüllung fand, können davon berichten. Es ist ratsam, bei solchen Erlebnissen den Boden unter den Füßen und den Verstand im Kopf nicht zu verlieren und einer Faszination nicht zu verfallen, was sehr leicht geschehen kann, wenn die dahinter verborgenen *Gesetzmäßigkeiten* nicht erkannt werden. Jesus Christus sagte, als er nach dem „wie" seiner Wunder gefragt wurde: „Ihr könnt das gleiche und noch mehr", oder „Die nach mir kommen, werden Größeres vollbringen."

Dem Wunder der Brotvermehrung z.B. liegt das Gesetz der *Präzipitation* zugrunde. *Präzipation bedeutet, die plötzliche Erschaffung einer gewünschten Sache aus dem allgegenwärtigen Urstoff (Atome) durch Verdichtung mittels geistiger Kraft.* Darin liegt das große Geheimnis verborgen. Doch ein Meister wird uns sagen, daß Präzipitation eine unwichtige Auswirkung der großen Wahrheit des Seins ist und ihr keine besondere Beachtung geschenkt zu werden verdient.

Ist es diese Gesetzmäßigkeit, die *Gott* meinte, als er sagte, daß der Mensch sich die Erde untertan machen solle? (Moses I, 1,28) Ganz gewiß meinte er mit „untertan" nicht Unterdrückung und Beherrschung, Gewalt und Lieblosigkeit.

So einfach das Gesetz auch klingen mag, es gehören doch viele Voraussetzungen dazu, wenn es richtig angewendet werden soll. Um zur Handhabung dieses Gesetzes kommen zu können, bedarf es der genauesten Beachtung manch anderer geistigen Gesetze. Eine der Grundlagen hierzu ist es, sich darin zu schulen, seine Gefühle durch irgendwelche Umstände, ganz gleich was auch geschieht, nicht mehr in Erregung kommen zu lassen, durch nichts und niemanden in irgend einer Form überrascht oder enttäuscht zu sein, in vollkommenem *Gleichgewicht*, in der vollkommenen *Liebe* zu leben.

Solch eine Disziplin erfordert entschlossene, fortgesetzte Anstrengung, um Gedanken und Gefühle unter Kontrolle zu bekommen. Mag diese Schulung auch noch so viel Kraft und Aufmerksamkeit kosten, ist sie doch jeder Mühe wert, denn ohne sie kann niemals eine dauernde Meisterung des eigenen Lebens in der Welt erreicht werden. Die Gedanken und Gefühle des größten Teils der Menschen treiben sich dagegen leider hemmungslos wie wilde junge Hunde herum.

Die *Gefühlstätigkeit* ist der Bereich des menschlichen Bewußtseins, auf den am wenigsten geachtet wird. In diesem Bereich häuft sich die *Kraft*, die das Gefühl erzeugt, und durch sie werden die Gedanken sozusagen in Atomische Stoffe „vorgetrieben". Diese erhalten je nach Qualität der Gedanken ihren Wert, und nur so können sie zu materiellen Dingen werden. So kommt es zu den verschiedensten Qualitäten von *Manifestationen.*

Wer das Grundgesetz erfüllt, nie mehr überrascht noch enttäuscht zu sein und Gedanken und Gefühle beherrschen gelernt hat, ist auch geschützt von den zerstörenden Einflüssen seiner Umwelt. Wer sich aus Unwissenheit allen Strömungen öffnet, läßt in sein Leben disharmonische und auch zerstörende Aspekte sein, die ihn unglücklich machen, von den daraus folgenden falschen Entscheidungen ganz abgesehen. Es ist auch Voraussetzung, daß der Mensch vollkommen in sich ruht und sich durch nichts ablenken läßt.

Zur *Präzipitation* ist also Kontentration des Geistes und der rechte Gebrauch des *Gefühls* notwendig. Der Präzipitierende muß die Fähigkeit besitzen, seine Gedanken zu konzentrieren und zwar nur auf aufbauende Bilder. Diese Bilder werden in der *Vorstellung* festgehalten. Er muß sich aber auch vergegenwärtigen, daß die Güte oder die Qualität seiner bildlichen Vorstellung durch sein unbewußtes oder bewußtes Gefühl bestimmt wird, das jede in sein Bewußtsein aufgenommene Gedankenform durchdringt. Wenn das Gefühl harmonisch ist, wird die Manifestation (die Schöpfung) entsprechend dem Zustand des Gefühls vollkommen sein.

In den *Gedanken* bildet sich sozusagen das *Muster* zu dem, was sich manifestieren oder was präzipitiert werden soll. Dieses *Gedankenmuster* wird durch das *Gefühl* mit *Leben* erfüllt. Das *Visualisationsvermögen* des *Geistes*, das Gedankenbild, erschafft die *Gedankenform*, die unerschütterlich mit dem festen Willen im Bewußtsein festgehalten wird, so daß sich diese Gedankenform auf dem „Bildschirm" des Lebens als eine physische Manifestation widerspiegeln muß.

Ein Gedanke wird niemals zu einem Gegenstand, wenn er nicht mit der Substanz des *Gefühls* erfüllt wird. Die beherrschte *Energie*, die in diese Form gegossen wird, wird mit der Lebensessenz des Universums erfüllt und senkt sich als Ausdruck direkter Präzipitation (Erschaffung) in die Manifestation herab, in die *Sichtbarkeit.*

Viele Wissenschaftler und Okkultisten stoßen auf ein Hindernis. Sie wissen zwar, daß das Denken ein schöpferischer Prozeß ist, der Manifestationen, Sichtbarmachung bewirkt, aber sie wissen nicht, daß das *Gefühl* die *Kraft* ist, die die Schwingungszahl der Atome der Gedankenform bestimmt und ihr die Eigenschaft, die Güte oder Qualität verleiht.

Es ist also zu beachten, daß der *Gedanke* die Form, das *Muster* bildet, das *Gefühl* erzeugt die Anfangsschwingung, die die *Gedankenform* durchdringt und den Rhythmus der *Elektronen* oder *Atome* – die ja eine intelligente Lebenskraft darstellen – in dieser Gedankenform erschafft, dem sie gehorsam folgen, bis die *Manifestation* eintritt.

Der Gedanke ist der *Vater*, das Gefühl die *Mutter* und die manifestierte Form der *Sohn* oder die Schöpfung, das Geschaffene. Der Gedanke muß durch die Gefühlsnatur hindurchgeleitet werden, um eine erschaffene Form werden zu können. Die Beschaffenheit des Gedankens wird durch das *Gefühl* beeinflußt, und die hervorgebrachte Schöpfung entspricht dem *Wesen* des Gefühls. Unser Denken kann jeder *Idee* mit Hilfe der *Universalen Lichtsubstanz* (Atome) *Gestalt* geben. Aus der Gefühlsnatur wird die Schwingung genommen, die der Pulsschlag ist, der der Gedankenform *Leben* gibt, und der physische Träger stellt die Substanz der drei Elemente, die den Mantel oder die Hülle der Schöpfung bilden.

Wenn wir das Wesen und Wissen erkennen, was diese drei Aspekte ausdrücken: Der Gedanke der Vater, das Gefühl die Mutter und die manifestierte Form der Sohn oder die Schöpfung, können wir die Schöpfung begreifen. Wem diese Gesetzmäßigkeit so bewußt ist, daß er sie ständig anwendet, der wird zum „Mitschöpfer“ im Göttlichen Plan und ist imstande, die Worte: „Macht euch die Erde untertan“, im richtigen Sinne zu verwirklichen.

Wir wollen aufmerksam den folgenden Ausführungen folgen und auch darüber meditieren (nachdenken).

Elektronisches *Licht* ist die ursprüngliche Substanz, aus der *jede* erschaffene Form zusammengesetzt ist. Jedes *Elektron* besteht aus einem „Flammenpunkt“. Die Ausstrahlung dieses Flammenpunktes bildet ein Kraftfeld oder seine Aura. Die gesamte elektronische Kraft, aus der das ganze Universum besteht, ist intelligentes Leben, Göttliche Kraft.

Die Elektronen werden durch die Fähigkeit des *Geistes* einen Plan zu entwerfen in die *Form* gebracht. Die Geschwindigkeit, mit der sie im „Entwurf“ des Geistes rotieren, wird durch das *Gefühl* bestimmt, das in sie hineinfließt und die Schwingungszahl festsetzt. Der Gedanke ist der Entwurf, in den die Lebenssubstanz gebracht wird, und das Gefühl der vibrierende Pulsschlag, der durch das elektronische *Licht* gesandt wird und die Güte der Manifestation, des Geschaffenen, bestimmt.

Einem Meister oder geistig entwickelten Menschen, der den Weg der *Vollkommenheit* beschritten hat, ist die *Macht* zueigen, diesen winzigen elektronischen Teilchen zu befehlen, entsprechend der Gedankenform, die durch die Kraft der Visualisation erschaffen wurde, jede gewünschte Gestalt anzunehmen und unbegrenzt zu wirken.

Jeder Mensch, als Ebenbild *Gottes*, ist von *Ihm* damit ausgestattet worden, den Gedankenformen dadurch Leben zu geben, daß die Schwingungstätigkeit der Gefühlsnatur durch die Gedankenform hindurchströmt und sie in Bewegung setzt.

Ebenso löst sich jede Gedankenform auf und geht in das *Ungeformte* zurück, wenn sie von der *Gefühlsnatur* nicht mehr durchströmt wird. Die Formen, die nicht durch Gefühl belebt werden, haben keine sie aufrechterhaltende Kraft und werden nicht zu *Dingen*.

Das Bewußtsein ist das *Tor*, durch das alles Unsichtbare in die

Manifestation übergehen kann, es ist das *Tor*, das niemand schließen kann.

Im Bewußtsein erschafft der *Geist*, indem er das *Universale Licht* in eine Form bringt, eine kosmische *Ur-Sache*. Die Gefühlsnatur durchdringt sie, setzt sie in Bewegung und gibt dieser Form *Ausdruck* und *Leben*.

Die Gefühlsnatur ist der Mutterschoß, der Frieden und Harmonie ausdrücken sollte, damit das Gedankenbild lebendige Wirklichkeit, Manifestation in der dreidimensionalen Welt werden kann. Wenn der Mutterschoß, in diesem Falle die Gefühlsnatur, vernichtet wird, kann das Kind, die Manifestation, die Wirklichkeit, nicht in Erscheinung treten. Es ist eine Notwendigkeit, daß die Gefühlsnatur die Eigenschaft der Harmonie hat, weil disharmonische Schwingungen sie erschüttern würden, und dann kann nicht Wirklichkeit werden, was in die Manifestation gebracht werden soll, oder es entsteht eine Verzerrung des ursprünglich gedachten Bildes. *Das ist ein unumstößliches Gesetz!*

Jeder physischen Manifestation in dieser Welt der Erscheinungen liegt die Vereinigung von *Idee* und *Gefühl* und *Aufrechterhaltung* zugrunde.

Gemäß dem freien Willen eines jeden von uns sind wir schöpferische Wesen und können zu einem Mitwirkenden im Göttlichen Schöpfungsplan werden. Dessen sollten wir uns bewußt werden und unser ganzes Augenmerk, unsere ganze Kraft darauf lenken, in unseren eigenen Schöpfungen, denen diese Gesetzmäßigkeiten zugrunde liegen, zu erkennen, ob sie eines Wesens würdig sind, das nach dem Ebenbilde Gottes geschaffen wurde.

Jede *Mißschöpfung* ist nämlich ein Mißbrauch unseres freien Willens, Mißbrauch einer Göttlichen Energie, dessen Folgen für uns unausbleiblich sind.

Um uns und die äußere Welt zum Positiven und Aufbauenden zu verändern, ist es notwendig, unsere Gedanken und Gefühle zu beobachten, zu ändern und zu veredeln.

Es ist Voraussetzung, aufbauend, positiv und vollkommen denken zu lernen, wenn gute, sinnvolle Manifestationen hervorgebracht werden sollen. Ebenso ist es Voraussetzung, bewußt und beharrlich, ohne den geringsten Zweifel daran zu haben, denken zu lernen. Wenn wir beispielsweise Gedanken der Gesundheit stets aufrechterhalten und dabei das zuvor erklärte Gesetz der Präzipitation voll beachten, wird eine vollkommene Gesundheit in Erscheinung treten.

Ein Meister sagt über das Gesetz der Präzipitation selbst aus: „Wir beherrschen das atomische Gefüge unserer Welt wie der Töpfer seinen Ton. Jedes Elektron und Atom des Weltalls gehorcht unserem Wunsch und Befehl wegen der *Gottes-Kraft*, durch die wir es beherrschen und durch die wir das Recht zu solch hoher Leistung erworben haben."

Elektronen-Energie – Gott-Energie

Ein Kieselstein in die Mitte eines Teiches geworfen läßt Wellen entstehen, die immer größere Kreise bilden, bis das Ufer des Teiches erreicht ist. Dann kehren die Wellen wieder zum Mittelpunkt, zu ihrer Ursache, zurück. Der Teich ist von Wellen, Schwingungen erfüllt, die durch die Ursache im Zentrum ausgelöst wurden.

Das ist eine Tatsache, die nicht schwer zu verstehen ist. Mit der Individualität eines jeden Wesens verhält es sich ebenso.

Es gibt kein Wesen ohne Schwingung und Strahlung, die augenblicklich aus einer bewußten oder unbewußten Ursache entstehen. Sie sind mit der Form koexistent. Wir wissen auch, daß Blumen, Bäume, Felsen, Grashalme usw. unbewußt Schwingungsfrequenzen ausstrahlen, die mit technischen Instrumenten meßbar sind. Sie alle wirken auf den Kosmos ein und verändern durch die Wellenbewegungen ihrer Energie die Atome des gesamten Universums. Alles Leben trägt ununterbrochen zur Veränderung des Kosmos bei. Diesem Gesetz unterliegt alles Leben.

Die kleinste Manifestation des Lebens, die mit menschlichen Begriffen verstanden werden kann, ist das *Elektron*. Es besteht aus reiner universaler *Lichtsubstanz* und besitzt *Intelligenz*. Diese Intelligenz antwortet auf die Schöpferkraft eines Wesens. Diese Elektronen bilden in den vielfältigsten Formen die *Atome* der physischen Welt. Die Schnelligkeit der Schwingung um den zentralen Kern bestimmen die verschiedenen Atom-Typen. Viele Atome schwingen in unterschiedlicher Frequenz, wie z. B. in Stahl, in Eisen, in Gold oder im menschlichen Körper.

Die gleiche universale Lichtsubstanz befindet sich in jeder manifestierten Form. Darum ist jede physische Substanz ein Teil der universalen Lichtsubstanz, ein Teil Gottes.

Die Schwingung des physischen Körpers ist rascher als die irgend eines Gegenstandes. Sie ist gehorsamer und antwortet schneller, weil der Körper in ständigem Kontakt mit der schöpferischen Kraft ist, die sein Herz durchfließt. Die universale Lichtsubstanz ist intelligent, und deshalb kann jeder Mensch zu einer Manifestation der Macht des göttlichen Wortes über die fleischliche Substanz werden. Hierin liegt das Geheimnis des wundervollen Wirkens der großen Meister, die durch ihre *Vollkommenheit* Beherrscher der Atome sind. Darum konnte z. B. auch Christus zu Lazarus sagen: „Lazarus, stehe auf!" Durch die den Elektronen innewohnende Macht, Fähigkeit und Intelligenz, können sie nicht nur Weissagungen empfangen, sondern sie erbringen durch ihre eigene Intelligenz auch die notwendige Leistung, die für die Manifestation der empfangenen Weisung erforderlich ist.

Wir haben das Zeitalter der Wunder und der Unwissenheit verlassen und haben die Schwelle zu einem Zeitalter des *Erkennens* überschritten. Das ganze Universum beruht auf exakten und präzis wirkenden Gesetzmäßigkeiten. Geheimnisvoll erscheint aber nur das, was noch nicht genügend erklärt ist. Richtig verstanden ist jedoch alles im Einklang mit den geistigen Gesetzen.

Da der Mensch primär eine geistige Wesenheit ist, nach Gottes Bilde geschaffen, unterliegt er geistig-göttlichen Gesetzen. Wären ihm diese bekannt und würde er danach handeln und leben, würden *Harmonie, Gesundheit, Glück* und *Unbegrenztheit* sein Leben erfüllen.

Das Wassermann-Zeitalter, das geistige Äon, gibt für die Menschen nun ein Wissen frei, das uns jetzt auch aus anderen Regionen zufließt. In beträchtlichem Maße erweitert es unser Bewußtsein, und viele verlassen den Standort der Unwissenheit, der die Ursache von Mißklang und Disharmonie im menschlichen Leben ist. Ein erweitertes Begriffsvermögen nützt uns aber nicht viel, wenn die Qualität der Seele nicht mit angehoben wird, wenn wir uns charakterlich nicht ändern. Es gibt Menschen, die zwar viel wissen, aber noch viel leiden, weil sie nicht in Harmonie sind. Sie legten ihre unguten Gewohnheiten nicht ab und änderten ihren Charakter nicht.

Von dem Augenblick an, da ein Mensch ins Dasein tritt, wird das elektronische Licht, das das Universum durchfließt, sein *Diener.*

Durch sein Denken und Handeln erzeugt der Mensch Schwingungen. Und wenn diese Schwingungen, die in Bewegung gesetzt wurden, die Peripherie seiner Welt erreicht haben (Beispiel mit dem Stein im Wasser), beginnen sie ihre Rückreise, und das aus dem Universum persönlich von ihm beeigenschaftete und zurückkehrende *Licht* wird zu dem, was man unter der Bezeichnung „Karma" versteht.

Wenn die Schwingungstätigkeit um uns her immer chaotischer wird, wie das heute der Fall ist, dann entstehen daraus erst oft der Wunsch und die Sehnsucht nach *Wissen*. Mittel und Wege werden gesucht, um *Frieden*, *Harmonie* und *Freude* zu finden. Wenn der Mensch an dem Punkt angekommen ist, ist er bereit, das Göttliche zu suchen und eine geistige Schulung zu beginnen. Viele auf dem Planeten Erde stehen an dieser Stelle. Wir wissen es von uns selbst.

Jeder Organismus schwingt und strahlt bestimmte Energiewellen aus, die entweder das Licht oder den Schatten der Erde vermehren. Jede Seele beeinflußt das Bewußtsein aller Aufwärtsstrebenden. Der geistige Erweckungsprozeß auf der Erde ist z. Zt. die wichtigste Aufgabe. Das haben u. a. auch viele Menschen erkannt, die auf dem Yoga-Weg sind. Möge ihnen die Auslegung der Auswirkung ihres Bemühens weiterhin Kraft geben, nicht zu erlahmen.

Eine von ihnen bewußt oder unbewußt gelenkte Schwingung in das universale Licht stellt sich einem geistig Schauenden dar. Es ist eine Schwingung, die für das ganze Universum eine Wohltat ist. Jedes *Elektron* ist intelligent, gehorsam, wachsam. Es wartet auf unsere Botschaften. Entwickeln wir bewußt oder unbewußt Gefühle der *Liebe*, des *Friedens* usw., so stellen sich dem geistig Schauenden Energiewellen dar, die von der Mitte hinausgehen und sich in Bewegung setzen.

Wir sind in der Lage, ununterbrochen aufbauend und lichtbringend tätig zu sein. Wenn wir Gefühle des Segens und des Friedens aussenden, die der ganzen Menschheit zum Heile gereichen, so gehen Lichtschwingungen von uns aus, die je nach der Intensität unserer Gefühle mit *Kraft* aufgeladen werden. Sobald uns klargeworden ist, daß zu jeder Zeit durch unser Denken und Handeln von uns Lichtschwingungen ins Universum gesandt werden, die durch unser Denken beeigenschaftet sind, dürfen wir nur noch Gedanken und Gefühle der Harmonie, des Segens und Friedens dulden.

Mit diesem Wissen nehmen wir ab jetzt eine große Verantwortung auf uns, denn wir haben ein Gesetz zu erfüllen. Dieses Gesetz läßt sich immer anwenden und überall. Wartezeiten (Arzt, Behörde, Bus, Straßenbahn) können sinnvoll ausgefüllt werden. Spaziergänge eignen sich sehr gut zum Aussenden positiver Gedanken und Gefühle. Zugleich ist es aber auch eine heilsame Behandlung für den eigenen physischen Körper, für das Nervensystem und für die Seele.

Zu Beginn dieser neuen, sinnvollen und sehr wichtigen Beschäftigung ist mit dem *Geist*, mit dem *Herzen* und dem *Gefühl* zu arbeiten.

So arbeiten die wahren Meister ununterbrochen für das Wohl der Menschheit. Besonders auch jene, die einsam im Himalaya oder an anderen Orten abgeschieden von der Welt leben. Die Unwissenden beurteilen sie völlig falsch, weil sie für deren Begriffe nichts tun. Ich bin davon überzeugt, daß gerade diese Meister und Weisen, die der Menschheit unbekannt sind, das Schlimmste für den Planeten Erde schon verhütet haben.

Die Gesetzmäßigkeit und das Wissen um die Zusammenhänge und das Wirken der elektronischen Kraft im Universum sollte uns zu einem bewußten und beherrschten Denken führen.

Für jeden Menschen, der universell liebt, Gott in allem Geschaffenen sieht und erkennt, und wirklich wünscht, daß sich der Göttliche Plan auf allen Ebenen erfüllt, ist es *unmöglich*, von der *Fülle alles Guten* ausgeschlossen zu werden. Er selbst wird zum Magneten, der die Elektronen der universalen Lichtsubstanz herbeizieht, bis er von der Fülle aller guten Dinge, die er benötigt, geradezu überschüttet wird. Das ist ein Gesetz, von dem sich jeder überzeugen kann, wenn er es erfüllt.

Durch das elektronische Licht, das wir mit unseren Gedanken, Gefühlen, Worten und Taten ins Universum hinaussenden, sind wir ein offenes Buch für all jene, deren Sehvermögen weiter reicht, als die dreidimensionale Sicht dies gewährt. Diese erweiterte Sicht schließt Irrtümer und Täuschungen aus. Hierbei spielt es keine Rolle, ob sich der Betrachter auf der physischen oder auf einer nichtmateriellen Ebene befindet.

In diesem Gesetz sind die Wurzeln der Symbolik jenes Bibelwortes zu suchen: „Und sie erkannten, daß sie nackt waren," nachdem das Menschenpaar vom verbotenen Baum gegessen hatte und sich – wie es heißt – vor Gott-Vater versteckte.

Hier ist nicht die physische Nacktheit gemeint. Diese hätte das Paar, das in einer heilen, sauberen, nicht von Vorurteilen angefüllten Welt aufwuchs, bestimmt nicht gestört. Hier ist jene Nacktheit gemeint, die dem geistigen Auge sichtbar ist, da die Qualität der Gedanken, Gefühle und Handlungen durch die Schwingungsfrequenz der elektronischen Lichtsubstanz offenbar werden.

Die Lichtsubstanz, die das ganze Universum durchflutet und zusammenhält, ist Göttliche Energie. Der Mensch belebt sie mit einer Eigenschaft. Diese unerschöpfliche Göttliche Energie fließt unaufhörlich in uns ein. Sie steht unter der Lenkung des persönlichen Selbst jedes Menschen und für die Eigenschaft, die er jedem gewissermaßen „entlehnten" Elektron gibt, muß dieser einst Rechenschaft ablegen.

Inwieweit ist es uns möglich, diese geistige Energie harmonisch durch alle Gedanken, Gefühle und Worte zu leiten? Inwieweit sind wir bewußte Verwalter und Verteiler dieser Energie?

Wenn wir mit dem jetzigen Wissen, Göttliche Energie zu verwalten, einmal ehrlich darüber nachdenken, was wir schon alles gedacht haben, was wir schon alles in Anwandlungen von Haß, Neid, Zorn, Egoismus und Selbstdarstellung gesprochen haben, wird uns klar, wie sehr wir die uns anvertraute Göttliche Energie mißbrauchten. Dann ist es für uns auch verständlich, wenn Krankheit, Mißklänge, Depressionen usw. unsere Lebensbegleiter sind.

Es wird höchste Zeit, ab sofort in bewußter Anstrengung auf unsere Gedanken und Worte zu achten, um keine Gedanken aufkommen zu lassen, die die Göttliche Energie falsch bewerten. Unsere ganze Aufmerksamkeit sollte darauf ausgerichtet sein, ein Kanal des Friedens zu werden.

Die Verantwortung dem geistigen Wissen gegenüber ist weitaus größer, als ein Mensch sich vorstellen kann. Wie in der physischen Welt jene Menschen eine größere Verpflichtung haben, die verantwortungsvolle Positionen bekleiden, so trägt auch der geistig Wissende die Verpflichtung in sich, allem Leben in selbstloser Weise zu dienen. Die wichtigste Aufgabe ist aber die, nur solche Eigenschaften durch die universale Lichtsubstanz auszugießen, die das Universum bereichern. *Wissen verpflichtet!*

Die elektronische Lichtsubstanz ist geistiger Natur. Sie ist allgegenwärtiges Leben. Überall um uns und im ganzen Universum ist sie vorhanden. Sie hat vom Schöpfer den Auftrag bekommen, *Seinen Geschöpfen zu gehorchen.* Wie groß muß die Liebe, muß das Vertrauen des Kosmischen Vaters sein, das er in seine Geschöpfe investierte, wenn er ihnen solche Macht in die Hände legte. In diesem Zusammenhang ist das Christuswort zu verstehen, wenn er sagte: „Ich habe Euch Macht gegeben."

Auch wenn wir es nicht wissen, gestalten wir jeden Augenblick unser Leben, aber wir gebrauchen die Lichtsubstanz in unvollkommener Weise. Wir schöpfen unentwegt und unmittelbar aus diesem Vorrat des Weltalls.

Er gehorcht unserer bewußten Lenkung, und wir könnten alles hervorbringen, was wir wünschten, wenn wir genug *Liebe* hätten. Was die universelle, allumfassende, allempfangende Liebe gebietet, muß ausgeführt werden. Das ist ein Gesetz. *Wir müssen lange und immer wieder darüber meditieren, um dieses Gesetz voll zu erfassen und es in seiner wahren Bedeutung recht zu verstehen.*

Der sogenannte Wundertäter hat einen Grad der Meisterschaft, der Vollkommenheit erlangt, der es ihm erlaubt, die Atome seines Körpers zu transmutieren, also ihre Schwingung so zu steigern, daß sie von Hitze unbeeinflußbar geworden sind (z. B. wenn jemand über glühende Kohle geht). Diese Erklärung gilt auch für das Gehen auf dem Wasser, das Jesus z. B. ausführte. Der Meister hatte einen Grad geistiger Erkenntnis erreicht, in dem er seinen Körper aus Licht bestehend empfand und nicht aus fester Materie, wie die meisten Menschen ihren Körper empfinden. Während er diesen Gedanken konsequent festhielt und seine Schwingung entsprechend erhöhte, wurde sein Körper so leicht, daß er auf dem Wasser gehen konnte.

Wenn der Geist Herr über die Materie geworden ist, über den Leib, dann geschieht das, was man Wunder nennt. Wenn der Geist lernt, die physischen Atome zu meistern, ist er fähig, sich die Elemente nach seinem Willen nutzbar zu machen. Das wird nicht durch menschliches Denken erreicht, sondern durch Bewußtseinserweiterung auf der rein geistigen Ebene, durch *All-Liebe*. Das heißt nichts anderes, als das Lebendigmachen des Christusgeistes im Menschen, welcher sagt: „Ich bin das *Licht* der Welt."

Dieses Licht ist gleichzeitig auch die Kraft, die alle Geschöpfe erhält und das Fundament aller Dinge ist. Der eigene Körper mit geistigen Augen betrachtet, ist eine Gestalt, die aus Schwingung, Licht, besteht.

Je inniger das Gefühl der Liebe den Wunsch beseelt, desto rascher arbeitet die elektronische Lichtsubstanz, die intelligent und weisungsgebunden ist, und der Wunsch wird zur Manifestation. Sollte jemand aber so töricht sein und etwas wünschen, was einem anderen Geschöpf oder einem anderen Teil der Schöpfung Schaden zufügt, wird er irgendwann im eigenen Leben durch Mißklang und Mißlingen seine unverantwortliche Tat zu bezahlen haben.

Der Wunsch des Schöpfers ist es, daß seine Geschöpfe alles Gute und vollkommene in Fülle haben. Er schuf Vollkommenheit und stattete auch seine Kinder gleichermaßen aus, als *Ebenbild Gottes*. Aber die Menschen haben ihre göttliche Herkunft vergessen und wenden ihre göttliche Autorität auch nicht an. Der Mensch ist vom Ursprung her mit Vollkommenheit ausgestattet und diese durch *Selbstverwirklichung* wieder zu realisieren, ist sein Daseinsgrund.

Jedes Wesen sollte dem Gesetz der Liebe gehorchen, Friede und Segen ausströmen, wodurch es unaufhörlich positive und aufbauende Schwingungen ins Universum sendet, die der Evolution förderlich sind. Weil aber der größte Teil der Menschheit diese Aufgabe nicht erfüllt, geht die Aufwärtsentwicklung des Planeten Erde nur sehr langsam vor sich, wie es uns die Zeiterscheinungen spüren und sehen lassen. Es sind die Manifestationen der Kräfte des Universums, denen wir mit unserem negativen Denken und lieblosen Handeln zerstörende Wirkungen auferlegen.

Gedanken und Empfindungen, worauf am wenigsten geachtet wird, bringen das atomare Gefüge in Unordnung. Wir sehen, wie wichtig es ist, auf die Qualität der Gedanken und Gefühle zu achten.

Wer sich aus der bisherigen Unwissenheit erheben will, hat es sich zu einer Disziplin zu machen, Gedanken und Gefühle beherrschen zu lernen. Damit sichert er sich das Gleichgewicht im Geiste, im Körper die Gesundheit, sowie in weltlichen Angelegenheiten und in Angelegenheiten des persönlichen Selbst Erfolg und Gelingen. Gedanken können erst zu Manifestationen werden, wenn *Gefühle* sie durchdringen. Jeder Mißklang im Gefühls- und Empfindungsleben verletzt das Gesetz der *Liebe*, welches zugleich das Gesetz der *Harmonie* und *Vollkommenheit* ist. Wenn die Menschheit aufhören würde, immer nur gereizte und zerstörende Gefühle auszusenden, könnten sich *Liebe, Frieden* und *Harmonie* zum Segen aller ausbreiten.

Es ist von größter Wichtigkeit, daß nicht nur der einzelne diese gesetzmäßigen Zusammenhänge erkennt, sondern daß sie zum Wissen für alle werden. Darum ist die geistige Aufklärung die dringlichste Forderung dieser Zeit an jene, die etwas zu geben und zu sagen haben. Es gilt jetzt nicht – wie es manche anstreben – geistige Fähigkeiten zu erlangen, sondern Erhellung und Erweiterung des Bewußtseins sollte erreicht werden. Nur das *Licht*, das unsere geistige Dunkelheit erhellt, kann uns in die Verantwortung für uns selbst und für alle Wesen führen. Fähigkeiten auf geistigem Gebiete besitzen zu wollen, aber noch im Zustand eines verdunkelten Bewußtseins zu sein, womit ich in diesem Falle *Unwissenheit* meine, bringt unweigerlich *Chaos*. Auch das erleben wir um uns, wenn wir geistig wach sind.

Der Planet Erde hat in seiner Evolution den Punkt erreicht, da jedes Wesen aufhören muß, Disharmonie und Bedrängnis, wenn auch aus Unwissenheit, zu schaffen. Wenn auch das gegenwärtige Chaos, das eine Anhäufung von Verwirrung ist, noch seine Schatten verbreitet, so ist die Erde dennoch in die Göttliche Macht unendlicher *Liebe* eingehüllt, denn der heraufdämmernde Tag des *Lichtes*, der *Harmonie* und des *Friedens* hat sichtbar begonnen.

Es war *Liebe*, die aus den Atomen unseren physischen Körper bildete. Diese Lichtsubstanz ist intelligentes, schönes, freies Leben. Wenn all diese *Liebe* in uns manifestiert wurde, dürfen wir mit Recht annehmen, daß wir ein wichtiger Teil der Schöpfung sind. Die große Göttliche Intelligenz hat uns seit Äonen immer wieder neue physische Körper gegeben, und es war *Liebe*, die uns auf der langen Wanderung einhüllte, beschützte, belehrte und uns erhalten hat, auf daß wir einmal unseren Daseinsgrund erkennen.

Können wir ermessen, wieviel *Liebe* bis zum heutigen Tag in uns investiert wurde? Sie war es, die uns gehalten und getragen hat bis zu dem, was wir jetzt sind und offenbaren. Tief und innig sollten wir die Verantwortung fühlen, daß diese in uns investierte Liebe nun erwidert werden muß. Es ist die Zeit gekommen, da die Menschheit sich aus ihrer Verblendung, ihrer Ichbezogenheit und aus ihrer Selbstherrlichkeit erheben muß, um den Weg ihrer Evolution zu erkennen, der in der geistigen, ethischen und moralischen Entwicklung jedes einzelnen liegt. Der Tag ist nah, an dem jeder aus ehrlichem Herzen und in Selbstaufgabe vor dem großen kosmischen *Geist* sein Haupt ehrfurchtsvoll und in tiefempfundener Dankbarkeit beugen sollte. Freudig möge er die Verantwortung auf sich nehmen, seinen Platz im Göttlichen Plan jetzt zu erfüllen, wofür ihn *Liebe* seit Äonen erhalten hat. Groß wird einst die Stunde für jedes Wesen sein, wenn es in voller *Erkenntnis* und *Freiheit* vor seinen Schöpfer hintreten und ihm in *Liebe* sein erfülltes Leben bringend sagen kann: *Unendlicher Geist, Vater meiner Seele, ich bringe Dir mein Leben. Es ist vollendet!*

Schüler und Meister

Wer den geistigen Weg betreten hat, hält häufig Ausschau nach einem Meister. Sollte er im Äußeren keinen finden, darf er sich vertrauensvoll der geistigen Ebene zuwenden, und seine Sehnsucht wird sicher Erfüllung finden. Es wird Augenblicke und Begebenheiten in seinem Leben geben, die keine Zweifel mehr darüber zulassen, daß ein Meister einer anderen Ebene ihn spürbar an die Hand genommen hat.

Ein Schüler sollte aber wissen, daß ein Meister nicht zu ihm kommt, weil er es so möchte, sondern daß er ausgewählt wurde, seine Strahlung zu empfangen. Das ist eine Bevorzugung, der sich der Schüler würdig erweisen sollte.

Es gehört nicht zu den Aufgaben eines Meisters, die Probleme seines Schülers zu lösen und die Verantwortung dafür zu tragen. Ein Meister wird die *Einsicht* vermitteln, die es dem Schüler ermöglicht, wenn er sie praktisch anwendet, seine Fragen und Aufgaben selber zu lösen. Dadurch bekommt er die nötige *Kraft*, den *Mut* und das *Vertrauen*, Schritt für Schritt seinen Weg zu gehen, um einst selbst Meisterschaft zu erlangen.

Das Vermitteln der besseren Einsicht ist die große und wertvolle Hilfe des Meisters. Es gibt nur einen Weg, wie ein Meister eine *dauernde Hilfe* bringen kann: *indem er den Schüler bewußt in das Wissen um die Lebensgesetze einführt.* Durch die Befolgung derselben wird der Schüler den Sieg, die volle Herrschaft über das äußere Selbst davontragen.

Würde ein Meister dem Schüler die Tat, die zur Lösung seiner Aufgaben nötig ist, abnehmen, bedeutete dies eine Schwächung für ihn und Verzögerung des geistigen Fortschritts. Ein Schüler kann nur dann in die Fülle seiner eigenen Kraft eintreten, wenn er sich dieser Kraft auch bewußt ist *und diese geltend macht.* Mit jedem Sieg, den er erringt, wächst auch das *Vertrauen* zu dieser Kraft, die in unerschöpflichem Maße vorhanden ist, wenn er sie sich bewußt macht, sie zuläßt und sich ihrer bedient. Durch falsch programmiertes Denken nimmt der Schüler dieser Kraft die Möglichkeit zu wirken, und dann fühlt er sich schwach und hilflos.

Ein Schüler sollte nach Möglichkeit auch vermeiden, beunruhigende Dinge in sich aufzunehmen, weil dadurch unerwünschte Elemente Einlaß finden können. Ist es nicht möglich, sich z.B. von derartigen Gesprächen in taktvoller Weise zu distanzieren, so sollte er sich mit einem entsprechenden Schutz umgeben, der wirksam wird, wenn die Gedanken auch von der Gefühlsnatur „aufgeladen" werden und dadurch ihre *Kraft* erhalten. Solch ein Schutz könnte etwa so lauten: „Ich bin vollkommen im Schutz der Gotteskraft in mir, und nichts kann mir Schaden zufügen," oder: „Ich bin die reine Strahlung der Liebe, die diesen Menschen einhüllt." In diesem Falle ist die Liebe, wenn sie unsere Gefühlsnatur durchströmt, ein großer Schutz für uns selbst und eine positive Strahlung für den anderen. Das entsprechende „Machtwort" kann jeder nach eigenen Belangen wählen.

Ein Schüler auf dem geistigen Weg sollte sich jeden Morgen mit einem „Schutzmantel" umgeben, dann ginge er behüteter und wohlgeleitet durch den Tag.

Arbeit am Selbst ist ein Dienst am Nächsten

Mancher lebt in der Vorstellung, daß *Selbstverwirklichung, Meditation* und alle Bestrebungen, die der eigenen Entwicklung dienen, aus egozentrischer Einstellung stammen. Solch eine Ansicht resultiert aus der Unwissenheit darüber, welches der Sinn des Daseins ist, und welchen Platz wir Menschen in der Schöpfung einnehmen.

Der Sinn unseres Daseins ist nicht, bequem und mühelos durchs Leben zu kommen und materielle Güter zu sammeln, die wir doch einmal zurücklassen müssen, vielmehr besteht er darin, unsere innere Entwicklung zu fördern durch Vervollkommnung guter Charaktereigenschaften, die die Qualität unserer Seele verbessern.

Der Entwicklungsstand unserer Seele bestimmt die Sphäre des „Himmels", der anderen Welt, der wir nach dem physischen Tod, nach dem Ablegen des Körpers, als geistige Wesenheit angehören werden.

Jeder ist ein Teil der Schöpfung und unterliegt damit dem Gesetz ständiger Evolution. So sind auch wir Menschen an diesem Strom angeschlossen, der nur eines kennt: Aufwärtsentwicklung und geistige Vervollkommnung.

Wir führen kein Einzelleben, wie mancher glaubt. Als Teil der Schöpfung sind wir für diese mitverantwortlich, stets auf der Wanderschaft, mal auf dem physischen Plan, mal auf höheren Ebenen, wie das Gesetz des Lebens es fordert. Aber auf allen Ebenen stehen wir voll in der Verantwortung für uns und für jene, die an unserer Seite sind, als voll bewußte Wesen mit freiem Willen.

Wenn das kosmische Gesetz Aufwärtsentwicklung bedeutet, so verstößt jeder dagegen, der sich nicht darum bemüht. Jeder stellt einen individuellen Lebensstrom dar, der in das Ganze einmündet und für dieses mit verantwortlich ist.

Es ist notwendig, daß unser Verantwortungs-Bewußtsein weit über unsere eigenen engen Grenzen hinausgeht, damit wir uns als Kinder des *Kosmos* fühlen, kosmischen Gesetzen zugeordnet. Lassen wir diese außer acht, wissentlich oder unwissentlich, so treten Schwierigkeiten in unser Leben, so lange, bis wir begriffen haben, daß nur die Beachtung dieser hohen Gesetze uns *Harmonie* und *Gleichgewicht, Gesundheit* und *Frieden* geben. Die kosmischen Gesetze sind nichts anderes als Wegweiser und Hilfen, um die Menschheit zum Frieden und zur Glückseligkeit zu führen. Wer strebt diese Zustände nicht an? Mißachten wir diese Gesetze, so häufen sich die Prüfungen und Schwierigkeiten, und diese sind es, die uns zu denken geben, die uns darauf aufmerksam machen sollen, daß wir nicht richtig handelten.

Jedes Wesen, das es unterläßt, an sich zu arbeiten, sich zu vervollkommnen, ist ein Hindernis für die gesamte Evolution, die nur Aufwärtsentwicklung kennt. Egoismus ist es, wenn wir nicht das Wohl des ganzen im Auge haben und durch Nichtbemühen eine Blockade für uns selbst, für unsere Umwelt und für die Allgemeinheit darstellen.

Es ist unsere Aufgabe, schließlich Vollkommenheit zu erreichen, aber es ist abwegig, das Bestreben der eigenen Entwicklung und das anderer als Egoismus zu bezeichnen. Jede Verbesserung des *Egos*, das wissen all jene, die den Weg der Selbstverwirklichung gehen, ist mit großen Anstrengungen verbunden. Dieser Weg ist nicht nur ein Dienst an sich selbst, sondern vielmehr ein Dienst an der Gesundheit und am allgemeinen Evolutionsprozeß, der durch harte Arbeit und Aufgabe persönlicher Interessen erkauft wird. Damit lebt das Einzelwesen nicht mehr für sich selbst, sondern für die Gemeinschaft.

Wer sich zum Werkzeug der Befreiung der lebenden und leidenden Wesen macht, ist nicht um seine eigene Erlösung besorgt. In solch einem Fall ist der *Christus* im Menschen erwacht, und er kann nicht mehr anders handeln als in Übereinstimmung mit den Göttlichen Gesetzen.

Ein verantwortungsbewußtes Wesen wird stets den Weg wählen,

der aus Unwissenheit in die Bewußtheit und aus Dunkelheit ins Licht führt. In dem Maße, wie wir uns um Vervollkommnung bemühen, können wir anderen etwas sein und dadurch brauchbare, aufbauende Glieder in der Gemeinschaft werden.

Von den Ebenen des Verstehens

Die Yogalehre, wie alle Geistesphilosophien, eingeschlossen die Hl. Schriften aller Weltreligionen, vermittelt dem Suchenden die Gesetze des Lebens, wenn er sich um ihr Verständnis aufrichtig bemüht. Dazu bedarf es innerer *Wachheit* und *Achtsamkeit.*

Wer z. B. den Yoga-Weg geht, sollte irgendwann über *Yama* und *Niyama* hinauskommen, welche die fünf Gebote (Yama) und fünf Regeln (Niyama) für den Yoga-Weg sind, über *Pratyahara* (Zurückziehung der Sinne, Abschalten der äußeren Wahrnehmung) zum Verständnis des eigenen Wesens und der Gesetze des spirituellen (geistigen) Lebens gelangen. Dazu bedarf es eben der inneren *Wachheit* und *Achtsamkeit*, die nicht erreicht werden kann, sofern der Schüler vorwiegend oder ausschließlich mit dem *Intellekt* arbeitet. Mit diesem ist es unmöglich, den „inneren" Wert einer Darstellung, z. B. aus irgend einer Heiligen Schrift herauszuarbeiten. Der Intellekt ist nützlich für die äußeren Lebensbereiche, doch sollte auch er stets aus der inneren Wachheit gesteuert werden.

Je nach Weite seines Bewußtseins und dem Verlangen nach *Verständnis* wird der Schüler zu *seinem persönlichen* Verstehen kommen.

Manche lesen aus den Darstellungen nur das Wörtliche, das Offensichtliche, ohne die tiefere Bedeutung zu erfassen. Wenn z. B., wie in der Bhagavadgita, von einem Krieg die Rede ist, so wird das für den oberflächlichen Leser ein historisches Ereignis sein. Er nimmt den Text also wörtlich. Wer aber z. B. daraus nur schon erkennt, daß dieser Krieg eigentlich immer stattfindet, der sieht diese Beschreibung schon allegorisch. Wer den Geschichten oder Ereignissen, die dort erzählt werden, aufmerksam mit innerer Wachheit lauscht und weiß, daß sie Bilder für Gesetzmäßigkeiten sind, der vermag ihren tieferen Sinn zu verstehen.

Die äußere Form dieser Bilder gilt für jene, die die *Wahrheit* nicht verstehen, oder nicht hören wollen, weil sie noch nicht bereit sind, die

Konsequenzen aus der Erkenntnis der Wahrheiten auf ihr eigenes Leben zu übertragen, die nämlich *Änderung* der geliebten Gewohnheiten, Disziplin, Arbeit am Selbst und vor allem Aufgabe des niederen *Ego* fordern.

Außer der wörtlichen und der allegorischen Ebene des Verstehens gibt es aber noch zwei weitere; die metaphysische und die mystische. Auf der metaphysischen Ebene kann eine einfache Geschichte uns gewaltige Gesetze des Universums verbildlichen. (Wer Ohren hat zum Hören, der höre!)

Die höchste Ebene des Verstehens ist die mystische. Auf dieser erfaßt der Mensch die ganze *Wahrheit.* Sie ist die ihm eigentlich gemäße Ebene, von der er sich durch das Eintauchen in die Materie weit entfernt hat. Die wahre Natur des Menschen ist mystisch. Wer sich nur mit seinem physischen Körper identifiziert, der verweslich ist, dem wird der Gedanke, daß er primär ein mystisches Wesen ist, fremd sein. Die mystische Seite des menschlichen Seins ist die unsterbliche, ewige. Gott schuf den Menschen nach „Seinem Bilde". Und da Gott lt. Moses *Geist* ist, und er den Menschen nach „seinem Bilde" schuf, können wir primär also nur ein *Geistwesen* sein, eine mystische Natur haben. Unsere Einstellung zur Mystik bedarf in häufigen Fällen einer Korrektur.

So ist die höchste Ebene des Verstehens, die erreicht werden kann, die mystische Ebene. Sie ist dann erreicht, wenn die wörtliche, die allegorische und die metaphysische keine Bedeutung mehr haben, ja, wenn selbst die universalen Gesetze nicht mehr zählen. Auf der mystischen Ebene wird das *wahre Wesen* so tief berührt, daß die *Wahrheit unmittelbar* empfangen wird, ohne Umwege, ohne Transformation. Solch ein Zustand liegt jenseits von Überzeugung und Erkenntnis.

Ein Schüler auf dem geistigen Weg sollte lernen, seinen Blick von der Oberfläche der Dinge abzuwenden, damit er die Segnungen erhalten kann, die „auf dem Weg" liegen, die aber nur dem zuteil werden, der sich ehrlich und selbstlos bemüht. Diese höchste Ebene ist durch Techniken und Praktiken nicht erreichbar, wenn die Selbstlosigkeit nicht dahintersteht. Eine Technik ist an sich schon nicht mehr selbstlos, weil ja durch den Willen und ihre Anwendung etwas Bestimmtes erreicht werden soll.

Der Göttliche Plan sieht für jedes seiner Wesen vor, daß es erweckt werde, damit es einmal mit den Augen des Universums zu sehen vermag, die für alles Kleinliche und Begrenzende keinen Blick mehr haben.

Durch das Erkennen seiner mystischen Natur und mit der Identifizierung mit ihr, wird der Mensch nicht welt- und lebensfremd. Ganz im Gegenteil! Er entwickelt sich zu einem Wesen, in dem *Körper, Seele* und *Geist* wahrhaft und bewußt eine Einheit sind und aus dieser wirken.

Aus dieser *Einheit* wird sein Leben, seine Evolution gesteuert durch eine *wache Intelligenz*, die dann zur *Weisheit* führt. Von ihr wird er viel besser behütet und geleitet und kann auch seine Entscheidungen für das Leben sicher treffen. Durch *Unwissenheit* werden die geistigen Gesetze dauernd verletzt und daraus entspringen häufig die falschen Entscheidungen, die Mißstände und Mißklänge in die Lebensharmonie bringen. Daran leidet heute der Einzelne sowohl als auch der Planet Erde.

Das Studium der Lebensgesetze ist für jene, die den Geistigen Weg gehen, unerläßlich. Eines der wichtigsten Gesetze ist das des *Einsseins mit Gott.* Wir sind immer eins mit ihm. Zwar erkennen wir diese Einheit oft nicht, aber tief in unserem Herzen ist das Verlangen danach groß. Es genügt darum nicht, wenn wir daran nur glauben oder davon wissen. Dann bleibt es zu leicht nur bei dem Gedanken und kommt nicht zu einer *Wesenserkenntnis.* Wiedererkennen oder Wieder-Erfühlen bedeutet, wieder in den Zustand des Bewußtseins zu gelangen, von dem wir uns selbst getrennt haben. Durch diese Umwandlung im Bewußtsein kommt es zu den beglückenden Segnungen, die jedem begegnen, der hinter seiner körperlichen Form sein geistiges Wesen erkennt.

Akasha-Chronik

Der Mensch und alles, was er in eine Form bringt, wie er denkt und handelt, hat ein ätherisches Gegenstück, sozusagen ein *Muster,* das in der ihn umgebenden Atmosphäre einen bleibenden „Eindruck" hinterläßt, ganz gleich, wohin er sich auch bewegen mag. Innerhalb der eigenen „Aura" befindet sich das Muster all seiner Tätigkeiten und Lebenserfahrungen.

Jeder Baum, jeder Strauch, jeder Felsblock – alles uns Sichtbare – hat seine Aura, in der sich alles Charakteristische, jede Lebensstrahlung ausdrückt.

Ein Meister kann nach seinem Belieben alle früheren Tätigkeiten und Ereignisse im Leben eines Menschen durch „Wieder-Belebung" der ätherischen Aufzeichnungen ablesen. Ebenso ist ihm dieses bei Orten oder Landschaften möglich. Möchte er die Äther-Urkunde eines bestimmten Ortes lesbar machen, so geschieht das am besten an Ort und Stelle. Allerdings wissen wir z. B. von Swedenborg, daß er Gespräche und Ereignisse nacherleben konnte, ohne je an der Stätte des Geschehens gewesen zu sein.

Solch eine Ätheraufzeichnung wird, wenn neu belebt, wieder zu derselben Struktur und Form, aus der sie ehemals physisch bestand. Alles so wieder Belebte ist wie die Wirklichkeit selber, doch wird solches Geschehen mit den Sinneswerkzeugen der „feineren Körper" empfunden.

Die *Akasha-Chronik* ist also die Aufzeichnung aller Dinge und Ereignisse, der vergangenen, der gegenwärtigen, wie der zukünftigen im *Weltäther,* im atmosphärischen Äther. In der Lichtstrahlung jeder Form ist ihre ganze Vergangenheit aufgezeichnet.

Wer sich genügend konzentrieren könnte, wäre also in der Lage, die Ereignisse, die sich irgendwo abgespielt haben, zu „lesen" und zu „sehen". Sie würden vor dem geistigen Auge erscheinen. Alles Geschehene ist noch vorhanden, nichts geht verloren.

Kommt ein sensitiver Mensch an einen ihm bis dahin unbekannten Ort, so können sich ihm etwa unangenehme Empfindungen aufdrängen. Oder – was wohl schon jeder von uns erlebt hat – man betritt ein Haus, in dem man vorher noch nicht gewesen ist, und verspürt freudig eine sympathische Atmosphäre. Solche Fähigkeit zur Sensitivität entwickelt sich in einem Menschen, der achtsam und aufmerksam seine Umgebung wahrnimmt, mehr und mehr. Durch Geisteskräfte wieder belebt, können ihm schließlich Bilder und Einzelheiten aus früheren Zeiten und Leben erscheinen, denn alle Aufzeichnungen jedes Menschen und jedes Gegenstandes gehen mit ihm und können wieder sichtbar gemacht werden.

Akasha ist ein Wort aus dem Sanskrit und heißt „Ursubstanz", aus welcher alle Dinge geformt werden. Sie ist die erste Stufe der Kristallisierung des Geistes. Alle usprüngliche Substanz ist geistiger Art. Materie ist *Geist* in langsamer Schwingung und wird, wie es einer der Meister ausdrückt, ein Coagulum (Gerinnsel).

Akasha, oder die Ursubstanz, ist von außerordentlich feiner Struktur und so intensiv, daß die geringste Schwingung eines Äthers aus irgend einem Teil des Universums einen bleibenden Eindruck in ihr hinterläßt. Diese Ursubstanz ist nicht an eine Stelle des Universums gebunden, sondern sie ist überall gegenwärtig. Sie ist in Wahrheit das Universale Gedächtnis, von dem die Metaphysiker reden. Wenn der Geist des Menschen mit dem Universalen Geist vollkommen übereinstimmt, tritt er in bewußtes Erkennen der Akasha-Chronik. Die hebräischen Meister nennen sie „das Buch von Gottes Erinnerung". Nur daraus können wahre Kenntnisse irgendwelcher Art bezogen werden.

Wer es vermag, mit den Lebensurkunden aller Art in Verbindung zu treten, lernt *Gott* und das *Weltall* kennen.

Jedermann kann sich schulen, diese Äther-Urkunde zu finden und zu verstehen, wenn er bereit ist, seine Aufmerksamkeit und Zeit für die nötige Selbsterziehung aufzuwenden, die erforderlich ist, um die Unruhe, in die ihn die Tätigkeit seines Alltags versetzt, zu beschwichtigen. Weil der heutige Mensch sinnen-bewußt statt gott-bewußt geworden ist, ist ihm diese Fähigkeit verlorengegangen, die in früheren Zeiten nicht für so ungewöhnlich galt wie sie heute angesehen wird.

Vom Begehren und Wünschen

Mancher Schüler ist von dem Wunsch erfüllt, sich geistig weiter zu entwickeln, doch die ersehnten Fortschritte bleiben häufig aus. Dafür gibt es mancherlei Gründe.

Einer dieser Gründe liegt in dem unkontrollierten Wünschen und Begehren, dessen Auswirkungen auch aus früheren Inkarnationen das Leben noch bestimmen können. Das heißt nicht, daß diese Folgeerscheinungen bedingungslos und unabänderlich hingenommen oder ausgelebt werden müssen.

Sobald der Schüler die Gesetze des Lebens erkannt hat, ist er in der Lage, Änderungen herbeizuführen.

Wünsche und Begehren, sofern sie nicht dem geistigen Fortschritt dienen, sondern an die äußere Welt *binden*, sind ein ganz großes Hindernis auf dem Wege zum Licht, zur Vollendung, zur Freiheit.

Jeder irdische Wunsch stellt eine Fessel, eine Bindung an die Welt der Materie dar und lenkt die Aufmerksamkeit auf sich, zieht sie also vom Wesentlichen ab.

Solange solche Vorstellungen das Bewußtsein noch in Anspruch nehmen, werden der Seele dadurch Hemmungen auferlegt. Sehr ähnlich, ja vielleicht noch stärker ist das mit den *Begierden* verschiedenster Art der Fall, die eine Seele niederdrücken und keine Erhebung gestatten. Sie besitzen solch eine *Macht*, daß sie oft den Menschen ins Unglück stürzen können. Sie sind so beherrschend, daß selbst das *Licht* kaum durchdringen kann, was jedem Wesen mitgegeben wurde. Wünsche und Begierden können eine alles überflutende *Kraft* entwikkeln, der der äußere Mensch willenlos ausgesetzt ist, wenn er nicht zur Erkenntnis kommt und der sehnliche Drang nach Höherentwicklung mächtiger in ihm wird als sie.

Wünsche und Begierden wollen sich manifestieren, wollen Form annehmen. Sie machen blind und führen zu Verwirrungen, dabei werden die Gesetze der Ethik, der Moral und Humanität, ebenfalls das

Gesetz der Harmonie und der Liebe außer acht gelassen. Die Menschheit und der Planet Erde leiden heute an diesen Auswirkungen.

Je mehr ein Geistes-Schüler sich aus diesen Verstrickungen frei machen kann durch *Erkennen*, durch körperliche und geistige *Disziplin*, umso erfreulicher und leichter werden seine Schritte auf dem Weg nach innen und oben sein.

Wer sich die Mühe macht und über die Auswirkungen von Wünschen, Begehren und Begierden meditiert (nachdenkt), die ihn immer wieder herabziehen, und versucht, sie unter Kontrolle zu bringen, wird sie einmal ganz auflösen können und damit den Weg zur *Freiheit* finden.

Durch aufbauendes Wünschen aber können im Leben immer größere Ideen, Taten und Werke Gestalt annehmen. Jeder aufbauende Wunsch trägt die Kraft seiner Erfüllung in sich.

Der Mensch als Kind Gottes erhielt vom *Vater* die Freiheit selber zu wählen, wie er die Lebenskraft lenken will und welche Eigenschaften er in seinen Wünschen ausgedrückt haben möchte. Alles Wünschen sollte aber in eine aufbauende Richtung geführt werden. So erwartet es das große Lebensgesetz. Aufbauendes Wünschen ist bewußte Lenkung der Gottes-Kraft, denn jeder Wunsch, der durch *Weisheit* gelenkt wird, birgt in sich einen Segen. Jeder Wunsch, der im eigenen Innern durch die *Gott-Gegenwart* gelenkt wird, segnet alles, weil er mit dem Gefühl der *Liebe* in die Welt hinausgesandt wird.

Ihr werdet die Wahrheit erkennen, und die Wahrheit macht euch frei

Seit vielen Jahrtausenden haben die meisten Menschen ihre ganze Aufmerksamkeit der äußeren Welt zugewandt. Dadurch sind sie in Bedrängnis geraten, und Mißklänge begleiten ihr Leben. Erfreulicherweise kommen aber heute immer mehr Menschen zu dem Verständnis der *Gottgegenwart* in sich selbst. Sie ist eine unüberwindliche Macht, die es vermag, jeden über alle Ungerechtigkeiten, über Not und Mißklang zu erheben, sofern er unerschütterlich an seiner ihm innewohnenden Gottgegenwart festhält. Es erfordert oft eine starke Anstrengung, unerschütterlich in dieser Gegenwart zu verharren, wenn vieles sich gegen den höher Strebenden erhebt.

In Wirklichkeit gibt es aber keine größere Kraft und Macht als die Gegenwart Gottes in uns, die aber nur dann wirksam werden kann, wenn wir uns ihrer bewußt sind und an ihr festhalten.

Solange jemand voller Entschlossenheit auf Gott in seinem Innern, auf die leitende Intelligenz und Kraft schaut, kann keine äußere Störung lange eingreifen, die Harmonie wird sich bald wiederherstellen.

Durch das Wissen und Fühlen um diese Gegenwart geht ein mächtiger Kraftstrom vom Einzelnen aus, hüllt ihn ein und ist unüberwindlich.

Es bedarf oft längerer Zeit bis zum Erkennen dieser einem jeden Wesen innewohnenden Gotteskraft, und es bedarf auch einer starken Entschlußkraft, immer daran festzuhalten, besonders dann, wenn äußere Verhältnisse unüberwindlich erscheinen. Bleibt jedoch die bewußte Haltung und die Aufmerksamkeit auf die Gegenwart Gottes im Innern gerichtet, so beginnt sie aufzuflammen, durchdringt alles Unvollkommene und löst auf, was so bedrohlich erschien.

Wer mutig seinen Weg geht, stets die Aufmerksamkeit und Gewißheit auf die Gottgegenwart gerichtet, spürt, wie die unheilvolle äußere Welt ihre Macht verliert. *Das ist die Wahrheit, die uns frei macht.* Es ist die einfachste und größte Wahrheit. Sie besteht in dem Wissen, daß die unüberwindliche Gegenwart Gottes in uns selbst liegt. Ist der Mensch sich dessen voll bewußt, so tritt sie allem was ihn bedrängt, mit unerschütterlicher Bestimmtheit und Kraft entgegen. Sie kann aber logischerweise nur wirken, wenn der Mensch sie voll anerkennt, daran festhält und sie wirken läßt. Jede Tätigkeit der Gottgegenwart geschieht, ohne daß der freie Wille eines anderen im geringsten angetastet wird.

Ein Schüler des Geistigen Weges, der die Kraft Gottes in sich selbst kennt, braucht niemals etwas zu fürchten. Er kann, wenn er will, die Fülle der Tätigkeit Gottes in seinem Leben und in seiner Welt erfahren *Es ist seine Entscheidung!*

Wünscht er aufrichtig Frieden und Harmonie, so ist es die Gotteskraft in seinem Innern, die sie erzeugt. Diese Kraft wartet darauf, daß sie aufgerufen wird, um zu wirken.

Es bedarf dazu nur der freudigen Annahme der Mächtigen Gegenwart, des Wissens um die Kraft im eigenen Innern und des bedingungslosen Zulassens dieser Kraft. Sie ist stets bereit, uns in unvorstellbarer Fülle zu segnen, wenn wir es ihr gestatten.

Ganz gleich, was andere gegen einen Lichtschüler auch unternehmen, sein Schutz besteht immer darin, ihnen die *Liebe Gottes* aus seinem Innern zuzuschicken. Die Liebe hat die höchste Kraftpotenz, ebenso wie das innere Licht, dem jede Dunkelheit weichen muß.

Die Bedeutung der Zweipoligkeit

Die ganze Schöpfung ist auf Zweipoligkeit aufgebaut, was auch Gegensätzlichkeit bedeutet. Durch die Gegensätzlichkeit erst kann sie zur Bewußtwerdung kommen. Erst im Gegensatz stehend, können die Dinge ihrer selbst bewußt werden, kann das Leben sich erkennen und auch erkannt werden.

Der eine Pol ist aktiv, gebend, männlich, der andere empfangend, passiv, weiblich. Der männliche Pol strebt nach Bewußtwerdung. Durch eigenes Bemühen allein ist ihm das nicht möglich. Er braucht dazu die Strahlung des weiblichen, passiven Gegenpols. Nur durch die Berührung mit der Strahlung des weiblichen Prinzips, des passiven Gegenpols, wird er sich seines Selbst bewußt.

Das Wirken dieses Gesetzes können wir überall beobachten. Das Licht tritt erst durch die Berührung mit der Finsternis in die Bewußtheit, das Gute im Gegensatz zum Bösen, das Positive zum Negativen, der Geist zum Stoff, das Große zum Kleinen, das Leben zum Tod, das Gesunde zum Kranken.

Auch zwischen Sonne und Erde besteht Zweipoligkeit. Die Sonne ist das positive, zeugende, männliche Prinzip und die Erde das nehmende, weibliche Prinzip. Die Erde und alles Lebende auf ihr sind ohne die Sonnenstrahlung nicht lebensfähig, die nicht nur in der Ausstrahlung von Licht und Wärme liegt, sondern auch in der Strahlung ihrer „Lebenskraft." Licht, Wärme und Lebenskraft erhalten die Erde und alle Geschöpfe am *Leben*, genau so wie der Embryo nicht nur vom Blut und von den Säften der Mutter ernährt wird, sondern hauptsächlich von ihrer Lebenskraft.

Durch den Wechsel von Tag und Nacht erfahren wir ebenfalls Zweipoligkeit mit einer positiven und einer negativen Seite. In den Tagesstunden steht die Erde unmittelbar unter dem Einfluß der Lebenskraft der Sonne, während in den Nachtstunden diese Kraft über den Mond zur Erde reflektiert wird und dann negativ ist. Die von der

Sonne direkt empfangene Lebensstrahlung ist positiv-elektrisch und dient dem Körperaufbau und der Tätigkeit aller Körperfunktionen im Menschen sowie aller Lebensfunktionen auch in der Natur.

Die über den Mond des Nachts fließende Lebenskraft ist negativ, magnetisch, aufnehmend, also weiblich. Sie dient dazu, Mensch, Tier und Pflanze mit dieser anderen Energie zu versorgen. In der Nacht werden die Zellen bereit gemacht, die positive Strahlung des Tages zu empfangen.

Um die Mitternachtsstunde steht die Sonne auf der uns entgegengesetzten Seite der Erde und übt so gut wie keinen Strahlendruck aus. Ihre elektrische Strahlungsvibration ist dann für uns ausgeschaltet. Dadurch wirkt die Strahlungsvibration der Erde umso stärker und kann sich ungehindert ausbreiten.

Die Mitternachtsstunde ist aber auch die Zeit, da sich durch den Strahlendruck der Sonne am Tage niedergehaltene Strahlungen, z. B. die statische Elektrizität des menschlichen Körpers, ungehindert über den ganzen Körper verbreiten kann. Deshalb ist der Schlaf vor Mitternacht und um die Mitternachtsstunde der stärkendste. Jeder Mensch sollte sich spätestens zwei Stunden vor Mitternacht zur Ruhe begeben. Wie wichtig das ist, kann an schlaflosen Menschen beobachtet werden. Sie sind blaß, welk, müde und nervös, weil die Lebenskraft, die nachts wieder aufgefüllt werden sollte, fehlt. Da die Zellen nicht aufgeladen wurden, sind sie schlaff und ohne Spannung.

Sonne, was wäre dein Licht, wenn du die nicht hättest, denen du leuchtest.

Nietzsche

Wie kommt eine visionäre Schau zustande

Visionäre Schau oder projiziertes *Bewußtsein* hat nichts zu tun mit innerlichen Bildern (Halluzinationen), wie sie in der Einbildung entstehen und durch gedankliche Einwirkungen (Suggestion) erzeugt werden können. Dies sind nur aufgefangene Gedanken und Vorstellungen, etwa so, als wenn das Bild der Sonne mittels eines Spiegels auf eine Wand geworfen wird. Durch Suggestion entstandene Bilder sind genau so verschieden von Visionen oder projiziertem Bewußtsein, als wenn wir uns an einen Ort denken, anstatt uns selber dort zu befinden. Projektion ist lebendig, lebhaft, wirklich, dem physischen Leib erlebbar; denn sie ist eine Tätigkeit des inneren *Gott-Selbst*, mit dem der Guru, Heilige oder Meister *eins* ist.

Im Zustand projizierten Bewußtseins ist sich der Mensch jeden Augenblick seiner selbst voll bewußt und kann über jede seiner Fähigkeiten unbeschränkt verfügen. Dies hat nichts zu tun mit Trance oder hypnotischem Traumzustand, in denen der bewußte Wille außer Tätigkeit gesetzt ist. Eine solche Ausschaltung ist für *jedermann* sehr gefährlich und unheilvoll. Sie sollte nie zugelassen werden, weder im Geiste noch im Körper. Projektion des Bewußtseins ergibt sich einfach durch *Erhöhung* der *Vibration* im atomaren Gefüge des Geistes und des Körpers durch Konzentration auf das geistige Auge. Dabei handelt es sich um eine Tätigkeit des (astralen) Lichtes, die die Vibrationsgeschwindigkeit auf die gewünschte Höhe bringt. In dieser gesteigerten Schwingung werden die Fähigkeiten des Sehens und Hörens genau wie im täglichen Leben verwendet, nur daß sie über die dreidimensionale in die nächst höhere Ebene zu greifen vermögen. Die Tätigkeit, die sich ergibt, ist in Wirklichkeit eine Ausweitung des Kraftfeldes des Schauens. Die Verwendung der Sehfähigkeit in dieser Projektion oder Ausweitung des Bewußtseins wird durch Steigerung der Vibrationsgeschwindigkeit im optischen Nerv erreicht. Der ganze Vorgang entspricht etwa der Erweiterung des Blickfeldes durch die Benutzung eines Fernglases.

In den täglichen Erfahrungen hat sich das menschliche Bewußtsein daran gewöhnt, seine Fähigkeiten nur innerhalb gewisser Grenzen oder Kraftfelder zu benutzen. Man kann der Stimme einer Person, die in unserem Zimmer spricht, lauschen und genau zur gleichen Zeit irgendwo anders im Hause eine Klingel hören. Alle Fähigkeiten der äußeren Tätigkeiten sind dehnbar. Es steht gänzlich im Belieben und Willen des Einzelnen, ob er sie wie ein Mikroskop oder wie ein Teleskop benutzen will.

Kann man durch den gleichen Vorgang einen Ton im eigenen Zimmer und zugleich einen anderen Ton entfernt im Hause wahrnehmen, so bedeutet das eine Ausweitung des Hörens, durch die man auch fernere Orte erreichen kann. *Dazu muß nur die Schwingung genügend erhöht werden.* Diese Tätigkeit des Bewußtseins kann ebenso auf alle anderen Sinne angewandt werden, nicht nur auf das Sehen und Hören. Solche Erhöhung der Fähigkeit ist natürlich, normal und harmonisch und so einfach wie das Einstellen eines Radio-Empfängers auf eine gewünschte Wellenlänge. Die Wellenlänge des Radios wie die des Sehens und Hörens sind Möglichkeiten der Anwendung des gleichen Prinzips. Klang enthält Farbe und Farbe enthält Klang. Menschliche Wesen können auch in ihrer täglichen Erfahrung Farben hören und Klänge sehen, sofern sie still genug werden und durch Übung diese Fähigkeit entwickelt haben.

Innerhalb gewisser Bereiche wirkt Vibration auf die Sehnerven, und als Ergebnis können wir sehen. Andere Schwingungen wirken auf die Gehörnerven, und wir können hören. Das Auge durchschnittlicher Menschen kann nur Gegenstände sehen, deren Vibration innerhalb gewisser Oktaven liegt; denn alles unter den infraroten oder über den ultra-violetten Strahlen oder Zonen ist ihm unsichtbar. Durch die Strahlung eines geistig hochentwickelten Menschen schwingt das atomare Gefüge des Gehirns und des Auges rasch genug und kann sich in höhere Bereiche ausweiten.

Die gleiche Wirksamkeit kann auch über weitere Bereiche ausgedehnt werden. Manche Menschen haben unwillkürlich solche Erlebnisse, verstehen jedoch nur selten, was sie bedeuten und wie sie zustande kommen. Sie empfinden Augenblicke hohen Bewußtseins, tiefer Inspiration, erkennen jedoch meistens nicht, welch eine große Hilfe sie empfangen haben.

Geistiges Schauen

Wenn man einen Menschen anblickt, so sieht man nicht ihn selbst, sondern ein fotografisches Bild. Das *Sehvermögen* liegt bekanntlich im Gehirn, denn wenn das Gehirn, z. B. in der Narkose, außer Funktion gesetzt ist, kann man nicht sehen. Auch wenn man geistesabwesend ist und das Gehirn auf die Impulse, die ihm von der Netzhaut zugeleitet werden, nicht reagiert, nimmt man keine äußeren Geschehnisse wahr.

Das Auge übt die Funktion einer doppelten Kamera aus. Es fotografiert nicht nur die Bilder aus der äußeren Welt, sondern auch Bilder aus dem Unterbewußtsein und dem Überbewußtsein. Das Bewußtsein, das auf die Eindrücke der Netzhaut reagiert, nimmt nur die Bilder von Gegenständen und Personen wahr, die in seinem Blickfeld liegen.

Wie kommen Visionen zustande? Am wirksamsten ist die Methode, bei der man seine Augen auf das Christuszentrum richtet, oder das „dritte Auge", das in der Stirn zwischen den Augenbrauen liegt. Dadurch kann das Licht der physischen Welt ausgeschaltet werden und allmählich ein anderes Licht erscheinen. Es handelt sich hier um das „astrale" Licht des Gehirns, das von der Zirbeldrüse und der Medulla oblongata ausgeht und vom geistigen Auge in der Mitte der Stirn reflektiert wird. Dies ist das „einfältige Auge", von dem Jesus Christus wie folgt sprach: „Wenn dein Auge einfältig ist, so wird dein ganzer Leib licht sein." (Matt. 6,12)

Solange die Augen ruhelos sind, fließt das Licht der Medulla durch die beiden physischen Augen, so daß nur die physischen Gegenstände der Erscheinungswelt gesehen werden. Um jedoch das astrale Licht erblicken zu können, müssen die Augen ruhig und ohne Anstrengung, jedoch mit tiefer *Konzentration* und *Hingabe* auf das Christus-

Zentrum gerichtet werden. In diesem astralen Licht kann man dann z. B. die Erscheinungen von Jesus Christus oder eines Heiligen oder Meisters erblicken. Wer diese Vision ersehnt, braucht sich eine Erscheinung jedoch nicht zu vergegenwärtigen, sondern sie nur schweigend herbeizurufen. Dann wird sich das aus der Kosmischen Quelle fließende Göttliche Licht zu einem Bild des Astralfeldes verdichten. Dieses Bild geht dann in die Medulla ein, fließt durch die beiden Augen und spiegelt sich auf der Leinwand des Christus-Zentrums wider. Ebenso wie die beiden physischen Augen Bilder von der Außenwelt aufnehmen, können sie auch Bilder vom Astralreich aufnehmen, *denn die astrale Sphäre umgibt uns überall. Wir müssen nur unsere Aufmerksamkeit nach innen – auf das geistige Auge – richten, bis das physische Licht verschwindet und das astrale Licht in Erscheinung tritt.*

Durch regelmäßiges Üben und tiefe Konzentration auf das astrale Licht des geistigen Auges kann z. B. das Bild jedes beliebigen Heiligen herbeigerufen werden. Später jedoch, wenn unsere Materialisationskraft zunimmt, können wir ihn auch in Lebensgröße sehen. Wenn noch mehr Konzentration und Hingabe entwickelt wird, wird der Heilige zu uns sprechen. Doch sobald die Augen dem Tageslicht geöffnet werden, wird die Vision verschwinden. Wenn wir uns beharrlich bemühen, werden wir ihn schließlich jedoch auch mit offenen Augen sehen können. Doch selbst wenn wir ihn hören oder sehen können, wird er sich wieder verflüchtigen, sobald wir ihn zu berühren versuchen.

Erst wenn wir geistig sehr weit fortgeschritten sind, können wir die Heiligen oder Meister, die wir durch tiefe *Hingabe* herbeigerufen haben, auch berühren. Das Astrallicht, aus dem die Bilder entstehen, ist so machtvoll, daß es sich wie ein Filmbild vor uns materialisiert und sogar Formen annehmen kann, die der Tastsinn – wenn die Entwicklung weit genug fortgeschritten ist – als wirklich empfindet.

So erklärt z. B. Paramahansa Yogananda in seinem Buch „Autobiographie eines Yogi“ das Gesetz der Geistigen Schau: „Als mein Guru Sri Yukteswar einst in Kalkutta war, erschien er mir in meinem Zimmer in Serampore, und ich berührte mit eigener Hand sein Gewand und seine Schuhe."

„Christus und alle großen Gurus befinden sich in der feinstofflichen Sphäre. Wenn ihr Jesus in einer Vision erblickt und euch nicht nur auf seine Persönlichkeit konzentriert, so werdet ihr bald ein großes Leuchten von ihm ausgehen sehen, das sich weiter und immer weiter, bis in die Unendlichkeit erstreckt."

Soweit Yogananda.

Es gibt keinen Ausdruck in der ganzen Schöpfung, der nicht Gesetzmäßigkeiten unterliegt. Mancher Verstandesmensch verneint alles, was ihm aus Unwissenheit unverständlich ist. Geheimnisvoll oder unwirklich erscheint aber nur das, was nicht genügend erklärt ist. Richtig erklärt und verstanden ist alles ganz natürlich und steht im Einklang mit den geistigen Gesetzen. Die eigenen im Bewußtsein aufgerichteten Begrenzungen sind es immer wieder, die das Verständnis für alles was den Rahmen des äußeren Alltags sprengt, blockieren.

Was ist ein *Mantra* und was bewirkt es?

Der menschliche Geist ist wie ein junges Füllen. Er tut was er will, wenn er nicht mit entsprechenden Methoden oder Mitteln in Schach gehalten wird. Er ist voller Unruhe und lenkt uns von der inneren Sammlung ab. Jedes gewaltsame „Sich-zusammen-nehmen-wollen" führt nicht in die Meditation. Um in sie hineinzukommen, bedient sich der Yogi eines *Mantras.* Dieser praktizierte Yoga wird *Mantra-Yoga* genannt.

„Mantra" ist ein Wort aus dem Sanskrit, der ältesten indogermanischen Sprache. Es kann ein Wort, eine Silbe oder auch ein Satz sein, worauf man sich in der Zeit der Stille konzentriert, indem man es ständig denkt oder auch spricht. Es beruhigt den Geist und hält sozusagen die Gedanken in Zaum. Erst wenn die Gedankentätigkeit zur Ruhe gekommen ist, kann die Reise nach *innen* beginnen. So ist das Mantra das Fahrzeug, das in die Tiefe, in die Stille führt, wenn es konsequent in Gedanken oder gesprochen wiederholt wird.

Es ist eine Gesetzmäßigkeit, daß Tonwellen und Schwingungen bestimmter Silben die Wirkung haben, die Konzentrationsfähigkeit zu erleichtern oder zu steigern.

Das Mantra ist also ein Hilfsmittel, das Konzentrationsmittel, um den tanzenden Gedankenreigen zur Ruhe zu bringen.

Es muß nicht immer ein Sanskritwort sein, das als Mantra dient. Ein Wort oder ein Satz, dessen Sinn verständlich ist und aufbauende Aussagekraft hat, ist sehr geeignet.

In solch einem Fall ist es entscheidend, sich in den Sinn zu versenken, damit das Bewußtsein auf die Dauer davon ganz erfaßt wird. Dann besteht die Möglichkeit, daß sich eines Tages das Tor zur Unendlichkeit, zum Kosmischen Bewußtsein öffnet. Hat der Meditierende einmal eine meisterliche Form erreicht, dann bedarf es nicht mehr des Mantras als Hilfsmittel.

Beim Eintauchen in die Transzendenz können aber auch Kräfte

freigelegt werden, die einen Menschen, der seelisch, körperlich und moralisch labil ist, aus dem inneren Gleichgewicht bringen, und es ist keine Seltenheit, daß solch ein Unglücklicher in der Nervenklinik landet, wo möglicherweise mit starken Medikamenten seine Psyche zerstört wird. Solch ein Gestörter wäre aber besser in der Obhut eines guten Meisters aufgehoben, weil dieser die Gesetzmäßigkeit kennt, die ihn zur Gesundung führen kann.

Es ist von ausschlaggebender Bedeutung, aus welchem Motiv heraus der Wunsch nach Meditation erwacht. Niemals darf er auf Selbstsucht gründen.

Ein körperlich und seelisch gesunder Mensch, der auf einem moralisch festen Fundament steht, dessen Geist auf die Gegenwart Gottes in der Meditation ausgerichtet ist, wird stets auf seinem Weg behütet und geleitet sein.

Den Weg zu Gott in uns finden wir nicht nur durch ein manchmal teuer erkauftes Mantra, sondern auch durch uns selbst, durch eigenes Bemühen, *indem wir unseren Geist immer wieder und oft am Tage auf die Gott-Gegenwart richten.* (Bete und arbeite.)

Das Mantra *Ich bin* z. B. ist sehr geeignet, um damit in die Tiefe, zum wahren Kern unseres *Selbst* zu gelangen. Mit dem *Ich bin* ist nicht unsere äußere, physische Form gemeint, sondern die *Gegenwart Gottes* in uns.

Viele Worte von Jesus Christus beginnen mit diesen Worten: Ich bin der Weg, die Wahrheit und das Leben, Ich bin das Licht der Welt usw. Er meint damit nicht seine physische Erscheinung, sondern die *Gegenwart Gottes* in seinem Innern, denn öfter wiederholt er: „Aus mir selber kann ich nichts vollbringen, es ist der *Vater* in mir, der die Werke tut."

Es gibt wohl kaum etwas Wesentlicheres, als über das *Ich bin* zu meditieren, nachzudenken, um diese Wahrheit voll zu erfassen, um eines Tages mit ihr zu verschmelzen.

Die fortgesetzte Verwendung von bekräftigenden Worten führt uns zu tiefem Verstehen der Wahrheit dessen, was innerlich bestätigt wird, bis sie eines Tages zum eigenen Wesen wird. Das ist eine Gesetzmäßigkeit.

Darum ist es von großem Nutzen, wenn Worte oder Sätze als Meditationshilfen gewählt werden, deren Sinn verstanden wird.

Es ist auch zu empfehlen, sich Worte oder Sätze nach eigenen Bedürfnissen zu wählen. Daß es nur solche sein sollen, die der inneren Entwicklung förderlich sind, braucht wohl nicht besonders betont zu werden, wenn die Gesetzmäßigkeit in Betracht gezogen wird, daß die fortgesetzte Verwendung von bekräftigenden Worten, wenn sie durch die Gefühls- und Empfindungsnatur, sozusagen mit Energie aufgeladen, zum eigenen Wesen werden können.

Eben aus diesem Grunde ist es gut, wenn Worte und Sätze angewandt werden, die einen aufbauenden, der geistigen Entwicklung fördernden Sinn haben, weil sie mit aller *Hingabe* und *Bekräftigung* gesprochen oder gedacht werden sollen.

Die geistige Sammlung (Konzentration) auf das gesprochene oder gedachte Wort wird zur Ursache einer Tätigkeit und bringt durch innere Aufnahme die Verwirklichung. Diese Gesetzmäßigkeit trifft für alles zu, was wir sagen oder denken.

Das Evangelium der *Liebe*

Unsere Ursubstanz, der Grundbaustein unserer Existenz ist *Liebe*; denn Liebe war es, die aus Atomen unseren physischen Körper schuf, und Liebe war es, die sie beseelte. Sie ist darum nichts Physisches, noch etwas, was gemacht werden kann. Sie ist die Essenz, die unaufhörlich aus dem Herzen des Kosmischen Vaters fließt und sich fortwährend in die Schöpfung ergießt, sie durchlichtet und belebt.

Wäre es den Menschen möglich, diesen Fluß strömen zu lassen, gäbe es weder Depressionen noch Disharmonie, Krankheit, Not, Leid und Tod. *Liebe* ist die Kraft und Macht, die alles besiegen könnte, der alles gehorchen müßte, wenn der Liebesstrom nicht immer wieder durch das verdunkelte Bewußtsein der Menschen aufgehalten würde. Dieser Strom kann aber nur dort ununterbrochen und ungehindert fließen, wo Herz und Sinn dafür geöffnet sind.

Liebe ist die alles besiegende Kraft, die verwandelt und umwandelt dort, wo ihr der Weg nicht versperrt, die Tür nicht verschlossen wird. Sie ist es auch, die das Tor zum verlorengegangenen Paradies wieder öffnen kann. Sie ist wie ein Feuer, das reinigende Wirkung hat, das die Kraft besitzt, Karma zu verbrennen und aufzulösen. Man spricht vom Feuer der Liebe, von Liebesglut. Feuer bedeutet im Spirituellen „Reinigung".

Wer genug Liebe hat, wird mit allem versorgt, was das Universum für ihn bereit hält. Es müßte keine Not und keinen Mangel geben, weil Liebe auch Fülle in allem ist, die als eine beständige Tätigkeit aus dem Herzen des Universalen Geistes strömt.

Vor knapp zweitausend Jahren wurde eine Manifestation Göttlicher Liebe inkarniert – Jesus Christus – ein Meister der Liebe. Er lehrte diese unpersönliche, allumfassende Liebe und lebte sie bis zum letzten Atemzug seiner physischen Existenz. Sie war der Hauptinhalt seiner Botschaft.

Allumfassend lieben heißt auch, alles zu lieben, die Elemente, aus denen sich jede Manifestation zusammensetzt, indem der Liebende immer tiefer *in das Herz ihres Wesens eindringt* und die *Einheit* alles Lebens erfährt.

Ein Wesen, dessen Herz diese universelle Liebe ausdrückt, ist eines, das ein tiefes Verständnis für die Lebensgesetze besitzt. Universell lieben heißt auch, nicht nur einen *Teil oder Ausdruck* des Lebens der gefällt zu lieben, sondern *bedingungslos alles*. Universell lieben heißt, unpersönlich lieben.

Das Evangelium des neuen geistigen Äons, des Wassermann-Zeitalters, ist ein Evangelium der Liebe. Es wurde durch die Lehren von Jesus-Christus eingeleitet, durch sein Leben und Wirken, durch sein bedingungsloses Vorleben. Der von ihm aufgezeichnete Weg ist ein sicherer, gefahrloser, gerader Weg von uneingeschränkter Erlöserkraft für den, der sich um diesen Weg bemüht und den Wunsch hat, ihn zu gehen. Der Yogaweg ermöglicht es, seine Universalität zu erkennen. Der Yogaweg ist ein erprobter geistiger Weg seit Jahrtausenden, der den Suchenden Wegweiser ist, der echte Hilfe durch Übungen körperlicher und geistiger Art vermittelt, die die Menschen zu ihrem Göttlichen Selbst führen. Es gibt wohl kaum einen anderen Weg, der sich so umfassend mit der geistig-göttlichen Seite des menschlichen Seins befaßt, der so tiefgreifend ist und dem ruhelosen und suchenden Geist Frieden und Erlösung bringt, wenn er den Weg ehrlich und in völliger Hingabe geht. Er ist ein Weg zur Transparenz für Menschen, die genug Sehnsucht nach *Licht* und *Erfüllung*, nach *Erleichterung* haben.

Was der verheißende Stern zu Bethlehem für den geistig hungernden Abendländer bedeutet, war die Yogalehre dem Morgenländer schon einige tausend Jahre früher, während das Abendland noch im geistigen Schlummer lag und wenig Licht die Seelen erfüllte. Ausnahmen hat es immer und zu allen Zeiten aber auch im Abendland gegeben.

Diesem uralten Weg öffnen sich nun manche Abendländer, weil das Suchen, das nur in die Breite ging, keine Erfüllung und Glückseligkeit brachte und die Früchte ihrer Taten sie zwingen, andere Wege zu suchen und zu beschreiten.

Die Heilsbotschaft eines Jesus-Christus wurde wohl nicht recht verstanden, vielleicht aus Mangel an der rechten Interpretation oder auch zum Teil durch Verfälschung, sonst müßte die christliche Menschheit geistig weiter sein.

Wie ein trockener Schwamm jeden Wassertropfen aufsaugt, so nehmen viele die geistigen Lehren jener Großen, Weisen und Meister aus dem Osten auf, die Jahrtausende alt sind, die vom Meister auf den Schüler übertragen wurden, der wiederum zum Meister heranwuchs und das Gehörte mit eigenem Geist beseelte. Dadurch blieben die Lehren lebendig und beständig bis zum heutigen Tag, im Kleide des jeweiligen Zeitalters.

Zu jener Zeit, als die Weisen und Meister in Erleuchtungszuständen ihre Botschaften erhielten und weitergaben, lag das Abendland noch im Schlummer geistiger Vereinsamung, fern vom Bewußtsein von der Existenz eines einzigen Kosmischen Geistes – *Gott*. Darum wurde im Zeitalter der Fische ein geistiger Komet geboren, der der Menschheit die Botschaft von der allumfassenden *Liebe* brachte. Er sprach von seinem „*Vater* im Himmel“, dessen Sohn er war. Er sprach auch davon, daß alle Menschen Söhne und Töchter des einen *Einzigen*, des *Höchsten* seien. Er lehrte die Göttlichen Gesetze, lebte sie, zog heilend und lehrend durch die Lande, kein Dogma, keine Techniken und Praktiken, nur die *Liebe* lehrend, einen gefahrlosen Weg der Höherentwicklung für jedermann.

Es gehört zur großen Evolution, daß immer wieder hochentwickelte Seelen inkarniert werden, um der Menschheit eine Heilsbotschaft zu bringen zu einer Zeit, da diese einem geistigen Niedergang entgegengeht, die ihr Hilfe und Wegweiser ist, stets der Zeit entsprechend, weil das menschliche Bewußtsein sich dem Wandel der Zeitalter anpassen muß. Dennoch sind all jene geistigen Kometen ihrer Zeit insofern voraus, als das Massenbewußtsein dem großen Evolutionsprozeß stets nachhinkt. Aber der rote Faden ist gesponnen, woran sich die Menschen orientieren können, der sie aus der Verdunkelung führt. Einmal werden sie diesen Faden aufzugreifen imstande sein, wenn es auch erst in einer späteren Inkarnation sein mag.

Die Botschaft Jesu-Christi ist im Besonderen auf den Aspekt der Liebe ausgerichtet. Alle Konzentration hat er auf jene Liebe ausgerichtet, für die es fast unmöglich ist, ein Vokabular zu finden. Unsere Ausdrucksmöglichkeit ist für sie zu begrenzt, weil sie jenseits der Bereiche des uns Faßbaren liegt. Die Botschaft vom Evangelium der Liebe ist ein Weg, den jeder auch allein zu gehen in der Lage ist; denn es kann im Zeitalter des geistigen Erwachens so viele Lehrer und Meister nicht geben, daß ein jeder den seinen findet. Diese Entwicklung können wir jetzt beobachten. Der *Geist Gottes* wird über alles Fleisch ausgegossen, heißt es in der Bibel, zu jener Zeit, da vom „Ende der Zeit" die Rede ist. Gemeint ist das Ende des Fische- und der Beginn des Wassermann-Zeitalters, das uns viel höhere Schwingungen aus der Zentral-Sonne bringt, die sich auf das Bewußtsein aller Menschen auswirken. Es ist die Zeit, da die Welt zu unserer Einweihungsstätte wird.

Die Ansicht, daß ein Mensch nur an der Hand eines physischen Meisters die Erlösung, die Vereinigung mit *Gott* erreichen kann, dürfte wohl nicht ganz stimmen. Sie scheint mir weder logisch noch gerecht und steht im Widerspruch zu den Aussagen Jesu, der den Menschen den direkten Weg „zum *Vater* im Himmel" aufzeichnete. Diese Aussage hat ihm doch den Zorn der Hohenpriester eingebracht. Er lehrte auch, daß diejenigen in das Himmelreich eingehen, die seine Lehren befolgen. Wenn er uns aufforderte, ihm nachzufolgen, so meinte er damit sicher, daß die Menschen seiner Spur, seinen Lehren folgen sollten. Wir wissen von Heiligen in Indien und auch von solchen im Abendland, daß sie ohne einen physischen Guru, allein, getrieben von der Sehnsucht und Liebe die „Unio Mystika", die „Mystische Hochzeit", die „Vereinigung mit *Gott*" erreichten. Und es gibt bestimmt unzählige Heilige, von denen wir nichts wissen, die im Verborgenen unter uns leben oder abgeschieden vom Getriebe der Welt, ebenfalls den Weg zur Erlösung gefunden und beschritten haben.

Für sehr viele ist die Hilfe eines Gurus von großem Nutzen, ja unerläßlich. Geistige Lehrer sind nie überflüssig. Sie sind für viele so wichtig wie die Luft, die wir zum Atmen brauchen.

Das Evangelium der *Liebe* ist für die Jetztzeit sehr wichtig, da ein allgemeines geistiges Erwachen offenbar wird und damit verbunden die Notwendigkeit von Möglichkeiten, daß ein jeder seinen Erlösungsweg gehen kann, ob mit einem physischen Meister oder mit dem Evangelium der Liebe als Wanderstab auf dem Wege zum Licht.

Waren es nicht immer die große Sehnsucht und die große Liebe zu *Gott*, von denen eine Seele durchdrungen war, die die *Kraft* freisetzten, die schließlich Erfüllung brachte? Und wenn Jesus Christus von der *Liebe* sprach, die „der Weg zum *Vater*" ist, so können wir doch gewiß seinen Worten Glauben schenken.

Ist es nicht das Ausgießen des Geistes *Gottes* über alles Fleisch, über Knechte und Mägde, wie in der Hl. Schrift steht, was doch wohl heißen soll, daß das Bewußtsein der ganzen Menschheit angehoben wird, ist es nicht dieses Ausgießen, das den Knechten und Mägden – um bei den Worten der Hl. Schrift zu bleiben – die Möglichkeit der *Gottfindung*, der Vereinigung mit dem Höchsten möglich macht?

Das Ausgießen des Geistes *Gottes* ist dem Wassermann-Zeitalter vorbehalten. Die Menschheit mußte erst in die erhöhte geistige Schwingung kommen, damit sich diese Voraussage verwirklichen konnte. Die Schwingungen erhöhen sich von Jahr zu Jahr, was zur Folge hat, daß immer mehr Menschen in der Lage sind, diese Schwingungen aufzunehmen, was Bewußtseinserweiterung zur Folge hat, die zum kosmischen Bewußtsein führt, aber immer und nur in Verbindung mit der charakterlichen Entwicklung.

Leben ist Wandel, keine starre Form. Leben ist Veränderung, kein Stillstand. Entsprechend der Forderung des jeweiligen Äons sind auch die Wege. Alles hat zu seiner Zeit seine Gültigkeit und Berechtigung und entspricht den jeweiligen Erfordernissen. Es wäre aber kein geistiger Fortschritt, würden wir an dem festhalten, was für vergangene Verhältnisse und Umstände richtig war. Es wäre auch kein Fortschritt, würden wir uns der Evolution nicht aufschließen und anpassen. In einer Zeit großer Umwandlung ist es immer so gewesen, so lehrt es die Vergangenheit, daß der Mensch zu gern am Alten haftenblieb. Es erfordert geistige Beweglichkeit, sich mit neuen Gedanken auseinanderzusetzen.

Ob wir nun die alten ehrwürdigen Jahrtausende alten Lehren der Yogalehre als Richtlinien ansehen oder die neueren Impulse, die auf das Ende des Zeitalters der Fische hindeuten und für die heutige Zeit gesetzt wurden, sie alle dienen dem großen Evolutionsprozeß der Menschheit und des Planeten Erde. Das Ziel des Pfades ist geblieben: Aufgabe des *Ego*, Überwindung der niederen Natur, um an die Göttlichen Quellen des eigenen Seins zu gelangen, Einswerden mit dem *Höchsten*. Die Botschaft von der Liebe ist der Kompaß, der uns den Weg dorthin zeigt. Sie muß die erlösende Heilsbotschaft sein, wenn Jesus von ihr sagte, daß sie uns frei machen kann, daß sie das Tor zum Himmel sei, daß sie die Wahrheit in sich berge, daß sie die Menschheit von allem Übel befreien könne.

Die *Liebe*, wenn sie verstanden und praktiziert wird, birgt in ihrer Unbegrenztheit die Erlöserkraft in sich, die in der Lage ist, Karma aufzulösen. Liebe besitzt die Fähigkeit, alles Niedere zu erhöhen. Sie befreit von den Fesseln der niederen Natur, weil sie die umwandelnde und verwandelnde Kraft ist. Liebe ist in der Lage, alles Karma auszulöschen, denn gibt es in einer Seele noch Belastungen, die von *Liebe* durchdrungen und durchlichtet, wo *Liebe* zum eigenen Wesen geworden ist? Wo Liebe den Platz eingenommen hat, kann kein Schatten mehr sein.

Ist sie das Geheimnis, aus dem heraus Jesus zum Schächer am Kreuze sagen konnte, als dieser ihn flehentlich bat: „Herr, gedenke meiner, wenn du in dein Reich kommst", „Wahrlich ich sage dir, noch heute wirst du bei mir im Paradiese sein." Wurde die Seele des Mörders von der Glut Göttlicher Liebe entflammt, die sein Karma aufzuzehren imstande war, geläutert durch seine großen Schmerzen?

In dem Maße wie es gelingt, den Strom der Liebe einfließen zu lassen, schwindet auch alles, woran wir uns sonst wundgestoßen haben. Mit Liebe im Herzen lebt es sich leichter. Sie schenkt wahrhaft den Frieden, wonach sich jede Seele sehnt, und sie macht immun gegen Kränkungen, Verletzungen und Bosheiten der Menschen. Sie ist ein Schutzmantel, an dem alles Negative abprallt.

Liebe ist ein guter Einstieg in die Kontemplation. Durch Liebe wird man eins mit dem *Wesen* der Dinge. Liebe vermag es, mühelos Kräfte zur Entfaltung zu bringen, weil sie eine ungeheure Kraft ist, der wir nur noch die gewünschte Prägung zu geben haben. Wer das Höchste anstrebt, wird auch das Höchste erreichen. Liebe ist Bhakti-Yoga und Raja-Yoga. Liebe ist Sublimation aller menschlichen Gefühle und Regungen in einen Göttlichen Zustand.

Hat ein Wesen das erreicht, ist es Herr jeder Lage des Lebens. Jene, die – wie der hl. Franziskus – die Naturreiche voll verstanden und in ihre Liebe eingeschlossen haben, können durch ihre ausstrahlende Liebe den Herzschlag der vierfüßigen Kreatur, der Vögel in der Luft, der Pflanzen und Minerale fühlen, ihre Sprache verstehen, ihren Kampf und ihre Schmerzen empfinden. Sie werden eins mit der Natur. Dafür gibt es Beispiele auch in unserer Zeit, denken wir an Dr. Carver, den dunkelhäutigen Forscher, an Luther Burbank und andere.

Jesus Christus und Buddha wurden durch diese Liebe eins mit den Menschen. Das Verstehen alles Lebens durch die Liebe ist kein Identifizieren mit Unglück und Elend, sondern die Fähigkeit, *das* in jedem Lebensteil zu erfühlen, was die Ursache der Not ist. Wer die Ursache versteht, der kann helfen und heilen.

Solange der Mensch noch geneigt ist, sich über andere zu erheben und sie zu verurteilen, ist er von der allumfassenden Liebe, die Toleranz und Verstehen einschließt, entfernt. All sein Bemühen wird unnötige Energie verbrauchen und ihn kaum weiterführen, weil er erst zu dieser Liebe fähig werden muß, um Erlösung zu erreichen. Wer gelernt hat, wie ein Meister zu lieben, für den wird die Reise durch die Erdensphäre ein Ende haben.

Wo Liebe ist, gibt es weder Hassen noch Neiden.
Wo Liebe ist, kann keine Eifersucht gedeihen.
Wo Liebe ist, kann sich kein Ego ausbreiten.
Wo Liebe ist, kann kein Unrecht geschehen.
Wo Liebe ist, ist Toleranz und allumfassendes Verstehen.
Wo Liebe ist, ist Friede und Harmonie.
Wo Liebe ist, finden nur Göttliche Eigenschaften ihren Ausdruck.
Wo Liebe ist, ist Wahrheit.
Wo Liebe ist, ist Glückseligkeit.
Wer in Liebe lebt, lebt in *Gott.*

Jede Tugend, die ein Mensch besitzt, ist ein untrennbarer Teil Gott-Natur, mit der er sich in Einklang gebracht hat. Er hält sie für seine eigene Tugend, weil das unteilbare Wesen Gottes für ihn zu schwer zu begreifen ist. Ebenso verhält es sich mit der universellen Liebe. Sie ist für den Verstand nicht erklärbar. Sie ist das ständige Gefühl, das aus dem Herzen, aus dem Anahata-Chakra kommt, als Teil der *Gott-Natur* im Selbst, ein Geschenk des Höchsten Geistes. Erst wenn dieses empfangene Gefühl durch die bewußte Anstrengung des Menschen in ihm dauernd lebendig gehalten wird, kommt er zu jener Einheit, der sich alle Großen und Erleuchteten erfreuen dürfen. Sie haben sich zu Wesen von großer Geduld und Toleranz entwickelt und wurden zu Meistern der Liebe.

Gebet

Vater meiner Seele, laß den Strom Deiner Göttlichen Liebe in mich einfließen, auf daß mein ganzes Sein davon erfüllt wird.

Jede Zelle, jede Pore meines physischen Körpers möge von ihr durchlichtet werden, damit ich nur noch Liebe lebe, Liebe sehe und Liebe fühlen kann.

Möge Dein Liebesstrom mich so erfüllen, daß ich alles Gebundene *frei* lieben kann.

Lieben, geben, verzeihen

Durch *Lieben* und *Geben* kann unser Göttliches Selbst sich ausweiten. Es ist eine machtvolle Tätigkeit, die wir benutzen können, um das Menschliche ins Göttliche zu verwandeln. Im *Geben* und *Lieben* sind alle guten Dinge enthalten. Erst wenn diese Liebe nicht nur in Gedanken erfaßt wird, strahlt sie aus und wird zum *Segen* für alle, ohne Unterschied, ob der Empfänger sie verdient oder nicht. Sie kehrt vielfach zurück und durchlichtet das feinstoffliche Gefüge, den feinstofflichen Leib und erhöht die Schwingung des Gebers. Je mehr dieser durch verströmende Liebe durchlichtet wird, desto weniger Mißklang und Disharmonie kann er aufnehmen.

Die allumfassende Liebe ist ein starkes Gefühl, das aus dem Herzen kommt. Es kann so mächtig ausgestrahlt werden, daß es für geistig Schauende als *Licht-Stoff* sichtbar wird. Seine Ausstrahlung ist eine unbesiegbare *Kraft*,, die in ihrer *vollkommenen* Anwendung keine Einschränkung und Begrenzung kennt.

Solange wir das Gesetz der *Liebe* und *Vergebung* nicht leben, erfahren wir Enttäuschungen. Das Gesetz der Liebe zu leben ist aber schwer, solange wir nicht recht wissen, was *Liebe* ist. Daß damit nicht die körperliche Liebe, die körperliche Verbindung gemeint ist, die wir fälschlicherweise *Liebe* nennen, dürfte wohl klar sein. Liebe ist auch keine Tätigkeit des Verstandes. *Sie ist eine Essenz, die aus unserem Göttlichen Selbst in den physischen Körper strömt und diesen und den feinstofflichen Leib in eine höhere Schwingung führt.*

Die wahre Liebe ist offenbarte *Vollkommenheit*, die nichts für sich verlangt und sich nur verströmt an alle Wesen und Dinge, ohne zu fragen, ob sie es nach menschlichem Ermessen verdienen oder nicht. Sie öffnet die Tore zu den Herzen der Menschen, und ihre verwandelnde Kraft schafft *Harmonie* und *Frieden.*

Das *Gefühl* der universellen *Liebe* sollten wir in uns stark und groß machen, in Stunden der Stille und Versenkung uns darauf konzentrieren, indem wir unsere *Aufmerksamkeit* auf sie richten. Durch konzentrierte Aufmerksamkeit darauf trainieren wir uns, und das *Gefühl* der Liebe kann mächtig in uns werden. Dann erst können wir es *bewußt* aussenden.

Möchte man Mißklänge im Leben beseitigen, so sollten alle Gedanken, Gefühle und Worte der *Unvollkommenheit abgewiesen* werden. Vergebung und Verzeihung, bedingungslos und zu aller Zeit, wird zu höchster *Freiheit* führen. Solange ein Mißklang nicht vergessen ist, ist er noch nicht vergeben. Der Gedanke daran muß ganz aus dem Bewußtsein entschwinden, eher kann man sich nicht von ihm lösen. Solange man sich einer Ungerechtigkeit oder eines unguten Gefühls erinnert, hat man noch nicht vergeben. Erst durch absolutes Verzeihen tritt automatisch das Vergessen ein, und wenn die Verzeihung vollständig ist, wird sich ein Gefühl der Heiterkeit, des Glücks und des Friedens in uns ausbreiten, wodurch uns neue Kräfte zufließen und die allumfassende *Liebe* frei wachsen kann.

Liebe ist ein Prinzip, eine bewußt aufrechterhaltene geistige Strahlung. Die Aura der Liebe ist *Licht*. Jedes Wesen wird einmal zu der bewußten Erkenntnis kommen, daß Liebe das *Höchste* ist.

Liebe vermag es, uns zur höchsten Wahrheit und Freiheit zu führen. Liebe ist die umwandelnde und verwandelnde Kraft, die Erlösung bringt. Auch *Geduld* ist Liebe. Wer die richtige Liebe hat, kennt auch keine Furcht. Liebe ist nicht emotional. Sie ist nicht käuflich, noch kann sie verkauft werden.

Wer ein Kanal für Liebe zu werden wünscht, muß den Gott des Universums bitten, ihn zu erheben, um sich mit dem unendlichen Bewußtsein des Einen zu vereinen. Dann kann die Liebe durch ihn strömen, die nichts anderes kennt, als sich auszugießen, alles frei zu lieben, was gebunden und unfrei ist. Wer ein geduldiger und toleranter Mensch geworden ist, ist auch ein *Meister* der *Liebe*.

Jede Tugend, die ein Mensch besitzt, ist ein Teil *Gott-Natur*, mit der er sich in Einklang gebracht hat. Er hält sie für seine eigene Tugend, weil das unteilbare Wesen Gottes schwer zu begreifen ist. Ebenso ist die universelle Liebe für den menschlichen Verstand unbegreiflich und nicht erklärbar. *Sie ist ein ständig aufrechterhaltenes Gefühl, das aus dem Herzen, aus dem Anahata Chakra kommt, als Teil der Gott-Natur, als Geschenk des höchsten Geistes.* Erst wenn dieses empfangene Gefühl durch die bewußte Anstrengung des Menschen *aufrechterhalten bleibt,* kommt er zu jener Einsicht, der sich alle Großen und Erleuchteten erfreuen dürfen.

Liebe heißt, nur *Gutes* denken! Viele Gefühle und Emotionen werden irrtümlich für *Liebe* gehalten. Auf menschlichem Niveau wahrer Liebe wird jeglicher selbstsüchtige Gedanke durch einen liebevollen verdrängt. Im umfassenderen Sinn bedeutet Liebe das Verlangen der Seele, *Vertrauen* und *Glück* zu geben. Liebe ist die *Fähigkeit*, Trost, Hilfe und Führung im täglichen Leben zu offenbaren, die eigene innere Kraft zu fördern, die Ruhe und Gelassenheit bringt. Die innere Kraft, die die Kraft *Gottes* und in jedem Menschen vorhanden ist, können wir sie fördern und zulassen, ist *Liebe*

Eine Seele, die wahre *Liebe* entwickelt, wird weise. Eine Seele, die Ruhe und Gelassenheit entwickelt, erlangt göttlichen Frieden. Wenn sie einen gewissen Grad der inneren *Stille* erreicht hat, dann werden ihre Augen geöffnet, und sie versteht vieles, was jenseits der Grenzen des physischen Verstandes liegt.

Kehren die Menschen der *Liebe* aber den Rücken, so wählen sie das Chaos. Wer versucht, ohne Liebe da zu sein, kann nirgends in der Schöpfung lange überleben. Er wird Mißerfolg, Trübsal und Zerstörung verursachen und empfangen. *Das ist das Gesetz des Lebens für alle!*

Durch manches Leben hindurch, ob auf dem diesseitigen oder jenseitigen Plan, werden wir gewirbelt und erfahren nur Enttäuschungen, bis wir das Gesetz der *Liebe* befolgen gelernt haben. Diese unglücklichen Zustände setzen sich so lange fort, bis unser äußeres Selbst nach der Ursache sucht und erfaßt, daß die Befreiung von Leid nur zu erreichen ist, wenn es dem Gesetz der Liebe folgt. Dann erst werden *Ruhe, Frieden* und *Weisheit* in unser Herz einkehren. Solange wir diese Gefühle noch nicht kennen, verstoßen wir gegen das Gesetz der *Liebe.*

Liebe ist die reine Essenz, die aus dem Höheren Selbst strömt und sich in das *Leben* ergießen möchte als *Vollkommenheit* in *Form* und

Tat. Liebe ist offenbarte Vollkommenheit. Sie kann nichts als Frieden und Freude zum Ausdruck bringen. Sie verlangt nichts für sich, denn sie ist selbstschöpferisch. Liebe ist die Grundlage der Harmonie und der *richtigen Anwendung aller Lebenskraft,* und sie ist es, die uns den *Himmel* zurückbringen kann.

Das Gesetz des Schutzes

In entsprechenden Büchern liest man häufig, daß hochentwickelte Menschen in wunderbarer Weise vor den Angriffen von Widersachern beschützt wurden. Der Leser ist erstaunt darüber, wie im letzten Augenblick das ungute Vorhaben aus oft unerklärlichen Gründen vereitelt, und der Böses Planende selber getroffen wird.

Solche Geschehnisse werden in Märchen und Sagen immer wieder erzählt: Hilfe kommt im letzten Augenblick, und den Täter trifft seine eigene Handlung so, als ob er den Spieß buchstäblich umgekehrt hätte. Sind hier Zufälligkeiten oder Gesetzmäßigkeiten am Werk?

Ein Wesen, das sich seiner *Gott-Gegenwart* vollkommen bewußt ist, diese auch aufrechterhalten kann in seinem Denken und Tun und aus ihr zu jeder Zeit des Tages handelt, ist gegen alle Angriffe von außen und innen geschützt. Selbst wenn ein anderer diesen Menschen töten wollte, wäre das nicht möglich, wenn er es von sich aus nicht zulassen würde. Einem vollkommen in *Gott* Lebenden bleiben die schlechten Gedanken und Gefühle eines anderen nicht verborgen, so daß er stets die ihm verfügbare Göttliche Kraft anzuwenden imstande ist, die jedem Wesen innewohnt. Er tut in einem solchen Falle nichts anderes, als die *Gottes-Kraft*, über die er Meister geworden ist, gegen die verderbliche Kraft des Gegners einzusetzen. Sobald diese dann die Aura des Gegners berührt, nimmt sie die Eigenschaften an, die der geplanten Tat zugrunde liegen.

Ein Meister des Geistes tut also nichts anderes, als daß er die ausgesandten bösen Gefühle des Angreifers abweist, die ja eine vernichtende Kraft darstellen, so daß sie sich umkehren. Dadurch vernichtet und richtet der Böse sich selbst, so daß er also, wenn er Mord geplant hatte, tot umfallen kann.

Es ist nicht so, daß er von dem Menschen, den er vernichten wollte, getötet wurde, sondern daß dieser die *Kraft* seines Vorhabens von sich ablenkte und er sich dadurch selbst vernichtete.

Der vollkommene Meister ist die Verkörperung von Selbst-Beherrschung und unbegrenzter Kraft, die er seinem Willen bewußt gefügig machen kann. Er ist sich aber auch der hohen Verantwortung des Gebrauchs *Göttlicher Kraft* bewußt und wird sie stets in diesem Sinne anwenden.

Eine kleine Meditationsübung

Wir richten die Konzentration auf die drei wichtigsten Punkte des Körpers, weil alles Schaffen von diesen ausgeht. Es sind dies: *Herz:* (Anahata-Chakra), *Kehle:* (Visudha-Chakra), *Kopf:* (Sahasrara-Chakra). Wer geistiges Wachstum, Vervollkommnung und Aufstieg anstrebt, sollte die ganze Konzentration auf diese höheren Zentren lenken.

Die Mitte auf dem Scheitel des Kopfes ist der höchste Brennpunkt im Körper. Dort ist auch der Punkt, wo das Wichtigste in uns einströmen kann: Licht und Göttliche Intuition.

Bleibt die Kraft der Konzentration auf diese drei Zentren gerichtet, so kann sich das Tor der Seele weit öffnen und erlaubt es ihr, immer tiefer in ihre vollkommene Göttliche Tätigkeit zu kommen, um zur Meisterschaft über alle Mißklänge dieser Welt und dieses Lebens zu gelangen.

Der ernsthafte Schüler sollte oft über das *Licht* im höchsten Zentrum nachdenken und fühlen, wie es sein ganzes Bewußtsein, seinen Leib und seine äußere Welt erfüllt. Dies ist das Licht, das jedem leuchtet, wenn er in diese Welt kommt. Es gibt kein menschliches Wesen, das von diesem Licht nichts in sich trägt.

Eine Meditation kann uns helfen, das Licht in uns zu erfahren. Einige Hinweise hierzu können eine Hilfe sein.

Zunächst sollten wir dafür sorgen, daß wir ungestört sind. Wir setzen uns bequem und aufrecht hin. Die Hände werden in den Schoß gelegt oder auf die Oberschenkel, daß die Handinnenflächen zur Decke schauen. Dann schließen wir die Augen und lassen den Atem fließen. Der bewußte Wille ist beim Atmen ausgeschaltet. Einige Zeit beobachten wir das Atemgeschehen. Mit jedem Atemzug ziehen wir uns mehr und mehr vom Alltag zurück und kommen langsam in die Stille. Sind Gedanken und Geist zur Ruhe gekommen, was durch den fließenden, rhythmischen Atem geschieht, *stellen wir uns vor und fühlen auch,* wie der Körper in Licht eingehüllt ist. Dieses Bild halten wir einige Minuten fest. Dann richten wir die ganze Aufmerksamkeit auf den Mittelpunkt des Herzens und *fühlen* intensiv die Verbindung zwischen unserem äußeren Selbst und dem Göttlichen Selbst in uns.

Diese Vorstellung und das Gefühl halten wir wieder fest. Wenn uns das auch nicht sofort gelingt, so wird das tägliche Üben uns bald dahin führen.

Nach einiger Zeit, deren Spanne jedem überlassen bleibt, *empfinden* wir das Licht und *lassen es in jede Zelle des Körpers fließen.*

Diese Vorstellung halten wir anfangs etwa 5 Minuten fest, wenn es gelingt, stets in der Gewißtheit, daß das *Licht* uns schützt und erleuchtet und wir zu jeder Zeit des Tages in diesem Licht leben. Dann bekräftigen wir in uns die Gedanken: Ich bin ein Kind des Lichtes. Ich liebe das Licht. Ich diene dem Licht. Das Licht ist mein Schutz und meine Erleuchtung. Ich segne das Licht.

Solch eine Meditation sollte etwa 15 – 30 Minuten dauern, abends vor dem Schlafengehen und morgens vor Beginn der Tagesarbeit. Eine einmalige tägliche Meditation ist selbstverständlich auch sehr wertvoll.

Es ist ein Gesetz, daß, wenn der Wunsch stark und innig genug ist, sich durch ihn die Verhältnisse und die Dinge neu ordnen und uns die Zeit dazu verschafft wird. Niemand steht außerhalb dieses Gesetzes.

Werden Bedürfnisse und Verlangen, etwas Aufbauendes zu gestalten, mächtig genug, so wird die nötige Menge Energie frei werden, dem Gewünschten auch Gestalt zu geben. Je nach Intensität des Wunsches braucht es eine kürzere oder längere Zeit, bis er sich manifestiert.

Betrachtung und Verehrung des *Lichtes* in uns bringt dem Geist Erleuchtung und dem Körper Kraft, Gesundheit und innere Ordnung.

Band 2

Danksagung

Ich möchte es nicht versäumen, auch dem 2. Band „Der geistige Weg“ einen Dank vorauszustellen.

Die spürbare Nähe der geistigen Welt erleicherte mir die Öffnung für die Licht- und Energieströme, die das Einfließen der Gedankenschwingungen ermöglichen.

Meinen Herzensdank für alles, was ich während der Zeit des Schreibens erleben und erfahren durfte.

So folge ich auch mit der Herausgabe dieses Bandes der Aufforderung, das Empfangene weiterzureichen, damit für jeden, der es annimmt, der Weg für das *Göttliche* in ihm geöffnet werden kann.

Einige Gedanken und Gesetzmäßigkeiten, die im ersten Band auf breiterer Ebene dargelegt sind, erfahren hier im einzelnen eine Vertiefung und Weiterführung. Nur ein stetes und detailliertes Studium führt uns in die Tiefe unseres Seins, zum inneren Licht, zur *Großen Gottgegenwart.*

Das Licht Gottes in uns

Jeder Schüler, dem sein Lebenssinn bewußt geworden ist und der sich in den Dienst der Menschheitsentwicklung gestellt hat – das kann ein jeder dort, wo er steht –, denkt weniger als andere an sich selbst. Er lebt in der Erkenntnis, daß die Bedürfnisse des persönlichen Selbst sehr gering sind. Nur der auf sein Ich-Bewußtsein bezogene Mensch weitet die Bedürfnisse zu einer ihnen nicht zustehenden Wichtigkeit aus. Die Überbewertung des Ich-Bewußtseins treibt ihn in die Äußerlichkeit, die ihn die wahren Werte und den wahren Sinn seines Lebens nicht mehr erkennen lassen. Dadurch geht auch sein Verständnis für Mitmenschen und Umwelt verloren, denn nichts hält den Menschen mehr gefangen, als die Überbewertung des persönlichen Selbst.

Eine der wichtigsten Grundübungen für jeden Schüler ist es, das innere Licht und die Liebe im Herzen zu aktivieren um jeden, der zu ihm kommt, darin einzuhüllen. Sein Dasein wird dadurch reicher und harmonischer, und durch die Ausbreitung des inneren Lichtes erfährt sein Blick eine Weitung und führt immer mehr die Aufmerksamkeit vom eigenen kleinen Ich hinweg.

Es gibt keinen Lebensstrom, der das innere Licht nicht in sich trägt, ob er es vergessen hat oder ob es auch nur zu einem glimmenden Funken geworden ist, eingekerkert in der Hülle dichter Materie, oder aber ob es leuchtend in dem geworden ist, der seiner Göttlichen Bestimmung zustrebt: es ist doch immer das Licht aus dem gleichen Ursprung – Göttliches Licht.

Auch in Unkenntnis dieser Tatsache stellt dieses Licht die Verbindung innerhalb der Menschheit dar. Durch das Göttliche Licht wird sie zu einer *Bruderschaft,* ja zu einer *Schicksalsgemeinschaft.*

Im Wissen um diese innere Verbindung sollten wir jeden als gleichberechtigt ansehen. Die Unterscheidung des einen vom anderen liegt nur in der Stufe seiner Entwicklung.

Diese voll bewußte Anerkennung der Bruderschaft der gesamten

Menschheit könnte eine grundlegende Wandlung auf der Erde herbeiführen.

Die auf das Lichtzentrum gelenkte Konzentration und Aufmerksamkeit (Herz-Chakra) setzt immer mehr Göttliche Kräfte frei, die den Körper „speisen“. Durch stete Anerkennung dieses Göttlichen Lichtes wird es strahlender, umfassender, und immer mehr kann sich der Göttliche Plan verwirklichen, weil durch die Ausbreitung des Lichtes menschliche Reaktionen allmählich verblassen.

Gott sei Dank dafür, daß der tiefste Punkt überschritten ist, da die Menschheit in die Materie eintauchte. Unser Planetensystem wird von immer höheren Schwingungen berührt, und diese führen den Geist der Menschen zu höheren Erkenntnissen. (Ich werde meinen Geist ausgießen über alles Fleisch ...)

Ein Zeitalter der Freiheit ist angebrochen, das für die Menschen neue belebende Kräfte freisetzt, welche sie in eine völlig andere Richtung lenken.

Das durch Begrenzung und Dogmen geprägte fest verwurzelte Weltbild dunkler Jahrhunderte löst sich langsam auf. Im menschlichen Bewußtsein dämmert eine neue Sinnfindung und Erkenntnis des Lebenszweckes und -Zieles. Brüderliche Liebe, Entfaltung und rechte Anwendung der inneren Kräfte durch Vermehrung des inneren Lichtes sind Aspekte, die das Neue Zeitalter hervorbringt. Die Menschheit wird offen für sie sein, weil die höheren Schwingungen den Geist zu neuen Erkenntnissen anregen. So wird eine überlebte Epoche zu Ende gehen, auch wenn sich noch mancher daran klammert, weil irdischer Besitz und Überbewertung der Materie ihn noch fesselt und festhält.

Je mehr wir das innere Licht sozusagen „in Bewegung“ halten, indem wir öfter am Tage einen Augenblick der Stille einlegen, ist bald zu spüren, wie die Kräfte sich vervielfachen. *Aber das bedarf immer wieder der Konzentration auf die Verbindung mit dem inneren Licht und seine Anerkennung*. Dann kann der Göttliche Plan hervortreten, dann können seine Ideen empfangen werden mit den Weisungen, wie er zu verwirklichen ist.

Wo unsere Aufmerksamkeit ist, dahin fließt unsere Lebensenergie

Wer in der echten *Liebe* zu *Gott* lebt und seine Gedanken auf Seine *Gegenwart* lenkt, wird von der Sinnenlust, wie z. B. der übersteigerten Sexualität, der heute viel zuviel Beachtung geschenkt wird, auf die Dauer befreit. Auch andere Lüste oder Süchte werden damit überwunden. Das beruht auf einer Gesetzmäßigkeit, die Körper, Seele und Geist harmonisch in Einklang bringt. Das echte Bemühen eines Schülers, der seine ganze Liebe dem eigenen *Göttlichen Selbst* – dem *Vater* in sich – zuwendet, bringt ihm auf die Dauer diese *Freiheit.* Das ist ein geistiges Gesetz; *denn all unsere Lebensenergie strömt dorthin, wo unsere Aufmerksamkeit weilt.*

Im Verlauf der geistigen Entwicklung werden die Lebenskräfte mit höheren Werten aus dem Gefühlskörper und der Gedankenwelt erfüllt. Dadurch vollzieht sich eine harmonische Umwandlung, was aber keine gewaltsame Unterdrückung der sexuellen Gefühle, um bei unserem Beispiel zu bleiben, bedeutet.

Da wir Seele *sind* und einen Körper *haben,* werden alle körperlichen Belange, Bedürfnisse und Reaktionen aus dem *Geist* gesteuert, der auf die Sinnesorgane einwirkt, nicht umgekehrt. Wenn der *Geist* die Gefühlsnatur des Menschen unbeirrbar auf höhere Werte ausrichtet, kann er nicht mehr der Sinnenlust verfallen.

Die meisten Menschen – und damit auch die Ärzte – verdrehen die Dinge, weil sie nicht davon ausgehen, daß die Individualität „Mensch" geistig ist. Sie indentifizieren sich und alle anderen mit dem vergänglichen Körper, dadurch wird das wahre Mensch-Wesen völlig verkannt, und so treiben sie wie herrenlose Boote auf dem Lebensozean dahin, statt die Steuerung der Materie selbst zu übernehmen. Auf diese Weise steht das Denken auf falschem Grund, und der Mensch kann niemals *die* Resultate erzielen, die er sich als ideales Lebensziel vorgestellt hat. Auf allen Lebensbereichen findet sich diese „Verdrehung" und kann chaotische Auswirkungen zeitigen.

Wenn jemand konsequent und aus eigenem Antrieb den geistigen Weg geht, das heißt, wenn er sich vervollkommnen will, diese Welt nur als eine Möglichkeit dazu betrachtet, als Vorbereitung auf ein Leben in Höherer *Freiheit*, benötigt er alle Kraft und Aufmerksamkeit dafür. Daraus schöpft er die Energie, die ihn befähigt, an der Gegenwart Gottes in seinem Innern festzuhalten und darin zu leben. In dem Augenblick aber, da die gesamte Kraft nur zur Befriedigung der groben Sinne benutzt wird, wendet sich die *Aufmerksamkeit* und damit die wertvolle *Energie* vom *Göttlichen* ab, denn man kann nicht zwei Herren dienen. Das äußere Selbst des Menschen benutzt seit eh und je diese Kraft, um einseitige Vorstellungen in seinem Bewußtsein zu schaffen. In der falschen Bewertung der Triebnatur und damit der entsprechenden Nutzung der Lebenskraft haben die Meinungen vieler Ärzte, Psychologen und Psychiater ihren Ursprung. Eine Ausnahme würde sicher ein krankhafter Triebmensch bilden.

Noch bis in unser Jahrhundert hinein war es gar nicht allgemein üblich, daß für anormal gehalten wurde, wer keine Familie gründete, einerlei ob Mann oder Frau. Nicht immer standen nur wirtschaftliche oder gesellschaftliche Notwendigkeiten dahinter. Die Grundeinstellung war anders, man bewertete vieles anders als heute, wo wir den Materialismus voll auskosten und ausleben.

Heute wird die Befriedigung des Geschlechtstriebes, wie auch anderer Triebe, die der Mensch mit den Tieren gemeinsam hat, viel zu hoch eingeschätzt, als ob sie den Sinn des Lebens bedeuten. Die rein materialistische Auffassung brachte diese Verwirrung mit sich; sie suggeriert den Menschen die Notwendigkeit des Auslebens aller Triebe, als sei das der wesentlichste Aspekt des Lebens. Dadurch werden viele Probleme geschaffen und künstlich vergrößert. Sie erzeugen Minderwertigkeitskomplexe bei einem, der sich als anders empfindet, und um sie zu beheben, manöveriert er sich in ein überspanntes Triebleben, das ungeheure Kräfte an sich zieht und vergeudet, aber der eigenen inneren Entwicklung, besonders der Jugendlichen, oft gar nicht entspricht. Es ergeben sich viele Spannungen, wenn die zu früh aneinander gebundenen Partner sich im Laufe der Zeit verschieden entwickeln, ein Teil noch stark von seinen

Trieben abhängig ist, während der andere durch das Begehren des Gefährten sich immer wieder herabgezogen fühlt. Das bringt viele Konflikte, und der Unwissende und in sich noch nicht Gefestigte gerät dadurch in Zweifel an sich selbst und in der Folge oft in die Hände eines Arztes, der ihn noch mehr verunsichert und ihn zu einem liebesunfähigen und unnormalen Menschen abstempelt. Derartige Ansichten sind unverantwortlich und bewirken die größten Verwirrungen, gegen die sich diese Unglücklichen zu behaupten haben. Die Vergeudung der Lebenskraft macht es unmöglich, je geistige *Meisterschaft* zu erlangen, weil sie in falsche Kanäle fließt. Diese Verschleuderung bester Kräfte für die Befriedigung der groben Sinne ist zu einem großen Teil die Ursache von zu früher Vergreisung, Krankheit, des Verlustes der Hör- und Sehkraft und des Gedächtnisses. Solche Störungen treten dann auf, wenn die Lebenskraft nicht mehr fließt. Ohne diese Lebensenergie sind auch häufig die Willenskraft und der Antrieb zu geistiger Arbeit gebrochen. Allerdings kann es auch andere Ursachen für derartige Störungen geben. Aber des öfteren hörte ich alternde Menschen sagen, daß das Leben nicht mehr lebenswert sei, wenn die sogenannte „Liebe“ (Sexualität) unerwidert bleibt bzw. erlischt. Das ist eine bedauernswerte Einstellung und ein schlechtes Zeugnis für die Nutzung der Lebensspanne.

Es begegneten mir aber auch viele Menschen, die in älteren Jahren voll Bedauern erkannten, daß sie aus Unkenntnis die wertvollsten Lebenskräfte ein Leben lang falsch gelenkt hatten, statt sie für den Aufbau ihrer Geistigkeit zu nutzen.

Die materielle Schöpfung braucht den physischen Körper, die Sinne und Gefühle, aber wenn sich im menschlichen Bewußtsein im Laufe des Reifwerdens keine allmähliche Neuorientierung vollzieht, tritt unweigerlich Verfall ein. Dann lebt der Mensch dahin, ohne seine höheren Möglichkeiten und den Daseinszweck erkannt und erfüllt zu haben.

Allerdings ist aber auch davor zu warnen, mit Willenskraft und Zwang ohne tiefere Erkenntnis die Kräfte beherrschen zu wollen. Dadurch werden sie nur gestaut und brechen an einer anderen Stelle durch. Es gilt also nicht, *die Triebkraft zu unterdrücken,* sondern die

Aufmerksamkeit zu lenken; *denn wo unsere Aufmerksamkeit ist, dort ist unser Bewußtsein, dorthin fließt auch die Lebenskraft.* Das ist ein geistiges Gesetz!

Wäre die Aufmerksamkeit ausschließlich auf den geistigen Fortschritt gerichtet, würde alle Kraft dafür benötigt, aber nur dann, wenn das ganze Sein davon durchdrungen ist. Andernfalls wird sie durch die geringsten äußeren Einflüsse immer wieder abgelenkt und verfällt ihnen. Wer wahrhaft und ernsthaft *Gott* liebt und ihn in seinem Innern sucht und alle Aufmerksamkeit auf ihn lenkt, wird seine ganze Kraft dafür aufwenden, und sie fließt in ganz andere Kanäle, als wenn der Mensch sich in Gedanken, Gefühlen und Wünschen dem Triebleben hingibt.

Jeder, dem es ernst mit seinem geistigen Auftrag ist, kann keine Schwierigkeiten und Probleme mit der fälschlicherweise so hochgespielten Sexualität bekommen, wenn sie von seinem *Geist* (Bewußtsein) gesteuert wird und nicht allein vom Körper, da der Mensch primär ein geistiges Wesen ist, das den Körper als Kleid, als Hülle trägt, solange er in dieser irdischen Existenz weilt. Ganz sicher hat unsere jetzige Existenz auf der Erde einen anderen Sinn als nur den, sich triebhaft auszuleben, wie die heute verbreitete Meinung ist. Der Sexualität wird wohl die größte Aufmerksamkeit geschenkt. Dadurch verfehlt die Seele aber den Weg ihrer Bestimmung, und das ist eine große Tragik, die ihr spätestens dann deutlich vor Augen tritt, wenn sie diese Welt verlassen hat.

Von geistiger Entwicklung, von Selbstverwirklichung, die der Sinn unseres Lebens sind, spricht kaum ein Arzt, wohl aber von den körperlichen „normalen" Notwendigkeiten. Alle Aufmerksamkeit wird dem vergänglichen Körper geschenkt. Er ist aber nicht der Urheber der Nöte und Krankheiten. Unsere Individualität, der Ursprung unseres Seins, geoffenbart durch die Seele, den feinstofflichen Bereich, ist das, was wir primär sind. Jede Fehlsteuerung des Körpers und jede Ursache zu krankhaften Zuständen muß deshalb dort gesucht werden. Unsere Feinstofflichkeit durchdringt unseren materiellen Körper, und *darum* können die Mängel zuerst an ihm zutage treten.

Wie es ein Arzt weitgehend in der Hand hat, das Ausleben dieser

Lebenskraft zu befürworten, genau so hat er es in der Hand, sie durch Weckung der rechten Erkenntnis vom Sinn des Daseins in vernünftige Bahnen zu lenken. In früheren Zeiten waren Ärzte auch Priester. Ein Arzt sollte vom geistig-seelischen Bereich viel wissen und für sich selbst die positive Einstellung dazu haben, dann kann er auch in der rechten Weise auf seine Patienten einwirken, aber noch nicht einmal alle Pfarrer, Priester und Lehrer haben diese Auffassung.

Die Triebkraft wird vom Geist gesteuert und braucht den Körper als Vollzugswerkzeug. Wenn der Geist (Bewußtsein) durch Erkenntnis richtig gelenkt wird, verringern sich die Probleme. Daß es so ist, erweist sich an Menschen, die den Weg der „inneren Entwicklung" gehen. Manch ein Schüler, der vorher tief in der Auslebung der Sexualität befangen war, kam dadurch langsam aus der Triebhaftigkeit heraus. Das geschah dann ohne Komplikationen, ohne Probleme und ohne Schaden, weil die Kraft umgewandelt und in andere Kanäle geleitet wurde.

Alle Lustgefühle werden von einer Kraft gesteuert. Und wenn diese Kraft in eine neue Richtung gelenkt wird, also die Aufmerksamkeit sich anderem zuwendet, wird sie logischerweise und automatisch von körperlichen Sinnen abgezogen. Wenn z. B. ein spannendes Fußballspiel verfolgt wird, denkt niemand an Sex, weil die ganze Aufmerksamkeit auf das Spiel gerichtet ist. Es gilt also, *die Aufmerksamkeit zu beherrschen und nicht die Triebkraft zu unterdrücken.*

Ich rate jedem Schüler des Lichtes, die Aufmerksamkeit von der Verirrung abzuziehen, wie sie die heute vorherrschende Meinung über die Sexualität darstellt.

Es sei aber nicht versäumt zu erwähnen, daß Vergeudung der Lebenskraft in einem großen Gegensatz steht zu einer in Göttlicher Liebe ethischen körperlichen Vereinigung, die von Triebbefriedigung und Sinnenlust weit entfernt ist.

Diese hier zum Ausdruck gekommenen Gedanken und auch Gesetze wird nur jener verstehen können und auch verstehen *wollen*, der den Weg zum Licht gewählt hat. Wer noch tief im Weltlichen und im Materialistischen steckt, kann und will dies auch nicht anerkennen, einmal weil er seine Gewohnheiten nicht ändern will und zum anderen, weil er auf die „Lust" nicht verzichten möchte. Der Gedanke, daß der Mensch um der Vervollkommnung willen lebt, ist ihm ebenfalls sehr unbequem und wird auch meist abgewiesen.

Wer sich aber auf den Weg gemacht hat und irgendwann einmal in Zweifel und Unsicherheit gerät, weil sich in seinem Leben einiges verwandelt hat und auch körperliche Bedürfnisse sich verändert haben, den möchte ich darauf hinweisen, daß seine Entwicklung sich sehr beglückend gestalten wird; wie eine reifende Seele das empfindet, vollzieht sich aber nach geistigen Gesetzmäßigkeiten.

Dies ist die andere Seite der Auswirkung des Gesetzes im Gegensatz zu der Möglichkeit, unwissend und jammervoll vor den Trümmern der eigenen Lebensgestaltung zu stehen.

Ihr Schüler des geistigen Weges aber werdet Euch auf den Flügeln der *Freiheit* in die Segnungen der Vollkommenheit des grenzenlosen, ewigen Lichtes erheben.

Die Yogis des fernen Ostens z. B. betrachten unsere Auffassung von der Sexualität als völlig unnatürlich. Für sie ist ein Geschlechtsakt zu heilig, als daß sie ihn mißbrauchen. Sexuelle Exzesse verzehren den Menschen und stellen ihn unter das Niveau eines Tieres. Eine saubere Beziehung zwischen Partnern dagegen erhebt und stärkt, sie basiert aber nicht allein auf Sinnenbefriedigung.

Wenn nur der Partner auf eine höhere Bewußtseinsebene steigt und feststellen muß, daß der andere Teil ihm nicht folgen kann, löst das Disharmonie und Probleme in der gemeinsamen Beziehung aus. Das ist wahrhaft eine Tragik.

Die Yogis lehren, mit der Lebenskraft sinnvoll umzugehen. Kontrolle der Triebe soll auf keinen Fall mit sexueller Schwäche verwechselt werden. Sie wissen, daß diese Kräfte gespeichert werden können, um sie der Entwicklung des Körpers und des Geistes zuzuführen. Sie lehren die Zeugungsenergie in *Vitalität* zu transmutieren, um sie der körperlichen und geistigen Entwicklung zugute kommen zu lassen. Da sie eine kreative Energie ist, kann sie durch das gesamte Körpersystem aufgenommen und in Antriebskraft umgewandelt werden.

Wenn besonders junge Menschen diese Prinzipien verstünden,

könnten sie sich viel Elend, Unglück und Krankheit in den späteren Jahren ersparen. Sie wären geistig, moralisch und körperlich stabiler und dadurch zufriedener.

Nach der Yogalehre kann diese Vitalkraft im dritten Chakra, dem *Manipura*-Chakra, im Sonnengeflecht umgewandelt und als „Reserve" gespeichert werden. (Siehe Band 1 Der geistige Weg, die Chakren, unsere feinstofflichen Energie-Zentren.)

Es gibt eine einfache aber wirksame Übung dafür, die im Liegen oder Sitzen ausgeführt wird:

Das Denken und Fühlen wird auf die Vorstellung dieser Energie gerichtet, frei von sexuellen Gedanken und Vorstellungen, also passiv. Der Atem fließt rhythmisch. Die Gedankenvorstellung wird darauf gerichtet, daß diese wertvolle Kraft, die ja auch Göttlicher Natur ist, zum Solar-Plexus geführt werden soll. Mit der geistigen Vorstellung wird dann einatmend die Kraft nach oben in das Sonnengeflecht gezogen. Jede Einatmung gibt den Willensimpuls dazu, die Energie aus dem unteren Bereich ins dritte Chakra zu holen. Das geistige Bild über diesen Vorgang sollte uns dabei ganz klar vor Augen stehen, dann kann das Aufwärtsströmen der Energie bewußt erlebt und die belebende Wirkung spürbar werden.

Wird geistige Aktivität angestrebt, kann diese Kraft unter Festhaltung des geistigen Bildes (Vorstellung) einatmend in den Kopf geführt werden. Es wird nur soviel Kraft ins Gehirn gelangen, wie zur geistigen Aktivität benötigt wird, während der Rest im Solar-Plexus gespeichert bleibt.

Die Yogalehre kennt noch manch andere Methoden zur Lösung dieses Problems. Diese Übung ist jedoch einfach und sehr wirksam, und jeder ehrlich Strebende kann sie erfolgreich anwenden.

Die Übersteigerung der Sexualität hängt auch mit den heutigen Eßgewohnheiten zusammen: das tägliche Frühstücksei, Wurst auf dem Brot zum 2. Frühstück, zum Mittagessen Fleisch, abends wieder Wurst und Schinken. Eier enthalten hochkonzentriertes Eiweiß und sind eher noch schwerer zu verdauen als Fleisch. Außerdem fördern die Zerfallsprodukte des tierischen Eiweißes die Bildung und das Wachstum von Krebszellen. Deshalb sollte zuallererst dem Menschen, der in Schwierigkeiten geraten ist, nahegelegt werden, seinen Speiseplan zu überprüfen und zu verfeinern.

Fassen wir zusammen: nicht allein unserer täglichen Arbeit und allem, was damit zusammenhängt, sollten wir unsere Aufmerksamkeit zuwenden, sondern vielmehr unser ganzes Denken und Handeln ordnen und kontrollieren und damit bewußt einem geistigen Ziel entgegenleben.

Vom Wirken der Meister und dem Kontakt mit ihnen

Wenn in diesem Abschnitt vom Wirken der spirituellen Meister gesprochen wird, ganz gleich, ob sie sich in der geistigen, der feinstofflichen oder noch in der physischen Welt aufhalten, so gehe ich davon aus, daß ihre Existenz anerkannt wird.

Evolution kennt kein Ende, ganz gleich, in welchem Bereich sich die Menschenseele befindet, in welchem „Körper" sie sich bewegt. Sie mag viele Sphären durchwandern, Schwingungsbereiche, wie sie ihre verschiedenen Entwicklungsstufen erfordern, die nicht eher verlassen werden können, bis die den jeweiligen Bereichen entsprechenden Lektionen gelernt sind. Der Göttliche Plan gibt jeder Seele immer wieder erneut die Gelegenheit, „alles in Ordnung zu bringen", oder wie Christus sagte: „Bis der letzte Heller bezahlt ist." Das ist die große Gnade und Liebe des Schöpfers, die von keiner ewigen Verdammnis kündet. Dies mag sehr tröstlich klingen, sollte uns aber nicht davon abhalten, die Qualität der Seele jetzt zu verbessern und diese Bemühung nicht auf einen späteren Zeitpunkt zu verschieben, wenn uns eine erneute Gelegenheit dazu gegeben wird. Die Lernprozesse können sehr schwierige Situationen für uns bringen, und wenn diese – hervorgerufen durch eigene Schlamperei, Schwäche oder Mangel an Disziplin – immer wieder durchlaufen werden müssen, so könnte der Gedanke daran durchaus unangenehm sein, und es wäre klüger, den Augenblick zu nutzen, um alles zu lernen, was der Entwicklung dient.

Die Erkenntnis, die ein Schüler des Geistes durch ein entsprechendes Wissen erworben hat, müßte für ihn eine große Hilfe sein, die er dankbar registrieren sollte, denn Unwissenheit hat uns doch bislang im Kreise herumgeführt, ohne daß wir wußten, warum diese oder jene Mängel, Schwierigkeiten oder Disharmonien das Leben erschwerten.

Da die Kohäsionskraft der Göttlichen Liebe das Universum und jegliche Schöpfung zusammenhält und auch die Erde mit ihrem gesamten Leben die Strahlung dieser Liebe empfängt, steht niemand außerhalb der helfenden Kraft; jeder kann sich ihrer bedienen, der seine Seele dafür offen hält und der es vermag, diesen Strom einfließen zu lassen.

Diese Liebe wird auch von den großen Wesen, von den spirituellen Meistern verkörpert. Sie sind Meister der Liebe, der Vollkommenheit und des Lichtes. Diese Großen sind keine erdichteten Wesen irgend eines phantastischen Gemütes, sondern sie sind wirkliche, lebendige Wesen, ganz gleich, ob sie noch in der körperlichen oder schon in der geistigen Welt leben. Sie sind von unbegrenzter Liebe und Kraft und von solcher Weisheit, daß ein menschlicher Geist ihre Größe nicht zu erfassen vermag.

Durch ihre unvorstellbar große Kraft wirken sie auf den verschiedenen Ebenen im sichtbaren und im unsichtbaren Weltall. In völliger Freiheit vollbringen sie in ganz natürlicher Weise das, was der unwissende Mensch als übernatürlich betrachtet. Der Mensch der äußeren Welt, vor allem der Verstandes- und Kopfmensch, kann sich davon keine Vorstellung machen. („Arm der Mensch, dem der Kopf alles ist", Goethe.)

In der physischen Welt gibt es Lehrer verschiedener Stufen, die die Entwicklung des Wachstums der Menschheit lenken und fördern, um sie auf verschiedene Lebensaufgaben vorzubereiten. In gleicher Weise erziehen die großen Meister in den geistigen Sphären den Einzelmenschen und sind ihm dabei behilflich, sein Bewußtsein über die irdischen Begrenzungen hinauszuführen. So ist es einem jeden gegeben, Eigenschaften und Fähigkeiten zu entwickeln, bis er unter der Obhut eines Meisters und durch dessen Belehrungen die Prüfungen besteht, die ihn aus niederen in höhere Klassen führen. Auf diese Weise kann sich dann der Schüler aus seiner begrenzten Menschlichkeit erheben und zum Ausdruck seiner erstrebten Göttlichkeit aufsteigen.

Ein spiritueller Meister ist ein Wesen, das durch seine eigenen großen Bemühungen so viel Liebe und Kraft entwickelt hat, daß es die Ketten der menschlichen Begrenzungen zu sprengen vermochte und ihm göttliche Kräfte zur Verfügung stehen, deren Auswirkungen über die Bereiche irdischer Erfahrung weit hinausgehen. Es ist eins mit der allgegenwärtigen Gottheit und mit allem Leben. Alle Kräfte gehorchen seinem Befehl.

Die Ausstrahlung seines Lichtes, das den Ausdruck göttlicher Liebe darstellt, ermöglicht es einem Meister, den Lichtschüler in seine Obhut zu nehmen und ihm Hilfe angedeihen zu lassen, wenn er ihn dafür würdig befindet. Die Strahlung des Meisters, wenn sie einem Schüler zukommt, wird von dessen inneren Körpern, dem Mental- und dem Kausalkörper, aufgenommen. Sie stellt sozusagen eine „leuchtende Essenz" dar, die alle Mißklänge auflösen und das verlorene Gleichgewicht wiederherstellen kann. Diese Strahlung ist eine Energieform, der ein Meister eine besondere Wertprägung geben kann, z. B. Schutz für den Schüler. Mancher Schüler geht seinen ihm vorbestimmten Weg und weiß nichts von seinem hohen Wohltäter und Beschützer. Gelegentlich kann es möglich sein, daß eine unbestimmte Ahnung oder ein übermächtiges Glücksgefühl ihn durchflutet, deren Ursprung ihm aber unbekannt ist.

Solche Meister stellen alles dar, was das Wort „Meister" umfaßt, da sie die Liebe, Weisheit und Kraft des Gott-Selbst leben und verkörpern. Sie haben sich aus jeglicher menschlichen Enge und Begrenzung befreit und sind dadurch in Auswirkung des Göttlichen Gesetzes zu einem Licht- und Liebesstrom geworden, in den weder ein menschlicher unvollkommener Gedanke, noch ein Mißklang oder eine Disharmonie einzudringen vermag.

Aus ihrer Unwissenheit und Begrenzung heraus maßen sich die Menschen oftmals an, die Meister zu beurteilen und Meinungen über sie zu äußern. Kritik und Meinungen dieser Art stellen eine Vermessenheit dar, die nicht ihresgleichen kennt. Um beispielsweise einen Heiligen verstehen zu können, muß man selbst heilig sein, um Gott zu begreifen, müßte man wie Gott sein, um einen Meister zu verstehen, müßte man selbst eine meisterliche Form erreicht haben. Negative Kritik, mangelhafte und anmaßende Meinungen kehren in solchen Fällen zum Aussender zurück und verstricken ihn in seine dadurch selbstgeschaffenen Leiden und Begrenztheiten. Da die Meister aber von jedweder menschlichen Enge frei sind, kann kein Mißklang sie treffen. Das Gesetz von Ursache und Wirkung oder das der ausgleichenden Gerechtigkeit zwingt alle unvollkommenen und zerstörenden Gedanken und Gefühle zu ihrem Aussender zurückzukehren und bindet ihn so an seine eigenen Unvollkommenheiten und Fehlschöpfungen.

Gedanken und Gefühle sind voller Leben. Wenn die Menschen ihre eigenen Gedanken, Gefühle und Worte „sehen" könnten und wenn sie erfaßten, wie sie entsprechende Dinge und Kräfte an sich ziehen und sie dadurch in ihr Leben rufen, sie würden alles daransetzen, ihre eigenen Fehlschöpfungen ungeschehen zu machen.

Jesus und viele Meister im Physischen und in den inneren Welten sind für die Menschen ein Beweis, daß jeder einzelne fähig ist, sich von jeglicher Begrenzung zu befreien und das Göttliche Ebenbild, nach dem er geschaffen ist, wieder zum Ausdruck zu bringen.

Wer tiefer in die Lebensgesetze und in die des Kosmos eindringt, weiß um die Existenz und um das Wirken der Hohen Meister, von denen viele auf den feinstofflichen Ebenen wirken. Und welcher Lichtschüler möchte nicht zur eigenen Belehrung mit ihnen in Verbindung kommen. In manchen Fällen ist dieser Versuch der Seele dem äußeren Bewußtsein verborgen. Das persönliche Selbst ist unwissend ob der Beziehung zu jenen hohen Wesen. Dennoch gibt es einen Weg, Verbindung mit „seinem" Meister zu bekommen. Der innige und echte Wunsch eines dazu entschlossenen Schülers ist Vorbedingung. Er muß frei sein von aller Neugier und dem Wunsch, menschliche Bedürfnisse zu befriedigen. Die Voraussetzung zu einer solchen Verbindung ist: Arbeiten an der eigenen Persönlichkeit voller Liebe und Selbstdisziplin. Sind diese Voraussetzungen vorhanden, dann richtet sich das ganze Bemühen des Meisters darauf, im Innern des Schülers die große Kraft des Göttlichen Selbst zu entfalten, damit die Grenzen des menschlichen Selbst zu schwinden beginnen; denn in dieser selbstgeschaffenen Begrenzung kann der Schüler kein vollkommenes Werkzeug und kein vollkommener Ausdruck dessen sein, was sein göttliches Geburtsrecht für ihn vorgesehen hat.

Jeder Schüler, der sich ernsthaft und dauerhaft in diesen Prozeß einreiht und seinen Beitrag, von Liebe geleitet und nach seinem Vermögen, leistet, wird früher oder später im vollen Bewußtsein

Kontakt mit jenen großen und herrlichen Wesen bekommen. Und ist er einmal in ihre Strahlung gekommen, wird er auch alle Segnungen erhalten, die Schutz, Belehrung, Kraft, Weisungen, Liebe und Geborgenheit spürbar ausdrücken. Aber das große Gesetz der Willensfreiheit erlaubt es auch einem Meister nicht, irgend einen Zwang auszuüben, noch ein Wesen gegen seinen Willen zu beeinflussen einer Sache zu dienen. Jede Hilfe von Seiten der Schüler ist eine freiwillige Gabe, die nicht den Charakter einer Verpflichtung trägt. Stellt sich der Schüler aus eigenem Antrieb aufgrund seiner Entwicklung in eine Verpflichtung, so wird dies von den Meistern dankbar registriert, aber es bleibt ihm allein überlassen zu binden oder zu lösen. Es zeugt von unbeschreiblicher Liebe und großer Toleranz der Hohen Meister, daß sie ihm im Falle einer Loslösung ihr Wohlwollen nicht entziehen, wohl aber ihre kraftvolle Strahlung, die eine Energieform darstellt und die sie dann Lebensströmen und Ereignissen zukommen lassen, die für das Wohl des Ganzen arbeiten und ihrer Hilfe wert sind.

Mancher Schüler ist von dem Wunsch beseelt, mit einem Meister auf der geistigen Ebene in Verbindung zu kommen. Dies ist nur möglich, wenn er sich bemüht, seine Sinne zu verfeinern, die ihn aus der Grobstofflichkeit herausführen. Dazu ist es keinesfalls erforderlich, sich aus der Welt zurückzuziehen, abgesehen von den Zeiten der Meditation, der Versenkung und des Gebetes. Verfeinerung der Sinne wird hauptsächlich durch *Reinheit* des Denkens erreicht, denn Göttliche Intuitionen und die Gedankenschwingungen der Meister können nur in dem Maße und in der Qualität einfließen, als der Schüler seinen Geist und seine Gesinnung reinigt und erhöht. Je nachdem, wie ein Schüler sich darum bemüht und seine Sehnsucht nach Kommunikation frei von Neugier und Selbstsucht ist, wird ihm der Kontakt eines Tages zuteil, wenn er an dem Wunsch beharrlich in Liebe festhält. Was in Liebe erbeten wird, muß sich erfüllen, wenn die dazugehörenden Voraussetzungen gegeben sind.

Die Verfeinerung der Sinne ist die Tür, durch die ein Meister eintreten kann. Ist der Schüler noch zu sehr in der Grobstofflichkeit verhaftet, kann er den Meister nicht wahrnehmen, auch wenn dieser neben ihm stehen würde. Bei einem Menschen, dem der Kopf noch alles ist, wäre das ohnehin nicht möglich. Es müssen also gewisse Voraussetzungen erfüllt werden, und der erste Schritt muß von dem Schüler ausgehen.

Jede Mühe lohnt sich. Sie steht in keinem Verhältnis zu der Beglückung, die der Schüler dann erfährt.

Verständigung mittels Gedankenkraft

Warum sollte eine Verständigung mittels Gedankenkraft ausgeschlossen sein? Ist es nicht jedem mehr oder weniger schon so ergangen, daß er genau wußte, was ein anderer dachte?

Man sagt, daß die *Telepathie* die kosmische Verständigung, die kosmische Sprache, die Art der Kommunikation der Zukunft sei, auch mit allen Wesen im *All*, ganz gleich, ob sie auf der physischen Ebene oder auf einer anderen leben. In dem Buch „PSI“ von Ostrander-Schroeder kann man darüber lesen und sich informieren. Wenn wir die ganze Schöpfung als *Einheit* erkennen, muß uns diese Möglichkeit einleuchten. Wir schlossen uns aber aus der Einheit aus, indem wir uns von Gott abwandten, und durch unser Denken, wir seien von ihm getrennt, leben wir in der Vorstellung von Anfang und Ende, in der Begrenzung. Unser Sinnenbewußtsein fühlt sich als etwas Isoliertes, und so schafft es erst diese Trennung.

Es wird noch eine gute Weile dauern, bis die Telepathie zu der allgemeinen Verständigungsart wird, denn ihre selbstverständliche Beherrschung hängt mit der geistigen Entwicklung der Menschheit zusammen.

Wir wissen z. B. von Christus und auch von heute Lebenden, daß sie Gedanken lesen können. Mit den nach außen gerichteten Sinnen ist das nicht möglich, weil sie uns durch ihre Tätigkeit nur äußere Wahrnehmungen vermitteln. Aber all diesen groben, nach außen gerichteten Sinneswerkzeugen entsprechend liegen latent in viel feinerer Form andere, unserer geistigen Wesensart zugehörige, verborgen in uns. Die physischen Sinne sind trainiert, weil sie zu jeder Zeit des Tages zur Aufnahme äußerer Erscheinungen benutzt werden. Die feinen Sinne dagegen werden zu wenig beachtet und genutzt, dadurch verkümmern sie und sind nicht funktionsfähig. Wir könnten sie genauso schulen, wie unsere groben Sinne, wenn wir ihnen von klein auf mehr Aufmerksamkeit schenkten. Z. B. wissen wir von Menschen, die nicht hören können, daß sie ein enorm ausgeprägtes Tastgefühl haben, oder von jenen, die nicht sehen können, daß sie über ein ausgezeichnetes Gehör verfügen. Auch an Säuglingen und Haustieren kann man beobachten, daß sie, ohne daß ein Wort gefallen ist, genau wissen, was die Erwachsenen beabsichtigen. Immer öfter hören wir aber heute von Phänomenen, die für die Allgemeinheit nicht verständlich sind und dadurch wie Wunder erscheinen.

Wir leben im Zeitalter der Wellen, Schwingungen und Frequenzen, die in früherer Zeit noch nicht entdeckt, aber dennoch vorhanden waren. Jetzt haben wir es gelernt, sie uns nutzbar zu machen, aber die Menschheit mußte erst in dieses technische Zeitalter kommen, um die Voraussetzungen dafür zu schaffen. Vorher wäre das nicht möglich gewesen, weil sie bewußtseinsmäßig dafür noch nicht reif war. Nun sind wir in der Lage, Kurzwellen, Mikrowellen, Infrarotwellen, Ultrawellen usf. anzuwenden in den verschiedensten Bereichen.

Wer weiß, was wir noch alles entdecken, wovon wir heute noch keine Vorstellung haben, von dessen Vorhandensein wir kaum zu träumen wagen. Unsere Entdeckungen und Erfindungen haben uns in Gebiete geführt, die eigentlich vom Menschen eine hohe ethische Reife fordern, wenn sie dem Wohle und dem Fortschritt der Gesamtheit dienen sollen. Der Intellekt ist geschult, der Verstand ist hochgezüchtet, aber die geistig-seelische Seite des Menschen ist nicht entsprechend mitgewachsen. Das ist eine Gefahr, deren Auswirkungen von namhaften Wissenschaftlern erkannt wurden. Möchten doch ihre Warnungen ernst genommen werden! Wirkliche Intelligenz ist gepaart mit Weisheit, ist Erkenntnis aus unserem ewigen Bewußtsein und birgt Verantwortungsgefühl in sich.

Wir wissen, daß die ganze Schöpfung aus Schwingungen besteht, von der feinsten, deren Manifestation für uns nicht sichtbar und wahrnehmbar ist, bis zur gröbsten, die sich in *Materie* ausdrückt.

Die *Telepathie* stellt also eine Verständigung auf höherer Schwingungsebene dar. Man hat Experimente gemacht mit Menschen aus verschiedenen Sprachbereichen, der eine verstand die Sprache des anderen nicht. Und dennoch führte einer den gedanklich erteilten Befehl des anderen korrekt aus. Demzufolge nimmt man durch

Konzentration die Gedankenschwingungen eines anderen auf, transformiert sie, welches ein geistiger Vorgang ist, und kann sie dann akustisch durch die eigene Sprache zum Ausdruck bringen. Nach diesem Gesetz, wenn es allgemein beherrscht würde und zur Anwendung käme, wäre eine Verständigung mit allen Menschen, mit allen Wesen, unabhängig von Zeit und Raum möglich – eine wahrhaft kosmische Verständigung! Dies alles hat jedoch nichts zu tun mit dem neugierigen Forschen in den Alltagsgedanken der Mitmenschen, etwa um sie bloßzustellen oder ihnen „auf die Schliche" zu kommen.

Bei Menschen, die miteinander in Einklang und Harmonie leben, kann die Erfahrung gemacht werden, daß sie beispielsweise dasselbe denken, dasselbe tun, eine Antwort geben, ohne gefragt zu werden. Dann sagt man, daß sie sich „auf der gleichen Wellenlänge" befinden.

Wenn man ein Radio auf verschiedene Wellenlängen einstellen kann, so könnten wir dasselbe, wenn wir dieses geistige Gesetz anerkennen und uns dahingehend schulen würden. Dazu ist ein Zurückziehen der Sinne nach innen – in die Stille – notwendig.

In der Forschung auf diesem Gebiete ist man schon ein gutes Stück weitergekommen. Täglich liest man in irgend einer Tageszeitung etwas darüber, wenn auch noch nicht immer in der angemessenen Weise, weil manche Berichte darüber in Ermangelung der Kenntnisse der geistigen Gesetze recht unvollkommen und irreführend sein können. Immerhin wird die Menschheit mehr und mehr mit dem neuen Gedankengut vertraut gemacht und zu immer mehr Klarheit dahin geführt. Theosophische und esoterische Lehren, wie Yoga- und andere Philosophien können uns darüber ein fundiertes Wissen vermitteln. Im Zeitalter des Geistes, dem *Wassermann-Zeitalter,* wird sich nach und nach die ganze Menschheit ein höheres Wissen aneignen, welches früher nur wenigen vorbehalten war.

Solange wir noch so vieles falsch machen durch Fehlentscheidungen, die ihre verhängnisvollen Rückwirkungen haben, die uns Probleme über Probleme aufgeben, können wir nicht in die subtileren Bereiche unseres *Seins* eindringen. Je mehr der Mensch aber in Harmonie,

Gelassenheit und Ausgeglichenheit lebt, desto tiefer und realer empfindet er seine wahre, ewige Natur. Wenn er es vermag, aus dieser sein Dasein zu verstehen und zu gestalten, wird immer mehr Vollkommenheit hervortreten. Durch innere Vervollkommnung kommt unser atomares, physisches Gefüge in feinere Schwingungen, die ein sensibler und sensitiver Mensch spüren kann.

Wir alle haben es schon erlebt, daß das Wesen eines Fremden uns sofort sehr angenehm berührt hat, so daß wir uns gleich zu ihm hingezogen fühlten. Das ist die Übereinstimmung beider Schwingungsebenen.

Jemand mit niederer Schwingung (Ausstrahlung) wird sich nicht zu einem Menschen hingezogen fühlen, der durch Vervollkommnung eine feinere, höhere Schwingung ausdrückt und umgekehrt. Je mehr wir in dieser Richtung vorankommen, desto intensiver und spürbarer können wir selbst die Schwingung anderer aufnehmen. Dieses ist uns im Leben eine große Hilfe, denn automatisch bewegen wir uns dann zu Menschen und Dingen hin, die unserer Schwingung entsprechen, spüren aber andererseits auch als Warnung niedere, uns zuwiderlaufende Schwingungen in unserer Umgebung, die wir meiden, oder, wenn das unmöglich ist, zu denen wir uns entsprechend einstellen und davor schützen können.

Die Schwingungsebene, auf der wir uns befinden, hängt von der Stufe unserer geistig-seelischen Entwicklung ab, die mit der intellektuellen nichts zu tun hat. Der Intellekt betätigt unseren empirischen Willen, die Verstandestätigkeit unseres äußeren Selbst. Geistig-seelische Entwicklung betrifft die Bereiche unseres Höheren Selbst, unserer Seele, die durch Vervollkommnung, Reinheit und Ethik in Erscheinung tritt und unseren Charakter bildet. Er bestimmt das Schwingungsfeld, das seine Ausstrahlung in die exoterischen (äußeren) Bereiche wirft. Ein Sensitiver kann sie aufnehmen. Unsere Ausstrahlung zeigt das, was wir in Wahrheit sind. Sie kann niemals den täuschen, der sie bewußt zu empfinden vermag. Unsere eigene Schwingung können wir nicht manipulieren. Unsere geistige Natur offenbart das, was wir in Wahrheit und Wirklichkeit sind. So ist wohl auch das Bibelwort zu verstehen: „Und sie erkannten, daß sie nackt waren", als das erste

Menschenpaar sich vor Gott versteckte, weil es gegen seine Gesetze verstoßen hatte.

Wir alle würden uns sicher viel mehr um geistige Entwicklung bemühen, wenn unser innerstes Wesen, unsere Seele, für alle sichtbar wäre. Niemand könnte dann auch nur versuchen den anderen zu betrügen oder zu belügen, weil dieses sofort offenbar würde. Wäre dem so, würde der Mensch viel schneller zu solch einer Vollkommenheit heranwachsen, daß es ihn nicht störte, wenn seine innersten Gefühle und Gedanken offen zutage treten würden, weil er dann nichts mehr zu verbergen hätte oder befürchten müßte, falsch verstanden zu werden.

Die Verständigung mittels Gedanken ist klarer, als wenn Menschen sich des gesprochenen Wortes bedienen. Sie ist eindeutiger: denn wenn Gedanken sich berühren, gibt es keine Mißverständnisse, da bei dieser Art der Verständigung gleichzeitig auch die Gefühle unmittelbar übertragen werden. Worte sind wie „Behälter“, worin Gedanken und Gefühle vermittelt werden. Durch Worte werden diese aber eingeengt und können uns niemals in ihrer ganzen Tiefe erreichen. Außerdem ist unser Vokabular so beschränkt, daß es Gefühle nicht vollkommen auszudrücken vermag, ebenfalls nicht den ganzen Inhalt der Gedanken. Durch Gedankenübertragung fallen diese Unvollkommenheiten gänzlich weg.

Warum ist es uns nicht immer möglich, die Gedankenschwingungen anderer bewußt aufzunehmen? Es gibt selten Augenblicke, in denen man genau weiß, was der andere denkt. Das geschieht dann, wenn durch höhere geistige Klarheit eine Durchlässigkeit entsteht, die nicht von der intellektuellen Ebene gesteuert wird.

Jeder wäre in der Lage, die vollkommene Art der Kommunikation durch Gedanken wieder in die Bewußtheit zu heben. Es bedarf dazu der Freisetzung des „inneren Lichtes“, das jeder in sich trägt, durch Übung und Lenkung der Aufmerksamkeit. Diese Lichtwellen strömen auch durch das Gehirn und erhöhen die Vibration der Atome des physischen Körpers bis zu dem Punkt, da Gedankenwellen bewußt erfaßt werden können.

Das physische Körpergewebe wird ständig mit Gedankenwellen

sozusagen „bombardiert", einmal aus dem eigenen Bewußtsein und zum anderen von den vielen Gedankenschwingungen anderer Menschen, die ja ständig ausgesandt werden, denn jeder Gedanke verursacht Schwingungen, Wellen. Wie selten aber erkennen wir bewußt den „Aufprall" von Gedankenschwingungen anderer, und wie wenig können wir sie richtig verstehen, geschweige denn wissen, woher sie kommen.

Die innere Verbindung durch Gedanken wird die Verständigungsform sein, der wir uns bedienen, wenn wir den physischen Körper verlassen haben und in einer höheren Form weiterleben. Dann fehlt uns das physische Offenbarungswerkzeug, das akustische Ausdrucksmittel. Die Verständigung in Form der „Gedankenübertragung" ist leicht, eindeutig und ohne Mißverständnisse, weil sie von keinem grobstofflichen Übermittlungswerkzeug beeinträchtigt wird, sondern in Vollkommenheit hervortritt.

Aufgrund der Kenntnis dieses Gesetzes ist es für uns nicht schwer, den Kontakt mit anderen Ebenen zu verstehen und eventuell selbst in Kommunikation mit ihnen zu treten. Das ist leichter als die telepathische Verständigung von Mensch zu Mensch, weil der stoffliche Körper mit seiner groben Schwingung noch ein Hindernis darstellt.

Für den sensitiven Menschen und für solche, die in Verbindung mit ihrem Göttlichen Selbst leben, ist diese Art der Kommunikation eine Selbstverständlichkeit. Wir wissen aus der Literatur, den Religionen, Philosophien und der Geisteswissenschaft, daß es diese Art von Menschen immer gegeben hat. In unserer Zeit, da wir ins Wassermann-Zeitalter eingetreten sind, das uns höhere Schwingungen aus dem Kosmos bringt, die sich auf unsere geistige Entwicklung auswirken, leben schon viele Menschen, die sich dieser Verständigungsart bedienen. Ein Unwissender wird das nicht verstehen können und alles als „Unsinn" abtun, weil er das geistige Gesetz nicht kennt, das hierfür zuständig ist.

Alles unterliegt kosmischen und geistigen Gesetzen, und solange wir diese weder kennen noch verstehen, werden wir auch ihre Auswirkungen nicht erfassen können.

Geheimnisvoll erscheint nur das, was nicht genügend erklärt ist.

Richtig verstanden erweisen sich alle ungewöhnlichen Geschehnisse als natürlich und im Einklang mit den göttlich-kosmischen Gesetzen.

Wer sich dieser Art der Kommunikation bedient, setzt bewußt oder auch unbewußt die Gesetze in Tätigkeit. Ein Gebet z. B. ist nichts anderes, als ihre Anwendung und darum ist es, wenn die Kraft unseres Geistes dahintersteht, wirksam. Wohl aber sind wir nicht immer in der Lage, auch unmittelbar darauf eine Antwort aufzunehmen.

Es ist auch ein Gesetz, daß ein Gedanke dorthin eilt, wohin wir ihn senden. Er kann seinen Weg nicht verfehlen. Dieses Gesetz ist die Grundlage für ein Gebet, sonst hätte es keinen Sinn. Man spricht von „Gedankenschnelle". Sie ist Wahrheit. Es gibt heute immer mehr Menschen, die das erfassen.

Die großen Meister bedienen sich der Verständigung auf dem Gedankenweg. Entfernung spielt keine Rolle. Die Ausweitung ihres Bewußtseins gibt ihnen die dazugehörige Weisheit und Kraft für die rechte Anwendung und für den rechten Gebrauch dieser Fähigkeit.

Unser Körper ist wie ein Radio. Unsere Gedanken, die gesprochenen Worte und die Gefühle sind die Schalter. Verwenden wir sie mit dem Willen zu irgendeiner Tätigkeit oder Bedingung, so ernten wir das, was dieser Tätigkeit entspricht. Diese Schalter könnten wir nach eigenem Willen ein- und ausschalten, wenn wir entsprechend entwikkelt wären.

Da wir als Mikrokosmos im Makrokosmos leben und von den ihn durchdringenden Energien und Kräften stets umgeben sind und von ihnen leben, unterscheidet sich unser inneres Radio von dem uns bekannten Radio-Gerät dadurch, daß dieses aus grober Materie bestehende nur auf Wellenlängen eingestellt werden kann, die im Bereich seiner Konstruktion eingebaut sind, wogegen unser inneres Radio fähig ist, auf unvorstellbar höhere Wellen eingestellt zu werden.

Wir hätten es in der Hand, ein besseres Programm zu wählen, wenn wir unsere Gedanken, Gefühle und Worte verfeinern würden.

Es gibt Menschen, die – so könnte man sagen – in einer Unbegrenztheit leben. Sie haben durch Vervollkommnung ein sehr hohes Bewußtsein erreicht, und durch dieses ist ihr inneres Radio viel qualifizierter und bringt eine dementsprechende Leistung.

Wir sind umgeben von einem universalen Stoff, aus dem die ganze Schöpfung besteht. Dieser Stoff ist unerschöpflich. Jeder könnte sich ihn bewußt nutzbar machen, wie er es jetzt unbewußt tut, um am Leben zu bleiben. Die Weisen und Meister nennen diesen Stoff „Elektronen-Licht“, es ist der Ur-Stoff für die sichtbare und die unsichtbare Schöpfung. Wären wir fähig, uns dieses Stoffes zu bedienen, so erhöhte sich die Vibration unseres atomaren Gefüges, und wir wären in der Lage, andere Ebenen mit unseren physischen Sinneswerkzeugen wahrzunehmen.

Wenn uns die Möglichkeit der Gedankenverbindung klar ist, dann müßte es uns ebenso verständlich sein, daß es eine Kommunikation mit allen Wesen geben kann, ganz gleich, ob diese auf der physischen oder auf der geistigen Ebene leben. Wer allerdings den physischen Tod als das Ende der menschlichen Existenz betrachtet, für den ist dieser Gedanke nicht annehmbar.

Wer aber eine Gedankenverbindung für möglich hält, für den dürfte wohl kein Zweifel mehr bestehen, daß wir auch mit unseren Lieben im Jenseits in eine geistige Verbindung treten können. Jeder Gedanke ist Schwingung, ein elektrischer Impuls, der, wenn er mit der Kraft des Geistes, mit unserem ganzen Gefühl aufgeladen wird, seinen Weg nicht verfehlt und sein Ziel erreicht. Eine solche Verbindung läßt sich nur in der Stille herstellen; aber durch Übung kann man sie erreichen. Dann können sich die Tore der Seele öffnen, und wir machen Erfahrungen, die weit jenseits der physischen Grenzen liegen. Es muß in uns still genug werden, damit wir die Schwingungen aufnehmen können, die uns zugesandt werden. Unser Gefühlssinn muß feiner werden, dann spüren wir, was uns unsichtbar umgibt.

Die geistigen Ebenen sind keine geographischen Punkte irgendwo in der Unendlichkeit, in unerreichbarer Ferne. Sie sind lediglich Ebenen anderer Schwingungsbereiche.

Erwähnt sei noch einmal das Gesetz der *Einheit* in der Schöpfung: Läßt jemand eine Idee der Unvollkommenheit oder der Trennung von Gott oder von seinen jenseitigen Lieben seine Aufmerksamkeit und damit seinen Geist in Anspruch nehmen, so beginnt sich ein entsprechender Zustand in seiner Welt darzustellen. Dies bewirkt, daß er sich nun selbst als Wesenheit empfindet, die von ihrem Ursprung abgesondert ist. Im gleichen Augenblick, da jemand denkt, er sei von Gott und seinen Lieben getrennt, stellt er sich vor, sein Leben, seine Intelligenz und seine Kraft haben Anfang und Ende.

Über dieses Gesetz der Einheit sollten wir oft meditieren und nachdenken. Wenn diese Wahrheit ganz in unser Wesen eingegangen ist, dann fühlen wir uns nicht mehr als etwas Isoliertes, Einzelnes, sondern als Teil in der großen Einheit. Dann ist eine Kommunikation möglich, die für uns so selbstverständlich sein sollte, als wenn wir mit einem Nachbarn plaudern würden. Man trifft sich nur auf einer höheren Ebene, und warum sollte das nicht möglich sein, da wir doch eine unbegrenzte, geistige Wesenheit sind, nach göttlichem Bilde geschaffen.

Es ist dringend nötig, daß diese Tatsache erkannt und das Wissen davon für aufbauendes Schaffen benutzt wird, damit die volle Kraft durch das *Höhere Selbst* für unseren geistigen Aufbau wirken kann. Dann gibt es keine Wunder mehr für uns, sondern nur Auswirkungen geistiger Gesetze, die in die äußere Tätigkeit treten.

Wachsamkeit und Achtsamkeit, das höchste Gebot

Im ersten Band „Der geistige Weg“ habe ich die Wachsamkeit und Achtsamkeit schon angesprochen. Es drängt mich aber, aufgrund der im Laufe der letzten Jahre bei Schülern gemachten Erfahrungen, die in der festen Annahme waren, einen guten Weg gefunden zu haben, doch noch einmal etwas intensiver darauf einzugehen.

Bei künstlich erzeugten Bewußtseinserfahrungen kann ein Unwissender nie ergründen, welche Quellen erschlossen oder angezapft werden, aus welchen Bereichen sie kommen. Derartige Erfahrungen führen nie zur *Befreiung,* zur *Glückseligkeit,* ganz im Gegenteil, sie verführen zu einer Faszination, die keine echten Schritte auf dem Weg zum Licht zulassen. Sie wirken ähnlich wie Alkohol. Wenn der Rausch vorüber ist, steht man wieder an derselben Stelle wie vordem, es hat sich nichts geändert, wir sind keinen Deut besser, erleuchteter oder weiser geworden. Auch die Probleme, die wir evtl. haben, sind nicht gelöst worden. Sie stürzen auf uns nieder mit der gleichen Vehemenz wie vorher. Derartige Zustände, die das Bewußtsein vorübergehend verändern, sind unechte, kurzfristige Seinszustände, die mit der vielleicht erstrebten Glückseligkeit nichts zu tun haben.

Glückseligkeit, Friede und Harmonie sind *Segnungen,* die auf dem Weg des ehrlichen und dauernden Bemühens eines Schülers nach hoher Entwicklung erfahren werden und die dann auch von Dauer sind. Sie sind ein Göttlicher Zustand im Höheren Selbst des Menschen, der nur durch die ehrliche Arbeit erworben werden kann. Jede künstlich hervorgerufene Bewußtseinserweiterung, sei sie durch Drogen oder auf andere Art herbeigeführt, ist vom geistigen Gesetz her ein *unerlaubter Eingriff.* Sie ist eine Vorspiegelung falscher Tatsachen und hat nichts mit einer echten Bewußtseinserweiterung zu tun.

Bewußtseinserweiterung kann nur durch gewissenhafte, dauernde Arbeit und Selbstkontrolle erreicht werden.

Die Göttlichen Bereiche in uns lassen sich nicht durch äußere Eingriffe erschließen und zur Offenbarung zwingen.

Jeder Eingriff, besonders bei unreifen und schwankenden Charakteren, führt in die Irre, schadet Körper und Geist und führt früher oder später zu einer Trübung des Bewußtseins. Man könnte sie zu den Sünden wider den Geist rechnen, die auch vom Karma nicht unberührt bleiben. (Es gibt sogar schon Frührentner, die Nervenschäden von solchen auf falschem Weg gemachten „Fortschritten" davongetragen haben.)

Niemand bekommt etwas *Echtes* geschenkt, was er sich nicht ehrlich erworben hat. Das ist ein geistiges Gesetz.

Mit der angestrebten Bewußtseinserweiterung im Sinne einer geistigen Entwicklung muß stets die Entwicklung des Charakters Hand in Hand gehen. Dies kommt deutlich in den Christus-Worten zum Ausdruck: „Trachtet zuerst nach dem Reiche Gottes (Arbeit am Selbst), dann wird euch alles andere zufallen." (Bewußtseinserweiterung, geistige Fähigkeiten).

Manch einer ist aus Unwissenheit Opfer derartiger Manipulationen geworden, die sich außerhalb jeglicher Selbstkontrolle bewegen und sogar zu völlig vernunftwidrigen und unkontrollierbaren Handlungsweisen führen können. (An den Früchten werdet ihr es erkennen können.) Mit derartigen Eingriffen ist stets eine große Gefahr verbunden, weil die Auswirkungen auf die feinstofflichen Zentren und auf die physischen Sinne nicht vorausschaubar sind.

Ein echter und selbstloser Meister wird niemals seine Schüler in der Form manipulieren und sie zu solch „ungeistigen" Methoden animieren. Seine Motivationen werden stets dahin gehen, sie zu einer ehrlichen Arbeit am Selbst (Werdet vollkommen) anzuhalten, und er wird ihnen dazu selbstlose Hilfe anbieten.

Vielleicht sollte in diesem Zusammenhang nicht unerwähnt bleiben, was heute nicht selten geschieht, daß ahnungslose Schüler unter dem Vorwand, ihre geistige Entwicklung zu beschleunigen, von ihren Lehrern, Meistern oder Gurus mit Hilfe derartiger Mittel und Methoden unbemerkt gezwungen werden, sich ihnen auszuliefern, damit sie ihre eigenen egoistischen Ziele erreichen. Es gibt Mittel und Wege, langsam und stetig das Bewußtsein der Schüler zu trüben, so daß diese dann ganz von selbst ein willenloses Werkzeug werden und genau das tun, was gewünscht wird. Oft sind die Absichten sogar materieller Natur, und es ist auch keine Seltenheit, daß die Persönlichkeit der Schüler eine völlige Zerstörung erfährt.

Daß derartige Manipulationen, die an Schülern vorgenommen werden, für den Lehrer harte karmische Folgen haben, unterliegt wohl keinem Zweifel. Schwarze und weiße Magie liegen sehr eng beieinander. Nach welcher Seite das Pendel ausschlägt, liegt einzig und allein an der Gesinnung, an der charakterlichen Entwicklung. So segensreich ein göttlich ausgerichteter Mensch wirken kann, denken wir an Christus und viele Christus ähnliche Menschen, ebenso vernichtend können diese Kräfte eingesetzt werden. Es kommt auf die geistige Reife desjenigen an, der diese Kräfte anwendet. Aus diesem Grunde ist das oberste Gebot der Hohen Schule des Geistes, daß der Schüler zuerst eine absolute charakterliche Stabilität und eine *Egoüberwindung* anstreben soll, weil nur dadurch eine geistige Höherentwicklung im Göttlichen Sinne gewährleistet ist, weil nur durch Veredlung der Sinne durch Reinheit im Denken und Handeln der rechte Gebrauch von Fähigkeiten möglich ist.

Immer wieder sollte der Schüler seine Gesinnung überprüfen, also wachsam und achtsam sein, sich selbst und Einflüssen von außen gegenüber.

Den größten Segen wird jener erfahren, der aus *Liebe* zum *Vater* Vollkommenheit anstrebt und dadurch ein wahres Werkzeug für die leidende Menschheit werden kann, ein echter Arbeiter im Weinberge Gottes.

Die Bedeutung von Ich bin

Manche Lehrsätze, die Jesus sprach, beginnen mit den Worten *Ich bin,* womit er nicht seine physische Gestalt meinte, sondern die *Gegenwart Gottes* in seinem Innern; denn öfter wiederholte er: „Aus mir selbst kann ich nichts, es ist der *Vater* in mir, der diese Werke tut."

Mit den Worten *Ich bin* ist die waltende *Gottheit* gemeint, die jedem Menschen innewohnt, die alles vermag, wenn wir diese mächtige *Kraft Gottes* mit den entsprechenden Werten *belegten.*

Nichts anderes ist in der Lage, den Menschen so beglückend und mächtig zu segnen, wie das *bewußte Erfassen des wahren Sinnes dieses Schöpferwortes.*

Da in der geistigen Entwicklung „freier Wille" unser Geburtsrecht ist, liegt es an uns, *wie* das Schöpferwort, das eine *Kraft* darstellt, von uns benutzt wird, die wir in unserem Denken, Fühlen und Handeln aussenden. *Wir bestimmen dadurch selbst den Wert dessen, was diese Kraft für uns vollbringen soll.* Der Mikrokosmos sowohl als auch der Makrokosmos sowie alle Schöpfungsbereiche sind von dieser Kraft durchdrungen. Sie wird auch als die *Allgegenwart Gottes* bezeichnet.

Wem dieser Gedanke nicht ganz klar ist, der möge sich den Unterschied vor Augen führen zwischen zerstörendem und aufbauendem Denken und Handeln, nicht nur in den Auswirkungen auf der psychischen, sondern auch auf der physischen Ebene; denn jeder Gedanke unseres Verstandes ist Göttliche Kraft, die uns befähigt zu denken und daraus das Tun entstehen zu lassen.

Dieser Göttlichen Kraft in uns sollten wir viel mehr Vertrauen schenken, immer und zu allen Zeiten. Durch sie wird die Außenwelt von uns gestaltet, je nachdem, mit welchem Wert sie von uns belegt wird.

Die Mängel und Widersprüche im eigenen Leben, die durch menschlich dinghafte Vorstellungen gefärbte äußere Welt, die mit Scheinwerten (Maya) von uns beladen und belastet ist, haben mit der allgegenwärtigen Vollkommenheit Gottes nichts zu tun; denn alles Unvollkommene ist die Schöpfung unserer eigenen äußeren Vorstellung und nicht die der göttlichen.

Durch Kenntnis und Anerkennung der *Vollkommenen Gegenwart Gottes* in uns – des *Vaters* in uns – immer und zu jeder Zeit, kann und wird sich die mächtige, schaffende Gottesgegenwart in unser äußeres Tun ergießen können, dann, wenn auch das *Gemüt* davon erfüllt, und was unerläßlich ist, wenn wir bemüht sind, unser persönliches *Ich* zurückzustellen, in steter Wachsamkeit unsere emotionalen Kräfte auszuschalten lernen, damit wir unser *Ego* überwinden. Dann erst kann sich die Pforte zum *Höheren Selbst* öffnen, zum wahren *Ich bin,* wie es auch in den Worten *„Ich bin die Auferstehung und das Leben"* enthalten ist.

Die Kraft des Schöpferwortes *Ich bin* ist nur im *Höheren Selbst* zu finden. Die Benutzung der beiden Worte sollte von nun an mit größter Sorgfalt geübt werden, denn sie sind die Tätigkeit dieses Lebens, sie sind das volle *Schaffen Gottes,* weil das *Ich bin* nicht identisch mit unserem physischen Körper, sondern, wie schon erwähnt, mit der Gegenwart Gottes im eigenen Innern ist. Um das voll zu verstehen, sollten wir immer und immer wieder darüber nachdenken.

Sagen und fühlen wir *„Ich bin"*, so setzen wir die Quelle immerwährenden Lebens frei, damit sie ungehindert ihren Weg zu strömen vermag. Weit öffnet sich dann dem natürlichen Dahinfließen das Tor. Sagen und fühlen wir *„Ich bin nicht"*, dann schließen wir das Tor vor dieser mächtigen Kraft.

Ein Schüler des Lichtweges, der danach strebt, die großen und doch einfachen Gesetze des Geistes zu verstehen und anzuwenden, sollte aufmerksam auf seine Gedanken und Worte achten, denn so oft er sagt *„Ich* bin nicht, *Ich* kann nicht, *Ich* habe nicht", wird die große Gegenwart in ihm gedrosselt, ob er es weiß oder nicht.

Daraus mag zu erkennen sein, wie wichtig es ist, immer darauf zu achten, was man denkt und sagt, um nicht gedankenlos unrichtige Redewendungen anzuwenden, denn: das göttlich schaffende Prinzip wird dadurch mißbraucht.

Denken und fühlen wir *„Ich bin"*, so bedeutet es, daß die schaffende

Gottheit, die in unserem Leben wirkt, von uns anerkannt wird. Ein Schüler des Lichtweges wird bald erkennen, besonders wenn ihm das in diesem Kapitel Ausgesagte klargeworden ist, daß die Untugend des „Schwätzens“ (unnützes Reden) ein großes Hindernis in der Entwicklung ist. Unter Schwätzen wird alles verstanden, was nicht gesagt zu werden braucht, Unwichtiges, Nichtssagendes, ganz abgesehen von Unwahrem und Negativem.

Niemand kann jemals einen Sieg über sich selbst erringen, wenn er sich nicht von Irrtümern der Vergangenheit abwendet, ganz gleich, welches Ausmaß sie hatten. Das Daranfesthalten läßt kein Weitergehen zu. Es ist eine starke Fessel, die es sogar vermag, die *Gottgegenwart* in uns zu drosseln. Fehler der Vergangenheit können nur durch beherztes Tun im *Jetzt* ihre Wirkung verlieren durch Bewußtwerden der Gegenwart *Gottes Ich bin* im eigenen Innern. Es ist möglich, die starke Strahlung der *Gott-Gegenwart* zu jeder Zeit zu fühlen, wenn ein Schüler oft und lange genug seine ganze Aufmerksamkeit darauf richtet. Dazu muß das äußere Selbst zur Ruhe kommen.

Eine wertvolle, ja unerläßliche Übung ist es, täglich einige Male im äußeren Tun innezuhalten, dieses zur Ruhe zu bringen, alle Konzentration und Hinwendung auf die Gegenwart Gottes *Ich bin* zu richten. Der Nutzen, der daraus erwächst, ist von ungeahntem Wert. Und je nach Intensität des Übens wird es dem Schüler dann eines Tages möglich sein, die Gegenwart *Gottes* auch physisch zu fühlen.

Ich bin die Auferstehung und das Leben

Für den Schüler auf dem geistigen Weg gibt es nur eine Möglichkeit, die ihn zum „Einswerden“ mit dem *Vater* führt: Die volle Anerkennung seiner *Ich-bin-Gegenwart.* Das *Ich bin,* das wir auch von Christus immer wieder hören, ist nicht auf die physische Erscheinung gerichtet, sondern auf die *Gott-Gegenwart* in jedem Wesen.

Die Anerkennung der *Ich-bin-Gegenwart* in uns ist zugleich die Anerkennung Seiner *Kraft,* Seiner *Liebe,* Seiner *Weisheit,* Seiner *Fülle* und *Vollkommenheit;* dies alles stünde jedem unbegrenzt zur Verfügung, würde es vom menschlichen Bewußtsein voll angenommen. Der erste Schritt zur Wirksamkeit dieser göttlichen Aspekte ist diese Anerkennung.

Irgendwann einmal wird jedes Wesen den Weg zum Vater zurückfinden, da es einmal den Punkt erreicht hat, an dem das Bewußtsein sich Seiner Gegenwart erinnert und anfängt, ständig darin zu leben.

Mit den Worten *„Ich bin* die offene Tür, die niemand schließen kann“, wollte Christus nicht aussagen, daß ihm allein das Vorrecht des Türhüters zugebilligt sei. Er wollte die Menschen auf das *Große Ich bin* hinweisen, das das innerste Leben jeder Individualität ist. Er wollte uns klarmachen, daß jedes der Kinder des einen *Vaters* die gleiche Mächtige Gegenwart Gottes, das *Ich bin,* den Christus, in sich trägt und durch seine Anerkennung den endgültigen, ewigen Sieg erlangen kann. Die Anerkennung und Anwendung dieser Göttlichen Kraft hat Jesus, der Menschensohn, für seinen Sieg benutzt.

Ein jeder hat die gleiche mächtige *Gott-Gegenwart* in sich, das *Große Ich bin.* Und wenn Jesus Christus sagte, daß jeder so wirken könne wie er, und daß manche, die nach ihm kommen, Größeres tun könnten, so wußte er genau, wovon er sprach und was er sagte. In all seinen Gedanken, in all seinem Wirken setzte er diese *Gotteskraft,* die *Ich-bin-Kraft* ein, die ihn alles vollbringen ließ. Die volle Konzentration auf diese innere Kraft, das Identifizieren mit dieser Kraft, das unbeirrbare Wissen um diese Kraft ohne den geringsten Zweifel, machte sein grandioses Wirken möglich.

Da jedes Wesen die gleiche mächtige *Gott-Gegenwart* in sich trägt, deren Benutzung die treibende Kraft für alles Gelingen ist, wußte Christus genau, was er meinte, als er sagte, daß ein jeder das gleiche tun könne.

Es gibt keine Tätigkeit des äußeren Lebens, da diese Kraft nicht benutzt werden kann und nicht wirkt, wenn das Denken, die Vorstellung und die Konzentration auf sie gerichtet werden und auch bleiben. Die bewußte Anerkennung und Benutzung der großen *Ich-bin-Gegenwart,* die in jedem *ist,* erhöht auch die Vibration des atomaren Gefüges des physischen Körpers, befreit die Elektronentätigkeit, die im Atom verborgen ist, und befähigt den Menschen zu außergewöhnlichem Wirken und auch dazu, ein selbstleuchtendes Wesen zu werden.

Ein rein intellektuell ausgerichteter Mensch wird das kaum akzeptieren können und auch nicht wollen. Er sieht nur das als Realität an, was sein begrenzter Verstand zu erfassen vermag.

Es gibt aber ein Wissen, das mit dem Intellekt nicht erfaßbar ist, weil es auf einer viel feineren Ebene wahrgenommen wird. Es wird und kann nur dem zuteil werden, der Zweifel, Skepsis und Unglauben ausschaltet und sich für höhere Dinge offen hält. Der Mangel an Vertrauen ist eine Sperre, eine Blockade für die Wahrnehmung auf subtiler Ebene. Es gibt Wahrheiten, die nicht beweisbar, sondern nur erfahrbar sind. Unser Vokabular reicht nicht aus, Subtiles, Erlebtes und Erfahrenes auszudrücken.

Wie schwer ist es z. B., „Liebe", die zwei Menschen füreinander empfinden, in Worten auszudrücken. Verliebte wissen das am besten. Da ihnen die Worte dafür fehlen, bedienen sie sich der Sprache der Zärtlichkeit. Sehr ähnlich verhält es sich mit dem Geschehen und den Empfindungen auf subtiler Ebene. Durch die Anlage unserer Seele, durch unser Höheres Selbst, durch die *Gott-Gegenwart* in uns, ist die subtile Seite unseres Seins die Wirklichkeit, die Realität, mit dem Intellekt aber keinesfalls erfahrbar. Wir *sind* Seele und *haben* einen

Körper. Wer sich als Seele weiß, erkennt die geistige Seite des Seins als Realität und die physische als Maya (Täuschung).

Einem Kopflastigen subtile, geistige und transzendente Aspekte des Seins nahezubringen ist mindestens ein ebenso hoffnungsloses Unterfangen, wie einem im tropischen Busch Lebenden Schnee zu erklären.

Eines der überwältigendsten geistigen Gesetze dürfte jenes sein, das aussagt, daß jeder Mensch, der sich mit dem bewußten Gedanken und seinem ganzen Verlangen über die Begrenzung der Erde oder seine eigenen Schöpfungen erheben möchte und sich an seine *Gott-Gegenwart Ich bin* wendet – wenn er entsprechend lebt – jede spürbare Hilfe empfangen wird. Diese Hilfe wird ihm nach den Wachstumsstufen seines Bewußtseins, die schrittweise erreicht werden, gewährt.

Christus hinterließ uns für dieses gewaltige Gesetz ein Manifest, das jeder anzuwenden in der Lage ist. Es ist die bewußte Feststellung: „Ich bin die Auferstehung und das Leben."

Die orthodoxen „wissenschaftlichen" Ideen verschleiern das Bewußtsein und die Gemüter der Menschen. Das ist eine große Tragik. Dadurch wird verhindert, daß jeder Mensch erfassen kann, daß er die gleiche *Mächtige Gott-Gegenwart Ich bin* in sich trägt, die ihn befähigt, die gleichen Dinge zu tun wie Jesus Christus und wie auch manche andere hoch entwickelte Seelen es taten. Nur durch Anerkennung und Anwendung dieser unbegrenzten Kraft konnten sie den ewigen Sieg erlangen.

Wer sich an die „Gegenwart Gottes" im eigenen Innern wendet, um Aufgaben und sinnvolle Wünsche in die Manifestation zu bringen, muß ihr diese auch völlig übergeben und an ihrer Formwerdung festhalten. Sobald eine Absicht des persönlichen Selbst aufkommt, ist es nicht möglich, daß die Gott-Gegenwart uneingeschränkt wirkt, weil der persönliche Wille die wirkende Kraft zerstört, statt daß sie konzentriert auf das Gelingen gerichtet bleiben kann.

Diese Gesetzmäßigkeit sollte sich ein Schüler des Lichtes immer wieder klar vor Augen führen.

Der persönliche Wille hat schon manches Gelingen vereitelt, weil er den gesetzmäßigen Gang störte. Der Schüler ist innerlich noch nicht genügend gekräftigt, jedem Hindernis mit Erfolg zu begegnen. Jeder aufkommende Zweifel am Gelingen einer Sache birgt schon die zerstörende Kraft in sich, und zu leicht ist eine Entmutigung die Folge, die das Erreichen eines erhabenen Zieles vereitelt.

Darum ist die wichtigste Arbeit im Leben eines Schülers die eigene *Mächtige Gegenwart Gottes* lieben und verehren zu lernen, bis er ganz sicher in ihr verankert und durch sie gefestigt ist. Wer es so weit gebracht hat, daß er diese *Kraft* durch sich wirken läßt, kann nicht mehr rückfällig werden, weil er *erlebte,* wie diese mächtige Kraft, die Liebe, Intelligenz und Weisheit einschließt, in Tätigkeit gesetzt wurde und auch wirkte.

Jesus war sich dieser Kraft voll bewußt, und jedes Mal, wenn er sagte, wie es häufig geschah, „*Ich bin* die Auferstehung und das Leben", „*Ich bin* die Tür, die keiner schließen kann", usw., ließ er den Göttlichen Kraftstrom durch sich fließen, und alles konnte geschehen, was er geschehen lassen wollte. Er wußte genau, wovon er sprach, wenn er die Worte benutzte „*Ich bin.*"

Im Wassermann-Zeitalter, dem neuen geistigen Äon, wird die Menschheit sich ihrer *Gott-Gegenwart* voll bewußt werden. Dadurch allein schon erfährt sie einen enormen geistigen Aufschwung. Sie wird lernen, alle Zeit in Verbindung mit dieser Gegenwart zu leben. Daraus können nur Frieden und Liebe erwachsen, die alle Dunkelheit beseitigen. Die Christusworte: „*Ich bin* die offene Tür, die niemand schließen kann", werden volles Verständnis erfahren und den Schleier der Maya (Täuschung) beseitigen.

Wegweisung

Die Menschen sehen mit den Augen, hören mit den Ohren und tasten mit den Händen. Sehr wenige sind darüber hinausgewachsen und haben einen anderen Plan, eine andere Ebene erreicht, wo das Nichtmaterielle, das Geistige, das unpersönlich *Göttliche* sie anrührt.

In vielen Millionen Menschen wirkt der Geist nicht unmittelbar, sondern mittelbar, weil sie auf der karmischen Stufe ihrer Entwicklung noch zu tief im Körperlichen verhaftet sind. Gerade diese Menschen brauchen auf dem Weg der *Gottsuche* Mittel, die sie verstehen, die sie anrühren und aufwärtsführen. Es kann das antike Standbild eines *Gottes* sein, das ihr Herz bewegt, die Statue eines *Heiligen,* das Bild eines Meisters, das einen Lichtstrahl in ihr Bewußtsein senkt. Es kann ein Tempel, eine Kathedrale sein, deren Atmosphäre sie erhebt. Die Sehnsucht ihrer Seele ist es, den verlorengegangenen Weg wiederzufinden, *Gott* in sich zu erleben, die sie veranlaßt, ihn durch sichtbare Gleichnisse vor ihren Augen zu verbildlichen und in Erscheinung zu bringen.

Dort, wo die Menschen sich in Tempeln und Kirchen versammeln, wo ihr Herz mit Ehrfurcht erfüllt wird, ganz gleich, welche himmlischen Kräfte in ihren Gleichnissen dargestellt sind, dort vollzieht das Herz eine Hinwendung zu Höherem. Darauf kommt es an. Das Höhere ist für jede Seele anders, je nach ihrer Reife.

Die Menschheit ist auf dem Wege, die Worte des Apostels Paulus, die er an die Römer schrieb, langsam, ganz langsam zu verstehen: „Wißt ihr nicht, daß ihr Kinder Gottes seid und der Geist Gottes in euch wohnt?"

Die Weisen und Meister des Morgen- wie auch des Abendlandes und manch reife Seelen, die Gott in sich gefunden und erkannt haben, bedürfen nicht mehr eines äußeren Bildnisses, eines sichtbaren Gleichnisses.

So lange eine Seele aber noch nicht in die Tiefe des eigenen Seins zu tauchen vermag und ihr Mysterium noch nicht erkannt und erfahren hat, so lange sind die sichtbaren Ausdrücke und Manifestationen ihrer Sehnsucht das Rüstzeug für ihre Wanderschaft auf dem Weg zum Licht. Und dieses Rüstzeug ist auf der Welt so verschieden wie die Menschen selbst, so verschieden wie Rassen, Weltanschauungen und Religionsformen zu sein scheinen. Ein Absolutes besitzt niemand, weil es das auf der Erde nicht gibt.

Niemand sollte sich über einen anderen erheben. Alles, was den Menschen erleuchteter und freier macht, ist der Ehrfurcht und Hingabe wert.

Der Weg nach innen durch Gelassenheit und Ruhe

Auf dem Weg nach innen ist es notwendig, der Versenkung täglich Zeit zu widmen, um die äußere Geschäftigkeit zur Ruhe zu bringen, damit der Göttliche Teil des Menschen in sein Bewußtsein treten kann. Das kann aber niemals geschehen, wenn die Seele sich immer nur mit der äußeren Welt beschäftigt.

Nur in der Versenkung, im Gebet oder in der Meditation ist es möglich, die Gegenwart Gottes zu fühlen. Wer sich versenken möchte, darf auch nicht all die Unruhe und die Sorge des Tages mit sich schleppen. Alles Störende muß losgelassen werden. Das kann geübt werden.

Wer im Sport ein bestimmtes Ziel erreichen will, wird regelmäßig und ernsthaft trainieren. Wie im äußeren Leben, so ist auch im geistigen Streben ein Training unerläßlich. Vielleicht ist das Wort „Disziplin“ in diesem Falle gebräuchlicher.

Selbst im Alltag bei einer äußeren Tätigkeit sollte öfter der Gedankenstrom angehalten werden, um sich auf die Gott-Gegenwart zu konzentrieren. Das Unterbewußtsein wird dadurch so programmiert, daß es den Impuls automatisch aufnimmt und die Verbindung zwischen dem äußeren Selbst und dem Gott-Selbst auf die Dauer herstellen kann, wenn das auch noch nicht offenbar wird. Je nach Intensität des Wunsches, das Gott-Selbst zu erfahren, zu erfühlen und wahrzunehmen, wird es eines Tages möglich sein.

„Soll sich etwas gestalten“, so sagt ein geistiges Gesetz, „bleibe stets in würdevoller Ruhe!“ „Würdevolle Ruhe“ kommt der Ausgeglichenheit als bewußte Verwirklichung der nötigen Ruhe und Gelassenheit gleich. Wer über sie verfügt, ist nie ohne Schutz. Gelassenheit birgt in sich die Kraft der Selbstbeherrschung und der Wachheit. Für alles erfolgreiche Handeln, sei es im äußeren Leben oder auf dem geistigen Pfad, sind sie sehr wesentlich.

Wer in Gleichgewicht und Ruhe lebt, in dessen Tun können sich keine störenden Schwingungen einmischen. Jeder Aggression von außen halten sie stand, und auch Bosheiten und Ungerechtigkeiten müssen hier kapitulieren.

Wer das Tor zur inneren Welt aufschließen will, muß viel *Geduld* aufbringen und selber die erforderlichen Schritte auf diesem Wege tun. Das Üben der inneren Aufmerksamkeit in Stunden der Stille und Versenkung ist der erste und wichtigste Schritt.

Jede intellektuelle Anstrengung ist umsonst. Sie bleibt immer vor verschlossener Tür stehen. Auch mit Hilfe des Studiums der Theologie oder der Psychologie allein ist es nicht möglich, die Pforten zu öffnen. Es bedarf dazu der vollkommenen *Hingabe* des *Herzens.*

Präzipitation

(Erschaffung einer gewünschten Sache aus dem *Urstoff*)

Die bewußte Aufmerksamkeit ist auf das *Gedankenbild* zu richten oder auf die geschaute Form (das was in Erscheinung treten soll), dann kann sich die materielle Form bilden. Die Aufmerksamkeit darauf schafft einen Brennpunkt, in dem sich das Elektronen-Licht des Äthers, das jeden Raum erfüllt, sammelt und verdichtet. Das *Gefühl*, verbunden mit dem gedanklichen Bild, wirkt anziehend auf den reinen Elektronen-Stoff wie ein Magnet. Mit diesem Gefühl hat sich ein bestimmtes Wissen zu verbinden, wie die Vibration in der Aura rund um das Elektron beschleunigt oder verlangsamt werden kann, denn diese Art der Vibration bestimmt die Art und den Stoff des zu verdichtenden Dinges.

Das Elektron ist auf ewig unveränderlich vollkommen, doch das Kraftfeld oder die umgebende Aura untersteht der Ausdehnung und Zusammenziehung. Diese Tatsache ermöglicht es, unsichtbaren Stoff in sichtbare Form zu führen. Unter *Elektron* ist ein ewig reiner Mittelpunkt, unsterblich, in vollkommenem Gleichgewicht von *Licht*, *Stoff* und *Intelligenz* zu verstehen. Diesen Mittelpunkt umgibt eine Aura geringeren Lichtes, den die Wissenschaft als „Kraftfeld" bezeichnet.

Das Elektron ist intelligent. Durch die ihm innewohnende Intelligenz wird es zu einem willigen Diener und läßt sich behandeln und gestalten von jenen Wesen, die ihre eigene Quelle des Lebens in der Mächtigen *Gott-Gegenwart* im eigenen Innern voll anerkennen. Wesen, die in diesem hohen Bewußtsein leben, können der Intelligenz des Elektrons direkt befehlen, eine Welle des Elektronenfeuers zum Strömen zu bringen und das Kraftfeld je nach Belieben zum Ausdehnen oder Zusammenziehen zu veranlassen. Die Steigerung oder Senkung der Vibrationsgeschwindigkeit wirkt auf das Kraftfeld ein, das zu gestalten, was es in die physische Form bringen soll.

Wer etwas in die Manifestation bringen will, in die Gestaltung, muß seine Konzentration und sein Empfinden fest darauf gerichtet halten, um derartige Ergebnisse erzielen zu können.

Ein absolutes Gesetz ist es daher, daß jemand, der sich für derartige Präzipitationen schulen will, zuerst sich selber beherrschen lernen muß, um dann die bewußte Beherrschung und Lenkung der Kraft in seinem eigenen Körper und Gemüt unter der vollen Kontrolle in das Äußere bringen zu können. Nur dann kann er den Fluß dieser Kraft regieren. Die Form des Gegenstandes, der in die Manifestation gebracht werden soll, wird durch konzentriertes *Schauen* und *Fühlen* festgehalten. Der Fluß der bewegten Kraft wird in die Form des gedanklichen Bildes gelenkt und dort festgehalten, bis die Form mit dem lebendigen *Urstoff* des Universums gefüllt ist.

Höheres Wissen kann nur durch Nutzung der Kenntnisse erschlossen werden. Jede Nutzung einer erworbenen Erkenntnis ist eine weitere Stufe zu immer höherem Erkenntnis-Wissen.

Benutzung der Gotteskraft

Die Benutzung der machtvollen Gotteskraft in uns, die in uneingeschränktem Maße jedem zur Verfügung stünde, fordert einen hochentwickelten Sinn für Redlichkeit, Ehrlichkeit und Verantwortungsbewußtsein. Das Gesetz erlaubt es nicht, solche Kräfte für Gelegenheiten anzuwenden, die dem Benutzer nicht zum geistigen Fortschritt dienen, noch den Mitmenschen nützlich sind. Solche Kraft zur Befriedigung der Sinne und zur Genußsucht anzuwenden, führt Not und Zerstörung herbei.

Das Göttliche Selbst oder die Gotteskraft ist unaufhörlich bemüht, Vollkommenheit auszudrücken, immerwährend Liebe und Frieden aufrechtzuerhalten. Gestattet die Tätigkeit des Verstandes dem Menschen sich „auszutoben" und somit den Göttlichen Lebensplan zu stören, so kann das Ergebnis nur in Unheil, Mißlingen und Schwierigkeiten bestehen.

Der ernsthafte Schüler des Geistes wird seine Kräfte niemals nur zur Sinnenlust und zum Vergnügen verwenden, noch zur Ausbeutung anderer Menschen.

Die Gesetzmäßigkeit, in der die Gotteskraft wirksam wird, richtet sich danach, wie Gedanken und Gefühle sie lenken. Sie nimmt keine Rücksicht auf Person, Verhältnisse und Beweggründe. Sie wirkt in der Art, wie ihr ein Wert oder Unwert aufgeprägt wurde. Sie wirkt wie der elektrische Strom, der durch eine Maschine läuft, wenn sie eingeschaltet wird, je nachdem, was die Maschine zu produzieren im Stande ist – das sind in unserem Falle unsere Gedanken, Gefühle, Wünsche oder Worte – sie werden durch die eingeschaltete Kraft in die Offenbarung gebracht.

Das ist eine Tatsache, die jedem Schüler ganz klar werden sollte. Manchem mag dieses Gesetz unbequem sein, weil er die Verantwortung nicht tragen will; vielleicht auch will er die durch das Verständnis dieses Gesetzes hervorgerufene Erkenntnis nicht wahrhaben, daß schon vieles mit dieser Kraft ins Leben gerufen wurde, was ihrer nicht würdig war. Wer darauf einmal sein Leben mit allen Problemen, Krankheiten, Nöten usw. überdenkt, kann sicher manche Rückwirkung erkennen. Mit der Wahrheit dieses Gesetzes sollten wir uns immer wieder eingehend befassen. Wer sich weigert, es zu verstehen und ihm zu gehorchen, vermehrt sein Leiden so lange, bis er seine Halsstarrigkeit und Selbstsucht eines Tages sprengt und den Göttlichen Kräften, die nur Vollkommenheit ausdrücken wollen, die das Leben zu vollenden wünschen, die Möglichkeit geben wird, zu wirken.

Die Kraft, die auch das Herz schlagen läßt und das Atmen bewirkt, dringt ständig aus dem Elektronen-Leib (das ist der feinstoffliche Leib) in den physischen Körper. Sie ist reine Lebens-Essenz, Lebens-Energie, die unaufhörlich in das Gemüt und in den Körper einfließt. Sie ist intelligente Kraft, die alle Gestaltung hervorbringt. *Diese Kraft muß der bewußten Lenkung und Benutzung jedes Einzelnen unterstehen mit seinem seiner selbst bewußten freien Willen.*

Das ernsthafte Studium dieses gewaltigen Gesetzes läßt die Gott-Gegenwart in uns immer deutlicher erkennbar werden, und je stärker die Aufmerksamkeit darauf gerichtet wird, desto mehr werden wir die Weisheiten, die sich nach und nach vor uns ausbreiten, aufnehmen können. Immer tiefer werden wir dann unsere Verantwortung, aber auch die unbegrenzten Möglichkeiten erkennen und die Gegenwart Gottes in unserem eigenen Herzen bitten, uns zu lehren.

Wünschen wir Weisheit, dann müssen wir alle Aufmerksamkeit dieser Gegenwart schenken. Sie ist ihre einzige Quelle. *Die konsequente Aufmerksamkeit auf das Gott-Selbst ist der Impuls für die „Freigabe" der Weisheit. Nur durch die volle Anerkennung dieser Gegenwart in uns können ihre Wellen in die physische Tätigkeit kommen.* Andernfalls bleiben sie ruhend und latent in uns.

Was ist Leben

Leben an sich, wie es überall hervortritt, ist *schaffende Gottheit.* Mangelndes Verständnis dafür, das *Denken* und *Fühlen* in richtige Anwendung zu bringen, verhindert es, die reinen Ströme dieser vollkommenen *Lebensessenz* fließen zu lassen. Dadurch wird ständig der Lebensfluß unterbrochen, der als Göttliche Essenz das atomare Gefüge von Körper und Geist durchpulst.

Die natürliche Auswirkung des Lebens gemäß seinem Ursprung sind *Liebe, Friede, Harmonie, Fülle* in allem. Leben ist fließende Göttliche Kraft, aufbauende Energie, ein sich stets erneuernder *Strom,* der Körper und Geist durchflutet, weil er aus *Gott* kommt.

Wenn wir uns nicht durch falsches Denken und Handeln und durch eine unrichtige Einstellung zum Leben von dieser Quelle entfernten, gäbe es kein Altern, keinen Mangel, keine Krankheit, keinen Verfall, und wir könnten schließlich, wie es die Meister tun, bewußt den Körper verlassen, um in eine höhere Form einzugehen. Die Meister wissen, wann der Zeitpunkt dazu gekommen ist.

Christus sagte darüber nach Johannes 10, 17-18: „Ich lasse mein Leben, auf daß ich's wiedernehme. Niemand nimmt es von mir, sondern ich lasse es von mir selber. Ich habe die Macht es zu lassen, und ich habe die Macht, es wiederzunehmen." Er war sich seiner Göttlichen Kraft bewußt und beherrschte sie in vollkommener Weise.

Leben besteht immer und kann nicht vernichtet werden.

Leben wäre allgemein *Kraft, Fülle* und *Vollkommenheit,* wenn die Göttliche Lebensessenz *ungehindert* strömen könnte, wenn der Mensch sich darauf ganz konzentrieren und diese Wahrheit in sein Bewußtsein uneingeschränkt einfließen ließe.

Es ist Gottes Absicht, jedem seiner Kinder alle guten und vollkommenen Dinge in Fülle zu schenken. Er schuf Vollkommenes und stattete alle mit der gleichen Macht aus, denn das Menschengeschlecht wurde als *Ebenbild des Höchsten* geschaffen. Einzig und allein weil der

Mensch seine göttliche Autorität nicht in der richtigen Weise benutzt, ist er nicht in der Lage, in vollkommener Art alles zu beherrschen. Und doch ist jedes einzelne Wesen vom Ursprung her dazu ausgerüstet, und es wird von ihm erwartet, daß es sich und seine Welt nach göttlichem Vorbild lenkt und leitet. Dem Gesetz der *Liebe* folgend, sollte jeder Mensch nur *Frieden* und *Segen* ausströmen. Diese beiden Aspekte allein, würden sie in die äußere Tätigkeit verlegt, wären in der Lage, Vollkommenheit im Denken und Handeln auszudrücken. Und dadurch allein würde uns im rechten Sinne die Erde untertan. Untertan nicht im Sinne von Unterdrückung, Macht ausüben und Ausnutzen, nein, im Sinne der Kenntnis und Beherrschung der Gesetze des Lebens und der Liebe, im Sinne der eigenen Vervollkommnung und damit dem Bewußtsein der Verantwortung für alle und alles andere.

Der Göttliche Lebensstrom, der das Leben an sich ist, wird durch den empirischen Willen, durch Intellekt und Verstand, durch geistige Unwissenheit gedrosselt und kann in seiner Fülle und Grenzenlosigkeit nicht offenbar werden.

Um das Gesetz des Lebens in seiner gewaltigen Ausweitung zu verstehen, ist es unerläßlich, daß der Mensch seine *Gefühle und Sinne zu beherrschen lernt und sich stets der allgegenwärtigen Göttlichen Lebensessenz bewußt ist.*

Wer *Gefühle* und *Sinne* in den Griff bekommt, der allein kann erkennen, was *Freiheit* ist. Ein jeder kann frei werden. Will er dieses mit all seiner Kraft, *dann muß er sich der Gegenwart Gottes in seinem Geiste voll bewußt werden und diese annehmen.* Diese Wahrheit sollte er jeden Tat viele Male tief empfinden, so daß nichts anderes mehr Raum hat in ihm.

Wer seine ganze Aufmerksamkeit auf diese Wahrheit richtet und sie stets in sich festzuhalten lernt, der wird alles, auch das *Höchste,* erreichen können.

Da der größte Teil der Menschheit dazu aber weder gewillt noch in der Lage ist, hat sie in allem die Folgen zu tragen, die Unvollkommenheit, Unzufriedenheit, Krankheit, Unbehagen, Not, seelische Bedrängnis usw. auslösen.

Der Geist Gottes ist in uns

Alle Wesen – ohne Ausnahme – sind mit dem Schöpfer verbunden. Es besteht keine Trennung noch Entfernung zwischen Ihm und Seinen Wesen. Die vermeintliche Trennung besteht nur im menschlichen Bewußtsein. Sie ist ein Begriff, der aus der Unwissenheit im menschlichen Verstand erwachsen ist.

Da der Geist Gottes in jedem Seiner Geschöpfe vorhanden und die erhaltende Kraft für alle und für alles ist, gibt es keine Trennung von ihm.

Was unternehmen die Menschen oft alles, um Gott zu finden. Manche gehen auf weite Reisen und suchen ihn in der ganzen Welt vergebens, denn noch niemand ist ihm außerhalb von sich selbst begegnet. Der größte Umweg führt stets an die Quelle im eigenen Sein, zum *Vater* in uns, der nicht im Äußeren gefunden werden kann.

Wer den Vater in sich erfahren will, kann dieses nur durch die volle und überzeugte Anerkennung dieser Wahrheit. Wenn man eine Wahrheit voll erkannt hat, lebt man ständig in ihr, und damit durchdringt sie auch das physische Gefüge des Menschen. Eine zu starke Ausrichtung nach außen wirkt dagegen ablenkend vom Wesentlichen, und desto weniger kann „der Vater in uns“ erfahren werden.

In der innigen Verbundenheit mit dem Geist Gottes liegt die Quelle der Eingebungen und Inspirationen, die Antwort auf alle Fragen, das Geführt- und Behütetsein. Alle guten Dinge des Lebens kommen aus dieser Quelle.

Ein jedes Wesen könnte sich dieser Quelle bedienen, wenn es entsprechende Bemühungen anstellen würde. Eingebungen sind nicht nur den sogenannten Propheten vorbehalten. – Die Stimme des Vaters spricht unaufhörlich auch zu uns. Sie wartet darauf, gehört zu werden, denn Er möchte durch Seine Geschöpfe zum Ausdruck und zur Auswirkung kommen.

Eingebung ist eine Kraft, die durch ihren „Übermittler“ zur Äußerung kommt. Sie entspricht deshalb in ihrer Beschaffenheit der Formgebung des einzelnen Übermittlers. Nur in seltenen Fällen kommt *dann* eine reine Form der Eingebung zustande, wenn das geistige Bewußtsein, der *Geist Gottes,* durch das Bewußtsein des Übermittlers direkt offenbar wird, was z. B. von einigen Propheten angenommen werden kann.

Eine erwachte Seele sucht nach der Quelle ihres Ursprungs. Jeder echte Ruf, der aus ihr aufsteigt, wird gehört, keiner geht verloren, sondern wird durch Eingebung zur Wahrheit geführt, keine Frage bleibt ohne Antwort, sobald die Seele dafür reif geworden ist.

Es gibt keine Trennung zwischen dem *Geist Gottes* und dem *Geist* seiner Geschöpfe, denn alle sind aus dem einen *Geist* geschaffen, der ewig ist.

Je mehr der vordergründige Wille eines Menschen in Erscheinung tritt, desto weniger kann die Fülle der Eingebungen und Inspirationen aus dem Göttlichen Geist hervortreten. Mit der Verletzung des Gesetzes der Willensfreiheit hat das nichts zu tun.

Vergleichen wir die in uns wohnende Kraft mit einer stets fließenden Quelle. Es steht jedem frei, sich ihrer zu bedienen, in völliger Willensfreiheit auch alle Entscheidungen selbst zu treffen.

Jeder Durstige aber wird zur Quelle gehen und dankbar die wohltuende Wirkung aufnehmen, die im Löschen seines Durstes liegt.

Diese Quelle der *Kraft* in uns unterscheidet sich im Wesentlichen von allem, was von außen her an uns herankommt und in uns eindringt, denn sie bringt das *Licht* der Wirklichkeit, der Wahrheit und des Verstehens in die höheren Bewußtseinsebenen, die jenseits der groben Sinne liegen. Sie vermag es, das Licht der Wirklichkeit in Dunkelheit und Begrenzung hineinleuchten zu lassen, die sich dann nach und nach auflösen. Sie vermag es, das Gesetz der Umwandlung in uns lebendig zu machen und wandelt das Niedere in das Höhere, Lichtvolle um.

Der Geist Gottes in uns ist nur auf das Wesentliche ausgerichtet, und durch ihn werden die Schlacken aufgelöst, die immer wieder die Zugänge zur Quelle erschweren, wenn wir ihn walten lassen.

Dein Meister in dir

Die Füße auf den Mond zu setzen scheint leichter zu sein, als den Himmel in sich zu finden.

Wenn die Christusworte, daß der Vater auch in uns ist, Wahrheit sind, dann muß es eine Möglichkeit geben, den Weg zu *Ihm* zu finden. Die Meilensteine auf diesem Wege sind für jeden aufrichtig Suchenden die gleichen.

Die Göttliche Schwingung, der wir unsere Existenz verdanken, durchdringt alle Wesen mit der gleichen Kraft; sie spricht zu jedem das gleiche: „Werde still und wisse, daß *Ich Gott* in dir bin. *Ich* bin es, dein wahres, ewiges Sein, das zu dir spricht. Du wirst Mich hören können, wenn du es gelernt hast, still zu werden, wenn du es vermagst, dein Gemüt, all deine Aktivitäten im Körper wie im Geiste zur Ruhe zu bringen. Wenn du dazu noch nicht fähig bist, will *Ich* es dich lehren. Ich brauche dazu nur deine Bereitschaft, *Mich* wirklich erkennen zu wollen."

Was aus dem tiefsten Innern zu uns spricht, ist das Göttliche Selbst, der innere Meister, der Vater in uns. Er spricht zu unserem Intellekt und zu unseren menschlichen Sinnen, die sich noch als eine selbständige Individualität betrachten.

Wenn der innere Meister hervortreten soll, muß das Denken und der Intellekt „unser Diener" sein und nicht unser Beherrscher, damit Sein Wort das Seelenbewußtsein erreichen und durchdringen kann. Vorgefaßte Meinungen, Glaubensvorstellungen und alles, was unsere Phantasie aufgebaut hat, alles Wünschen und Wollen muß beiseite gelegt werden. All das sind Abfallprodukte des Intellekts.

Die äußere Persönlichkeit wird sich zunächst dagegen sträuben wollen, denn ihre Lebensform fühlt sich bedroht und angegriffen. Sie weiß sehr genau, daß sie dein Denken und Fühlen nicht mehr wie bisher beherrschen kann. Der menschliche Sinn, der von seiner selbständigen Individualität überzeugt ist, wird derart in Anspruch genommen, Körper und Intellekt zu versorgen, daß er nie die Zeit fand, den inneren Meister kennenzulernen und sich ihm zuzuwenden, ihm zu begegnen. Ob es Freuden, Vergnügen, Leiden oder sonst etwas ist, sie halten Intellekt und Körper so gefangen, daß du dich mit ihm identifizierst und deshalb dein Göttliches Selbst vergessen hast.

Jetzt ist der Augenblick gekommen, da du bereit sein wirst, den inneren Meister anzuerkennen, sonst würdest du dieses Buch nicht in die Hände bekommen haben, oder du würdest es jetzt – in diesem Augenblick – zur Seite legen.

Jeder Schüler möge aber erkennen, daß der innere Meister nur dann hörbar und wirksam werden kann, wenn er genügend geläutert und fortgeschritten und vom Ego weitgehend frei ist. Das Studium des geistigen Weges, wenn es ernsthaft betrieben wird, hat uns diese Hürde nehmen lassen. Wenn das aber noch nicht der Fall ist, werden sich allerlei selbstsüchtige Aspekte unbemerkt in das Bewußtsein einschleichen, und der Schüler hält sie für eine spirituelle innere Führung, die er aber an den Früchten deutlich erkennen kann, die er erntet. Sind sie bitter, ist er einer Selbsttäuschung unterlegen. Dieser Selbsttäuschung unterliegt mancher Schüler und vereitelt dadurch seinen geistigen Fortschritt und den Zutritt zum inneren Meister.

Vielleicht hast du aber auch schon eine Ahnung von dem Gewaltigen in dir in stillen Stunden spüren dürfen. Der Schlüssel zum Tor, das dich zu ihm führt, ist gefunden, wenn du dich vom Bewußtsein des Intellektes und Körpers befreit, d. h., wenn du dein Gemüt mit allen Gedanken, den Körper mit seinen Empfindungen zu vergessen gelernt hast, so daß du *Ihn* in dir deutlich fühlen kannst. Es genügt nicht, allein nur zu wissen, daß *Er* in dir ist.

Um ihn fühlen zu lernen, setze dich gelöst hin, schließe die äußeren Sinnespforten und sei dir der Bedeutung folgender Worte bewußt und nimm sie *in dein Gemüt und Bewußtsein auf:*

„Sei still und wisse, *Ich bin Gott* in dir, dein *Innerer Meister.*"

Sprich oder denke diese Worte oft und immer wieder, tausendmal am Tage, bis jede Zelle Deines Körpers davon durchdrungen ist. Nimm diese Worte überall mit hin. Ganz gleich, wohin du gehst, mache sie lebendig, meditiere darüber so lange, bis sie einen Widerhall in dir finden, bis du sie in dir hörst, wenn du dein Bewußtsein und deine Aufmerksamkeit auf sie richtest.

Diese Bewußtwerdung wird nicht von heute auf morgen kommen. Es kann lange dauern, es kann aber auch schon morgen oder beim nächsten Atemzug sein.

Wenn dir dieser glückselige Durchbruch gelungen ist, wird eine fast unerträgliche *Kraft* in dir aufsteigen und niemand wird dich von der Überzeugung abbringen können, daß du dieser großen *Gegenwart* in dir wahrhaft begegnet bist. Dein Gefühl trügt dich nicht, weil es von der Gewißheit erfüllt und durchdrungen ist. Jede Zelle deines physischen Körpers weiß es, weil sie intelligent ist und diese Kraft erfahren hat. Alles wird dir in solchen Augenblicken offenbar. Du spürst Seine Macht, du lauschst Seiner Weisheit und spürst die Kraft Seiner nicht zu beschreibenden Liebe. So sicher, wie du weißt, daß morgen die Sonne wieder aufgeht und nach der Nacht der Tag folgt, so sicher weißt du auch, daß dir kein Leid mehr geschehen, kein Gegner dich überwinden kann und alles zu deinem Besten gelenkt wird, wenn du in der Obhut des inneren Meisters bleibst.

Von nun an wirst du dich in vollem Vertrauen in deiner Not stets an *Ihn* wenden, und du wirst es zulassen, daß Sein Wille zu dem deinen wird. Es bedarf dann nur noch des Stillwerdens, um zu jeder Zeit Seiner Gegenwart gewiß zu sein, um es ihr dann zu erlauben, die volle Verwirklichung durch dich zu ermöglichen.

Du wirst es lernen, mit den Augen der Wahrheit zu schauen, und die Kraft deines persönlichen Selbst wird schwinden wie Schnee vor der Sonne. Du wirst alles loslassen, was dich bindet und zurückziehen will in deine äußere Persönlichkeit, die nichts als Schein und Täuschung ist. Das Zauberwort wird dich nicht mehr loslassen. Seine lichtvolle Schwingung erhöht das atomare Gefüge deines physischen Körpers und läßt ihn gesunden und hält Krankheit und Unglück von dir fern. Es durchdringt dich wie der *Om*-Laut, der das Universum durchdringt:

„Sei still und wisse, *Ich bin Gott* in dir, dein innerer Meister und dein sicherer Sieg."

Ego

Der größte und hartnäckigste Feind des Menschen auf dem Weg seiner Entwicklung ist sein niederes *Ego*. Es wacht eifersüchtig und im Hinterhalt über jede Regung des *Höheren* oder *Göttlichen Selbst*, wenn es Versuche macht hervorzutreten.

Das niedere Ego nährt sich von Eifersucht, Selbstsucht, Egoismus, Eitelkeit, Verletzbarkeit und manchem mehr. Hier sei ein ausgeprägtes Ego vor Augen gestellt um deutlich zu machen, wie hinderlich es auf dem Wege der Entwicklung ist. Es gibt natürlich auch schwächere Formen des Ego, gemildert durch die Arbeit aus frührerer oder aus der augenblicklichen Existenz. Das Ego ist das Sammelbecken vieler niederer Eigenschaften.

Sofern ein Schüler des geistigen Weges noch tief im Ego verstrickt ist, wird er keine wesentlichen Schritte für seine Entwicklung tun können. Jede Bemühung ist ohne Erfolg, weil das Ego keine derartige Entwicklung zuläßt.

Das Ego nimmt jedem die klare Sicht für den Weg und projiziert sich häufig selbst in den anderen. Ein Schüler mag sich noch so sehr um geistiges Wissen bemühen und viele Anstrengungen unternehmen, so wird ihm das alles nichts nützen, wenn das Ego es vereitelt, die höheren Einsichten zu verwirklichen.

Mancher Schüler wiegt sich in dem Glauben, daß er weitergekommen sei, wenn er Wissen gewönne. So lange das Ego ihn aber daran hindert, seine Erkenntnisse zu praktizieren, nützt ihm alles Wissen nichts.

Seine erste Arbeit, die erste Stufe, sollte die Arbeit am Ego sein. So lange er die Notwendigkeit des ersten Schrittes nicht erkennt, wird sein Aufwärtswandern dem kriechenden Gang einer Schnecke gleichkommen, die ihr Haus überall mit hin trägt. Das Haus sei hier sinnbildlich für all die niederen Eigenschaften gesetzt, die dem Ego Nahrung bieten, die es einhüllen und ihm Behausung sind. Sie sind das

Gewicht an den Füßen, das ein leichtes Schreiten vereitelt. Der Schnecke ist ihr Kriechdasein angemessen und zugemessen, dem Menschen als *Gottes Ebenbild*, als ein freies Wesen mit allen Göttlichen Anlagen versehen, zu höchster Entwicklung fähig, gewiß nicht.

Wissen kann weitergegeben werden, wie jeder Lehrer in der äußeren Welt dieses tun kann. Das kann unpersönlich, ohne jede innere Beteiligung, ohne Engagement geschehen, wie es ja auch häufig der Fall ist. Die Vermittlung geistigen Wissens durch einen geistigen Lehrer, Meister oder Guru fordert aber, daß das Übermittelte von seinem eigenen Wesen durchdrungen und beseelt ist, daß er voll durch das eigene Ausleben dahintersteht, weil er andernfalls unglaubwürdig erscheint. Die Unglaubwürdigkeit eines geistigen Lehrers wirkt sich auch für den Schüler lähmend aus. Solch ein Lehrer kann nicht über weiterführende geistige Themen sprechen, wenn er sie selbst nicht zu verwirklichen vermag.

Wie kann beispielsweise ein Vater seinem Kind die Schädlichkeit des Rauchens glaubhaft klarmachen und es davon abhalten, wenn er selber raucht?

Ein Schüler muß von dem Gehörten überzeugt und durchdrungen werden, wenn die Lehren des Meisters ihm geistigen Nutzen bringen sollen. Das kann aber nur sein, wenn der Meister das Gelehrte vorlebt. Er sollte auch von der Richtigkeit und Dringlichkeit der Tatsache überzeugt sein, daß der erste Schritt auf dem geistigen Weg die *Selbsterkenntnis* und damit die Arbeit am *Ego* ist.

Gibt es einen Teufel?

Durch viele Jahrtausende hindurch knechtete der Glaube an eine Gestalt Satans oder Beelzebubs naive Gläubige und hielt sie in Angst, denn dem Teufel konnte man nur mit Hilfe der Priester entrinnen, so wurde gelehrt. Selbst im 20. Jahrhundert plädieren prominente Kirchenfürsten für das dogmatische Festhalten an der Lehre von der Teufels-Existenz, vielleicht aus moralischen und taktischen Gründen.

Die moderne Psychologie leistete allerdings Aufklärungsarbeit hinsichtlich der Teufelsfrage.

In esoterischen Schriften ist zu lesen, wie bei Eliphas Levi z. B., daß „Satan als höhere Perönlichkeit oder Macht nicht existiert. *Satan ist die Personifizierung aller Irrtümer und Perversitäten und infolgedessen auch aller Schwächen.*"

Die Verneinung der Existenz eines Teufels stellt aber nicht die Realität dämonischer Wesenheiten in Frage. Dabei handelt es sich hauptsächlich um Wesen, die nicht mehr im physischen Körper leben. Wenn ein Mensch im Zustand völliger charakterlicher Verkommenheit durch den physischen Tod in eine andere Daseinsform eingeht, so geht er nicht geläutert und meistens auch nicht in einem Zustand der Reue in seine nächste Existenz. Viele von diesen versuchen auch von dort aus noch ihr Unwesen zu treiben. Das sind jene Dämonen, die danach streben, Menschen mit labilem Charakter sich gefügig zu machen, um ihre nicht bewältigten Süchte und Begierden ausleben zu können.

Gewiß gibt es auch schwarze Magier. Diese und jene entkörperten Geistwesen sind aber Einzelwesen, also für sich allein bestehende Wesenheiten, die für sich selbst zu eigenen Zwecken arbeiten.

Da es keinen Teufel gibt, kann es auch keine Hierarchie des Bösen geben, weil das nicht möglich ist unter Wesen, die einander mißtrauen. Sie würden sich, genährt durch Mißtrauen, Neid und Machtsucht gegenseitig zerstören, da ihre Interessen nur dem eigenen Vorteil auf Kosten anderer gelten.

Anders dagegen verhält es sich in der „Weißen Bruderschaft“ und in der „Meister-Hierarchie“. Jedes Mitglied lebt dort im vollsten Vertrauen zu allen Mitbrüdern.

Durch Jahrtausende hindurch blieb die Idee eines Teufels lebendig. Könnte der „Satan“, das Monster mancher Religionen, nicht auch als ein „Sünden-Bock“ angesehen werden? Der Mensch unterliegt beim Durchschreiten seiner Evolution manchem Irrtum, wofür er gern einen Schuldigen verantwortlich macht. Und gar mancher beruft sich darauf, ungewollt ein Opfer einer finsteren Macht geworden zu sein.

Wie Krankheit als das Fehlen von Gesundheit bezeichnet werden kann, so könnte das „Böse“ als zeitweises Nicht-Vorhandensein des Göttlichen im Menschen angesehen werden, das sich aber sofort auflöst, wenn es von Göttlichem Licht berührt wird.

Der Glaube an einen Teufel birgt eine große Gefahr in sich, abgesehen von den Ängsten, die er verursacht, denn das beständige „Bejahen“ einer solchen Vorstellung vergrößert die Kraft derartiger Gedanken, die Formen anzunehmen imstande sind.

Das Ziel eines geistig aufwärtsstrebenden Menschen sollte es sein, sich stets und bewußt auf das Licht auszurichten. Dann werden alle Schattenformen aufgelöst in ein Nichts. Es ist ein unumstößliches Gesetz, daß, wenn wir uns stets dem Licht zuwenden, kein Schatten in unsere Seele fallen kann.

Die Kontrolle darüber, womit wir uns gedanklich beschäftigen, ist und bleibt oberstes Gebot. Du bist, was du denkst. Was du denkst, bringst du in Form.

Über Freiheit und Willensfreiheit

Über Freiheit und Willensfreiheit wird viel diskutiert. Die Begriffe sind durch Diskussionen aber nicht zu klären, vor allem, so lange sie materiell und physisch verstanden werden. Freiheit und Willensfreiheit sind Aspekte unseres Höheren Selbst. Über sie kann man wohl meditieren und sie von verschiedenen Blickwinkeln aus betrachten. Sie sind erlebbar und können über die Bewußtwerdung in die Realität gelangen, indem der Mensch in sie hineinwächst.

Viele Menschen sind der Ansicht, daß die uns vom Schöpfer gegebene Willensfreiheit ein Irrtum sei und gar nicht existiere. In der Ausübung ihres freien Willens fühlen sie Begrenzungen, Hindernisse und Schwierigkeiten. Aus dieser rein physischen Sicht hat es den Anschein, daß es um die uns gegebene Willensfreiheit, die ja Seite an Seite mit dem Begriff Freiheit geht, schlecht bestellt sei. Dadurch, daß wir uns mit dem physischen Körper identifizieren, steht allerdings der Begriff von der Willensfreiheit auf sehr schwachen Beinen.

Jeder Mensch ist ein Geistwesen der Ewigkeit, das den Körper als Hülle, als äußeres Kleid trägt, das in seiner Uranlage mit allen Vollkommenheiten ausgestattet war, und nur diesem unserem wahren Wesen ist der freie Wille zugeordnet. Es ist ein Göttliches Geschenk der Liebe und des Vertrauens Seinen Geschöpfen gegenüber.

Ein vollkommenes Wesen, denken wir an große Meister wie Jesus Christus, Moses und andere, bewegt sich in dieser Willensfreiheit in absoluter Verantwortung für alle ihm anvertrauten Wesen. In diesem Verantwortungsbewußtsein würde es seinen freien Willen niemals mißbrauchen.

Um mit dem freien Willen in der rechten Weise umgehen zu können, bedarf es eines hohen Maßes an Weisheit und Liebe. Sie sind auch die Garantie für ihre rechte Anwendung.

Die herrschenden chaotischen Zustände auf der Erde resultieren daraus, daß ein großer Teil der Menschheit in die Gottferne gerückt ist, den Sinn des Daseins nicht mehr erkennt, rein materiell denkt und dadurch alles Denken und Handeln auf Vergänglichkeit ausgerichtet ist, vom eigenen Ego ausgehend und nur darauf bezogen. Das muß unweigerlich in Chaos enden. Wir haben absolute Freiheit darin, ob wir uns wieder auf unseren vollkommenen Ursprung besinnen und uns bemühen, die Segnungen zu erhalten, die auf dem Weg der inneren Entwicklung liegen, oder ob wir weiterhin auf der Ebene der Gebundenheit und Verirrung bleiben wollen. Das große Gesetz von Ursache und Wirkung, das alle Form regiert, wird entsprechend der Anwendung der Willensfreiheit so präzis reagieren, wie die Planeten ihre Bahn ziehen. Das große Walten und Wirken ist für den menschlichen Intellekt nicht zu erklären, und wenn der Mensch nur mit diesem operiert, kommt er zu trügerischen Rückschlüssen, weil die großen Lebensgesetze mit ihm allein nicht erkannt werden können. Nur aus der gewonnenen Erkenntnis und der Beantwortung der Fragen „woher komme ich, wer bin ich und wohin gehe ich", kann der Weg wiedergefunden werden, und es kann nur dadurch zum rechten Verstehen und zur rechten Anwendung der uns gegebenen Willensfreiheit kommen.

Vielleicht hilft uns ein kleiner Vergleich: jeder Erwachsene weiß, daß, wenn er eine Hand ins Feuer streckt, eine Verbrennung nicht ausbleibt, und er hütet sich davor, dies zu tun. Es ist ihm nach dem Gesetz der Willensfreiheit aber möglich, es dennoch zu tun. Nur muß er dann die Folgen auch hinnehmen.

Jener, der noch manche Lektionen in dieser Existenz zu lernen hat, wird durch die Rückschläge, die ihm seine falschen Entscheidungen eintragen, durch die er ja nur lernen kann, immer wieder eine Einschränkung seiner Willensfreiheit empfinden. Das wird auch so lange der Fall sein, bis er die rechte Einstellung und Einsicht und das rechte Verstehen vom Sinn des Daseins erworben hat. Daraus erst kann er die richtigen Entscheidungen zur Bemeisterung des Lebens treffen.

Das Gesetz von Ursache und Wirkung gehorcht unserem Willen zu allen Zeiten. Unaufhörlich antwortet es auf unsere Gedanken, Gefühle und Taten, ob wir es wissen oder nicht. Es gibt keinen Augenblick im

Leben, da wir dieses Gesetz nicht in Tätigkeit setzen. Jeder, der diese Lebensvorgänge in ihrem Wesen erfaßt, kann lernen, sie bewußt zu lenken und nach freiem Ermessen zu seinem Wohle zu nutzen. Er erfährt die Möglichkeit über die Verfügung seiner Schöpferkräfte, aber auch die Verantwortung über deren Gebrauch und Mißbrauch. Und je nachdem, welchen Wert oder Irrwert er ihnen gibt, ist es doch immer sein eigenes Erzeugnis, was von seinem Geist und seinem Körper in der nächsten Inkarnation wiederaufgenommen werden muß. Alle Dinge im Weltall und in der Schöpfung bewegen sich im Kreis und kehren zu ihrem Urheber zurück. Bei einem unglücklichen Rückschlag eines Unwissenden kommt es dann zu der Frage, wo die Willensfreiheit bleibt, er weiß aber nicht, daß durch seine eigene Willensentscheidung die Ursache irgendwann gelegt wurde und heute eine Rückwirkung kommt, der er sich nicht entziehen kann; wohl aber kann er – und wieder nach Willensfreiheit – alles daransetzen, sie zu mildern oder gar aufzulösen durch entsprechende Gegenmaßnahmen der Wiedergutmachung, wozu immer wieder mancherlei Möglichkeiten gegeben werden.

Wer das Gesetz des Kreises erfaßt hat, wird gern in bewußter Willensfreiheit die rechten Entscheidungen treffen, um aus dem Kreislauf einmal herauszukommen. Damit erst tritt er in die Vollkommenheit, Freiheit und Einheit jenseits aller Grenzen, die er dann, als Entwicklungshilfen gesehen, nicht mehr nötig hat. Das ist die Freiheit, wonach sich im Grunde jeder Mensch sehnt, die aber, wenn sie rein materiell und physisch verstanden wird, aus dieser Sicht nicht realisierbar ist, sondern wieder zu Fehlhaltungen und dadurch wiederum zu schmerzhaften Rückschlägen führt.

Jedes Wesen könnte wahrhaft frei sein, wenn es die Gott-Gegenwart in seinem Herzen und Geist anerkennen und annehmen würde. Diese Wahrheit sollte es immer wieder tief empfinden. Ebenfalls sollte jedes Wesen wissen und erleben, daß Gott seinen Geist und seinen Leib in der Folge derart mit Licht erfüllt, daß nichts anderes mehr Raum in ihm findet. Die Allmächtige Gott-Gegenwart ist die harmonische Kraft im Leben und in jeder Sache. Wer seine ganze Aufmerksamkeit bewußt auf diese ewige Wahrheit richtet und daran festhält, der wird

Freiheit erreichen. (Ihr werdet die Wahrheit erkennen, und diese wird euch frei machen.)

Freier Wille ist auch unser Geburtsrecht.

Der Wille Gottes ist die Fülle und der Reichtum alles Guten für Seine Kinder und ist unser Geburtsrecht. Als Seine Kinder, die er mit einem freien Willen ausgestattet hat, können wir selber wählen, ob wir von dieser Fülle Gebrauch machen wollen oder nicht.

Es ist eine Tragik, daß manche Menschen Mißgeschicke, Krankheit, Unglück usw. dem Göttlichen Willen zuschreiben. Nach dem kosmischen Gesetz der Reinkarnation und dem von Ursache und Wirkung ist jedes Wesen für sich selbst verantwortlich und kann für sein Schicksal niemanden verantwortlich machen. Das Gesetz der Willensfreiheit wäre sonst fehl am Platze und auf Grund dieses Gesetzes wird Gott auch nicht in unsere Entscheidungen eingreifen, und seien sie noch so sinnlos. Auch in unsere Fehlentscheidungen mit deren unangenehmen Auswirkungen greift er nicht ein, denn Er würde uns dadurch die Möglichkeit des Lernens nehmen.

Ein großer Teil der Menschen lernt leider nur durch leidvolle Erfahrungen. Leid entsteht dann, wenn die Gesetze des Lebens verletzt werden, nicht etwa, weil Gott es schickt. Er wäre wahrhaftig nicht als liebender Vater anzusprechen, wenn er seinen Geschöpfen Leid, Krankheit, Kriege usw. ohne Grund schicken würde. Wo bliebe da die vielgepriesene Liebe?

Es muß wohl eine andere Ursache haben, warum der Mensch leidet. Bei manchem ist dies allerdings sehr offensichtlich, wenn z. B. bei einem starken Raucher oder Trinker die Organe versagen und er elend zugrunde geht.

Viel mehr könnte doch angenommen werden, daß der Schöpfer alle guten Dinge für Seine Kinder vorgesehen hat, als daß er ihnen Leid schickt. Der Mensch ist aber sehr geneigt, stets seinen eigenen Willen durchzusetzen, und das geschieht nicht immer mit den rechten Mitteln und Methoden. Wie oft muß er später schmerzlich erkennen, daß sein Wille nicht im Einklang mit den Lebensgesetzen war, und die Folge davon ist häufig Leid.

Der Mensch hat die Fähigkeit verloren, den Göttlichen Willen zu erfragen und zu erkennen, der eine Fülle des Guten bereithält und auch nur das Gute und Angenehme will. Er hat auch die Fähigkeit verloren, den Willen des Schöpfers anzunehmen, weil er von dem eigenen vollkommen beherrscht ist und der Göttliche vom eigenen stark abweichen kann. Aus einer begrenzten Sicht fehlt uns der Überblick darüber, was unserer Entwicklung dienlich ist; denn darauf ist der Göttliche Wille ausgerichtet.

Die allgemein vorherrschende und veraltete Meinung, daß Gott im Leben des Einzelnen oder dem eines Volkes nach Seinem Willen handelt, ist wohl ein großer Irrtum. Augenblicklich ist die Welt wieder von der Angst vor einem Atomkrieg erfüllt und Stimmen werden laut, daß Gott diesen doch nicht zulassen könne. Wenn der Mensch aber seinen Verstand dazu gebraucht hat, um Raketen zu bauen anstatt ihn für friedliche Zwecke zum Wohle der Menschheit zu nutzen, wird er seine Früchte ernten müssen, wenn er nicht vorher zur Vernunft kommt. Dem Gesetz der Willensfreiheit zur Folge wird Gott sich nicht in unsere Entscheidungen einmischen. Sicherlich wird Er versuchen, *durch ausgewählte Geschöpfe* zu handeln, wenn diese bereit und aufnahmefähig sind, seinen Willen zu erkennen und ihn zu tun. Gott handelt also durch seine Geschöpfe. Sie sind Träger und Ausdruck seines Willens, wenn sie dazu bereit sind. Durch Lenkung Seiner Geschöpfe kann Sein Wille in Kraft treten.

Sich dem Willen Gottes hingeben, heißt nicht, den eigenen Willen zu unterdrücken, ganz im Gegenteil. Die menschliche Willensentscheidung, sich für den göttlichen Entscheid einzusetzen, geht immer voraus und damit die Möglichkeit, auch die Fülle alles Guten anzunehmen; denn nur Gutes und die Fülle in allem ist es, die Er für Seine Kinder in Liebe bereithält.

Auf dem Lichtweg muß ein Schüler es lernen, den eigenen Willen mehr und mehr zurückzunehmen, damit der Wille Gottes, der in Wahrheit die Fülle alles Guten für einen jeden bereithält, wirksam werden kann. Der menschliche Wille blockiert das Einfließen des Willens Gottes. Es wäre wirklich nicht uninteressant, einmal darauf zu achten, wie oft die Worte „ich will" am Tage benutzt werden. Sie verhindern es jedesmal, daß Gottes Wille sich offenbaren kann.

Der Wille Gottes ist ein mächtiger Kraftstrom, den Jesus Christus benutzte und damit die Möglichkeit hatte, uneingeschränkt zu wirken. Sein eigener Wille entschied sich dafür, den Willen des Vaters zu tun, und nur dieser war es, der ihn befähigte, Übermenschliches zu bewirken.

Für den geistigen Weg ist es unerläßlich zu lernen, den Willen Gottes wirken zu lassen. Das kann nur geschehen durch die stete Anerkennung der Mächtigen Gott-Gegenwart im eigenen Innern. Nur dadurch wird eine Kraft freigesetzt, die bei dauerndem Aufrechterhalten der Anerkennung uneingeschränkt wirken kann.

Wie können die Sinne verfeinert werden?

Um in höhere Bewußtseinszustände zu kommen, ist es unerläßlich, die fünf Sinne zu einem umfassenden und korrekten Gebrauch anzuregen, denn dadurch wird auch die Seele in ihrer Entwicklung gefördert. Eng damit verbunden ist die Schulung der Beobachtungsgabe; der Blick wird geübt, und wir werden achtsam und wachsam für alles was uns umgibt.

Ein Spaziergang durch die schöne Natur ist ein breites Feld zu diesem Training. Was gibt es dort alles zu sehen, zu hören, zu fühlen und zu riechen. Der vielstimmige Gesang der Vögel, meist nur oberflächlich oder gar nicht wahrgenommen, wird dir bewußt. Besonders im Frühling, wenn die Vogelwelt erwacht, versuche einmal die ganze Skala des wunderbaren Gesanges zu hören, und dann konzentriere dich darauf, einzelne bestimmte Vogelstimmen herauszuhören. Gehe noch mehr ins Detail und horche auf nur eine Vogelstimme. Erlausche sie mit deiner ganzen Hingabe. Gib dich ganz dem Rauschen der Baumkronen hin, wenn der Wind die Äste hin und her wiegt. Erkenne bewußt die Bewegung in den Baumkronen und horche auf den Gesang des Windes. Beobachte ein Kornfeld, wenn eine Brise darüber geht und vernimm die feinen Laute, wenn die Ähren sich berühren. Horche auf das Nagen einer Wespe an einer Frucht. Höre auf das Schwirren der Flügel der Vögel in der Luft, beobachte ihren Flug und sieh auch den Gang der Wolken am Himmel. Selbst ein Käfer im Laub oder auf dem Grasboden vermittelt unseren Ohren ein Geräusch. Lausche dem Fluß oder dem Bächlein. Bemerke die Entfaltung der Knospe einer Pflanze und das Heranreifen der Früchte.

Übe deinen Geruchsinn, indem du Pflanzen oder Blumen an ihrem Duft erkennen lernst, ohne sie mit den Augen wahrzunehmen. Streiche mit den Händen über bewachsenen Boden und laß Sand durch deine Finger rieseln. Umfasse den Stamm eines Baumes und werde eins mit einem bunten Stein, den du bewußt in den Händen hältst. Streichle ein Tier, sei es eine Katze, ein Hund, ein Käfer oder eine Blindschleiche, das gerade deinen Weg kreuzt.

Das alles soll ganz aufmerksam mit wachen Sinnen geschehen. Wenn dir das gelingt, wirst du bald eine andere Wirklichkeit entdecken als jene, die dir bislang bekannt war. Deine feinen Sinnespforten werden sich öffnen, und mit der Zeit wirst du die Fähigkeit erwerben, die Aura eines jeden zu erkennen.

Unsere Sinne sind Eingangspforten nicht nur für das Sehen, Schmecken, Riechen, Hören und Fühlen der materiellen Dinge, sondern auch für die Entsprechungen im ätherischen, im feinstofflichen Bereich.

Das Schulen der Sinne ist dazu angelegt, das Bewußtsein für unsichtbare, nicht fühlbare und unhörbare Formen zu entwickeln und zu schärfen.

Für einen geistig erwachten Menschen ist es eine Selbstverständlichkeit, in diese Welten hineinzuschauen.

Die Entwicklung des Menschen sollte dahin gehen, auf beiden Ebenen zu Hause zu sein, auf der materiellen wie auch auf der feinstofflichen.

Neugier

Ein Gesetz der Hohen Schule des Geistes heißt: Wissen, Wagen, Handeln, Schweigen; und ein anderes Gesetz, das damit gekoppelt ist, entschuldigt keine *Neugier* des Schülers.

Bei geistiger Schulung ist niedere Neugier unentschuldbar. Sie muß aus dem Bewußtsein ganz schwinden, bevor auf dem langen Weg zur Meisterschaft Verständnis, Kraft und Erfahrung gewonnen werden können.

Neugier, die nicht mit Wissensdurst zu verwechseln ist, hat schon manchen Schüler zurückgeworfen oder ihn mit dunklen Kräften in Verbindung gebracht.

Die Gier, Neues über unbekannte Kräfte zu erfahren, öffnet finsteren Energien das Tor, und der erste Schritt zu ihrem Mißbrauch ist getan.

Auf dem Lichtweg, den ein Schüler in der Obhut eines geistigen Meisters geht, wird er im rechten Moment das Nötige erfahren, ohne daß Fragen gestellt zu werden brauchen.

Bereitschaft und absolutes Vertrauen auf die eigene Gott-Gegenwart und auf die des Meisters geben die Sicherheit, auf dem Weg zum Licht zu sein. Unnötiges Fragen vereitelt den geistigen Fortschritt, weil der Schüler dadurch abgelenkt und die unbeirrbare Ausrichtung auf sein Ziel unterbrochen wird. Durch Abschweifen vom Weg verblaßt das, was er vorher anstrebte, worauf er seine ganze Aufmerksamkeit gerichtet halten sollte.

Nur ein ernsthafter Schüler wird den Beistand eines Meisters erfahren. Niemals verschwendet ein echter Meister seine Energie dafür, Neugier zu befriedigen, auch nicht die geistige Neugier.

Einfluß von Genußmitteln und Fleisch auf den feinstofflichen Bereich

Auf dem Weg zum Licht ist es unerläßlich, daß der Schüler sich von Genußmitteln und Fleisch fernhält. Diese Enthaltung sollte aber nicht erzwungen werden, sie muß von innen wachsen. Und wer ehrlich bemüht ist, den Lichtpfad zu gehen, dem wird es nicht schwerfallen, den Weg zu einer einfachen und gesunden Lebensweise zu finden.

Genußmittel wie z. B. Alkohol, Tabak und andere Reizstoffe sind Stimulanzien, die vielleicht augenblicklich ein Hochgefühl bereiten können, aber im Grunde eine Täuschung sind. Derartige Genußmittel wirken sich negativ auf den feinstofflichen Bereich des Menschen aus, denn gerade die feinen Wahrnehmungsorgane, die angeregt werden sollen, werden dadurch unempfindlich gemacht und vergröbern die Schwingungen des Körpers. Die Empfänglichkeit für die Aufnahme höherer Schwingungen nimmt ab. Abgesehen von den physischen Schäden, die derartige Genußmittel verursachen, wissen die wenigsten Menschen um die negativen Auswirkungen im feinstofflichen Bereich, die der geistigen Weiterentwicklung dadurch im Wege stehen.

Diese negativen Auswirkungen machen sich nicht sofort bemerkbar. Derartige „Dünste“ ziehen aber niedere Kräfte herbei, die von ihnen leben; sie umgeben die Menschen, die von den Genußmitteln abhängig sind und verhindern ein Sich-Aufschwingen der Seele. An Orten, wo ihnen gefrönt wird, geschehen die meisten Verbrechen.

Ähnlich verhält es sich mit dem Genuß von Fleisch. Schon allein das Züchten und Töten der Tiere, um sich von ihnen zu ernähren, verletzt das Gebot „Du sollst nicht töten“.

Der Mensch nimmt durch den Genuß von Fleisch auch die Ängste mit auf, die ein Tier vor dem Töten empfindet. Die Tiere sind unsere „jüngeren Brüder“, die uns anvertraut wurden. Sie sind vom Schöpfer für uns nur im Notfall als Nahrung gedacht. Solange es noch Schlachthöfe gibt, wird es auch Schlachtfelder geben. Die Beschäftigung mit dem Zubereiten und der Genuß von Fleisch und Blut machen aggressiv; es verbreitet sich außerdem eine niedere Schwingung, die kein Wachstum im feinstofflichen Bereich zuläßt. Die feinen Sinne können sich nicht frei entwickeln. Nachstehende Passagen aus dem „Evangelium des vollkommenen Lebens“, erschienen im Humata-Verlag, Zürich, führen uns deutlich vor Augen, welch eine menschliche Verirrung es ist, Tiere zu verzehren. „Das Evangelium des vollkommenen Lebens“ wurde zuerst aus dem aramäischen Urtext ins Englische übersetzt, erste deutsche Ausgabe 1938. Es enthält Begebenheiten und Gespräche, die in den uns bekannten Evangelien nicht enthalten sind, während es im übrigen fast wörtlich mit dem Text des Neuen Testaments übereinstimmt. Wenn diese uns neuen Stellen das enthalten, was im Laufe der Zeiten von der Lehre des großen Meisters Jesus-Christus verlorengegangen ist oder absichtlich unterdrückt wurde, dann sind sie für uns von unschätzbarem Wert. Daß von der Zeit an, da das Christentum unter Konstantin dem Großen zur Staatsreligion erklärt wurde, die Evangelien manche Veränderung und Bearbeitungen erfahren haben, unterliegt wohl keinem Zweifel. Prof. *Nestle*, eine Autorität auf dem Gebiete der Kirchengeschichte und der Evangelien-Urtexte, sagte in einer „Einführung in die Textkritik des griechischen Testaments“: „Gewisse Gelehrte, ‚Correctores‘ genannt, waren nach dem Konzil von Nicäa 325 n. Chr. durch die kirchlichen Behörden ernannt worden und tatsächlich bevollmächtigt, den Text der heiligen Schriften zu korrigieren im Sinne dessen, was als strenggläubig richtig betrachtet wurde.“

Und nun zitiere ich: „Und Jesus sprach zu ihnen: ‚*Gott* gibt die Saatkörner und die Früchte der Erde als Nahrung; und für den Gerechten gibt es keine andere rechtmäßige Nahrung für den Körper. Wahrlich ich sage euch, die Vorteile ziehen aus dem Unrecht, das einem Geschöpf Gottes zugefügt wird, die können nicht rechtschaffen sein. *Noch dürfen alle, deren Hände mit Blut befleckt sind oder deren Mund durch Fleisch verunreinigt ist, heilige Dinge berühren oder die Geheimnisse des Himmels lehren.* Deshalb sage ich zu allen, die meine Jünger werden wollen, haltet eure Hände fern vom Blutvergießen und lasset kein Fleisch über eure Lippen kommen, denn Gott ist gerecht und gütig und hat befohlen, daß die Menschen leben sollen allein von den Früchten und den Saaten der Erde." Sogar in 2. Moses 1,28 lesen wir: „Und Gott segnete sie und sprach zu ihnen: ‚Siehe, ich gebe euch alles Kraut, das Samen trägt, auf der ganzen Erde und alle Bäume, an denen Früchte sind; das soll eure Speise sein.'"

An einer anderen Stelle sagte Jesus: „Ebenso wie das Getreide und die Weintrauben in Fleisch und Blut verwandelt werden, also müssen auch eure irdischen Gedanken in geistige verwandelt werden. Suchet die Verwandlung des Körperlichen in das Geistige! Wahrlich ich sage euch, im Anfang haben alle Geschöpfe Gottes ihren Unterhalt allein in den Pflanzen und Früchten der Erde gefunden, bis die Unwissenheit und die Selbstsucht der Menschen viele von dem Brauch, den ihnen Gott gegeben hat, abgebracht haben zu dem, was dem ursprünglichen Brauche widersprochen hat. Aber alle jene sollen darum zurückkehren zu der natürlichen Nahrung, wie es geschrieben steht in den Propheten. Denn ihre Worte sollen nicht angezweifelt werden."

Und weiter sagte Jesus: „Ich aber sage euch: Vergießet nicht das Blut der Unschuldigen, noch esset ihr Fleisch. Gehet aufrecht, liebet die Barmherzigkeit und tuet das Rechte, und eure Tage werden lange währen."

Auf einem Konzil wurde mit einer Stimme Mehrheit, wie mir ein katholischer Priester sagte, für das Fleischessen entschieden. Als Kompromiß wurde der Freitag als fleischloser Tag eingeführt, und auch darum kümmert man sich heute kaum noch.

Auf Seite 239 im *Evangelium des Vollkommenen Lebens* ist noch zu lesen: „Die Zahl derer, die an der Fleischenthaltung festhielten, war noch vierhundert Jahre n. Chr. so groß, daß auf der Kirchenversammlung von Ancyra beschlossen wurde, daß Priester, die von Pflanzenkost leben wollten, dennoch verbunden sein sollten vom Fleisch zu kosten, und zwar bei Strafe der Amtsenthebung!"

Das angebrochene neue geistige Äon wird uns noch manche Wahrheit, die uns vorenthalten wurde, offenbaren.

Dazu wird auf Seite 108 noch verkündet:

„Aber nach euch werden Menschen kommen, welche anderen Sinnes sind und durch Unwissenheit oder durch Gewalt viele Dinge unterdrücken werden, die ich euch gesagt habe, und werden mir Worte zuschreiben, welche ich niemals gesprochen habe, und säen Unkraut so unter den guten Weizen, den ich euch gegeben habe, in die Welt zu säen. Dann wird die Wahrheit Gottes den Widerspruch der Sünder erdulden; denn so ist es gewesen, und so wird es sein. Aber es wird eine Zeit kommen, da die Dinge, welche sie verborgen haben, enthüllt und bekannt werden, und die Wahrheit wird frei machen, die gebunden waren."

Diese Zeit ist nun gekommen. Die intensive Einstrahlung aus dem Sternbild „Wassermann" verfeinert den menschlichen Geist, und in Zukunft wird sich niemand dieser Entwicklung zum Guten und Positiven hin entziehen können, der in diese Zeit hineingestellt wurde.

Das Hohelied der Freundschaft

Eine echte und wahre Freundschaft zu entwickeln, gehört zu den Aufgaben des Schülers auf dem geistigen Weg. Sie durchlichtet die Seele und unterstützt die Verwirklichung anderer Tugenden. Diese echte und wahrhafte Freundschaft, wie sie in den geistigen Ebenen gepflegt wird, wäre sie den Menschen zueigen, könnte die Erde in ein Paradies verwandeln.

Es ist notwendig, den Bezug zur Freundschaft, wie sie im allgemeinen gepflegt und gelebt wird, objektiver und genauer zu betrachten.

Um keine Mißverständnisse aufkommen zu lassen, sei gesagt, daß hier unter „Freundschaft“ keinerlei körperliche Beziehung gemeint ist, sondern das Bruder- und Schwester-sein.

Wieviele Eifersucht verbirgt sich manchmal noch unter dem Mantel der Freundschaft. Wieviel Besitzanspruch erfährt eine Tarnung darunter. Und wieviel selbstsüchtige Forderungen und Erwartungen werden unter dem Deckmantel einer Freundschaft stillschweigend und selbstverständlich gestellt. So viele Gefühle des Verletztseins, die keine Rechtfertigung in einer freundschaftlichen Beziehung finden, werden mitgeschleppt, deshalb wird dies nicht selten ein Anlaß dafür, eine Freundschaft zu lösen. Was gelöst werden kann, steht unter dem Aspekt einer Bindung.

Wahre und echte Freundschaft ist kein Zustand, der gebunden oder gelöst werden kann. Sie ist ein Bestandteil unseren Höheren Selbst, das hervortreten möchte, sie ist ein Erkennen auf höherer Ebene, ins physische Dasein projiziert und daher auch frei von Eigensucht, Besitzanspruch, Forderung, verletzen und verletzt werden können. Sie gedeiht in völliger Freiheit. Sie hält die Hände offen und nimmt einen großen Raum im Leben eines jeden ein. Sie bleibt auch dann bestehen, wenn unsere Hand losgelassen wird – denn sie sollte nicht festhalten, sondern alle Zeit geöffnet bleiben. Sie hält nur Gedanken und Gefühle des Friedens und der unpersönlichen Liebe aufrecht.

Echte und wahre Freundschaft lehrt uns, mit allem und allen in Frieden zu leben. Sie löst jegliche Mißstände auf, die das Leben verdunkeln. Ein wesentlicher Aspekt der Freundschaft ist absolute Offenheit. Sie ist die Basis für ein allumfassendes Verstehen.

Wenn ein Schüler fähig ist, eine wahre Freundschaft in dieser Art zu üben, bedeutet das für seine Entwicklung einen gewaltigen Schritt ins *Licht*. Mit jeder weiteren Stufe wird sein Weg leichter und lichter, weil das Höhere oder Göttliche Selbst immer mehr hervortreten kann.

Eine ehrliche Überprüfung der Form der von uns gepflegten Freundschaften wird uns zeigen, wo es noch mangelt. Wo stehen wir noch in der Forderung und Verletzbarkeit? Wo mangelt es noch an Offenheit?

Das Hohelied der Freundschaft kennt nur einen Klang: Freiheit, Harmonie und Frieden. Es fördert den Reifeprozeß der Seele in einem hohen Maße. Es findet dort ein Echo, wo gleichschwingende und gleichklingende Saiten die Seelen berühren, die keinen Mißklang kennen. Es nimmt in der Entwicklung der Seele einen weiten Raum ein, läßt nichts Profanes zu, und in seiner Ausweitung kennt es nichts anderes als das Gefühl des Bruder- und Schwester-seins.

Freundschaft beinhaltet auch das Gefühl, das sich über die Begrenzungen von Rassen, Weltanschauungen usw. hinwegsetzt und nur den verbindenden Ursprung in jedem Wesen erspürt, der aus Gott stammt.

Der neue Mensch

Die Erde schreit nach einem neuen Menschengeschlecht. Welche Ebenen dieses Planeten es auch sein mögen, ob es die Luft, die Gewässer, der Boden, seine Oberfläche und auch sein Inneres, die Tier- oder die Pflanzenwelt, ob es jene Natur- und Elementarwesen sind, die den grobstofflich ausgerichteten Augen der meisten Menschen verborgen bleiben, alle schreien voller Schmerz nach einem neuen Menschengeschlecht, unter dessen verantwortungsbewußter Führung sie wieder erblühen können. Dieser verzweifelte Ruf sollte nicht ungehört verhallen, vielmehr sollte er das Ohr jedes Einzelnen, der feinere Klänge wahrzunehmen vermag, erreichen und ihn aufrütteln.

Wenn der Mensch mit seiner Erde nicht mehr zufrieden ist, weil die Lebensräume und -ebenen seinen Vorstellungen, was die Qualität selbst anbetrifft, nicht mehr entsprechen, so kann unser Planet dafür nicht verantwortlich gemacht werden; denn wie es in der Hl. Schrift heißt, sollte der Mensch sich die Erde untertan machen. Daß diese Forderung völlig mißverstanden und mißbraucht wurde, zeigen die Resultate. Diese sollten uns aufmerken lassen, ebenso wie die Tatsache, daß seit einiger Zeit Mißernten aufgrund unguter Saaten eingeholt werden, die alle Lebensbereiche fast tödlich durchdringen. Langsam, systematisch und stetig sinken wir weiter in den vernichtenden Sumpf hinein. Es ist kaum zu begreifen, daß nur ein verhältnismäßig geringer Teil der Menschen diesen Selbstvernichtungsprozeß erkennt und sich darum bemüht, Änderungen zu schaffen. Viele dagegen gefallen sich immer noch in der Sattheit des Materialismus, der Äußerlichkeiten und des Überflusses, ohne zu spüren, wie morsch das Fundament schon geworden ist, auf dem alles steht.

Der Mensch selbst sollte der Erhalter, Beschützer und Verwalter der Erde sein, auf daß sie ihn nähre und trage und ihm eine Stätte seiner geistigen und körperlichen Entwicklung sei, ein Planet der Läuterung, ein Ort, an dem er seiner Bestimmung nach Lektionen zu lernen hat, die er nur hier bewältigen kann, während er einer höheren Freiheit auf seiner langen Wanderung durch Äonen zustrebt.

Der neue Mensch, auf den die Erde hofft, der sie vielleicht noch retten könnte, muß aber nicht erst geboren werden, er ist da; denn dieser neue Mensch ist ein jeder von uns, oder er kann es werden durch Bewußtseinswandlung. Eine andere Möglichkeit, einen anderen Weg gibt es wohl nicht. Er muß aus seiner Spaltung zurück in die Einheit von Körper, Seele und Geist kommen, durch die er sich wieder in die kosmische und göttliche Harmonie und Ordnung stellt. Er muß die Gesetze des Lebens wieder beachten, durch die er zu einem besseren und höheren Wissen und Verständnis geführt wird. Der Grundton seines Daseins muß *Liebe* sein und daraus folgend der Wunsch nach *Frieden*, auf daß das Schöpfungswort in seiner Seele wieder ein Echo findet.

Ein jeder stellt den neuen Menschen dar, den er in sich und durch sich zur Offenbarung bringen muß. Das ist eine Forderung der großen kosmischen Evolution, die das geistige Zeitalter „Aquarius" anzeigt, dessen Schwelle schon übertreten ist, das die Menschheit etwa 2000 Jahre lang begleiten wird. Es ist ein Äon, das zu enormer Entwicklung auf allen Ebenen befähigen und antreiben wird. Die große Evolution hat den Menschen dazu geführt, jetzt seine inneren Werte und Kräfte zu erkennen und sinnvoll in den weiteren Dienst der Entwicklung zu stellen, die es nicht mehr zuläßt, daß es in Zukunft solche Verirrungen wie die derzeitigen noch geben wird. Sie fordern ihren Tribut, aber die Einsicht der Menschheit wird durch die bisher gemachten Fehler wachsen, und wo das nicht der Fall ist, gibt es kein Erbarmen mehr.

Bevor die innere Umkehr vollzogen wird, kann sie im Äußeren auch nicht in Erscheinung treten. Zur inneren Wandlung hat die Menschheit stets Hinweise, Wege, Hilfen und Möglichkeiten geboten bekommen, was auch jetzt in besonderem Maße der Fall ist, weil geistige Hilfen aus anderen Ebenen und von anderen Planeten dem zuteil werden, der geöffnet und reif dafür ist. Dazu bedarf es der Selbstbesinnung und der ehrlichen Bereitschaft zur inneren Wandlung, die den Bezug zum Göttlichen wieder möglich macht.

Bevor das neue Menschengeschlecht voll wirken kann, wird ein Reinigungsprozeß vonnöten sein, welcher auf Ursachen beruht, die die Menschheit selbst gelegt hat. Vielleicht trägt dieser dazu bei, daß Besseres werden kann, vielleicht zwingt er zur Umkehr. Daß eine neue Geisteshaltung entstehen wird, liegt in der kosmischen Gesetzmäßigkeit, jedoch die Art wie sich dieser Prozeß vollzieht, liegt am Einzelnen selbst.

Der neue Mensch wird *Liebe* und *Frieden* verkörpern. Dadurch ist eine friedliche Welt gewährleistet. Er wird im Bewußtsein der absoluten *Bruderschaft* leben, die zunächst in kleineren Kreisen praktiziert wird, dann aber immer größere einbezieht. In dem Bewußtsein, daß der eine des anderen Bruder ist, wurzeln *Verstehen, Liebe* und *Selbstlosigkeit.*

Der Ruf ergeht an alle, jetzt mit der Arbeit am neuen Menschen – an sich selbst – zu beginnen, damit das neue Menschengeschlecht sich formen kann; denn nur mit einer umgewandelten, höher ausgerichteten Einstellung kann eine bessere Welt gestaltet werden.

Über die Liebe

Das sich abzeichnende neue geistige Äon wird manchem Aspekt des Lebens, der von einem materialistischen Denken und von alten vorgefaßten Meinungen geprägt wurde, einen neuen Stellenwert geben. Ein falscher Klang hat sich seit Jahrhunderten in die Lebenssymphonie eingeschlichen, der ethische, moralische und humane Begriffe verschoben hat. Vieles wird eine Umwandlung und Verwandlung erfahren, weil die neue Ära des Lichtes und der Hoffnung völlig neue Anschauungen mit sich bringt. Die naturwidrige Einstellung des Menschen, mag sie die körperlichen oder die geistigen Belange des Lebens betreffen, wird sich mit dem Wachsen des neuen Weltzeitalters völlig verwandeln, wie sich das schon deutlich bemerkbar macht.

Das Gesetz von Ursache und Wirkung ist unerbittlich, und die Rückschläge, die aus der Verletzung der Schöpfungsgesetze entstehen, treffen sowohl unseren Planeten selbst als auch die Menschheit auf ihm. Alle Fehlentscheidungen durch falsches Denken und das daraus erfolgte Handeln, im Kleinen wie im Großen, zwingen uns jetzt zu einem schmerzhaften Erkennen. Das geistige Chaos, in dem die Menschheit steckt, resultiert zum großen Teil aus dem Verstoß gegen das Gesetz der *Liebe*. Sie ist ein Göttlicher Aspekt im Höheren Selbst eines jeden Menschen. Ihr muß im Bewußtsein und in den Herzen der Menschen wieder der Platz eingeräumt werden, der ihr vom Beginn der Schöpfung an zugeteilt war. Sie ist im Grunde die *Ursache* und die *Kraft*, die die Schöpfung ins Leben rief, in der der Mensch einen wichtigen Platz einnimmt. Er wurde ausgestattet mit der Fähigkeit zu lieben von seinem Schöpfer, aber in dem Sinne, sich zu Seinem Ebenbild zu entwickeln. Die Liebe ist ein Ausdruck Gottes und stellt die größte Kraftpotenz dar, die überhaupt existiert.

Aber was versteht der größte Teil der Menschen unter Liebe? Welch eine Prägung haben wir ihr gegeben?

Mit dem Begriff „Liebe“ wird heute vorwiegend die körperliche

Verbindung zweier Menschen gemeint. Kaum eine Seite des Lebens wird so viel besungen, in Poesie und Prosa zum Ausdruck gebracht, wie diese Liebe. Sie ist in den allermeisten Fällen mit der Vorstellung von Besitzanspruch mit Eifersucht im Gefolge verbunden. Sex, Erotik, Trieb, Sinnenlust und Sinnenbefriedigung werden irrtümlich für Liebe gehalten. Sie wird „gemacht", behandelt und gehandelt wie eine Ware. Kann das Liebe sein?

Wie wenig sich aber die Hoffnungen erfüllen, zeigen die vielen Gescheiterten, Unglücklichen, Enttäuschten und Geschädigten. Das Resultat dieser Art von Liebe ist: Leid, Eifersucht, Disharmonie, Krankheit, Unglücklichsein. Selbst bei einem einigermaßen geordneten Leben in dieser Liebe schlägt sie doch dann schmerzhafte Wunden, wenn es zu einer Trennung kommt, entweder durch das Leben oder durch den physischen Tod des einen Partners. Manche Wunden wollen nicht heilen, die sie hinterlassen hat. Kann das echte Liebe sein?

Bei objektiver Betrachtung der vielen Tragödien auf der Bühne des Lebens müßte eigentlich die Frage auftauchen, ob diese vielbesungene Liebe nicht eine Täuschung, ein Trugschluß, eine Illusion ist. Wenn sie den wesentlichsten Aspekt im menschlichen Dasein darstellt, müßte sie doch bessere Resultate erzielen.

Wie viele Verbrechen geschahen und geschehen immer noch, denen das Motiv „Liebe" zugrunde liegt. Kann das wirkliche Liebe sein?

Natürlich gibt es auch andere Begriffe von der Liebe: die Mutterliebe, die Freundesliebe, die Naturliebe usw., die sicher als eine höhere Form betrachtet zu werden verdienen. Es gibt auch immer Menschen, die glücklich und zufrieden miteinander leben. Gemessen an den vielen Unglücklichen sind sie aber leider ein verschwindend geringer Teil. Sie sind glücklicher, weil ihre Auffassung von der Liebe nicht der der Allgemeinheit entspricht.

Von Kindheit an gleitet in der Regel der junge Mensch, nachdem er zunächst die Mutterliebe erfahren hat, in das allgemein programmierte Schema von der Liebe hinein, festgelegt von Unfähigen und Unberufenen, die durch ein geschäftstüchtiges Mediennetz den Ton angeben. Aus diesen Quellen, denken wir an Zeitschriften, Filme, Schundliteratur usw. unterrichtet, begibt sich der junge Mensch in das Abenteuer

„Liebe“ hinein. Eine ganze Industrie sorgt dafür, daß seine Aufmerksamkeit auf sie wach und lebendig bleibt.

Die allgemeine Auffassung und Meinung, daß z. B. ein jeder im Leben eine Partnerschaft einzugehen hat, wurzelt noch fest im menschlichen Bewußtsein, besonders bei der älteren Generation, ebenso die Meinung, daß auch jede Frau dazu da ist, Kinder zu gebären.

So wird der Mensch programmiert, wenn er sich nicht aus eigener Kraft sein eigenes, ihm gemäßes Programm wählt. Staat und Kirche sind an der bisher vorgefaßten Meinung interessiert und fördern sie.

Frauen, die keine Kinder bekommen, sind oft verzweifelt und setzen mit Hilfe der Ärzte alles daran, um zur Fruchtbarkeit zu gelangen. Wer aber das 2. Kosmische Gesetz, das Gesetz von Ursache und Wirkung kennt, weiß, daß nichts ohne Grund im Leben eines Menschen geschieht, daß er in dieser Existenz die Auswirkung und die Summe all seiner Handlungen aus früheren Leben zu tragen hat. Die Unfruchtbarkeit einer Frau wie auch bei einem Mann ist oft eine karmische Auswirkung, in die keine Eingriffe vorgenommen werden sollten. Sie müssen auf keinen Fall ein negatives Karma ausdrücken. Vielleicht ist manche Frau in dieser Inkarnation zu anderem bestimmt als Kinder in die Welt zu setzen oder eine Ehe einzugehen. Dasselbe gilt natürlich auch für den Mann.

Der Einzelne sollte vielmehr auf seine Talente achten, die zu entwickeln er beim Eintritt in die physische Welt den Auftrag bekommen oder übernommen hat. Er hat die Verpflichtung dem Gesetz des Lebens gegenüber, diese zu vervollkommnen, um anderen damit zu dienen, um Freude zu bereiten, und wenn es sich um edle geistige Talente handelt, den Menschen vielleicht ein Vorbild und Wegweiser zu sein, also ihnen seine Talente dienstbar zu machen. Manche solche Gabe erstickt in einer „alltäglichen Partnerschaft“, die weder dem einen noch dem anderen nützt und der eigenen Entwicklung im Wege steht.

Wäre es in solchen Fällen nicht besser und beglückender, den Lebensweg seiner individuellen Bestimmung entsprechend zu gehen? Mancher Frau ist z. B. eine Mutterrolle aufgezwungen worden, die sie gar nicht einmal gut zu spielen versteht, dafür könnte sie ihre individuelle Rolle vielleicht musterhaft gestalten, die sie aber in der gegenwärtigen Situation nicht ausleben kann. Der Mensch hat jedoch freie Willensentscheidung.

Alte vorgefaßte Gesellschaftsformen und Meinungen sollten endgültig der Vergangenheit zugesprochen werden. Jeder muß lernen, auf die Forderungen seines Innern zu hören.

Der Ausspruch von Jesus Christus: „Ich mache alles neu" sollte uns dazu ermutigen.

Die häufigsten Probleme und Ursachen vieler Krankheiten beruhen auf Schwierigkeiten in der Partnerschaft. Ärzte, Psychologen und Psychiater wissen ein Lied davon zu singen.

Die große Problematik auf dieser Ebene muß uns zu der Erkenntnis führen, daß die so vielbesungene und bedichtete Liebe ein Trugschluß, eine Täuschung, Maya ist. Was wir in unserem Kulturkreis Liebe nennen, kann nicht die Liebe sein, die uns beispielsweise Jesus-Christus mit glühendem Herzen nahelegte, die er selbst vorlebte, von der er sagte, daß sie uns frei macht, daß sie Frieden und Erlösung bringt.

Wessen Ohren lieblichere Klänge aufzunehmen imstande sind, wessen Herz und Sinn sich aus der Dunkelheit und dem Sumpf erheben, wessen Seelenflügel sich ausbreiten und die Ebene der chaotischen Zustände ringsherum verläßt, um nach den echten und dauerhaften Werten des Lebens zu suchen, die in einem höheren Wissen und Erkennen zu finden sind, das kosmischer, universeller ausgerichtet ist, der vernimmt schon einen anderen Klang, der sieht das Morgenrot, von dem die kosmische Uhr kündet. Ihr Zeiger steht am Beginn des großen Weltzeitalters „Aquarius", des Wassermanns. (Siehe „Wassermann-Zeitalter", 1. Band Der geistige Weg.) Es ist ein Zeitalter, das die Erde etwa 2000 Jahre lang begleiten wird, ein Zeitalter, das völlig neue Akzente setzt, das den Suchenden und Aufgeschlossenen von mancher falschen Vorstellung befreit, das die Lebenssymphonie in harmonischen Klängen ertönen läßt. Es wird der Menschheit das Evangelium der Liebe bringen, einer Liebe, die mit ganz neuen anderen Werten belegt wird, die in der Lage ist, dem Menschen das zu geben, wonach er sich sehnt.

Die Umwertung aller Werte muß aber im Einzelnen selbst vollzogen werden, durch die Bestrebung sich geistig aufwärts zu entwickeln. Durch diese Entwicklung wächst der Mensch in ein ganz anderes Bild von der Liebe hinein.

Jesus Christus lehrte und lebte diese Liebe. Daß es bislang noch so wenig gelungen ist, dieser Liebe ihren wahren Klang zu geben, liegt wohl daran, daß sie noch nicht in das allgemeine menschliche Bewußtsein eindringen konnte, weil sie immer im Äußeren gesucht wurde. Sie ist auch zu wenig verstanden und immer wieder materialistisch ausgelegt worden.

Wer es vermag, alle Buchstaben ihres Namens in sich zum Klingen zu bringen, für den hält sie das ewige Glück und die ewige Harmonie bereit. Ewiges Glück darum, weil diese Liebe keine Trennung und keinen Tod kennt, weil sie ein Aspekt unseres Höheren Selbst ist, das ewig lebt.

Was allgemein und irrtümlich für Liebe gehalten wird, ist bei näherem Hinsehen nur ein mit dem Mantel der Tarnung verdeckter Ausdruck für Besitzanspruch, Befriedigung der niederen Sinne, Intoleranz und Eifersucht. Von der Liebe, wie sie vom Anbeginn der Schöpfung an als ein Göttlicher Aspekt, ja als die Antriebskraft der Schöpfung selbst, als Göttliches Erbe in die Seelen der Geschöpfe gesenkt wurde, ist fast nichts mehr übrig geblieben.

Alles was wir bis jetzt allgemein unter „Liebe“ verstehen, muß eine völlige Umwandlung erfahren, eine Sublimation, damit sie wieder die Farbe bekommt, die ihr zusteht.

Das Zerrbild von der Liebe wird einem Wesen schon beim Zeugungsakt, wenn er nur der Sinnenbefriedigung dient, einfiltriert. Später gelangt es durch die eigenen nach außen gerichteten Sinne ins Bewußtsein als völlig verzeichnete Vorstellung.

Um an die Quellen der wahren Liebe zu gelangen, die Jesus Christus und andere große Menschheitsführer lehrten und lebten, bedarf es einer *Metamorphose*, einer Wandlung des Begriffes von der Liebe. Diese stellt an einen jeden hohe ethische Anforderungen.

Wenn jedes Kind im Sinne einer wahren und echten Liebe erzogen und seine Aufmerksamkeit zuerst auf das Göttliche im eigenen Innern gerichtet würde, ginge es sicherer und besser behütet und geleitet durchs Leben. Bevor das aber geschehen kann, müssen die Erzieher selber in ein anderes Bewußtsein zu ihr treten und den Lern- und Umwandlungsprozeß an sich selbst vollziehen.

Hohe Seelen sind inkarniert, und es werden noch mehr diesen Plan betreten, die der Menschheit das *Hohelied von der Liebe* singen, feiner ausgerichtete Ohren hören es, und seine Melodie bringt viele Saiten zum Klingen.

Was ist nun mit dieser Liebe gemeint, die der Menschheit so schwer verständlich erscheint? Sie ist einmal die Erwiderung auf die Liebe des Schöpfers, die uns durch alle Existenzen hindurch behütet und erhalten hat, ganz gleich, welche Irrwege wir auch gegangen sind. Sie ist das magische Bild, das uns immer mit ihm verbindet, auch wenn wir fehlgehen. Sie ist die *Kraft*, die uns einmal wieder mit ihm vereinen wird. Das ist das Ziel all Seiner Wesen. Alle Aufmerksamkeit sei darauf gerichtet.

Ein Mensch, der sich mit seinem Körper voll identifiziert, der ganz in der Welt der Materie lebt, wird keine Beziehung zu seinem eigentlichen Ziel haben. Er wird in seinem augenblicklichen Bewußtseinsstand zu einer allumfassenden Liebe nicht fähig sein.

Lieben heißt auch *geben*. Im Lieben und Geben sind alle guten Dinge enthalten. Die allumfassende Liebe ist ein starkes Gefühl, das aus dem Herzen kommt und sich an alle Wesen und Dinge verströmt. Sie öffnet die Tore zu den Herzen der Menschen, und ihre verwandelnde Kraft schafft *Harmonie* und *Frieden*. Sie sprengt die Grenzen der Kleinlichkeit und Intoleranz. Liebe ist keine Tätigkeit des menschlichen Geistes und Verstandes. Sie ist eine Essenz, die aus unserem Höheren Selbst in den physischen Körper strömt und diesen durchlichtet. Sie verlangt nichts für sich selbst, sie kann weder kränken noch wehe tun, weil sie ein Göttlicher Aspekt ist, der in das Herz des Menschen gesenkt wurde. Sie ist der Leitplan für sein Leben. Und wo er sich von diesem Leitplan abwendet, wachsen Not und Leid.

Die Unwissenheit der Sinne, die Begierden, Neigungen und Wünsche des äußeren Selbst treiben den Menschen immer wieder in neue Verkörperungen. Begierden und Triebe sind an sich nur *Anhäufungen* von Energien, welchen der Mensch entsprechend seinem Denken und Fühlen eine Eigenschaft gab. Diese negativ beeigenschaftete Energie sammelt sich zu einer Triebkraft, aus der schließlich eine Gewohnheit entsteht, die den Menschen zum Sklaven macht. Man denke nur an die Sittlichkeitsverbrecher.

Liebe als Göttlicher Aspekt ist die Grundlage der Harmonie und der richtigen Anwendung und Verwendung aller Lebenskraft.

In der Liebe zu Gott sollte jedes Kind erzogen werden und darin, ihm allein alle Liebe zu geben. Wenn der Mensch sein Sinnen und Fühlen auf Gott ausrichtet und die Liebe zu ihm entwickelt, kann er der trügerischen, rein irdischen Liebe nicht mehr verfallen, weil alle Energie auf die *Gottesliebe* ausgerichtet ist. Mit dieser Liebe im Herzen wird sein Leben gesegnet sein, denn sie ist es dann, die den rechten Partner wählt aus einer klaren Vernunft und ehrlichen Zuneigung, frei von einem triebhaften Zwang. Dem gemeinsamen Leben mit ihm liegen höhere Ideale zugrunde, und die Gottesliebe ist es, die eine solche Gemeinschaft segnet und durchstrahlt und ein Leben lang Geborgenheit schenkt.

Wenn Christus sagt, daß der Mann Weib und Kind verlassen solle, um ihm nachzufolgen, so darf das auf keinen Fall wörtlich ausgelegt werden. Christus sprach gern in Gleichnissen, wie auch andere Hl. Schriften sich einer Symbolsprache bedienen. Er wollte mit seinen Worten zum Ausdruck bringen, daß die Aufmerksamkeit vom Äußeren, vom Körperlichen, vom Triebhaften abzuwenden sei, um alle Liebe ganz auf den *Vater* auszurichten. Er wollte damit auch sagen, daß der Mensch sich von nichts Irdischem binden und halten lassen, daß er gottbewußt statt sinnenbewußt sein Leben ausrichten soll. Darin ist die Nachfolge zu sehen. Wenn beide Ehepartner von dieser Liebe geführt werden, wird ihr gemeinsamer Weg von hoher Ethik geprägt, und dann liegt jede körperliche Vereinigung jenseits der groben Begierde und Sinnenlust. Sie wird erhöht, und alles Profane und Triebhafte ist ihr dann fremd.

Eine Seele, die aus Göttlichen Quellen ihre Speise erhält und im Strahl Göttlicher Liebe lebt, bewältigt das physische Leben und erfährt keine Enttäuschungen und Mißklänge.

Diese Liebe ist es auch, die über den physischen Tod hinaus von Bestand ist und zu einer Wiedervereinigung in der anderen Welt führt. Von ihr sagte Jesus Christus, daß sie ewig währt. Darum läßt diese Liebe weder übermäßige Trauer noch Selbstmitleid zu.

Die echte Liebe verlangt nichts für sich selbst. Sie bringt nur Frieden und Freude zum Ausdruck. Es ist eine Gesetzmäßigkeit, daß alles, was sie verschwendet und ausstrahlt, vielfältig zurückkehrt. Darum kann sie allein den Menschen glücklich machen.

Über diese Liebe, zu der die Menschen zurückfinden müssen, sollten wir immer wieder meditieren, nachdenken, damit wir ihr Wesen erkennen, erfassen und in ihr leben können.

Diese beglückende Liebe steht aber nicht allein da, sie hat *Weisheit, Wahrheit* und *Kraft* im Gefolge. Das werden die mächtigen Säulen sein, worauf ein völlig neues und schönes Menschengeschlecht errichtet wird. Sie sind das Fundament einer glücklichen Menschheit, der Menschheit eines geistigen Äons, des Wassermann-Zeitalters.

Diese allumfassende Liebe ist aber nicht auf der rein physischen Ebene zu erreichen, da sie ein Aspekt Gottes ist. Drum müssen wir den Schöpfer des Universums bitten, uns zu erheben, damit wir ein Kanal für Seine Liebe werden können. Dann erst kann sie durch uns hindurchströmen und sich ausgießen, um alles *frei* zu lieben, was noch gebunden und unfrei ist.

Jedes Wesen wird einmal zu der Erkenntnis kommen, daß diese Liebe das Höchste, die Erlösung ist. Sie kennt keine Furcht und ist nicht emotional. Sie tritt auch als *Geduld* und *Toleranz* in Erscheinung, und wer diese Fähigkeiten in sich entwickelt hat, ist ein *Meister* der Liebe.

Im Zeitalter des Aquarius wird der Mensch zu dieser Liebe fähig werden. Die Sehnsucht danach erwacht mehr und mehr in den Herzen, und Beweise für diese Art von Liebe treten immer häufiger zutage. Sie besitzt die *Macht*, alle Geschöpfe liebend miteinander zu verbinden, und schließlich wird *Frieden* auf Erden sein – wie uns verheißen wurde.

Das Gesetz der göttlichen Ordnung

Es gibt Menschen, die ein überraschend hohes Leistungsvermögen besitzen. Was sie zustande bringen, übersteigt nach menschlichem Ermessen das normale Maß. Sie leben in Harmonie und Ausgeglichenheit, ohne Hetze, weil sie das Gesetz der *Göttlichen Ordnung* befolgen, das in seiner vollen Auswirkung nur *Frieden, Liebe, Gesundheit* und *Vollkommenheit* offenbart. Die Befolgung des Gesetzes der Göttlichen Ordnung ist für jeden unerläßlich, der sich einem geistigen Dienst widmet.

Wer einem inneren Auftrag folgt, sich eine Aufgabe also nicht durch den bewußten Willen wählt, sondern sie durch sein Göttliches Selbst erhält, bekommt niemals mehr aufgetragen, als er zu leisten vermag. Wird ein solcher Auftrag selbstlos angenommen – nach dem Gesetz der Willensfreiheit wird niemand dazu gezwungen – ist es gewiß, daß mit der Aufgabe auch ihre Bewältigung ermöglicht wird. Wenn alles Ringen darum aber ohne Ergebnis bleibt, sollte sorgfältig und selbstkritisch geprüft werden, ob der Auftrag nicht einem Wunschdenken oder gar einem falschen Sendungsbewußtsein entspringt, und aus welchen Beweggründen diese „vermeintliche“ Aufgabe in Angriff genommen wurde. Jedes Vorhaben, das aus geistigem Ehrgeiz heraus begonnen wurde, wird früher oder später Schwierigkeiten aufweisen, und dann erfordert es viel Kraft- und Energieaufwand, das erstrebte Ziel überhaupt zu erreichen. Nicht selten scheitert das ganze Unternehmen, je nachdem inwieweit es vielleicht sogar gegen den Göttlichen Plan, den jeder in sich trägt, verstößt.

Solch ein Auftrag oder eine Aufgabe kann durch *Intuition* empfangen, von der Stimme des Göttlichen oder Höheren Selbst in uns erteilt werden, durch einen sogenannten Traum entstehen, wenn der feinstoffliche Körper während der Nacht in einer anderen Sphäre weilt, oder auch von einem Göttlichen Meister der inneren Ebenen kommen, möglicherweise auch von einem lebenden Meister.

Jede Aufgabe – hiermit ist nicht eine gemeint, die im Rahmen des alltäglichen Lebens liegt oder aus dem bewußten Willen entsteht – von der ein Schüler sich einbildet sie erhalten zu haben, führt zu nichts, ohne daß der „vermeintliche“ Auftragnehmer mit großen Schwierigkeiten zu kämpfen hat, ehe es zu einer Lösung kommt. Außerdem wird er häufig in Hetze, Streß und innerer *Unordnung* leben, sich überlastet fühlen, was zu physischen und psychischen Komplikationen führt. In solch einem Fall kann er logischerweise kein echtes, aus der Tiefe kommendes Resultat erzielen, weil es ihm an innerer Gelassenheit, Ruhe, Harmonie und Ordnung mangelt, die zu jeder geistigen Aufgabe unerläßlich sind. Eine unharmonische Seele, der die Zeit des Nach-innen-horchens fehlt, ist nicht imstande, Göttliche Weisungen zu empfangen, weil sie noch nicht aufnahmefähig dafür ist. Da sie nicht vom inneren Licht durchstrahlt und geführt wird, kann sie auch mit aller Arbeit und Anstrengung die Seelen anderer nicht erreichen und entzünden.

Es gibt Schüler, die so immer wieder an einem Vorhaben scheitern, obwohl sie meinen, einem „höheren Auftrag“ zu folgen, sie merken aber gar nicht, daß ihnen durch ihre Mißerfolge gezeigt wird, daß es sich um keine höhere Weisung handelt. Das eigene Wunschdenken nimmt ihnen das Erkennen für eine ihnen in Wahrheit zugedachte Aufgabe, die ihrer persönlichen Entwicklung entspricht.

Ein höherer Auftrag trägt das Gesetz des Gelingens in sich, auch wenn die Erfüllung manchmal recht harte Arbeit erfordert. Nicht immer ist die Lösung gleich zu erkennen, sie liegt im Auftrag selbst.

Wer dagegen gelassen die Zeit seiner Reife dafür abwartet und dann selbstlos und in der rechten Gesinnung seine Aufgabe zu erfüllen versucht, wird auch die dafür notwendige Zeit finden, ohne seine weltlichen Pflichten vernachlässigen zu müssen. Er wird sogar feststellen, daß ihm mehr Zeit als bisher zur Verfügung steht. Ein Grund hierfür wird sicher auch sein, daß er inzwischen gelernt hat, mit ihr sinnvoller umzugehen, weil er seine *ganze Aufmerk-*

samkeit auf seine Aufgaben richtet. Zeitverschwendende Tätigkeiten interessieren ihn dann nicht mehr, denn er prüft sorgfältig, wofür er als Schüler auf dem Wege des Lichtes seine Zeit aufwendet, und es ist erstaunlich, wieviel mehr Freiheit dann für aufbauende Zwecke zur Verfügung steht.

Wer eine wichtige Aufgabe „von oben" bekommt, wird von seinem „Auftraggeber" lange vorher beobachtet und geprüft, ob die Reife und das Durchhaltevermögen für ihre Erfüllung gewährleistet ist. Auf jeden Fall – und das ist ein Gesetz – liegt in jeder solchen Aufgabe auch die Lösung, wenn sie im Einklang mit dem Göttlichen Plan steht. Und noch eine Gesetzmäßigkeit kommt zur Auswirkung: im Leben des Schülers wird sich vieles wie von selbst neu ordnen, so daß ihm noch Zeit und Gelegenheit für innere Sammlung bleibt, denn ohne sie ist es nicht möglich, derartige Aufgaben zu meistern.

Weiß ein Mensch, daß er als Werkzeug für geistige Aufgaben ausgewählt ist, so wird er sich bemühen, die Verbindung mit dem Göttlichen Selbst stets aufrechtzuerhalten. Ist ihm das nicht möglich, so wird er Unbehagen fühlen und erkennen, daß er von seinem bestimmten Weg abgekommen ist. Im Geistigen gibt es nur *Vollkommenheit*, *Liebe*, *Ordnung* und *Harmonie*. Außerhalb dieses Gesetzes kann nichts Fruchtbares gedeihen. Das gilt für alles und für alle.

Würde der geistig Strebende sich öfter die Zeit nehmen, um nach innen zu horchen und zu schauen, müßte er erkennen, daß Disharmonie, fehlende Ordnung im Inneren und Äußeren und Mangel an Liebe die Ursache seines Mißerfolges sind zu dem, was er in die äußere Form bringen wollte.

Der Grundton der Schöpfung und alles Geschaffenen ist *Liebe*, *Harmonie* und *Ordnung*. Dieses Gesetz können wir in der Natur und im ganzen Weltall beobachten. Ordnung im Äußeren bedingt Ordnung im Innern, wie auch umgekehrt. Dem Gesetz der Göttlichen Ordnung liegt Vollkommenheit im Denken und Handeln zugrunde mit allem, was nach außen in Erscheinung tritt. Wer das Gesetz der Göttlichen Ordnung immer wieder verletzt – und daran krankt die Menschheit – erntet Chaos.

Das Gesetz der Göttlichen Ordnung will erkannt und verstanden sein. Es ist kaum erklärbar, darum ist es eine Grundbedingung, daß ein Schüler des Geistes immer wieder darüber meditiert. Aus der Tiefe seines *Höheren Selbst* wird er dann zum Verständnis dieses Gesetzes gelangen.

Der physische Tod das Tor zum Leben

Die Verkörperung auf Erden hat den Zweck, den Menschen zu vollenden, ihn zu erleuchten, bis er sich seiner Gotteskindschaft voll bewußt geworden ist und mit der Gott-Gegenwart im Innern seiner selbst verschmelzen, eins werden kann.

Angesichts der Geschehnisse auf der Erde ist es unschwer zu erkennen, wie wenig die Menschen den Sinn ihres Daseins verstehen.

Der irrtümlicherweise als „Tod" bezeichnete Zustand oder Vorgang ist eine günstige Gelegenheit für alle Kräfte und Fähigkeiten des persönlichen Selbstes, auszuruhen, um sich auf die „innere Entwicklung" abzustimmen. Der sogenannte Tod befreit von den Mißklängen der Erde, damit die Seele einen Zustrom von *Licht* und *Kraft* empfangen und aufnehmen kann, um zur gegebenen Zeit erneut das Werk der körpergebundenen Erfahrung auf der Erde zu beginnen. Er ist sozusagen ein Notbehelf, die Seele vom physischen Kleid zu befreien, das zur Vollendung nicht mehr dienen kann. Wenn der physische Körper unfähig wird, daß die ihm innewohnende Persönlichkeit oder das Höhere oder Göttliche Selbst im Streben nach Vollkommenheit ihn nicht mehr nützen kann, dann greift die Natur ein und löst diese Begrenzung oder Blockade auf. Nur dadurch kann einem Wesen Gelegenheit zu einem neuen erfolgreichen Versuch der Weiterentwicklung gegeben werden.

Wenn man den Tod des physischen Körpers unter diesem Aspekt sieht, müßte man erkennen, daß eine übertriebene Trauer nicht am Platze ist. Wahre und echte Liebe dürfte es nicht zulassen, einen geliebten Menschen nicht hergeben zu wollen und ihn dadurch an seiner Weiterentwicklung zu hindern, wenn seine Seele zu größerem Wohlergehen und zu höherer Freiheit voranschreiten möchte. Hätten wir genug *Liebe* in uns, so sollten wir keinen übermäßigen Kummer darüber empfinden, wenn ein Wesen durch den sogenannten Tod eine bessere Gelegenheit wählt, um sich künftig einem erneuten Beginn zu größerem geistigen Wohlergehen und zu mehr Freiheit zu stellen.

Der Mangel an Erkenntnis fesselt die Menschen mit den selbstgeschaffenen Ketten der Begrenzung. Diese Unwissenheit verursacht eine hartnäckige Weigerung, das Leben richtig zu verstehen. Sie zieht die Menschen unnötig in die Tiefe der Verzweiflung, während sie sich des Glücks erfreuen könnten und sollten im Beschreiten des Weges, den die Mächtige *Gott-Gegenwart* sie führen möchte, der letztendlich in die Einheit mit allen Wesen führt, – ins *Licht*.

Es käme viel rascher zu einer geistigen Wiedervereinigung mit den Lieben „drüben" und zur Befreiung aus aller Erdgebundenheit, wenn der Mensch die Lebensgesetze erkennen und respektieren würde.

Wer sein Augenmerk nur der vergänglichen, physischen Ebene der äußeren Erscheinung zuwendet, beraubt sich der Kraft und Fähigkeit den Göttlichen Ursprung zu erreichen. Aus den physischen Bereichen kommt uns nichts Göttliches zu. Die Tätigkeit des menschlichen Verstandes ändert ständig ihre Werte, während die Göttliche Aktivität eine sich ewig ausweitende Vollendung mit unvergänglichen Werten belegt.

Die ausschließliche Bindung an die physische Ebene machte aus den Menschen eine hilflose Masse, die vielen Täuschungen unterliegt und sie letztendlich, wie unübersehbar geworden ist, in Chaos, Angst, Depression, Krankheit, Gottferne usw. geführt hat. Dieser Irrweg entfernte sie vom Bewußtsein des Lichtes im eigenen Innern, wodurch die Große Gegenwart Gottes im Menschen in Vergessenheit geriet, und dadurch konnte nur ein kleiner Teil des Lebensplanes Erfüllung finden.

Da der Schüler des geistigen Weges sich von manch alten vorgefaßten Meinungen und Auffassungen lösen muß, um ein Höheres Wissen aufnehmen zu können, ist es unerläßlich, mit klaren Schritten sich vorwärts zu tasten. Jeder für ihn neue Aspekt auf dem Weg muß gründlich verarbeitet werden. Wenn jeder Gedanke mit in die Meditation, mit in die Versenkung genommen wird und ein Bestandteil seines Wesens, Denkens, Fühlens und Handelns geworden ist, schwindet die Unwissenheit. Dazu ist die ständige Auseinandersetzung mit geistigem Gedankengut notwendig.

Das Studium und das Verständnis der Gesetze des Lebens fordert die ganze Aufmerksamkeit eines Schülers mit aller Hingabe. Und als Ergebnis seines Bemühens kann das Göttliche Licht sich in seinem Bewußtsein ausweiten.

Der Lebensstab und sein Mysterium

Unsere Gedanken müssen sich über Zeit und Raum erheben, wenn wir verständliche Erklärungen für manche Rätsel bekommen wollen, die unsere Wissenschaft noch nicht zu lösen vermag.

Wenn wir aber Geistwesen, hervorgegangen aus der schöpferischen *Urkraft* sind, tragen wir jene Gesetze in uns, nach denen sich der Plan der gesamten Schöpfung vollzieht. Seit dem Sturz in die Materie, die uns Raum und Zeit aufdrängte, die unser Denken und Wirken in *Vergangenheit*, *Gegenwart* und *Zukunft* führte, ist dem Menschen das Allbewußtsein mehr und mehr verlorengegangen.

Wenn unser ganzes Sein von dem Wissen um die Unsterblichkeit vollkommen durchdrungen ist, leben wir in einer *Allgegenwart*, die uns durch Bewußtseinserweiterung Schritt für Schritt dem Göttlichen Ebenbild entgegenführt, zum reinen *Geist* und reinen *Licht*. Diese sind mit der physischen Vorstellung von Geist und Licht nicht identisch, vielmehr handelt es sich um das geistige Urbild dieser Begriffe. Als geistige Wesen stehen wir mit diesem durch unsere materiell ausgerichteten Sinne nicht erfaßbaren Licht in enger Verbindung und erhalten wertvolle Nahrung aus dem geistigen Kosmos.

Der technische Fortschritt hat uns manchen Nutzen gebracht und uns auf der materiellen Ebene ein großes Stück weitergeführt. Jene Rätsel aber, von denen ich anfangs sprach, sind nicht durch die Technik zu lösen, sondern allein durch Eintauchen in die Tiefen des *Geistes*.

Die fortschreitende Entdeckung und Pflege unserer uns innewohnenden Geisteskraft gibt Anlaß zu der berechtigten Hoffnung, daß damit allmählich ein neues, goldenes Zeitalter heraufzieht; denn die Wissenschaft kann sich nicht länger den Wundern unseres Überbewußtseins entziehen mit dem Urteil „krankhafte Einbildung". Sie muß es ernst nehmen und die geistigen Gesetze gewissenhaft studieren, denn *sie* erhalten nicht nur den Kosmos, sondern bewirken auch den ewigen Wandel und bieten dem Menschen die Möglichkeit zu enormer Entwicklung.

Die materialistische Schulwissenschaft stützt sich auf sogenannte Tatsachen, auf Beweise, die als „Realität" bezeichnet werden. Wenn aber gewisse Bereiche des menschlichen Gehirns, die noch unerschlossen sind, entwickelt werden, liegt die Erwartung nahe, daß es dann zu anderen Ergebnissen kommen wird als den bisherigen. Dazu muß der Mensch aber erst ein Niveau durch ethische und geistige Disziplin erreichen, das den jetzt noch blockierten Kräften im Gehirn- und Nervensystem erlaubt, entsprechend zu reagieren. Es sind jene noch unerwachten und noch nicht entfalteten Gehirnzentren, die eine Verbindung mit dem „All-Bewußtsein" zulassen. Natürlich leben auch heute viele Menschen, die diese Stufe bereits erreicht haben. Durch Entwicklung dieser dafür angelegten Bereiche wird dann eine andere „Wirklichkeit" erfahren als jene, die uns jetzt mit Hilfe des Intellekts durch die heute übliche Form der Forschung geboten wird.

Die einzigen zuverlässigen Aufzeichnungen, die in diese Richtung weisen, sind in der Akasha-Chronik zu finden. Sie ist von Irrtümern unberührt, wenn man sie richtig zu lesen und zu interpretieren versteht!

Die Möglichkeit, Wahrheiten z. B. über alte Rassen und Kulturen prähistorischer Zeiten zu erfahren, von denen die Geschichtsschreibung und Forschung nur mutmaßt und auf Grund der Unkenntnis der Gesetze des Kosmos und des Geistes zu unrichtigen Schlüssen kommen muß, besteht nur in der Entwicklung der Fähigkeit, die Akasha-Chronik zu lesen. (Siehe auch „Akasha-Chronik" S. 150, 1. Band Der geistige Weg.)

Manche aufschlußreiche Einzelheiten für uns über frühere Kulturen können uns nicht bekannt werden, da die Forschung die Zeichen nicht versteht und diese oft viel weiter zurückreichen als bekannte historische oder archäologische Dokumente es deuten. In den Archiven Nepals wurden z. B. auf Steintafeln Aufzeichnungen über die Sintflut und das Zeitalter der Eiszeit gefunden, ebenfalls Hinweise darauf, was den Völkern jener Zeit widerfuhr. Diese überaus wichtigen Dokumente werden an sicheren Orten im Himalaya aufbewahrt und damit den

Augen Neugieriger entzogen, die nicht in der Lage wären, sie richtig zu deuten.

Wenn der Mensch durch Disziplin in der ethischen und geistigen Entwicklung entsprechend fortgeschritten sein wird, das heißt auch, wenn sein ganzes Dasein von *Liebe* und *Frieden* durchdrungen ist, wenn er *Liebe* und *Frieden* verkörpert, wird er die Befähigung erworben haben, diese Dokumente zu erkennen und zu verstehen, und dann werden sie auch der breiten Öffentlichkeit zugänglich werden. Durch diese sich anbahnende Entwicklung wird das Funktionszentrum im hinteren Gehirnbereich geweckt, wodurch ein Erkennen auf höherer Ebene möglich wird. Es handelt sich um ein hochsensibles Zentrum.

Die Gefahr des modernen Materialismus besteht darin, durch falsche Denkweise – und immer wieder darauf aufbauend – den Menschen die unschätzbaren Kräfte ihrer Seele zu rauben, jene Kräfte, durch deren Anwendung schon Kulturen und Werke geschaffen wurden, die wir trotz hochentwickelten, technischen Mitteln nicht imstande sind, zuwege zu bringen. Es gibt noch Überbleibsel dieser Kulturen, die nur Ergebnisse geistig hochentwickelter Menschen sein können und uns lehren mußten, daß es Gesetze und Fähigkeiten gibt, die im Laufe des Aufsteigens immer neuer Völker und Zivilisationen verlorengegangen sind. Ein Teil dieser Rätsel ist uns in Märchen und Sagen als Phantasiegebilde überliefert. Auch von diesen entfernten wir uns mehr und mehr durch die materialistische Denkweise. Sie scheinen in dieser rationalistischen, nüchternen und entseelten Welt keinen Platz mehr zu haben.

Die Welt, in der wir jetzt leben, macht uns aber nicht glücklicher, zufrieden und harmonisch, wenn wir nicht den Sinn unseres Daseins erkennen, nach dem wir ständig auf der Suche sind, ohne oft zu wissen, wonach wir suchen. Wohin unsere Schritte im Äußeren sich auch wenden, wir finden nicht das, was uns schon seit langem verlorgengegangen ist. Wir werden es auch nicht finden und liefen wir durch die ganze Welt, sofern wir es nicht *in uns selbst* suchen.

Eines der Phantasiegebilde aus früheren Zeiten ist der Lebens- oder Zauberstab. Jeder Zauberer bedient sich dieses Stabes, dem er durch

Bewegungen in Verbindung mit magischen Worten besondere Kräfte zu entlocken vortäuscht. Man kennt den Zauberstab überall mit der gleichen Symbolik des Wunderwirkens, des Verwandelns zum Guten oder Bösen. Es hat den Anschein, als ob der Wille des Menschen in diesen Stab übertragen würde, der ihn dann augenblicklich erfüllt.

Das Symbol der Macht und des Herrschens ist das Zepter, also auch ein Stab, der heute noch von den Herrschern bei offiziellen Anlässen getragen wird. Der Zauberstab birgt Geheimnisvolles und Mystisches, wo man ihn anwendet. Heute ist er nur noch ein Symbol der Macht, der Kraft und der Herrschaft über alle Dinge.

Sollte nicht doch eine verborgene, verlorgengegangene Wahrheit mit ihm verwoben sein? Um darauf eine Antwort zu erhalten, bedarf es einiger Ausführungen.

Unser Bewußtsein muß sich über Zeit und Raum erheben, wenn wir die Zusammenhänge des Daseins und eines Weltbildes so erfassen sollen, daß wir uns als Kinder der Ewigkeit und des Kosmos fühlen. Wir müssen den Kreis durchbrechen, in dem wir schon so lange wie blind umhertappen. Wir müssen auch die Tür zu der materiellen Welt schließen, um in unser ewiges Bewußtsein eintauchen zu können, um dann in einer Koordination *mit* dieser Welt zu leben. Nur aus den Tiefen des *Geistes* wird die Welt der Erscheinungen einen tieferen Sinn für uns bekommen. Dann erst können wir sie uns wahrhaft nach dem Wort der Bibel untertan machen.

Die verborgenen Ebenen unseres Bewußtseins sind nur zu erreichen, wenn wir frei werden von den niederen Formen des Denkens wie Haß, Neid, Mißgunst, die Unfrieden, Disharmonie, Krankheiten und andere Leiden und Laster schaffen. Eine Befreiung von diesen Formen erlangen wir aber nur durch Verinnerlichung, Versenkung, Gebet, harte Arbeit am Ego und durch selbstlose *Liebe*, wie Jesus Christus sie uns gelehrt hat.

Wären alle Wesen von der verwandelnden Kraft einer selbstlosen Liebe durchdrungen, würde unsere Erde in einen viel feineren Schwingungszustand erhoben und stände nicht mehr als dunkler Stern in unserer Planetenfamilie abseits.

Alle Wesen in der Unendlichkeit des Raumes und alle Lebewesen auf unserer Erde sind den Gesetzen fort und fort dauernder Entwicklung unterworfen.

Die Materie wird von den göttlich-schöpferischen Kräften aus der ewigen Urquelle durchstrahlt. Nach dem Gesetz der ewigen Verwandlung verläuft der Prozeß einer Umwandlung von der Ultramaterie zur Vergeistigung. Äonen, aus dreidimensionaler Sicht, werden vergehen müssen, dieses bemerkbar zu machen, und ein Menschenleben reicht niemals dazu aus. Aber durch Jahrtausende langes Reifen tritt einmal der Augenblick ein, da es zu einer Offenbarung kommt.

Auch jetzt leben wir in einer Zeit, in der sich Änderungen immer stärker abzeichnen. Um diese zu bemerken, müssen wir aber aus unserem begrenzten Denken heraustreten.

Wer in das Mysterium des kosmischen Geschehens vorgedrungen ist, weiß, daß einst eine Rasse lebte, die sich von den gegenwärtigen durch einen eigentümlich langen Hinterkopf unterschied. Diese Rasse nannte sich mit Berechtigung „Söhne Gottes". In ihrem hinteren Schädel befanden sich vollkommen entwickelte Gehirnzentren, die die physischen Werkzeuge zu geistigen Offenbarungen waren. Diese vollkommenen Gehirnzentren ermöglichten es den Söhnen Gottes, auf hoher Ebene bewußt zu werden, die ihnen hohe Qualitäten und Eigenschaften gab. Die Stirn der damaligen Rasse war nicht stark gewölbt, weil die dort liegenden Gehirnzentren, die das Denkvermögen ausdrücken, nur so weit entwickelt waren, als es notwendig war, die äußeren Eindrücke und Einflüsse zu erleben.

Im Gegensatz zu uns lebten diese Menschen ohne das Bewußtsein von Zeit und Raum, in vollkommener geistiger Freiheit durch die Kraft des Göttlichen Bewußtseins. In diesem Zustand kannten sie keine Hindernisse des zeitlichen Erkennens. Es gab für sie nur *Allgegenwart*; denn Vergangenheit und Zukunft, Hier und Dort sind Aspekte verschiedener Projektionen der einzigen Wirklichkeit des ewigen allgegenwärtigen Seins.

Diese Rasse war es, die das Gesetz des Geistes offenbarte und nicht das der Materie. Sie lebte im vollkommenen Göttlichen Bewußtsein und offenbarte Gott auf der Erde ohne Selbstsucht, und darum konnten diese Menschen sich in ihrer Reinheit mit vollem Recht als

„Söhne Gottes“ bezeichnen. Auch in unserem Zeitalter leben Menschen, die sich auf dieser Bewußtseinsebene befinden. Man nennt sie Heilige, Meister, Adepten und Eingeweihte. Größtenteils leben und wirken sie in der Stille und unerkannt. Darum kennt man ihre Zahl nicht. Sie wirken aus der Stille mit ihren gewaltigen Geisteskräften und übertragen ihr Göttliches Wissen und Wesen auf eine kleine Zahl auserwählter Jünger, die ebenfalls zu Meistern heranwachsen. Das grandiose Geistesgut wird also in seiner Reinheit erhalten und direkt weitergegeben.

Es scheint mir notwendig zu sein, darauf hinzuweisen, daß hier nicht die vielen „Gurus“ und „Pseudo-Gurus“ gemeint sind, die heute überall auftauchen, die ohne Zweifel auch über gewisse Kräfte verfügen können, die aber zum Teil noch reichlich mit niederen Eigenschaften behaftet sind und aus dem Grunde häufig den Verlockungen des Materialismus verfallen. Das unbewältigte Ego läßt selbstloses Handeln nicht zu und verleitet sie oft dazu, ihre Kräfte zur Ausübung von Macht über andere anzuwenden.

Jene Eingeweihten und Adepten aber, von denen hier die Rede ist, haben durch viele Inkarnationen hindurch hohe Bewußtseinsstufen erreicht, was gewiß in einem Leben nicht möglich wäre.

In der frühchristlichen Religion war das Gesetz der Reinkarnation (Wiederverkörperung) noch verankert, und zu der Zeit, als Christus auf Erden lebte, war das Wissen darum Allgemeingut. Auf dem 2. Konzil 553 n. Christus zu Konstantinopel, wurde dieses Gesetz jedoch als Irrglaube erklärt. Solch eine Vermessenheit konnte nur zu einer Zeit geschehen, da die Menschheit in ihrer geistigen Entwicklung an einem dunklen Punkt angekommen war. Die Verblendung muß damals sehr groß gewesen sein, sonst hätte man nicht mit einem Federstrich das größte Göttliche Gesetz der Wiedergeburt auslöschen können, das dem Kausalgesetz von Ursache und Wirkung gleichkommt.

Für das Wiedergeborenwerden gibt es heute viele Beweise, die genau geprüft werden konnten. Die Zahl der Menschen, die sich an Vorleben erinnern, ist nicht gering, aber in den meisten Fällen sprechen sie nicht zu jedermann darüber, weil sie *noch* nicht verstanden werden. In den östlichen Religionen gehört dieses Gesetz zu den Grundlagen, ebenfalls in der esoterischen, theosophischen und geisteswissenschaftlichen Weltanschauung.

Für Menschen, die auf der 6. und 7. Stufe bewußt sind, gibt es keine Rätsel mehr. Als Christus seine sogenannten „Wunder" wirkte, sagte er doch zu seinen Jüngern: „Ihr könnt das Gleiche und noch mehr." Er war ein im höchsten Grade bewußtes Göttliches Wesen und identifizierte sich mit den göttlichen Gesetzen. Darum konnte er in dieser Form in der physischen Welt wirken. Fast alle großen Seelen dieser Erde lebten und leben in dem vollen Bewußtsein des Gesetzes der Wiedergeburt.

Die Zeit ist reif dafür, daß jeder Mensch diese Wahrheit erfährt, damit ihn das Gesetz von Ursache und Wirkung nicht zu sehr trifft, wenn er in diesem Leben charakterlich versagt. Wir werden uns nicht eher aus dem Kreislauf der Wiedergeburt lösen, bis der letzte Heller bezahlt ist.

Das größte Göttliche Gesetz hilft uns aber auch, unser Schicksal besser zu verstehen, so daß wir an der Göttlichen Gerechtigkeit nicht zu zweifeln brauchen. Das Gesetz wirkt in absoluter Gerechtigkeit.

Wenn wir nicht in Harmonie mit den Göttlichen Gesetzen leben und uns nicht in die Kraftströme und Schwingungen des Kosmos einfügen, werden wir noch lange am eigenen Leibe die Folgen spüren, und sei es auch in tausend Leben.

Gott ist allgegenwärtig und durchstrahlt mit seiner Kraft die ganze Schöpfung. Außerhalb seiner Lebenskraft existiert nichts. Nur wirkt sie auf jeder Entwicklungsstufe verschieden, wie auch auf jeder Ebene, der materiellen, der geistigen und der seelischen. Die kosmischen Gesetze können wir nicht verändern oder umstürzen, weil sie uns evtl. unbequem sind.

Da Gott sich auf *jeder* Stufe in vielfältigen Möglichkeiten offenbart, entstehen diesen Stufen entsprechend verschiedene Schwingungen, Formen und Frequenzen.

Wir kennen wenig von jenen Kräften, die sich in den Naturgesetzen manifestieren, und erkennen darin selten die schöpferischen Göttlichen Kräfte. Wir kennen diese Naturgesetze nur, soweit wir sie uns schon nutzbar machen konnten und finden sie dann selbstverständlich. Aber ihr *Wesen* ist uns oft noch unbekannt. Tritt eine Erscheinung auf, die vorher unbekannt war, dann versuchen wir sie in die Schablone unseres engen Denkens zu pressen.

Durch unsere Sinnesorgane, die ja nur beschränkt wahrnehmen, ist es verständlich, daß wir nur einen geringen Teil aufnehmen. Das sind Schall, Wärme, Geruch, Geschmack, Licht usw. Jene Energien und Strahlungen aber, die mit unserem höheren Nervensystem wahrgenommen werden können, sind Gedanken und Ideen, die alle ebenfalls einer Wellenform unterliegen. Und je nachdem, auf welch einer Bewußtseinsebene ein Wesen sich befindet, wird es höhere Frequenzen aufzunehmen imstande sein.

Alles durchdringende Frequenzen göttlich-schöpferischer Kraft, also das Leben selbst, können nur als Bewußtseinszustand wahrgenommen werden. Das Weltall besteht aus Schwingungen, Wellen, Energien und Kräften in den mannigfachsten Arten. Die gesamte Schöpfung, die Zentralsonnen, alle Weltkörper, bis zum kleinsten Lebewesen hin, sind Erscheinungsformen dieser Schwingungen, die aus der einen Quelle gespeist werden, aus *Gott*. Er strahlt aus zeit- und raumloser Absolutheit und aus seinem Gleichgewicht in die Materie und macht sie dadurch lebendig. Somit ist die ganze Schöpfung von Ihm durchdrungen, und so ist die Allgegenwart Gottes zu verstehen. Das innere Wesen der Materie ist also Bewegung und Unruhe, solange sie existiert. Wenn die ständigen Bewegungen auch nur einen Augenblick aufhörten, würde die gesamte Schöpfung sich in geistige Energie umwandeln.

Auch wir haben es in der Hand, daß Gott sich durch uns offenbaren kann. Unser *Höheres Selbst* ist ein Göttlicher Aspekt. Das *voll erwachte* Höhere Selbst ist höchste geistige Energie; je mehr der Mensch sich aber von dem strahlenden Mittelpunkt entfernt, desto mehr verliert sich die Strahlkraft, desto materieller wird er.

Jedes Geschöpf strahlt die Schwingung jener Ebene aus, auf der es bewußt ist.

Die niedrigste Form ist *Materie*. Sie offenbart Zusammenziehung, Ausdehung und Kristallisation.

Die *Pflanze* offenbart zwei Stufen, die materielle und die sie belebende vegetative Kraft.

Das *Tier* offenbart drei Kräfte, die materielle, vegetative und animalische. Es ist im dritten Entwicklungsgrad bewußt. Es hat Gemüt, Triebe, Gefühle, Instinkte, Abneigung und Zuneigung. Es befindet sich damit um einen Grad tiefer als der Mensch.

Der *Durchschnittsmensch* offenbart auch die drei ersten Grade. Dadurch, daß er Verstand und Denkvermögen besitzt, ist er auf der mentalen Ebene bewußt und offenbart die vierte Schwingungs- oder Bewußtseinsebene. Charakteristisch für den Menschen ist es also, zu denken.

Mit dem nächsten Schritt macht der Mensch einen Sprung. Er tritt aus der Welt der Wirkungen und Ursachen mit seinem Bewußtsein heraus, schöpft aus Göttlichen Quellen und offenbart diese Kräfte als *Intuition.* Mit Hilfe des Verstandes und der Kraft der Seele kann er wunderbare Ausdrucksformen finden und sie seinen Mitmenschen übermitteln, sei es in Worten, in der Musik, in der Malerei oder in sonstigen Ausdrucksformen.

Der nächst höhere Bewußtseinsgrad ist der der Prophetie, der Göttlichen *Weisheit* und universalen Liebe, die mit der Liebe auf der dritten Bewußtseinsebene nicht zu verwechseln ist. Die Liebe auf der dritten Bewußtseinsebene offenbart den Arterhaltungstrieb, Begierde und Genuß. Wer dieser Liebe unterworfen ist, lebt in einem gespaltenen Zustand und sucht sein Dual, um Befriedigung zu finden und um zu besitzen.

Die Liebe im sechsten Offenbarungsgrad stammt aus dem Zustand *Göttlicher Einheit.* Sie braucht kein Dual mehr, um sich körperlich zu offenbaren. Menschen, die auf dieser Ebene bewußt geworden sind, wollen nicht besitzen, sondern fühlen sich eins mit dem All. Ihr Seinszustand wird durchleuchtet von hohen Schwingungen und Frequenzen Göttlicher Strahlkraft, die ein Wesen auf niederen Stufen nicht ertragen könnte.

Die siebente Bewußtseinsebene ist die des voll bewußt gewordenen Menschen, des *Gott-Menschen.* In allen Stufen manifestieren sich nur transformierte Schwingungen, ein *Teil* der Göttlichen Strahlkraft. Der *Gott-Mensch* aber, dessen Höheres Selbst voll entwickelt und bewußt ist durch ein vollkommenes Bewußtsein, offenbart die Göttlich-

Schöpferischen Kräfte untransformiert. Er gibt sie aber dosiert weiter, um keinen Schaden anzurichten.

Der Mensch birgt in sich die Möglichkeit, alle sieben Bewußtseinsebenen zu beherrschen, da in seinem Nervensystem die entsprechenden Zentren vorhanden sind. Er kann aber nur die Schwingungen und Frequenzen der Stufe aussenden, auf der er bewußt geworden ist. Die unbewußten Nervenzentren verbleiben in einem verborgenen Zustand.

Um zum Thema *Lebensstab* Beziehung aufnehmen zu können, war es notwendig, ein Bild über die sieben Bewußtseinsstufen zu bekommen.

Die in höchste Mysterien eingeweihten Wesen, also jene, die auf der höchsten Stufe bewußt waren, besaßen diesen *Lebensstab* und die Fähigkeit, ihn beliebig aufzuladen. Er war aus einer Art Messing und konnte Ausstrahlungen jeder Stufe entsprechend weitergeben, die in ihn hineingeleitet wurden. Nach dem Willen dessen, der ihn verwandte, konnten durch ihn Schwingungen abgeschwächt oder verstärkt weitergeleitet werden, je nach Verwendungsmöglichkeit. Ein Eingeweihter ist fähig, mit diesem Stab die schöpferischen Kräfte, von den höchsten bis zu den niedrigsten, bewußt auszustrahlen. Göttliche Kräfte gehören zu seinem Wesen und sind ihm zueigen geworden.

Der Lebensstab wurde streng bewacht, denn mit den in ihn hineingeleiteten Kräften konnte er ebenso Fluch bedeuten, wenn er in unbefugte Hände geriet, die dunkle Willenskräfte auf ihn übertrugen, um sie für schwarzmagische Zwecke zu gebrauchen.

Die Söhne Gottes haben stets segenbringend durch diesen Stab gewirkt. Sie konnten mit ihm alle Kräfte der Natur beherrschen, die Anziehungskraft der Erde verstärken oder aufheben.

Alle Lebewesen besitzen diese Kraft, aber stets in der ihrem Entwicklungsgrad entsprechenden Form. Sie sind sich dieser Kraft nicht bewußt. Die Anziehungskraft der Erde ist es, die unsere Arme herunterhängen läßt und unsere Füße an den Boden heftet. Durch eine Kraft in uns können wir die Arme und Beine heben, also die Anziehungskraft der Erde für kurze Zeit überwinden. Wir nutzen die

Kraft unbewußt. Wieviel mehr muß es jenen Wesen gelungen sein, die auf höchster Stufe bewußt waren.

War es diese Gesetzmäßigkeit, die den Bau der Pyramiden bewirkte? Nur eine Kraft, die die Anziehung der Erde – die Schwerkraft – aufhob, konnte die gigantischen Steinblöcke so präzise aufeinanderschichten. Tausende von Sklaven, wie angenommen wird, weil einem nüchtern denkenden Menschen unserer Zeit die Tore der Geisteskraft verschlossen sind, sind dazu nicht in der Lage. Diese allgemein vorherrschende Annahme, daß so der Bau der Pyramiden bewerkstelligt worden sei, ist typisch für das begrenzte und materielle heutige Denken. Die Unwissenheit in Bezug auf Dinge, die über die materiellen Möglichkeiten hinausgehen, läßt nur eine für ihr Bewußtsein erklärbare Form auf physischer Ebene zu. Alle Mutmaßungen sind Spekulationen. Daß es andere, im Grunde viel einfachere Methoden geben könnte, die aus dem Reiche geistiger Gesetzmäßigkeiten kommen, die für sie noch unerreichbar sind, wird nicht anerkannt.

Als jene Pharaonen in Ägypten lebten, die Eingeweihte höchster Grade waren, gab es keine Sklaven. Sie wirkten zum Wohle ihrer auf einer niederen Stufe entwickelten Untertanen, und es wäre ihnen unmöglich gewesen, sich andere Menschen zu Sklaven zu machen. Für sie galt auch ein niederes Wesen als Göttlich, und sie schränkten auch seine Willensfreiheit nicht ein, die Gott allen Geschöpfen gab, sonst hätten sie keine auf Göttlicher Ebene bewußten Wesen sein können.

Das Volk kannte nicht die Gesetze der Kräfte, Schwingungen und Frequenzen, die hier wirkten, weil sie ihnen nicht bewußt waren. Ihr Bewußtsein war nicht dazu fähig, dieses aufzunehmen.

Die *Menschensöhne*, wie die Eingeweihten ihre Untertanen nannten, kamen mit all ihren Nöten, Kümmernissen und Krankheiten damals in den Tempel, und es war selbstverständlich, daß sie Hilfe bekamen und daß der Lebensstab sie gesund machte, wenn die Eingeweihten ihn anwandten. Dadurch, daß mit dem Stab die verschiedenen Frequenzen geschaffen werden konnten, war seine Verwendungsmöglichkeit universell.

Wenn also ein Eingeweihter seine Lebensstrahlen zum Heilen verwenden wollte, versenkte er sich in *Konzentration*. Die so gelenkten Ausstrahlungen konnten die Menschen ohne Schaden zu nehmen ertragen. Die in die geeigneten Nervenzentren gelenkte Kraft konnte mit Hilfe dieses Stabes bis zur schöpferischen Potenz gesteigert werden. Der Stab war so konstruiert, daß er die Strahlungen nicht nur weitergeben konnte, sondern auch transformieren und je nach dem verstärken oder auch abschwächen. Die Manifestation hing auch davon ab, wie lange und aus welcher Entfernung die schöpferischen Energien gesandt wurden. Der Eingeweihte konnte eigene höchste Kräfte unmittelbar in den Lebensstab leiten. Er mußte sich aber im kosmischen All-Bewußtseinszustand befinden.

Die damaligen Söhne Gottes waren die Wesen, die das Volk geistig behutsam führten. Sie waren auch die Baumeister des Landes, weil sie außerdem in dem Besitz anderer Instrumente waren, mit denen sie diese grandiosen Bauwerke schufen. Außerdem waren sie auch die Priester des Landes.

Nach Jahrtausenden erheben wir ehrfurchtsvoll die Augen zu den Baudenkmälern. Technik und Wissenschaft bemühen sich, das Rätsel zu lösen, bis jetzt ohne Erfolg.

Wir sind bestrebt, ins Weltall vorzustoßen und haben Bewunderns-wertes geleistet. Jene Rasse aber verwirklichte das Gesetz, sich die Erde „untertan" zu machen, indem die Göttlichen Kräfte, die sie anwandte, zu ihrem Wesen wurden.

Erst als die Geschicke der Völker nach und nach in die Hände derer übergingen, die auf niederer Ebene bewußt waren, brachen Unruhe und Elend auf der Welt aus; denn es waren keine geistigen Gesetze mehr, die die Menschheit führten, sondern mehr und mehr die Gesetze der Materie, die Verblendung und Vernichtung bringen. Allmählich begann die Zeit der Pharaonen, die sich Sklaven hielten und schließlich ganze Völker versklavten. Machtsucht und Reichtum führten sie in die Verblendung.

Aus dieser Sicht ist es für uns verständlich, daß nur ein Eingeweihter der höchsten Grade das israelitische Volk aus der Sklaverei retten konnte. Dieser Eingeweihte war *Moses*. Hatte nicht auch er einen Stab, mit dem er Wasser aus dem Felsen schlug, wie es uns die Schrift lehrt?

Die letzten Eingeweihten vernichteten außer dem Lebensstab auch ihre anderen Instrumente, mit denen sie die Naturkräfte beherrschten, weil sie wußten, daß sie Fluch und Vernichtung gebracht hätten, wenn sie in die Hände niederer Mächte geraten wären.

Sind wir heute nicht auch an einem Punkt angekommen, da wir uns der Kräfte der Natur bedienen, ohne diese voll zu verstehen und zu beherrschen? Der Fluch steht vor der Tür, wenn wir sie uns nicht im Göttlichen Sinne nutzbar machen. Es kommt auf die geistige Reife derer an, die sich ihrer bedienen. Werden mit ihnen Macht- und Gewinnsucht befriedigt, so bedeuten sie Vernichtung. Werden sie zum Guten und zum Wohle der Menschheit genutzt, bringen sie Segen für unseren ganzen Planeten.

So tastete sich die Menschheit in ein Zeitalter geistiger Dunkelheit und Verblendung vor, um nach dem ewigen Gesetz erneut geistig zu erwachen. Was vor Jahrtausenden Wirklichkeit war, müssen wir auf einem langen Entwicklungsweg voller Leiden, Irrtümer und harter Arbeit neu entdecken. Daß wir dabei auch Irrwege gehen, zeigt uns die Kernspaltung und ihre Anwendung und die Produktion von Mordwaffen, vor denen sich die ganze Welt fürchtet. Welch ein Karma mag jene treffen, die ihren Geist, ihre Kräfte und Energien der Vernichtung statt dem Aufbau und der Aufwärtsentwicklung zur Verfügung stellten.

Jeder einzelne ist ein Glied dieser unendlichen Kette und hat die Pflicht, in jeder Inkarnation mitzuwirken, bis das Erlösungswerk vollendet ist und die Menschheit durch harte geistige Arbeit den Heimweg in die Göttliche Einheit antreten kann.

Als die Menschheit am dunkelsten Punkt im Fische-Zeitalter angelangt war, offenbarte sich Gott durch die Inkarnation von *Jesus-Christus*, um sie geistig weiterzuführen. Das Christusbewußtsein führt uns in das Wassermann-Zeitalter, das Zeitalter des Geistes, da die Menschen erneut im Geiste erwachen.

Vielleicht ist die Zeit nicht mehr allzu fern, da sich jene Söhne Gottes freiwillig wieder inkarnieren, die auf höchster Ebene bewußt waren, auf deren Bewußtseinsgrund die richtige Anwendung der geistigen Kräfte schlummert, die sie nun wieder ans Licht heben, indem sie aus der Erinnerung dieselben Instrumente konstruieren, mit denen sie vor

Jahrtausenden die Naturkräfte beherrschten. Gott gibt der Menschheit alles zum Segen, nur machte sie aus Unwissenheit durch Jahrtausende aus allem einen Fluch.

Mit unserem Planetensystem nähern wir uns mit großer Geschwindigkeit der Zentralsonne. Dadurch kommen wir in ein anderes Schwingungs- und Vibrationsfeld. Diese Veränderungen wirken sich auf das Nervensystem der Menschen aus, aber bei jenen, die auf einer gehobeneren Bewußtseinsebene leben, werden dadurch die geistigen Zentren angesprochen und geöffnet. Bei denen, die keinen geistigen Fortschritt wollen, können diese höheren Frequenzen Verwirrung anrichten. Das ist heute deutlich spürbar, wenn wir die geistige Entwicklung und die Degenerationserscheinungen beobachten. Die Verirrungen kommen auf allen Gebieten zum Ausdruck, in der Literatur, der Malerei, der Musik usw., aber auch in der Moral sind sie zu bemerken, manchmal sogar unter dem Deckmantel geistigen Fortschritts.

Je näher wir in das Kraftfeld der Zentralsonne mit unserem Planetensystem kommen, desto mehr gehen auch die Verirrungen ihrem Ende entgegen. Durch Absonderung wird unser Planet gereinigt. Nach und nach werden auf höherer Ebene bewußte Seelen, die auf ihre Inkarnation warten, unseren Planeten betreten, die den höheren Strahlungen und Frequenzen gewachsen sind.

Wir müssen lernen, daß auch der Einzelne ein Baumeister im großen Plane ist. Durch Erweiterung des Bewußtseins wirken wir mit am Geschehen der Zeit. Wir sind unsere eigenen Wegbereiter für das kommende Zeitalter des Geistes schon mit jedem guten Gedanken, den wir aussenden. Die gute Saat, die wir in diesem Leben auf der physischen Ebene säen, wird aufgehen, und die Ernte dürfen wir in einer späteren Wiederverkörperung entgegennehmen.

Gewöhnen wir uns doch ab, Gott in die Schablone unseres engen Denkens pressen oder ihn gar in einer Versuchsröhre sichtbar machen zu wollen. Es wird uns doch nicht gelingen. Versuchen wir lieber, einen kleinen Einblick in seinen weisen Plan zu bekommen. Seine Spielregeln liegen offen vor uns, und jedem offenbart er seine Geheimnisse, der sich in selbstloser Weise darum bemüht. Es liegt an uns selbst, wenn wir der uns versprochenen Glückseligkeit teilhaftig werden. Dieser Zeitpunkt ist gekommen, wenn wir zum Gottesbewußtsein voll erwacht sind und den Weg aus der Spaltung in die Identität mit dem Göttlichen Bewußtsein, in Seine Einheit, aus der wir alle einmal hervorgegangen sind, zurückgefunden haben. In jedem Leben werden wir eine Lektion lernen und stets von neuem beginnen müssen, wenn wir nicht begreifen wollen.

Unsere Kirchen haben uns keinen Gefallen erwiesen, indem sie uns das Wissen um das größte Göttliche Gesetz der Reinkarnation vorenthielten und haben uns dadurch in unserer Entwicklung nur aufgehalten.

Das Wassermann-Zeitalter wird uns jene Wahrheiten lehren, die bis jetzt nur dem aufrichtig Suchenden geoffenbart wurden, der sich mit den primitiven Erklärungen nicht zufriedengab, der auf seiner Suche auf Quellen gestoßen ist, aus denen keine offiziellen Lehren ihn speisen.

Unsere Seele ist eine Kopie des Göttlichen, die durch Vielfalt der Verirrungen unleserlich geworden ist. Nur durch Bewußtwerden dessen, was wir von Ewigkeit her sind, wird sie lesbar gemacht, so daß sie dem Original wieder ähnlich wird.

Wenn wir die Tore zu den ungeahnten geistigen Schätzen öffnen, wird das Licht der Wahrheit und der Erkenntnis unser Bewußtsein erhellen und uns weiterführen bis in jene Sphären, nach denen unsere ewige Seele sich sehnt. Vom Wandern durch ungezählte Leben ist sie müde geworden. Endlich möchte sie heimkehren in die Göttliche Einheit, die Heimat ihres Ursprungs.

Deine Einweihungsstätte ist die Welt, dein Guru ist das Leben

Der Mensch ist ein freies, selbständiges Wesen, nach Göttlichem Bilde geschaffen, mit allen Anlagen zu Göttlichkeit und Vollkommenheit ausgestattet. Der Weg der *Selbstverwirklichung* führt den Strebenden wieder dorthin. Dieser Weg ist gepflastert mit dem Bemühen um *Disziplin, Erkenntnis* der geistigen Gesetze, *Änderung* unguter Lebensgewohnheiten und *Konzentration* auf das Ziel. Auf diesem Wege kann ein Meister seinem Schüler eine wertvolle Hilfe, ein Wegbereiter, ein Vorbild sein. Die tiefen Weisheiten eines Meisters sind für den Schüler eine große Bereicherung. In seiner Strahlung und Schwingung leben zu können, ist ein guter Schutz und für den Lernprozeß von großem Wert.

Ein guter, selbstloser Meister wird aber den Zeitpunkt erkennen, zu dem sich ein Schüler von ihm abnabeln, frei machen muß, denn alles Erfahrene will und muß praktisch erprobt werden und sich im Leben des Schülers bewähren.

In der ganzen Schöpfung drängt alles nach Selbständigkeit, um dem Gesetz der Willensfreiheit gerecht zu werden. Die Lehrzeit bei einem Meister soll der Beschleunigung dieser Reifung dienen.

Jedes Kind löst sich zu seiner Zeit aus der beengenden Hülle des Mutterleibes. Später verläßt es auch die Geborgenheit des Elternhauses.

Der Vogel sprengt die Eischale, wenn seine Zeit gekommen ist, und wiederum zur bestimmten Zeit wird er von den Vogeleltern aus dem Nest entlassen, manchmal sogar mit Nachdruck von Seiten der Eltern. Tiere gehen später, nachdem sie von den Tiereltern belehrt und unterwiesen worden sind, eigene Wege.

Alles strebt nach Selbständigkeit, nach Vollendung, nach Freiheit. Jeder sollte erkennen, wann er die ersten Schritte allein tun, wann er die Trennung von Eltern, Lehrer oder Vorbild vollziehen kann.

Der Zeitpunkt für den Strebenden ist gekommen, wenn das Göttliche Selbst stark genug in ihm geworden ist, wenn der innere Meister volle Anerkennung gefunden hat. Dann ist er so weit, daß er der eigenen Lichtspur folgen kann.

Jeder ist eine Göttliche Individualität und hat darum auch seinen individuellen Weg. Wer von den Christus-Worten überzeugt ist, daß alles in uns ist, kann aus dieser Quelle schöpfen, und er wird wunderbar geführt. Dann lebt in ihm die Erleuchtung des äußeren Bewußtseins und die Intelligenz, durch die jede Form die Vollkommenheit ausdrückt, die in ihrer Essenz in ihm verborgen war. In jedem von uns lebt nur eine Kraft, die *Kraft Gottes*, die in dem Maße wirken kann, wie unser Glaube an sie ist, wie wir zulassen, daß sie wirken kann.

Ein echter Meister wird sagen: „Geliebter Schüler, bemühe dich nicht, irgendwo hinzugehen, um die Gegenwart Gottes zu finden. Sei nur still! Öffne die Augen im Frieden des eigenen Fühlens und sei dir der majestätischen Kraft Gottes bewußt, die dein Herzschlag ist. Laß dich von der Natur der Göttlichkeit ganz durchdringen, an jedem Ort, wo du bist und wo du sein mußt." Der Weg eines jeden Geistschülers ist es, seine eigene Göttlichkeit wieder zu entdecken und mag es auch Äonen dauern.

Jede erwachte Seele wird einmal von dieser Sehnsucht erfüllt sein. Solange das noch nicht der Fall ist, geht sie Um- und Irrwege. Die Erkenntnis des eigenen Daseinsgrundes lenkt die Füße in jene Richtung, die ins Licht führt, dem Ziel entgegen. Unsere ganze Aufmerksamkeit sollte darauf gerichtet sein. Diese Erkenntnis stellt die Kraft dar, die es vermag, das in Form zu bringen, was die Aufmerksamkeit festhält.

An den Zeichen der Zeit ist es zu bemerken, daß sich eine Neuordnung angebahnt hat. „Ich mache alles neu", sagte Jesus Christus, wobei er auf das Ende des Zeitalters der Fische hinwies. Das Zeitalter des Wassermanns hat begonnen, ein Zeitalter des Geistes und der Freiheit. Es ist jenes Zeitalter, da der Geist Gottes, wie es auch in der Bibel heißt, alles Fleisch erfüllen wird. Das heißt, daß das Bewußtsein *aller* Menschen angehoben wird, weil sonst die erhöhten Schwingungen und Frequenzen des Kosmos, die dieses geistige Äon mit sich bringt, von ihnen nicht ertragen und genutzt werden könnten. Durch geistiges Aufwärtsstreben, durch Bewußtseinserweiterung, durch Vervollkommnung wird auch das atomare Gefüge des physischen Körpers verfeinert. Nur dadurch wird es möglich sein, sich der Schwingung des geistigen Äons anzupassen. Eine Bestätigung dieser Gedanken fand ich bei Elisabeth Haich in ihrem Buch „Einweihung", die sagte, daß sich auch der Körper entwickeln müsse, um immer höhere Schwingungen und Frequenzen des Selbst offenbaren zu können, daß diesem Gesetz sich keine materielle Erscheinungsform entziehen könne. Wem das nicht gelingt, der wird sich dem Gesetz nach selbst aussondern. Dieser Prozeß kann jetzt auf der Erde beobachtet werden von denen, die wachen Auges die Geschehnisse und die Entwicklung auf den verschiedenen Ebenen aufmerksam verfolgen.

Die Neuordnung wird die Menschen befähigen, durch die Gotteskraft (Christuskraft) im eigenen Innern ihren Entwicklungsweg zu gehen, ohne an Dogmen oder Guru-Tradition gebunden zu sein. Auch die Traditionsgebundenheit wird sich von der Neuorientierung nicht ausschließen auf die Dauer. Ein deutlicher Hinweis hierauf sind Yoganandas Ausführungen, der sagte, daß mit seinem Heimgang die Tradition beendet sei. Alles was in irgend einer Form „bindet", löst sich langsam auf, weil jede Bindung begrenzt. Wenn auch mancher Meister, Lehrer und Guru, der seine Schüler oder Jünger Zeit seines Lebens an sich binden möchte, sich dieser Entwicklung widersetzt, wird er sie dennoch nicht aufhalten können. Die ganze Evolution bewegt sich auf eine kosmische, universelle Entwicklungsstufe hin, in der die bisherigen Formen und Bindungen keine Gültigkeit mehr haben.

Alle Formen haben zu ihrer Zeit absolute Berechtigung gehabt. Es wäre darum nicht richtig, sie im Rückblick zu verurteilen. Sie waren wesentlich und nützlich zu ihrer Zeit. Sie bilden das Fundament, worauf stets aufgebaut wird, sonst gäbe es ja keine Evolution.

Jeder echte Meister, der Einblicke in die großen kosmischen Abläufe hat, weiß darum und hat keine andere Aufgabe, als seine Schüler darauf hinzuweisen und ihnen zu helfen, daß die Gotteskraft in ihnen geweckt wird, damit sie selbständige Wesen werden, reif für das Zeitalter des Geistes.

Da der Geist Gottes, wie es heißt, über alles Fleisch kommt – was die große Zahl der Suchenden und Empfänglichen jetzt schon beweist –, und es nicht so viele echte und gute Meister gibt und geben kann, daß jeder Erwachsene seinen Lehrer im Physischen findet, sorgt eine Neuordnung und Neuorientierung dafür, daß ein jeder seinen Weg trotzdem finden kann. Mancher Meister, der aus der Geborgenheit eines Ashrams ungenügend vorbereitet heraustritt und mit der äußeren Welt konfrontiert wird, scheitert, indem er ihr unterliegt.

Wir sind *hier* und *jetzt* inkarniert, inmittten dieses Lebensdramas, um Lektion um Lektion zu lernen.

Durch die sich durch die kosmische Veränderung ergebende Neuordnung und Neuorientierung, ist die Erde zu einem *Einweihungstempel* geworden, der jedem die Möglichkeit gibt, seine „Einweihung“ zu erhalten; denn der Meister, der uns führt, ist in uns. Er ist es schon immer gewesen, aber die Zeit wird jetzt erst reif, daß jeder diesen inneren Meister erfahren kann. Er wartet sehnsüchtig darauf, uns mit offenen Armen zu empfangen.

Neuordnung auf allen Ebenen ist der große Umwandlungsprozeß, dem wir uns stellen müssen. Er geschieht lautlos, langsam aber sicher, wie alles in der Natur langsam, leise, stetig aber kraftvoll geschieht.

Manche Veränderung hat die Erde schon erfahren, und manche wird sie noch erfahren müssen. Alte Formen werden durch neue ersetzt auf einem Fundament, worauf alle Traditionen, alle Entwicklungsbereiche aufbauten: auf der urewigen *Wahrheit*, auf *Weisheit* und auf dem *Gesetz der Liebe*. Das Fundament bleibt, und an seinen Grundfesten kann nicht gerüttelt werden, aber die Formen, die uns zur Meisterschaft führen, zur Meisterschaft über das äußere Selbst, ändern sich. Darum fordert jede Stunde, jeder Tag von uns die Verwirklichung dessen, was wir erkannt haben.

Der Weg zur Meisterschaft kann und muß von uns selbst in der und durch die Welt gefunden werden und nicht außerhalb derselben. Es ist ein Weg, den letztendlich jeder allein gehen muß. Die Welt wird zu unserem Ashram, das Leben wird unser Guru.

„Jeder muß die vollkommene Selbsterkenntnis auf seinem eigenen Weg erlangen", sagte Elisabeth Haich in ihrem Buch „Einweihung". Niemand kann den Weg des anderen gehen, und niemand kann für einen anderen den Weg gehen oder vorschreiben.

Aber groß wird einst die Stunde für jedes Wesen sein, da es in voller Erkenntnis und Freiheit vor seinen Schöpfer hintreten und ihm in Liebe sein erfülltes Leben bringend sagen kann: „Es ist vollendet!"

So sprach Gott der Herr: „Der Mensch als Mein volles Ebenmaß muß einen vollkommen freien Willen haben, mit dem er sich selbst in seinen geistigen Teil umgestaltet, festigt und sich von Meiner Allmacht freimachen muß, um dereinst als ein starkes, freies, selbständiges und selbstmächtiges Wesen selig neben mir dazustehen, zu leben und zu handeln."

Verständigung mittels Gedanken durch Vermehrung des inneren Lichtes

Wenn wir uns einer Verständigung durch akustisch zum Ausdruck gekommener Worte bedienen, gehen diesem Vorgang unsere Gedanken voraus. Warum bedarf es dieses „Umweges“ über die Akustik? Im 1. Band „Der Geistige Weg“ wurde über „Atome, Bausteine des Lebens“ und über „Schwingung ist die Melodie des Universums“ berichtet. Hierauf aufbauend wissen wir, daß der Stoff unseres physischen Körpers, der Materie ist, sehr langsam vibriert – Materie ist verdichtete Schwingung – so daß Gedankenschwingungen ihn nicht durchdringen können. Darum müssen Klänge (Worte) zur Verständigung herangezogen werden, die dieser niederen Vibration entsprechen. Ein Klang wird wiederum auch getragen oder beeinflußt von der Gefühlsnatur des Menschen. Wenn ein Satz z. B. in verschiedenen Klangfarben zum Ausdruck gebracht wird, kann er verschiedene Effekte erzielen, unterschiedliche Reaktionen beim anderen auslösen. Es sind schon manche Mißverständnisse und Disharmonien auf dem Weg dieser uns vertrauten Kommunikation entstanden. Mißverständnisse können sich bei der Verwendung einer Sprache einstellen, weil Worte sozusagen nur „Behälter“ sind, um Gedanken und Gefühle zum Ausdruck zu bringen. Werden aber Gedanken und Gefühle nicht durch Worte eingeengt, so fallen manche Unvollkommenheiten und Widerstände von selbst weg.

Die Verständigung mittels Gedanken ist viel eindeutiger, als wenn man sich des Wortes bedienen muß, denn wenn Gedanken sich berühren, gibt es kein Mißverständnis.

Der Stoff unseres physischen Körpers vibriert sehr langsam. Es wäre aber möglich, die vollkommene Art des Mitteilens über die Gedankenschwingungen in sich zu wecken. Voraussetzung dafür wäre zunächst, die Reinheit der Gedanken, Gefühle und Gesinnung anzustreben und zu beherrschen. Dadurch kann das Göttliche Selbst mehr und mehr hervortreten, und auch das atomare Gefüge des physischen Körpers wird „erhöht“, verfeinert, durchlichtet. Wenn das Licht im Innern durch eigenes Bemühen und durch bewußte Anwendung verstärkt wird, wird es vom „Elektronen-Leib“ durch das Hirngewebe geleitet. Diese großen „Lichtwellen“ würden die Geschwindigkeit der Vibration der Atome des phys. Körpers bis zu dem Punkt „erhöhen“, da Gedanken erfaßt und verzeichnet werden können, ohne daß sie in gesprochenen Worten zum Ausdruck kommen müssen.

Das Gesetz des Lebens, der ganzen Schöpfung, ist das Gesetz des Lichtes. (Es werde Licht!)

Ununterbrochen werden Gedankenwellen, seien es die des eigenen Bewußtseins oder die von anderen, auf das Körpergewebe „geworfen“. Es gibt nur wenige Menschen, die diese Tatsache erfaßt haben und die Gedanken, deren Aufprall sie fühlen, auch „lesen“ können.

Noch weniger Menschen können die empfangenen Gedanken richtig auslegen oder gar wissen, woher sie kommen.

Wäre einem Lichtschüler bewußt, welche Segnungen er erhalten könnte, wenn er frei von jeglicher Schwäche und Verirrung wäre, würde er sein ganzes Augenmerk darauf richten, ebenso darauf, alles Nutzlose, Vergangene und Unangenehme zu vergessen.

Jede unerfreuliche Erinnerung, auch an Fehler der Vergangenheit, schafft weitere Begrenzung, Not, Trübsal und Stillstand in der Entwicklung. Das Licht kann sich nicht ausbreiten, wo derartige Belastungen bestehen. Verstärkt ein Schüler das Licht in seinem Innern, so kann er keinen Mißklang mehr aufnehmen. Möchte er jeden Rest von Negativem entfernen, muß er alle Gedanken, Gefühle und Worte der Unvollkommenheit von sich weisen, sich des eigenen inneren Lichtes bewußt werden und sich bemühen, dieses zu verstärken.

Liebe, der Weg in die Freiheit

Der von Liebe und Sehnsucht Getriebene, nach *Gott* Ringende, entledigt sich letztendlich aller Hilfsmittel, die ihn ein Stück des Weges begleitet haben. Sogar ein Lehrer, der sein Ego noch nicht ganz bewältigt hat, kann eine Fessel sein, wenn er den Schüler nicht frei läßt.

Die Liebe eines echten Meisters ist unpersönlich und nicht besitzergreifend, sie ist eine Liebe, die absolute Freiheit gewährt. In solch einer Atmosphäre kann ein Schüler sich entwickeln, weil es auch Gottes Wunsch ist, daß sich eine jede Seele frei und ohne Zwang entfalten soll. Niemals darf ein Schüler den Druck eines Meisters spüren, der nicht zu verwechseln ist mit der ihm anempfohlenen Disziplin, die unerläßlich ist und eine große Hilfe auf dem geistigen Weg darstellt. Wohl aber sollte er des Meisters Toleranz und seine Liebe spüren, die immer zu geben bereit ist.

Einer der vorbildlichsten Führer auf dem Gebiete der Liebe, Toleranz, Demut und Geduld war – außer Jesus Christus – Sri Aurobindo. Seine Geduld den Schülern gegenüber war so überwältigend, daß sie selbst den widerspenstigsten, hartnäckigsten und zweifelnden Schüler zum Licht, zur Erkenntnis führte.

Ein Schüler, der ehrlich den Pfad geht, bemüht sich ohnehin und bedarf keiner Fesseln in Form von Dogmen. Wenn ein Meister seine Schüler durch übermäßige Strenge hält und an sich bindet, sind die Ergebnisse für beide Teile unbefriedigend und nicht sinnvoll, weil Erzwungenes nicht fruchtbar sein kann.

Auf dem geistigen Weg bedarf es der freiwilligen inneren Zuwendung zum Meister und damit auf das Ziel.

Es gibt Schüler, die Angst haben, sich von ihrem Meister zu lösen. Aber auch Gott zwingt niemanden. Wieviel weniger sollten Menschen, denen Suchende sich anvertrauen, den Fehler machen, einen Zwang auszuüben oder enge Regeln aufzustellen. Mancher löst sich von einer kirchlichen Bindung und begibt sich dafür in andere Fesseln, was er erst später bemerkt, wenn es fast unmöglich ist, sich daraus zu lösen. Schwere psychische und physische Schäden können die langandauernden Folgen sein.

Ein strebsamer Schüler wird die Disziplin erkennen, die auf dem Pfad zum Licht notwendig ist und wird sie gern als Hilfe annehmen.

Ich hatte das große Glück, Meistern zu begegnen, die mich in einer universellen, kosmischen Weite belehrten, bei denen ich stets das Gefühl völliger geistiger Freiheit in all meinen Entscheidung hatte. Aber eben jene Weite war es und die eigene Befreiung und Freiheit, die mich anzogen, sowie die spürbare allumfassende Liebe. (Solch eine Verbindung und Zuneigung wird auch durch den physischen Tod nicht gelöst.)

Die Lehren meiner Meister waren universell, rein, ohne Zwang, einfach und klar, aber eindringlich, wie alles an ihnen selbst klar, durchschaubar und einfach war. Es gab nichts Kompliziertes. Weil sie unverletzbar waren, brauchten sie auch niemals die Tugend der Vergebung anzuwenden.

Eine solche Weite und Freiheit fordert von einem Schüler aber *Disziplin* und *Ausdauer* aus *eigenem Antrieb*.

Atmung

In der gesamten Entwicklung des Menschen spielt der *Atem* eine große Rolle. Er ist das bindende Glied zwischen *Körper* und *Seele*, denn wenn die Atmung aufhört, löst sich die Seele vom physischen Körper.

Manche Menschen sterben verfrüht, vor Ablauf ihrer eigentlichen Lebensspanne, weil ihr Körper durch falsche Ernährung und das Einatmen von unsauberer Luft über viele Jahre hinaus, andererseits durch ungenügende Ein- und ebensolche Ausatmung mit Giften angefüllt ist. Eine gute, ausgeglichene Atmung, die die inneren Organe zum Schwingen bringt und den Geweben reichlich Sauerstoff zuführt, ist dagegen für den ganzen Menschen eine Wohltat.

Am Anfang solltest du nicht zu tief atmen oder den Atem gar anhalten, weil dies Herzklopfen oder Schwindelgefühl verursachen kann. Beim Atmen sollte kein Gefühl der Anstrengung entstehen. Jeder Atemzug sollte harmonisch sein und ein Gefühl des Friedens vermitteln. Viele westliche Menschen atmen ihr ganzes Leben lang sehr oberflächlich.

Wir sollten lernen, bewußt ausreichend einzuatmen und ebenso vollständig auszuatmen. Dadurch wird die Atmung langsamer, harmonischer und automatisch tiefer, so daß sich auf die Dauer auch die Rippen ausdehnen, wenn du dir diese Atmung immer wieder ins Bewußtsein rufst.

Eine kleine wirksame Übung möchte ich hier noch empfehlen:
Während du einatmest, denke an Gott, fühle, wie er in dich einströmt. Während du ausatmest, sende Segen und Frieden über alles Leben aus.

Durch diese Übung wirst du vom geistigen Licht erfüllt, und das geistige Zentrum zwischen den Augenbrauen wird angeregt. Du kannst das Licht noch zusätzlich zum Herzzentrum leiten.

Mache diese Übung täglich, wenn du kannst, aber immer ohne

Anstrengung. Auch die Dauer dieser Übung bleibt dir überlassen. Du kannst sie im Sitzen, im Stehen und Gehen machen, aber stets mit aufgerichteter Wirbelsäule.

Du kannst diese Übung insofern abwandeln, indem du ausatmend das Licht an kranke Menschen verströmst, an die leidende Erde usw.

Es ist eine einfache und friedvolle Übung, die dir selbst auch Einklang und Harmonie bringt.

Wenn trübe oder banale Gedanken sich deiner bemächtigen, setze sofort mit einer geistigen Übung ein. Dadurch reinigst du deinen Geist.

Baue dir Brücken, etwa so: Segne mich, Odem Gottes, damit ich Deinen Segen allen Menschen, allem Leben und aller Kreatur weitergeben kann.

Deiner Phantasie sind keine Grenzen gesetzt, aufbauende und richtungweisende Worte zu finden, die deine Seele erheben und dir das Empfinden der Verbindung mit der ganzen Schöpfung vermitteln.

In der fernöstlichen Philosophie heißt es, daß der Mensch für sein Leben eine bestimmte Anzahl Atemzüge zur Verfügung hat. Wenn er diese „abgeatmet" hat, stirbt der physische Körper. Wer demnach rasch und hektisch atmet, stirbt eher als jemand, der harmonisch und langsam atmet.

Vielleicht liegt doch eine Wahrheit dahinter verborgen.

Morgenübung

Bevor wir mit des Tages Arbeit beginnen, sollten wir uns geistig darauf einstimmen durch eine Zeit der inneren *Stille*. Die Zeitdauer bleibt jedem selbst überlassen, da die Lebensumstände für jeden verschieden sind.

Um zur inneren Stille zu kommen ist es empfehlenswert, die Aufmerksamkeit auf den Atem zu lenken und einige tiefere Atemzüge zu tun, als es sonst üblich ist, und dabei sollten wir uns voll auf die Gegenwart Gottes in uns konzentrieren und im Geiste einen *Schutzmantel* um uns errichten, der nichts Negatives und Unvollkommenes durchläßt. Wir visualisieren das *Licht* um uns, fühlen und sehen, wie es uns einhüllt. Öfter am Tage sollten wir uns an diesen Schutzmantel erinnern. Das Bewußtsein der Geborgenheit und des Schutzes sollte von uns aufrechterhalten bleiben. Das allein ist ein gutes geistiges Training.

Wir bleiben bei der nachfolgenden Meditationsübung auf die *Gott-Gegenwart* in uns gerichtet und die Atmung sollte wieder etwas tiefer als gewöhnlich sein. Man sollte gerade sitzen und die Hände über dem Sonnengeflecht falten oder die Fingerspitzen der lockeren und natürlich gekrümmten rechten Hand in die Brustmitte auf Herzhöhe legen. Jeder Atemzug sollte von der Vorstellung begleitet werden, daß reines, weißes *Licht* durch das Scheitelchakra in den Körper einströmt. Die Ausatmung sollte von der Vorstellung begleitet werden, daß das weiße Licht aus der Körpermitte herausfließt und die Menschheit in Liebe und Frieden einhüllt.

Das menschliche Bewußtsein, das in dieser Form *Licht* und *Liebe* aussendet, erhebt sich bald über die Begrenzung irdischen Denkens und gibt der Seele Gelegenheit, in höhere Bewußtseinsschichten durchzudringen.

Morgenübung

Der erste Gedanke beim Erwachen sollte unserer *Gott-Gegenwart* gelten. Die Verbindung mit ihr gewährleistet einen harmonischen, behüteten Tag, an dem wir uns dem Göttlichen Plan bewußt einordnen und Seine Liebe und Fürsorge für uns erkennen. Das sollte unser erstes Anliegen, unsere erste Tätigkeit des Geistes sein.

Einige ungestörte Minuten sollten dafür zur Verfügung stehen. Wer im Yogasitz sitzen kann, nimmt ihn ein oder eine andere bequeme Haltung. Die Augen sind geschlossen. Zunächst wird die Aufmerksamkeit auf den *Atem* gerichtet. Das Bewußtsein nimmt ihn aufmerksam wahr. Wir atmen nicht mit dem bewußten Willen, sondern beobachten das Atemgeschehen. Somit erleben wir das Einpendeln in einen harmonischen, rhythmischen Atem. Gemüt und Gedanken werden dadurch ruhig gestellt.

Wenn die gewünschte innere Ruhe erreicht ist, denken und fühlen wir beim Einatmen *„Ich“* und beim Ausatmen *„Bin“*, um uns der *Gott-Gegenwart* bewußt zu werden, sie zu *erfühlen*. Dann verneigen wir uns im Geiste in Ehrfurcht und Demut vor der *Mächtigen Gegenwart Gottes* in uns und sprechen einen Dank für den Schutz in der Nacht aus und für alles, was der Seele zuteil wurde, auch wenn es nicht ins Tagesbewußtsein aufgenommen werden konnte.

Dann sollten wir nach dem *Göttlichen Willen* für diesen neuen Tag fragen, zu dessen Ausführung wir uns bereit erklären, und wir übergeben der *Gottgegenwart* in uns die Oberhoheit für das Tagesgeschehen. Nach der Frage nach dem Göttlichen Plan für uns verbleiben wir noch einige Zeit in der Stille, um evtl. eine Antwort zu bekommen. Das ist ein Training, dem wir uns ganz gelassen, ausgeglichen und voller Harmonie hingeben sollten, völlig ohne inneren Zwang, augenblicklich eine Antwort zu bekommen. Unsere geistige Haltung sollte abwartend sein.

Selbst wenn wir keine für uns hörbare oder spürbare Antwort

erhalten, so sind wir dennoch in der Lage, den *Willen Gottes* zu tun, wenn unser Sein davon erfüllt ist. Durch die innere Bereitschaft aktivieren wir nach dem Gesetz der Präzipitation (1. Band Der geistige Weg) Atome, denen wir den Auftrag erteilen, zu wirken. Wir beeigenschaften sie und geben ihnen dadurch den Anstoß, den Göttlichen Plan zu erfüllen. Durch unsere ehrliche und überzeugte Bereitschaft, wenn Gefühl sie auflädt, werden sie wirksam und arbeiten für uns. Das *Höhere Selbst* übernimmt die Impulse, wird den Göttlichen Willen erkennen und dementsprechend wirken. Es ist aber ratsam, öfter am Tage die Gedanken mit neuer Kraft darauf zu lenken.

Erst nach dieser Übung sollte das Tagewerk begonnen werden. Wenn sie täglich gemacht wird, ist sie von ungeheurem Nutzen und bringt auf die Dauer reichlichen Segen.

Könnten die Menschen erkennen, welch eine Macht ihnen damit in die Hände gelegt ist, würden viele keine Anstrengungen und Mühen scheuen, die geistigen Gesetze zu erlernen und anzuwenden.

Übung am Abend

Wie am Morgen unser erster Gedanke sich auf die *Gegenwart Gottes* in uns richten soll, so sollte es auch am Abend vor dem Einschlafen der Fall sein.

Die letzten Gedanken vor dem Einschlafen sind sozusagen das Fahrzeug, auf dem unsere Seele in die Nacht gleitet. Diese Tatsache läßt uns leicht erkennen, wie schädlich es ist, wenn vor dem Schlafengehen aufregende Lektüre gelesen wird, nichtssagende oder negative Fernsehsendungen angeschaut werden, von Krimis ganz zu schweigen, oder gar Unfriede und Streit unsere Seele erfüllt, Probleme und Ärger mit in die Nacht hineingenommen werden. Diese zerstörenden Kräfte haben in der Nacht die beste Zeit zum Wirken, Wachsen und Wuchern. In aller Stille und Ungestörtheit können sie uneingeschränkt ihr Wesen treiben. (Stets wirkt das Gesetz der Präzipitation.)

Die Seele geht nachts „auf Reisen", und unsere Gedanken, Gefühle und Erlebnisse geben die Richtung an. Läßt der Mensch sich willenlos von seinen Empfindungen, von den Bildern, die noch in ihm kreisen, treiben, so braucht er sich nicht zu wundern, wenn Schlaflosigkeit, unruhiger Schlaf, der nicht erfrischend ist, chaotische Träume usw. seine Nächte erfüllen. Er wird nervös, energielos und unkonzentriert, fühlt sich leicht überfordert, und Unzufriedenheit, Depressionen und Lethargie sind oftmals die Folgen. Sie begleiten ihn durch den Tag und wirken weiter in die nächste Nacht. Diesem Teufelskreis kann sich der Mensch dadurch entziehen, daß er sich ebenfalls, wie es am Morgen geschieht, abends eine Zeitlang der Stille hingibt und bewußt sein Inneres ordnet. Das kann schon im Bett liegend geschehen.

Zunächst pendeln wir uns in einen harmonischen, rhythmischen Atem ein und denken dann bei jeder Einatmung *„Ich"*, bei der Ausatmung *„Bin"*. Dabei bemühen wir uns, uns mit der *Gott-Gegenwart* im Innern zu verbinden, was wir auch einige Zeit aufrechterhalten wollen. Es folgt eine Danksagung für die Wohltaten und

Geschehnisse des Tages und ein Vorbringen all dessen, was unser Herz belastet. Dann übergeben wir wieder die Oberhoheit der *Gott-Gegenwart* in uns und dürfen auch die Bitte aussprechen, daß unsere Seele den „inneren Göttlichen Ebenen" zugeführt werde, um geistige Schulung zu empfangen, die unserer Entwicklung gemäß ist, damit wir Schritt für Schritt dem Ziel der *Einswerdung* mit dem *Höchsten* näherkommen.

Hinwendung auf die *Gott-Gegenwart* in uns sollte die letzte bewußte geistige Aktivität sein, die uns in den Schlaf führt.

Haben wir uns diese Einstimmung am Abend zur Gewohnheit gemacht, so werden wir schon bald erkennen, wie fruchtbar und aufbauend es für Körper, Seele und Geist ist, wenn wir den Tag in diesem Bewußtsein enden. Als eine unausbleibliche Folge werden wir erleben, daß wir im Geiste wachsen, zu Harmonie und Gelassenheit geführt werden und das innere Licht mehr und mehr sich ausweiten kann.

Wir sollten uns immer mehr der Verantwortung bewußt werden, wie sehr wir in all unserem Denken, Streben und Handeln Göttliche Gesetze zur Anwendung bringen, ob bewußt oder unbewußt, und daß wir je nach Anwendung und Benutzung dieser Gesetze entsprechende Rückwirkungen erfahren, die dem geistig Unerwachten als Schicksal, Pech, Fügung, Glück usw. erscheinen.

Meditationsübung

Sorge dafür, daß Du ungestört bist. Du kannst die Schwingung Deiner Umgebung durch entsprechende Musik verfeinern. Vielleicht dient Dir auch der Duft eines Räucherstäbchens, die Atmosphäre um Dich herum anzuheben.

Setze Dich aufrecht, aber entspannt hin und falte die Hände über dem Sonnengeflecht, oder lege die Fingerspitzen locker und etwas gekrümmt in die Brustmitte auf Herzhöhe. Die Atmung sollte etwas tiefer als üblich sein, aber ohne Zwang, fließend und leicht.

Wenn das Denken zum Schweigen gekommen und ein Zustand inneren Friedens erreicht ist, ist das Bewußtsein aufnahmefähig und zubereitet, ein Gefühl der reinen *Liebe* zu entwickeln. Dann wende Dich mit aller *Hingabe* der *Gott-Gegenwart* im eigenen Innern zu.

Die Einatmung sollte von der *Vorstellung* unterstützt und begleitet werden, daß reines weißes *Licht* bis in die Körpermitte fließt, das beim Ausatmen von dort, mit einem *Gefühl* der *Liebe* und des *Friedens* aufgeladen, ins Universum ausgesandt wird, um alle Menschen in Liebe und Frieden einzuhüllen und zu segnen.

Wenn es anfangs auch nur eine kurze Zeit ist, da Du diesen Zustand und das *Gefühl* aufrechterhalten kannst, so wird durch tägliche Übung die Fähigkeit wachsen, die Zeit der Stille auszudehnen.

Ein Schüler, dessen Bewußtsein Licht und Liebe aussendet, erhebt sich automatisch aus der Alltäglichkeit irdischen Denkens. Es ist eine Gesetzmäßigkeit, daß es der Seele eines Tages gelingen wird, in den mentalen Bereich oder gar in höhere Bewußtseinsebenen zu gelangen.

Meditationen für jeden Tag

sollen Dir eine Hilfe sein, tägliche Einkehr zu halten. Nimm es als eine geistige Übung hin, die täglichen kleinen Lektionen zu lesen und zu verwirklichen, die auf den nächsten Seiten folgen.

Wenn wir uns selbst und unseren Daseinsgrund erfahren wollen, ist es notwendig, *jeden* Tag unser „stilles Kämmerlein" zu betreten, um irgendwann auch einmal die Frage beantwortet zu bekommen: „Wer bin ich? Woher komme ich? Wohin gehe ich?"

Es wäre unklug, die Fragen für später aufzuheben, denn niemand von uns weiß, wieviel Zeit ihm noch auf dieser Erde verbleibt.

Ohne diese geistige Disziplin, die wir in unser tägliches Leben einbauen sollen, können wir uns nicht von unseren Unzulänglichkeiten und Fehlern befreien; denn sie sind es doch, die uns das Leben und unsere seelische Entwicklung erschweren.

Manches an uns und in der Welt gefällt uns nicht. Die Welt können wir nur ändern, indem wir uns ändern. Das können wir aber erst dann, wenn uns bewußt wird, nach welchen Gesetzen unser Leben verläuft. Aus Unwissenheit verstoßen wir gegen die Lebensgesetze, und darum haben wir Schwierigkeiten.

Das Gesetz des Lebens heißt: Geistige Aufwärtsentwicklung.

Mit geistiger Entwicklung ist nicht die verstandesmäßige, intellektuelle Entwicklung gemeint, sondern jene, die die Qualität unserer Seele verbessert.

Nur wer sich nicht mit seinem vergänglichen Körper identifiziert, sondern sich als eine Wesenheit fühlt, die unsterblicher Natur ist, kann erkennen, daß geistige Entwicklung sein Daseinsgrund ist.

Meditationsanleitung für Sonntag

Bevor Du an Deine geistige Übung gehst, setze Dich bequem und entspannt hin. Schließe die Augen, halte die Wirbelsäule gerade und lege die Hände in den Schoß oder auf die Oberschenkel, daß die Handinnenflächen nach oben geöffnet sind. Beobachte wie ein Außenstehender Deinen *Atem*. Atme nicht unter dem Zwang des Willens, sondern „Laß es atmen". Dein Dir gemäßer Atem-Rhythmus wird sich bald einstellen, und er wird Geist und Gedanken beruhigen.

Wenn Du die Möglichkeit hast, Musik einzuschalten, kann sie eine gute Hilfe sein, Nerven und Gemüt zu besänftigen. Natürlich soll sie in einer angemessenen Lautstärke und von getragenem Charakter sein.

Erst wenn Du das *Gefühl* hast, zu Dir selbst gefunden zu haben, lies oder sprich die nachstehenden Sätze mindestens zweimal oder öfter mit aller Dir zur Verfügung stehenden Überzeugungskraft, damit Du nicht nur weißt, daß Du unsterblich bist, sondern es auch tief in Deinem Innern fühlst. Das häufigere Sprechen ist wirksamer.

Meditation

Ich bin, weil ich denken kann. – Ich kann denken, weil in meinem physischen Körper eine lebendige *Seele*, ein lebendiger *Geist* wohnt, der ihm das *Leben* gibt. Ich bin nicht der Körper, sondern das *Leben* in diesem Körper. Ich bin ewiges, unsterbliches Leben, das die Materie überdauert und in einer anderen Daseinsform weiterlebt. Ich bin eine lebendige *Seele*, die den Körper bewohnt.

Ein geistiges Gesetz lautet: „Was du denkst und fühlst, wird zur Manifestation. Du wirst das, worüber du nachdenkst (meditierst)."

Später kannst Du die Sätze auswendig und wirst sie am besten mit geschlossenen Augen meditierenderweise denken oder sprechen, gleichzeitig aber auch *fühlen*.

Wahrhaftigkeit ist eine Tugend, die den Menschen auszeichnet. Wenn man diese Tugend erwerben will – denn sie ist es, die unser

Leben harmonisiert – muß man sie üben. Üben kann man sie nur, wenn man sie sich immer wieder ins Bewußtsein zurückruft. Unser Bewußtsein können wir so trainieren, daß es uns jedesmal ermahnt, wenn wir unserem Vorsatz untreu geworden sind. *Wahrhaftigkeit* und *Ehrlichkeit* wollen wir heute und immer in all unserem Denken, Sprechen und Handeln walten lassen. Wer ein friedliches, harmonisches, angstloses und sinnvolles Leben wünscht, wird dieses erreichen, wenn er die Gesetze des Lebens kennt und beachtet.

Am Abend, spätestens vor dem Einschlafen, wenn keine andere Möglichkeit gegeben ist, halte einen Tagesrückblick, lasse den ganzen Tagesablauf an Deinem geistigen Auge vorbeiziehen und prüfe, ob Du in jeder Situation des Tages wahrhaftig und ehrlich warst. Fehlhaltungen sollten wir uns verzeihen. Ein neuer Tag bietet uns auch immer wieder neue Möglichkeiten geistig zu wachsen.

Wenn wir unsere niedere Natur überwinden lernen, so haben wir Schritte zum geistigen Wachstum getan. Wachstum ist nur gewährleistet, wenn unser Bewußtsein die Schwächen wahrnimmt und wir täglich an uns arbeiten.

Nach dem Tagesrückblick sollte ein Gebet – aus dem eigenen Herzen kommend – den Abschluß des Tages bilden, damit wir in eine ruhige, friedvolle Nacht gehen können. Die Gedanken, mit denen wir einschlafen, sind für die Qualität des Schlafes verantwortlich, weil sie im Unterbewußtsein weiterwirken.

Gebet

Vater meiner Seele, führe mich in die Tiefen meines Seins, damit ich fühle, daß ich eine unsterbliche Seele bin.

Meditationsanleitung für Montag

Nimm wieder Deine bequeme, entspannte Haltung ein und überlasse Dich Deinem Atem-Rhythmus. Fühle das Einströmen und fühle das Ausströmen des Atems. Atme in der Vorstellung ein, daß Du *Energien* aus dem Kosmos aufnimmst, die jede Zelle Deines Körpers beleben. Fühle Dich durch jeden Atemzug verbunden mit allen Wesen. Fühle Dich mit jedem Atemzug am Schöpfungsstrom angeschlossen. *Wisse* und *fühle*, daß Du auch heute – wie immer – in der Obhut Deines *Schöpfers* bist. Erinnere Dich öfter am Tage daran, damit das Gefühl der Geborgenheit und Sicherheit mächtig in Dir wird.

Der Mensch ist ein denkendes Wesen. Dadurch erhebt er sich über alle Kreatur. Durch das Denken wird er zum Beherrscher seines Lebens, zum Schöpfer seiner eigenen Welt.

Ein Gedanke wird zur Tat durch den *Willen* und die *Vorstellungskraft*.

Was Du denkst, das wirst Du. Du mußt es aber mit ganzer *Kraft* wollen und es Dir so klar wie möglich vorstellen, was Du zu erschaffen wünschest. Je stärker Dein *Wille* und die *Vorstellungskraft*, das *Festhalten* an einer bestimmten Sache im *Geiste* sind, desto eher folgt die Verwirklichung. Die Vorstellungskraft und der Wille gehören zur Manifestation eines Gedankens. Es ist notwendig, richtiges Denken zu lernen. Wieviel unsinnige und unnütze Gedanken bemächtigen sich am Tage unser. – Ein *Denkender* aber wird zum *Schöpfer* seiner Welt.

Daß wir nur Aufbauendes denken sollen, was unserer Entwicklung dient, und nur wünschen, was uns selbst und dem Nächsten nicht schadet, dürfte wohl klar sein. Bewußte Gedankenkontrolle sollte das Anliegen des heutigen Tages sein. Wenn wir diese geistige Übung immer wieder anwenden, werden wir auf die Dauer bemerken, daß wir nicht mehr so viele unnütze Gedanken in uns bewegen.

Meditation

Ich bin die führende *Kraft* in meinem Körper, weil meine primäre Existenz geistiger Natur ist. Ohne diese geistige Wesenheit, die ich bin, wäre mein Körper nicht lebensfähig. Mein Bewußtsein übernimmt ab jetzt die *Kontrolle* über den Körper und über alle Gefühle, damit ich nichts tue, was mir und anderen schadet.

Hilfsbereitschaft soll heute im Vordergrund stehen. Gelegenheit gibt es genug. Vielleicht kommt jemand, der Deine Hilfe braucht. Weise ihn nicht ab. Halte die Augen offen. Wenn Du suchst, werden sich Dir Gelegenheiten bieten, hilfsbereit sein zu können.

Ein hilfsbereiter Mensch wird auch selbst stets Hilfe bekommen, wenn er sie braucht, und er wird nie verlassen sein. Auch das ist eine Gesetzmäßigkeit.

Vergiß auf keinen Fall den *Tagesrückblick*. Er ist wichtig. Nur durch ihn kannst Du Deine Fehlhaltungen erkennen. Du bist nur imstande etwas zu ändern, wenn es Dir bewußt geworden ist.

Gebet

Vater meiner Seele, gib mir aus Dir die Kraft, diese Welt zu überwinden, indem ich meine Unvollkommenheit überwinde.

Meditationsanleitung für Dienstag

Entspanne Dich wieder und übergib den Atem seinem eigenen Rhythmus. Indem Du das Ein- und Ausströmen des Atems erlebst und Deine Aufmerksamkeit darauf richtest, kommen *Geist* und *Gemüt* zur Ruhe. Erst wenn das geschehen ist, kann mit einer geistigen Übung begonnen werden.

Sprich und fühle oder denke und fühle mehrmals:

Meditation

Ich bin primär eine geistige, unsterbliche Wesenheit. Ich bin *Seele* und nicht der Körper. In mir sind alle Anlagen zur Vollkommenheit und Unbegrenztheit, weil ich nach göttlichem Bilde geschaffen wurde. Je mehr ich meine niedere Natur überwinde, desto deutlicher kann meine göttliche hervortreten.

Weil der Mensch sinnenbewußt statt gottbewußt ist, gestaltet er das, worauf er *Aufmerksamkeit* und *Gedanken* richtet. Das ist ein geistiges Gesetz. Er zwingt sich selber, innerhalb seiner eigenen unvollkommenen Schöpfung zu leben, und darum erntet er Mangel, Mißklang, Disharmonie und Begrenzung. Meistens muß er durch viel Leid gegangen sein, ehe er sich wieder auf seinen göttlichen Ursprung konzentriert; aber erst dann kann Harmonie in sein Leben fließen. Harmonie ist der Grundton des Lebens im Kosmos. Auf ihm beruht seine vollkommene Gestaltung.

Freundlichkeit gegen jedermann wollen wir heute bewußt üben. Wir werden spüren, welche Rückwirkungen diese Übung auf uns selbst hat. Wer ganz aufmerksam sein Leben beobachtet, kann daraus die Gesetze und ihr Wirken erfahren. Durch unser Denken und Handeln setzen wir die Gesetze in Bewegung, und dementsprechend erfahren wir ihre Auswirkung.

Da wir noch viel an uns zu arbeiten haben, ist es gut, wenn wir uns anfangs immer nur auf einen Aspekt täglich beschränken.

Durch die wöchentlichen Wiederholungen erreichen wir allmählich Festigkeit und Beständigkeit. Nur so kann die Arbeit an unserem Selbst geleistet und bewältigt werden. Wissen allein bringt uns nicht weiter, wenn sich daraus nicht die *Verwirklichung* entwickelt.

Der Tagesrückblick als ständige Kontrolle über uns ist wesentlich. Wir vergessen ihn auch heute nicht und prüfen gewissenhaft, ob wir Freundlichkeit gegen jedermann geübt haben.

Gebet

Vater meiner Seele, berühre mich mit Deinem allumfassenden *Geist*, damit ich mich aus meinem begrenzten Denken erheben kann.

Meditationsanleitung für Mittwoch

Wer gern auf dem Boden sitzt, sollte das tun. Dadurch ist das Herz entlastet. Die Haltung sollte bequem und entspannt sein, die Wirbelsäule aufrecht.

Schließe wieder die Augen und pendele Dich in Deinen eigenen Atemrhythmus ein. *Fühle* und *erlebe*, „wie es in Dir atmet". – Übergib Dich vollkommen dem Atemerlebnis. – Vielleicht hast Du das Bedürfnis, schon etwas länger in der Ruhestellung zu sein. Bestimme die Zeit selber. Anfangs sind einige Minuten angemessen. – Fühle Dich wieder mit jedem Atemzug am Strome der Schöpfung angeschlossen.

Meditation

Ich bin lebendig durch die göttliche Kraft, die das ganze Universum zusammenhält. Ich kann denken, weil diese Kraft auch jede Zelle meines Körpers durchdringt. Ich bediene mich zu jeder Zeit des Tages dieser Kraft, denn ohne sie wäre kein Leben in mir. Ich trage die Verantwortung dafür, wie ich diese Kraft einsetze und verwende, denn ich habe einen freien Willen. Ich weiß, daß ich göttliche Kraft mißbrauche, schon allein, wenn ich negativ denke. Ich will mir der Verantwortung mehr und mehr bewußt werden und sinnvoller mit diesem kostbaren Geschenk umgehen.

Nicht übelnehmen ist der Schlüssel zur geistigen *Freiheit*. Heute wollen wir diesen Aspekt bewußt üben. Was uns auch begegnen mag, wir wollen daran festhalten. Unser niederes *Ego* tritt immer stark in den Vordergrund, wenn wir etwas übelnehmen. Dadurch schaffen wir uns Unbehagen, Disharmonie und Probleme und werden des inneren Friedens beraubt. Wir schaden uns selbst und blockieren unsere innere Entwicklung. Wir wollen wahrhaft lernen, uns nicht mehr so wichtig zu nehmen, dann kann man uns auch nicht mehr so leicht verletzen, und dementsprechend nehmen wir auch nicht mehr übel. Übelnehmen macht unglücklich und unfrei. Lernen wir diese Lektion, dann haben wir einen großen Schritt vorwärts getan. Es ist gut, wenn Du Dir noch etwas Zeit nimmst um darüber nachzudenken, welche Vorteile es Deiner Entwicklung bringt, wenn Du nicht mehr übelnimmst und warum Du zu geistiger Freiheit kommst, wenn Du diese Lektion lernst.

Der *Tagesrückblick* dient Dir nicht nur zur Selbstkontrolle. Vielleicht hast Du schon bemerkt, daß Du durch ihn zu Überlegungen gelangst, die Dir sonst nie gekommen wären.

Wir müssen das Denken wieder lernen. Dadurch kommen wir auch unserem wahren Wesen immer näher, das uns höhere Erkenntnisse und Offenbarungen vermitteln kann, und so kommt die Antwort auf eine Frage manchmal spontan in unser Bewußtsein. Sie stammt aus unserem Höheren Selbst, das mit dem Bewußtsein in Beziehung steht. *Körper, Seele* und *Geist* sind eine *Einheit* und wirken zusammen, solange wir auf dieser Erde sind.

Gebet

Vater meiner Seele, erleuchte mein Bewußtsein mit Deinem göttlichen, allumfassenden *Geist*, damit ich die Wahrheit in allen Dingen erkennen kann.

Meditationsanleitung für Donnerstag

Nimm Dir Zeit, um still zu werden. Halte Dein Denken an, Dein Erinnern an irgendwelche Mißklänge und bemühe Dich, über die Ruhelosigkeit Deines physischen Körpers *Meister* zu werden.

Setze Dich entspannt hin, schließe die Augen und laß den Atem fließen. Wenn Du einatmest *fühle*, daß Du vom unteren Ende der Wirbelsäule den Atem bis zum Scheitel führst und beim Ausatmen vom Scheitel bis zum Ende der Wirbelsäule. Atme in dieser Form und Vorstellung an der Wirbelsäule entlang. Stelle Dir weiterhin vor, daß Du beim Einatmen kosmische Kraft in die Wirbelsäule lenkst, die von dort aus den ganzen Körper mit Energie versorgt. *Fühle* wie diese Kraft einströmt und alle Zellen belebt.

Meditation

Mein ganzes Sein ist durchdrungen vom Bewußtsein der *Unsterblichkeit.* Ich weiß, daß dieses Leben eine Schulung ist, um für höhere Daseinsformen reif zu werden. Ich weiß, daß es für mich keinen anderen Daseinsgrund gibt, als mich zu vervollkommnen. Darum bemühe ich mich täglich an mir zu arbeiten, um meinen göttlichen *Ursprung* wieder zu verwirklichen.

Im täglichen Leben kann ohne *Disziplin* und *Konzentration* nichts vollendet werden. Wo keine Konzentration ist, wird nur die Oberfläche berührt und kann nur Mittelmäßiges offenbart werden. Jeder ist mit Gaben und Talenten ausgestattet. Es ist eine unserer Aufgaben, diese zu erkennen und zu entwickeln. Wer sich geistig erheben will, der entscheide sich, wenigstens *ein* Talent in eine meisterliche Form zu bringen, um den Menschen dadurch einen Dienst zu erweisen, denn niemand lebt für sich allein. Jeder ist eine Zelle in der grandiosen Schöpfung.

Ruhe und *Gelassenheit*, die aus dem Innern unseres Seins kommen, wollen wir heute in allen Situationen bewahren. Wenn uns das gelingt, werden wir feststellen, welch eine beglückende Wirkung diese Disziplin auf *Körper, Seele* und *Geist* hat. In Ruhe und Gelassenheit lassen sich alle Aufgaben und Probleme leichter meistern. Ein gelassener Mensch wird immer stärker sein und hat nicht mit den Schwierigkeiten zu kämpfen, wie beispielsweise ein unbeherrschter. Ruhe und Gelassenheit sind das Fundament für ein harmonisches, zufriedenes, ausgeglichenes Leben. Wohl jeder Mensch wünscht sich solch ein Leben, denkt aber nicht daran, daß er selber die Mittel der Verwirklichung in der Hand hat. Wenn wir uns im aufbauenden Sinn ändern, ändern sich auch unsere unvollkommenen Verhältnisse.

Je länger wir den *Tagesrückblick* durchführen und den Tagesablauf an unserem geistigen Auge vorbeiziehen lassen, desto leichter erkennen wir unsere Fehler und Schwächen. Vollkommene Ehrlichkeit sich selbst gegenüber sollte bei dieser Übung natürlich Grundbedingung sein.

Wir lassen den Tag wie einen Film vor uns ablaufen. Gleichzeitig ist solcher Tagesrückblick eine gute Konzentrationsübung.

Gebet

Göttlicher Geist, berühre mich mit einem Strahl Deines Lichtes, damit Erkenntnis mein Bewußtsein erhellt.

Meditationsanleitung für Freitag

Wer es sich zur Gewohnheit gemacht hat, wenigstens einmal am Tage eine Zeit der inneren *Einkehr* einzulegen, kann darauf bald nicht mehr verzichten. Sie ist für unsere Seele mindestens so wichtig, wie eine Mahlzeit für den Körper.

Nimm Deine bequeme Haltung wieder ein und löse Dich mit Deinen Gedanken vom Alltag. Dein rhythmischer Atem wird Dir dabei helfen, wenn Du Dich auf ihn konzentrierst. Hast Du das erreicht, dann lenke das Bewußtsein auf die Stirnmitte und fühle diese Stelle. Verweile dort, während Dein Atem harmonisch ein- und ausströmt. Beim Abschweifen der Aufmerksamkeit lenke das Bewußtsein immer wieder auf diese Stelle.

Bei allen geistigen Übungen beobachte Deine Gefühle und Empfindungen. Verweile eine Zeit in der Versenkung.

Meditation

Ich bin göttliches Leben in Tätigkeit, in allem was ich heute offenbare. Ich will mich dieses göttlichen Lebensflusses würdig erweisen in all meinem Denken und Handeln. Ich will mich heute immer und immer wieder daran erinnern, daß es göttliche Kraft ist, die mir in allem was ich tue zur Verfügung steht. Zu jeder Sekunde benutze ich diese Kraft, und ich will sie nicht mißbrauchen.

Jedes Wort, das Du mit der ganzen Kraft Deines Gemütes sagst oder denkst, prägt sich Deinem Bewußtsein ein. Wenn Du es durch die täglichen Wiederholungen immer und immer wieder sagst oder denkst, wird es eines Tages eine Offenbarung für Dich. Darum ist das tägliche Üben unerläßlich für den, der den geistigen Weg gehen will. Das Einmaleins konntest Du auch nur durch stetes Wiederholen lernen. Du wirst entdecken, daß diese kleinen täglichen Übungen Dir helfen, zur inneren Stille und Harmonie zu kommen. Du trainierst dadurch Dein Bewußtsein, das dann aufnahmefähiger für ein höheres Wissen wird mit all den Gesetzen, die zu diesem Wissen gehören.

Alles was wir heute durch die Sprache zum Ausdruck bringen, wollen wir prüfen auf seinen Gehalt, um unnütze Reden zu vermeiden. Tun wir das, so sparen wir wertvolle Energie, die sinnvoller verwendet werden kann.

Geschwätz bringt uns nicht weiter, sondern es zieht uns hinab. Wieviel Zeit wird manchmal für ein sinnloses Gerede vergeudet. Wir wollen bewußt darauf achten, daß dieses nicht geschieht. Wem das gelingt, der gewinnt wertvolle Zeit und Energie, die er für den geistigen Aufbau benutzen kann.

Ein geistig entwickelter Mensch schwätzt nicht. Wenn er etwas zu sagen hat, so ist es wesentlich und sinnvoll.

Der Tagesrückblick ist eine hervorragende Übung für Konzentration und Gedankenschulung, wodurch ein folgerichtiges Denken entwickelt wird. Manche Erkenntnisse werden uns zuteil, zu denen wir ohne diese Übung nicht gekommen wären, weil die Tagesereignisse aus dem Oberbewußtsein entschwinden, wenn sie nicht noch einmal zurückgerufen werden. Aus dieser Distanz läßt sich leichter erkennen, was richtig und was unrichtig war. Somit kommen wir zu besseren Einsichten und dadurch zu sinnvollem und richtigem Handeln.

Das Bewußtsein stellt sich auf das Training ein, registriert alle Vorgänge und hilft uns, unsere so gewonnenen Erkenntnisse zur Manifestation zu führen.

Gebet

Vater meiner Seele, erhelle mein Bewußtsein, damit ich Erkenntnis und Weisheit erringe, die mich zu geistiger *Freiheit* führen.

Meditationsanleitung für Samstag

Jedesmal wenn Du in die Stille einkehrst, kommst Du Deinem höheren Selbst näher, und eines Tages wirst du *fühlen*, daß Du unsterblich, daß Du *Seele* bist. Weil wir unsere Sinne stets nach außen gerichtet haben, ist uns diese Gelegenheit verlorengegangen.

Lenke Dein Bewußtsein an die Stelle, wo sich Dein Herz befindet und halte es dort während der Zeit der inneren Einkehr. Im feinstofflichen Bereich, in Deinem Seelenkörper, liegt der Brennpunkt der allumfassenden *Liebe*.

Das Entwickeln dieser Liebe zu allen Menschen, gleich welcher Religion, Rasse oder Weltanschauung sie angehören, zu allen Wesen, zur ganzen Schöpfung ist der Schlüssel zu Vollkommenheit, Harmonie, Weisheit, Freiheit und Fülle. Um dieser Liebe fähig zu werden, müssen wir sie uns bewußt machen und das Gefühl für sie in uns entwickeln. Das ist eine unserer wichtigsten Aufgaben. Öfter am Tage sollten wir uns daran erinnern.

Wenn Du längere Zeit die geistigen Übungen ausgeführt hast, spürst Du, welche der Übungen für Dich geeignet sind: die Konzentration auf die Herzgegend oder auf die Stirnmitte. Übe sie in der Dir gemäßen Weise. Nur die erste Übung passe Deinem individuellen Wesen an, alle anderen Übungen solltest Du weiterhin gewissenhaft täglich durchführen. Bald wirst Du spüren, welch positive Wirkung sie auf Dein Bewußtsein haben und damit auch auf Deinen Alltag und auf Dein Leben.

Meditation

Ich bin ein unsterbliches Wesen, das nach kosmischen Gesetzen angetreten ist. Diese Gesetze trage ich in mir. Ich bin mir bewußt, daß sie mir offenbar werden, je mehr ich fühle, daß ich Seele bin und nicht der Körper. Ich bin mir bewußt, daß mein geistiger Ursprung immer deutlicher hervortritt, je mehr ich mir meiner Unsterblichkeit bewußt werde. – Ich habe den innigen Wunsch, die umfassende, nicht besitzen wollende *Liebe* zu erfahren und zu leben. Sie schenkt *Freiheit* aus aller Blindheit und Gebundenheit.

Ein Wunsch, den Du im Herzen trägst, auf den sich Deine erwachenden Seelenkräfte richten und an dem sie sich bewähren können, wird einmal Wirklichkeit. Je nachdem, mit wieviel inneren Kräften Du ihn auflädst, verwirklicht er sich früher oder später. Er muß aber von Deinem ganzen Gefühl durchdrungen werden, denn nur dadurch werden die geistigen Kräfte in Tätigkeit gesetzt. Das ist ein Gesetz. Natürlich sollte nur etwas gewünscht werden, was Deiner inneren Entwicklung, Deinem geistigen Fortschritt dient. Niemals dürfen wir etwas wünschen, was uns und unseren Mitmenschen Schaden zufügt.

Ist ein Wunsch erfüllt, so setze sogleich ein höheres und edleres Wunschziel an seine Stelle. Mit Deinem ganzen Denken und Fühlen sammle Dich täglich in der Stille auf seine Verwirklichung. Jede Minute des Tages machst Du dadurch fruchtbar.

Gib jeden Tag Dein *Bestes*, einerlei, was Du tust. So auch heute und immer. Aus allem was Du tust, schaffe ein Meisterwerk, dadurch lernst Du es, jede Tätigkeit zu lieben. Je mehr Du Dein Werk liebst und Dich ihm hingibst, desto größer ist die Wirkung, die Du hervorrufst, und desto reicher macht es Dich und andere, innerlich wie auch äußerlich.

Wer immer bemüht ist, sein Bestes zu geben, spürt bald, daß er aus einer Fülle gibt, die keine Grenzen hat.

Nach dem *Tagesrückblick* wäre es gut, über die Gedanken zu meditieren (nachzudenken), die in den täglichen Übungen zum Ausdruck kommen. Vielleicht nimmst Du Dir das Büchlein noch einmal zur Hand und suchst Dir einen Aspekt heraus, den Du durch Nachdenken darüber vertiefst. Bald wirst Du bemerken, zu welchen wunderbaren Resultaten Du kommst und wie Dir die Gesetze des Lebens nach und nach klarwerden. Das ist Arbeit am Selbst, das ist das „nach dem Reiche Gottes trachten“, wie Christus es sagte, und alles wird auch Dir dann zufließen.

Zu dieser Übung, nach dem Tagesrückblick zusätzlich noch über einige Gedanken zu meditieren, die dem jeweiligen Tag zugeordnet sind, solltest Du nach einiger Zeit kommen. Es muß nicht sofort sein. Eine geistige Disziplin will geübt sein, Schritt für Schritt. Nicht zuviel auf einmal wollen. Lieber langsamer aber stetig vorwärtsgehen. Man muß auch mit sich selbst Geduld haben.

Gebet

Unendlicher, durchströme mein Bewußtsein mit Deinem Geist, führe mich an die Quellen der kosmischen Weisheit, und lehre mich die *Liebe* leben, damit ich Freiheit und Erlösung aus Begrenzung und Unwissenheit erlange.

Geistiger Fortschritt wird nur erzielt, wenn täglich konsequent geübt wird. Viel zu wissen ist noch kein echter Fortschritt. Es ist wichtig, das *Wissen* auch im Alltag anzuwenden, und das kann wiederum geschehen, wenn immer wieder das Bewußtsein durch die Disziplin des Lebens der Gedanken für jeden Tag trainiert wird.

Selbst wenn anfangs die Anleitungen nur bewußt gelesen werden, haben sie auf die Dauer auch ihre Wirkung. Sicherlich kommt dann bei einem ernsthaften Sucher die Zeit, da er das Bedürfnis hat, sie zu üben. Dann wird er auch die Möglichkeit finden, dieses in seinen Tagesrhythmus einzuflechten.

Dadurch, daß das Bewußtsein täglich immer wieder mit den aufbauenden Gedanken und den geistigen Gesetzen gespeist wird, werden diese zum Bestandteil des Denkens und wirken auch im Unterbewußtsein weiter, so daß schließlich auch unser Wesen davon ganz durchdrungen und erfüllt wird. Wenn eine Melodie immer wieder gehört wird, kommt sie bald von selbst in uns zum Klingen.

Das Leben ist ein einziger Lernprozeß. Je besser und schneller wir unsere Lektionen lernen, desto harmonischer verläuft es, und jeder Tag, jede Stunde fordert von uns die Verwirklichung all dessen, was wir erkannt haben.

Ich habe versucht, Dir mit den Meditationsanleitungen für jeden Tag einen Weg zu weisen. Du kannst alle Übungen zur gegebenen Zeit verändern, so wie sie für Dich geeignet sind, so daß Du Deinen individuellen Weg findest. Diese Anregungen sind nur als Anleitung gedacht, als Hinweis für den eigenen Weg.

Unsere Zeit fordert, daß jeder seinen eigenen Meister in sich selbst findet. Das Wassermann-Zeitalter ist ein geistiges Zeitalter, das jedem Menschen geistigen Aufstieg und geistige Freiheit verheißt.

Erkenntnisse

Wer sich zum Werkzeug der Befreiung der lebenden und leidenden Wesen macht, ist nicht nur um seine eigene Erlösung besorgt. In solch einem Falle ist der *Christus* in ihm erwacht, und er kann nicht mehr anders handeln als in Übereinstimmung mit den Göttlichen Gesetzen.

Man kann wohl die Wahrheit leugnen, sie aber nicht vernichten, ebensowenig wie der Schlaf am Tage die Sonne an ihrem Lauf hindern kann.

Wer seinen Verstand gebraucht, muß, um auch Eingebungen zu erhalten, auf das Herz achten. Er gerät sonst in das Reich des Intellekts, wohin das Licht des Göttlichen Geistes nicht dringt. Dieser allein vermittelt Intuition und Weisheit. Das Reich des Intellekts wird nicht vom Göttlichen Geist erfüllt und durchdrungen, es ist nicht das Feld für Eingebungen und Intuitionen. Nur die Wärme des Göttlichen Geistes, der allein *Leben* ist und *Leben* vermittelt, dringt in unser Herz.

Wie jeder wählt, wird er von Gott akzeptiert. Wenn er aber von der Freiheit der Wahl keinen Gebrauch macht, treten die Gesetze der Beschränkung in Kraft, und er muß sich dann den Verhältnissen fügen.

Ein spiriteuller Lehrer zieht sich zur gegebenen Zeit zurück, ohne den Schüler dadurch zu verlassen. Der Sinn des Zurückziehens liegt darin, daß der Schüler nun das Erfahrene selbst praktisch anzuwenden lernt. Es ist vom geistigen Gesetz her nicht zulässig, über eine gewisse Phase hinaus Lenkung, Wissen und Weisheit sozusagen von „außen" her zu erhalten. Das Ziel für den Schüler ist es, die Fähigkeit zu erwerben, in die eigene Stille, in sein Höheres Selbst als Sitz der Göttlichen Weisheit einzutreten, um der Weisheit des Meisters im eigenen Herzen zu lauschen. Unter gewissen Umständen, wenn ein Lehrer es für richtig erachtet, werden schöpferische Ideen, die noch außerhalb der erreichten menschlichen Fähigkeiten des Schülers liegen, übermittelt. Er erhält dann Inspirationen, beispielsweise für segensreiche Entdeckungen, Offenbarungen oder Belehrungen über ein kosmisches Wissen, um eine bestimmte Aufgabe erfüllen zu können. – Jeder Schüler muß irgendwann zur Selbständigkeit kommen, ohne die „Freundschaft“ und auch die Hilfe des Meisters zu verlieren, wenn sie notwendig erscheint.

Erlaube es nicht, daß deine Gefühle sich durch irgendwelche Umstände erregen und schule dich darin, nie mehr überrascht oder enttäuscht zu sein. – Vollkommene Selbstbeherrschung aller Kräfte in dir zu jeder Zeit bedeutet „Meisterschaft“.

Gemütsbewegungen freien Lauf zu lassen, ist Schwäche und entzieht Gott unseren Blicken, lautet ein Lehrsatz der Schule des Geistes.

Alles war wir nur „übernehmen“, aber nicht mit dem eigenen Geist durchdringen und dadurch unmittelbar selbst erfahren, kann nicht zum Bestandteil unseres Lebens werden, noch kann das Weitervermittelte die Herzen anderer erreichen.

Göttliche Intuitionen, Antworten auf Fragen und die rechte Führung können nur in dem Maße und in der Qualität erfahren werden, als ein Schüler sich bemüht, Reinheit im Denken und in der Gesinnung zu erlangen. Läßt das Ego weder das eine noch das andere zu, so bleiben viele Bemühungen ohne den gewünschten Erfolg.

Um tiefere Gesetzmäßigkeiten erfassen zu können, muß das menschliche Gemüt in vollkommener Ruhe sein.

Gebete

Vater meiner Seele, ich verneige mich vor Dir in Ehrfurcht und Demut. Lob und Dank sei Dir, Du alles durchdringendes Prinzip des Lebens, für Dein wunderbares Schaffen und Wirken in der äußeren Gegenwart. Aus Deinem mächtigen Geiste kommt alles, was da ist, sichtbar und unsichtbar für uns.

Bitte, ergieße Dich in das äußere Tun aller Menschen und lasse *jetzt* Deine Gerechtigkeit an allen Orten dieser Erde Gestalt annehmen. Erfülle alle Gemüter mit Deiner Kraft, mit Deinem Licht und mit Deiner Liebe.

Du bist der Sieg in allem! Daran glaube ich, und daran will ich festhalten.

Vater meiner Seele, ich danke Dir für Deine Gegenwart in mir und in jedem Wesen. Ich anerkenne Deine volle Gegenwart, die sich auch in jeder manifestierten Form offenbart.

Ich danke für den Strom Deiner Liebe und Energie, mit dem Du alles durchdringst. – Öffne mein Herz, mein ganzes Sein, damit ich imstande bin, immer mehr davon aufzunehmen, damit Du durch mich in vollkommener Weise wirken kannst. Ich möchte ein stets würdigerer und zuverlässigerer Kanal für Deine Liebe und Kraft werden, damit die Leiden und die Not der Menschen gelindert werden können.

Dank und Ehre sei Dir, daß ich Deinen Ruf vernehmen durfte. Deine Kraft und Weisheit möge mich führen, auf daß ich nur noch das aufnehme, was von Dir kommt und alles ablehne, was Dir nicht gleich ist.

Du bist die einzige Kraft und Macht in mir, die auch meine Probleme lösen kann. Ich übergebe sie Dir ganz. Ich lasse sie los, damit Deine Intelligenz mir die Lösung eingeben kann. Ich weiß, daß dies in dem Maße geschieht, als es mir gelingt loszulassen und Deine Weisungen anzunehmen.

Vater in mir, erfülle und durchdringe jede Zelle meines Körpers mit Deiner strahlenden Gegenwart. Durchdringe meinen Verstand und Intellekt mit Deiner Vollkommenheit, damit ich beides in Deinem Sinne benutze zum Wohle der Menschen und zum eigenen Fortschritt.

Vater meiner Seele, ich will Dir dienen bis zu meinem letzten Atemzug. Durchdringe mein Sein im Physischen wie im Geistigen, damit Körper und Geist gesund bleiben und ein brauchbares Werkzeug für Dich sein können, bis Du meinen Namen aufrufst und ich heimkehren darf in das Reich Deines Lichtes.

Vater meiner Seele, wenn mein persönlicher Wille sich dem Deinen unterordnet, weiß ich, daß alle guten Dinge mir zufließen, weil Du nur das Gute für mich willst. Bitte, hilf mir, meinen unvollkommenen Willen dem Deinen zu unterstellen.

Vater, auch heute soll mein ganzes Bestreben sein, nur Positives und Gutes zu denken, damit mein Geist immer mehr gereinigt und geläutert wird. Dann schwinden alle Schatten, die meine Seele noch verdunkeln und von Dir trennen.

Vater meiner Seele, laß mich heute Dir einen Schritt näher kommen. Alles was ich tue, möge Dir zur Ehre gereichen. Immer wieder am Tage will ich mich daran erinnern, daß nur Du die Kraft in mir bist, die alles Tun ermöglicht. – Hilf mir bitte, daß ich dieses Bewußtsein aufrechterhalten kann, dann wird es mir möglich sein, Deine Kraft durch mein Handeln in Deinem Sinne auszudrücken. Dann wird auch alles gesegnet sein, was ich tue und was mir begegnet.

Vater, ich begrüße den Tag, den Du mir schenkst. Alles will ich annehmen, was er mir bringt, denn alles dient meiner Entwicklung. Ich gebe mich ganz in Deine führenden Hände, dann wird alles richtig und gut.

Allumfassendes Gebet

Das allumfassende Gebet ist auch geeignet für das Gruppengebet in der Weise, daß jemand vorbetet und jeder Gruppenteilnehmer mit der Kraft seines Seins und mit seinem Gefühl die einzelnen Anrufungen mit dem Herzen unterstützt. Nach jeder Aufrufung sollte eine angemessene Pause entstehen, damit ein jeder seine Bejahung schweigend aussenden kann und das mit der ganzen ihm zur Verfügung stehenden Vorstellungskraft.

Bereite dich darauf vor, indem du dich auf die *Gegenwart Gottes* in dir konzentrierst und schließe dich am Energiestrom an, damit dieser dein ganzes Sein durchdringt. – –

Nun bitte die Großen Meister, die Großen Weißen Brüder, daß sie dein Gebet auch mit ihrer Energie verstärken, das nun in alle Ebenen gesandt wird. Bitte auch um Verstärkung deines inneren Lichtes und um die Verstärkung der Kraft deiner Liebe. – –

Nachdem das alles geschehen ist, bist Du vorbereitet, die einzelnen Anrufungen auszusenden:

Anrufungen

Wir senden das Licht der ewigen Liebe in das Bewußtsein aller Staatsmänner dieser Erde, damit sie sich ihrer großen Verantwortung stets bewußt sind und nur dem Frieden dienen.

Wir senden das Licht der ewigen Liebe zu allen Wissenschaftlern dieser Erde, damit sie erkennen, daß ihr Geist und ihr Intellekt nur aufbauenden Zwecken dienen dürfen.

Wir senden das Licht der ewigen Liebe zu allen Ärzten dieser Welt, damit sie ihre große Verantwortung Gott und den ihnen anvertrauten Menschen gegenüber erkennen.

Wir senden das Licht der ewigen Liebe zu allen Krankenschwestern und zu all jenen, die im Dienst der Leidenden und Kranken stehen, damit sie stets die Kraft für ihre schwere Aufgabe erhalten.

Wir senden das Licht der ewigen Liebe zu allen Künstlern dieser Erde, damit sie ihre Talente und Fähigkeiten dazu benutzen, das Bewußtsein der Menschen anzuheben.

Wir senden das Licht der ewigen Liebe zu allen Lehrern in Schulen und Universitäten, damit sie den Intellekt der jungen Menschen stets im Gleichgewicht mit der geistigen Entwicklung schulen, damit die innere Ordnung gewährleistet ist.

Wir senden das Licht der ewigen Liebe in alle Kirchen, Tempel, Ashrams und Synagogen dieser Welt, damit nur Gott allein alle Liebe und Ehre geschenkt wird.

Wir senden das Licht der ewigen Liebe zu allen Menschen, die heute ihre Sterbestunde im Physischen erleben, damit das Licht ihnen den Weg in die ewige Heimat und Freiheit weist.

Wir senden das Licht der ewigen Liebe zu allen Unwissenden und Ungläubigen dieser Erde, damit auch sie das Licht erfahren und sie den Weg ihrer Erlösung gehen können.

Wir senden das Licht der ewigen Liebe zu den vielen Zweifelnden und Verzweifelten, damit das Licht sie trösten und ihnen den rechten Weg zeigen kann.

Wir senden das Licht der ewigen Liebe in das Bewußtsein aller Verirrten im Geiste, auf daß ihr Geist von Gottes Licht durchdrungen werde.

Wir senden das Licht der ewigen Liebe zu allen Trauernden, damit sie erkennen, daß es in der ganzen Schöpfung keine Trennung gibt, daß die Liebe immer wieder vereint.

Wir senden das Licht der ewigen Liebe zu allen Neugeborenen dieser Welt, damit sie zu ihrer Zeit den Göttlichen Plan erkennen, nach dem sie angetreten sind.

Wir senden das Licht der ewigen Liebe zu allen, die geistig heilen, auf daß sie in Demut und Liebe bleiben und stets ihre Verantwortung erkennen, damit nur die Kraft Gottes und die der Lichtreiche sie durchdringen.

Wir senden das Licht der ewigen Liebe zu allen Priestern, geistigen

Lehrern, Führern, Gurus und Meistern dieser Erde, damit sie in der Liebe und Selbstlosigkeit bleiben und den Suchenden den Weg zu Gott weisen.

Wir senden das Licht der ewigen Liebe in alle Naturreiche mit ihren Natur- und Elementarwesen, damit sie immer wieder die Kraft bekommen, die Göttliche Ordnung herzustellen, die der Mensch zerstört hat.

Wir senden das Licht der ewigen Liebe in alle Astralebenen, damit die dort verirrten Lebensströme den Lichtweg finden.

Wir senden das Licht der ewigen Liebe zu allen Brüdern und Schwestern auf den andern Planeten, die dieser Erde jetzt in ihrer schicksalschweren Zeit in Liebe und Geduld beistehen.

Wir senden das Licht der ewigen Liebe auch in das Tier- und Pflanzenreich, damit auch sie Erlösung und Freiheit erlangen.

Wir senden das Licht der ewigen Liebe in alle Lichtreiche, zu den Göttlichen Wesen, die uns lenken, lehren und leiten. Möge ihre Kraft uns immer erreichen, damit wir unsere Aufgaben erkennen und sie freudig erfüllen mit allen Konsequenzen. Dank und Segen den Hohen Wesen.

Licht, Liebe und Frieden allen Wesen, mögen sie alle einmal Göttlich frei werden!

Amen

Gespräche mit Franz von Assisi

Über die Liebe und das Leben im 21. Jahrhundert

von Peter Beck
260 Seiten, broschur
ISBN 978-3-941435-11-7 € 14,00

Die Überwindung des Karmas

Die geistige Evolution der Menschheit.
Ihre Entstehung – ihr Fall – ihr Aufstieg

von Jürgen Majewski
168 Seiten, broschur
ISBN 978-3-941435-09-4 € 14,95

Die Welt im Wandel

12 Schlüssel für einen Bewußtseinssprung

von Jürgen Majewski
162 Seiten, broschur
ISBN 978-3-941435-03-2 € 14,90

Hado

Die Kraft der heilenden Schwingung

von Toyoko Matsuzaki und Natsumi Blackwell
136 Seiten, gebunden
ISBN 978-3-926388-75-9 € 14,00

Reichel Verlag, Reifenberg 85, D-91365 Weilersbach, Tel. 09194 - 8900, Fax – 4262
Internet: www.reichel-verlag.de E-Mail: info@reichel-verlag.de